Karl Wilhelm von Dalla Torre, Ludwig von Sarnthein

Flora der gefürsteten Grafschaft Tirol, des Landes Vorarlberg und des Fürstentums Liechtenstein

Zweiter Band: Die Algen

Karl Wilhelm von Dalla Torre, Ludwig von Sarnthein

Flora der gefürsteten Grafschaft Tirol, des Landes Vorarlberg und des Fürstentums Liechtenstein

Zweiter Band: Die Algen

ISBN/EAN: 9783956561290

Auflage: 1

Erscheinungsjahr: 2013

Erscheinungsort: Bremen, Deutschland

@ weitsuechtig in Access Verlag GmbH. Alle Rechte beim Verlag und bei den jeweiligen Lizenzgebern.

weitsuechtig

FLORA

DER

GEFÜRSTETEN GRAFSCHAFT TIROL,

DES

LANDES VORARLBERG

UND DES

FÜRSTENTHUMES LIECHTENSTEIN.

NACH EIGENEN UND FREMDEN BEOBACHTUNGEN, SAMMLUNGEN
UND DEN LITTERATURQUELLEN

BEARBEITET VON

PROF. DR. K. W. v. DALLA TORRE

UND

LUDWIG GRAFEN VON SARNTHEIN

IN INNSBRUCK.

II. BAND:

DIE ALGEN VON TIROL, VORARLBERG UND
LIECHTENSTEIN.

DIE ALGEN

VON

TIROL, VORARLBERG UND LIECHTENSTEIN.

BEARBEITET VON

PROF. DR. K. W. v. DALLA TORRE

UND

LUDWIG GRAFEN von SARNTHEIN

IN INNSBRUCK.

Vorwort

zum

zweiten Bande.

Indem wir hiemit kurze Frist nach dem Erscheinen des ersten Bandes den zweiten, die Algen umfassenden Band unserer Flora von Tirol, Vorarlberg und Liechtenstein der Oeffentlichkeit vorlegen, haben wir über denselben umso weniger zu bemerken, als er dem bereits zur Genüge entwickelten Programme entsprechend verfasst und ausgeführt wurde. Dabei können wir uns nicht versagen, nochmals darauf hinzuweisen, dass wir namentlich bei den Kryptogamen trachteten, den status quo mit Abschluss des XIX. Jahrhunderts zu geben, um einerseits für weitere floristische Studien eine sichere Basis zu gewinnen, andererseits darzulegen, auf welchen und in welchen Gebieten solche ganz besonders wertvoll und fruchtbar wären! Immer mehr und mehr hat sich im Laufe der Jahre unserer Berichterstattung die Ansicht gefestigt, dass alles Berichterstatten und Referieren ohne eine solche Grundlage ein Bau in der Luft, ein Spiel mit Zufälligem ist!

Für die Durchführung der im Vorliegenden behandelten Pflanzengruppe machte sich das Fehlen einer einheitlich gearbeiteten Flora recht unangenehm geltend, namentlich bei den Schizophyceten und Flagellaten; das Feld, für welches eine prächtige Monographie vorliegt, die Characeen, ist im

Gebiete leider gerade am wenigsten gepflegt worden! Um die Artbeschreibungen zu umgehen, citieren wir, wie bereits schon in der Einführung auseinandergesetzt wurde, die wichtigsten Quellenwerke und zwar im vorliegenden Bande:

Rabenhorst L., Flora europaea Algarum aquae dulcis etc. Lipsiae, E. Kummer. 1864—1868. 8°. (mit: Rbh. I, II, III), Hansgirg A., Prodromus der Algenflora von Böhmen in Archiv f. d. naturwiss. Landesdurchforschung von Böhmen V. Bd. Nr. 6 (Bot. Abth.) 1886 p. 1—96, VI. Bd. Nr. 6 (Bot. Abth.) 1888 p. 97—290 (I.) und VIII. Bd. Nr. 4 (Bot. Abth.) 1893 p. 1—268 (II.) (mit: Hg. I, II.) und De Toni G. B., Sylloge Algarum omnium etc. Patavii, sumpt. auct. 1889 und folg. (mit: De Toni I, II, IV).

In Bezug auf die Nomenclatur trachteten wir unter Anwendung der Doppelautoren und der Klammermethode dem absoluten Prioritätsgesetze (Beginn 1753) durchaus Rechnung zu tragen; die Namen jener Autoren, welche heute geltende Varietäten als Arten beschrieben haben, wurden ohne Nennung eines zweiten Autors eingeklammert. Hiebei wurde der Standpunkt eingenommen, dass dem Autor eines Namens bezüglich der Einführung eines neuen Namens desselben kein anderes Recht zusteht, als jedem anderen; in Folge dessen mussten ein paar, doch nur sehr spärliche nomenclatorische Abänderungen vorgenommen werden. Ferner acceptieren wir den älteren Namen Oscillatoria für Oscillaria, ohne indess dem betreffenden Autor, der für eine Art den letzteren Gattungsnamen benützte, einen zweiten beizusetzen.

Im Register wurden alle im Bande vorkommenden Namen von Gattungen, Arten und Varietäten aufgenommen; die geltenden Namen sind von den Synonymen typographisch unterschieden; selbstverständlich fanden auch die im Texte erwähnten ihre Berücksichtigung.

Schliesslich sei hervorgehoben, dass der vorliegende Band dem Andenken des Freiherrn Ludwig von Hohenbühel, genannt Heufler zu Rasen, geb. am 26. August 1817 zu Innsbruck, gest. am 8. Juni 1885 zu Altenzoll bei Hall als k. u. k. Kämmerer und k. k. Sectionschef, gewidmet ist. Derselbe kam im Jahre 1834 von Klagenfurt wieder nach Innsbruck, wo er bis Juli 1837 den juridischen Studien an der Universität oblag und dann vom 27. October 1838 bis Ende März 1842 im staatlichen Verwaltungs- und Justizdienste prakticierte. Vom Jahre 1836 an sehen wir ihn ununterbrochen mit der Idee einer auch die Cryptogamen umfassenden Landesflora beschäftigt und fortwährend bemüht, für eine solche Beiträge aus allen Pflanzengruppen zu Stande zu bringen. Nach dem Verlassen seiner Vaterstadt, in deren Umgebung er auch einige sehr interessante Algenfunde gemacht hatte, setzte er diese Bestrebungen bis zu seiner Versetzung nach Istrien (Ende Juni 1843) auch noch im italienischen Tirol fort und erzielte hier gleichfalls sehr wertvolle Resultate. — Ist nun auch sein Plan einer Landesflora für diese Klasse nicht verwirklicht worden, so ehren wir doch in Heufler jenen Mann, welcher in Tirol als der erste und zwar in verhältnismässig sehr früher Zeit einen solchen Gedanken in ganz bestimmter und zielbewusster Weise nicht bloss fasste — Aehnliches war ja schon Laicharding und Schöpfer vorgeschwebt — sondern auch geraume Zeit hindurch, bis nämlich grössere und umfassendere Ziele eine Ablenkung bewirkten, thatkräftig und in geradezu modernem Sinne verfolgte. Non omnis morieris!

Innsbruck, am 1. Mai 1901.

Prof. Dr. K. W. v. Dalla Torre.
Ludwig Graf von Sarnthein.

Geschichte
der algologischen Erforschung von Tirol, Vorarlberg und Liechtenstein.

Bis zum Jahre 1830 waren Beobachtungen von Algen im Gebiete der vorliegenden Flora nur auf ganz vereinzelte Fälle beschränkt. Ausser der schon im XVIII. Jahrhundert von E. Moll (1) und J. v. Senger (1), später auch von F. Ch. Hornschuch (1), C. Gruner (1), C. F. Hock (1) und A. Schaubach (1) beobachteten Veilchenalge der tirolischen Centralalpenthäler, dem hier von F. W Sieber i. J. 1820 zuerst (4) untersuchten „rothen Schnee" *) (Haematococcus nivalis), der bekannten Luftalge Trentepohlia aurea (C. Pollini (3), F G. Eschweiler (1), Beda Weber (1)), dem Nostoc verrucosum (Pollini l. c.) waren es nur wenige hiehergehörige grössere Wassergewächse, welche vorher schon die Aufmerksamkeit der Botaniker angezogen hatten. So fand G. M. Martens (1) i. J. 1821 bei Salurn das merkwürdige Hydrodictyon reticulatum, dann P. Cristofori (1) um dieselbe Zeit bei Rovereto wieder Trentepohlia aurea und Cladophora fracta und Aut. Sauter (4, 7) während seines Aufenshaltes in Kitzbühel (1828—1830) Batrachospermum gelatinosum und Hydrurus fetidus.

Eine einigermassen systematische Erforschung dieser Pflanzengruppe begann erst mit F. Unger (1, 2, 5, 8), welcher

---

*) Hinsichtlich der unbedeutenden, meist isolierten hiehergehörigen Daten und Quellen sei hier auf die Darstellung p. 30—33 verwiesen.

i. J. 1836 für die Flora von Kitzbühel bereits 35 Arten anführte. Des Wirkens L. v. Heuflers wurde schon im Vorworte gedacht. Was speciell die Algen anlangt, so sind die wichtigsten bei Innsbruck erzielten Ergebnisse zuerst aus Kützing's Werken (1, 2, 4, 5) bekannt geworden. Besonders rege Thätigkeit entfaltete er in der Umgebung seines Ansitzes Gleifheim in Eppan. Von anderen tirolischen Standorten sind Sölden, Meran, Castelfondo, Folgaria und Rovereto zu nennen.

Ungefähr in dieselbe Zeit fallen einzelne Funde von St. Prantner*), M. Stotter und J. A. Perktold, darunter jener der arktisch-alpinen Prasiola fluviatilis (Heufler 29). Ebenso ist hier G. Meneghini anzuführen, welcher den Algenstudien Heuflers wesentliche Anregung und Unterstützung zu Theil werden liess und als der Erste Pleurococcus glomeratus für Tirol constatierte (1), sowie bei Kützing (3, 4) auch selbst als Gewährsmann für das bei Borghetto nächst Ala entdeckte Phormidium interruptum erscheint.

Der am 31. März 1847 im Pusterthale aufgetretene rothe Schnee (Anonym 53) gab Veranlassung zur Constatierung einer Anzahl von Diatomaceen-Arten durch Ch. G. Ehrenberg (1, 2), sowie zu sonstigen allgemeinen Erörterungen über die Natur und Herkunft dieses Phänomens durch J. Oellacher (1) und A. Heinisch (1); E. v. Eichwald's Liste (1) ist nur eine Wiederholung von bereits Bekanntem.

Im Jahre 1848 berührte L. Rabenhorst, dessen erste deutsche Algenflora (2 II, 2. 1847) schon Tetraspora bullosa für Tirol angibt, auf seiner italienischen Reise auch Tirol und sammelte bei Innsbruck Nostoc paludosum und im Gardasee einige wenige Arten (10).

Angeregt durch Ehrenberg's mikroskopische Forschungen brachten die Gebrüder H. und A. Schlagintweit von verschiedenen Hochgipfeln, darunter dem von ihnen am 29. August 1848 bestiegenen Grossglockner und anderen Localitäten Erdproben zusammen, welche von Ehrenberg untersucht wurden.

---

*) Biogr.: Bote f. Tirol u. Vorarlberg 1873 p. 828—829.

Im Jahre 1852 holte Adolf Schlagintweit ebensolche Proben vom Gipfel der Zugspitze und im August des nämlichen Jahres kam Ehrenberg selbst nach Nordtirol und nahm bei Scharnitz eine Probe mit, welche 7 Arten enthielt. Auf der Reise Prof. Friedr. Simony's durch Tirol im Jahre 1852 wurde Cymbella alpina bei Trafoi, auf jener Karl Müller's im Jahre 1856 Rivularia haematites in Passeier aufgefunden.

Nachdem noch inzwischen (circa 1855—1870) F. Freiherr v. Hausmann um Bozen, speciell am Ritten, sowie im Pusterthale (Antholz, Niederdorf, Sexten) eine ziemlich umfangreiche Ausbeute gemacht und zum Theile auch schon im Erbario crittogamico italiano, in Bertoloni's Flora italiana (II. 1862, 1867) und in Rabenhorst's Algen Mitteleuropas publiciert hatte, gelangte ein ansehnlicher Theil dieser Materalien, sowie jener von Heufler, der auch im Jahre 1860, zum Theil mit J. Juratzka, um Kufstein (Thiersee, Kaiserthal, Walchsee) Vieles gesammelt hatte, durch Rabenhorst (10. 1864—1868) und namentlich durch A. Grunow (besonders 3) zur Untersuchung und Veröffentlichung. Bedauerlicher Weise haben, wie schon erwähnt, die in der Absicht des Zustandebringens einer Gesammtflora Tirols unternommenen Algenaufsammlungen Heuflers so wenig, wie jene zweifellos dadurch angeregten Hausmann's ihren eigentlichen Zweck erreicht, da eine planmässige Verwertung in diesem Sinne niemals erfolgt ist. Hiezu kommt noch der weitere Umstand, dass einer Ausbeutung des Heufler-Hohenbühel'schen Herbars bei dessen Entlegenheit (es befindet sich dasselbe in Klausenburg) gegenwärtig ganz erhebliche Schwierigkeiten im Wege stehen. Heufler selbst veröffentlichte nur Weniges über Algen (4, 16, 31, 32); vereinzelte Daten nach seinem Herbare und seinen Zusendungen, sowie jenen Hausmann's finden sich sehr zerstreut bei A. Grunow (1, 2, 4, 5, 6), Cleve und Grunow (1), A. W. F. Schmidt (1), P. Reinsch (1), G. B. De Toni und D. Levi (1), J. B. Bornet und Ch. Flahault (1), E. Martel (1), M. Gomont (1) und G. B. De Toni (1). Eine Diatomaceenaufsammlung Hausmann's von der Badequelle in Antholz wurde von A. v. Kerner ausgegeben (78. II. 1882); ferner gelangten durch Heufler auch verschiedene von F. Leybold bei Meran, P. Stanislaus

Reisach[1]) bei Bozen, Joachim Steiner in Prägraten und Thaler[2]) bei Deutschnoven aufgenommene Moosexemplare zur diatomatologischen Untersuchung durch Grunow (3). Einzelne Funde von Reisach finden sich auch bei Rabenhorst (10) verzeichnet; ebenso die für Tirol von Pius Titius[3]) in Piné gemachte Entdeckung von Cladophora Sauteri.

Eine namhafte Bereicherung erhielt die Kenntnis der heimischen Algenflora durch J. Milde's Aufenthalt in Meran (1862, 1864) und Ratzes (1863); das bezügliche Materiale wurde von J. Nave in Brünn bestimmt (Milde 9, 10, 11, 13, 20, 25, 29, 30). In demselben Dezennium befasste sich auch A. Kerner in Innsbruck einigermassen mit dem Sammeln von Algen und seinem Scharfblicke verdanken wir in dieser Gruppe einige, mitunter sehr interessante Funde: Prasiola fluviatilis (8, 22, 24, 81), Bangia atropurpurea var. ferruginea (23), Diatoma hiemale = Odontidium alpigenum Kern. (25), Hildenbrandia rivularis (37), Cystopleura argus (70). sowie sehr bemerkenswerte Untersuchungen über den rothen Schnee der Alpen (4, 6). Mehrere Exsiccaten aus Kerners Hand befinden sich in Rabenhorst, Algae exsicc. und in seiner Flora exsicc. Austro-Hung. (darunter auch Stigonema turfaceum = Ephebe Kerneri Zukal: vergl. Zukal 1). Weitere wertvolle Ergänzungen zu den zerstreut publicierten Daten Kerners konnten wir aus dessen handschriftlichen (86) und Herbar-Materialien entnehmen. In das Jahr 1870 fällt die Auffindung von Nostoc commune bei Kufstein durch Prof. v. Dalla Torre. Nach einem längeren Zwischenraume, für welchen nur das von F. Arnold (4) bei Kühetai aufgefundene Stigonema turfaceum (Sirosiphon pulvinatus) zu erwähnen ist, unternahmen im Jahre 1874 die schwedischen Algologen V. B. Wittrock und C. F. O. Nordstedt (1) gelegentlich ihrer Reise nach Oberitalien einen Besuch von Judicarien, wobei dieselben in Comano, Pinzolo und Campiglio eine Reihe hervorragender Entdeckungen aus der

---

[1]) O. S. F., geb. i. J. 1803 zu Innsbruck, erst in Schwaz, seit 1854 in Bozen (Hausmann, Fl. v. Tir. p. 1523), von 1864 an in Reutte, gest. i. J. 1880.

[2]) Geb. ca. 1830 in Petersberg bei Deutschnoven. Advocat in Linz.

[3]) Minoritenabt, geb. i. J. 1801 zu Jazó in Ungarn, gest. am 20. Dezember 1884 zu Pirano.

Familie der Oedogoniaceae und Desmidiaceae machten. (Vergl. auch Wittrock 1). Von denselben Autoren wurde ferner in deren Exsiccaten Oedogonium Pringsheimii (var. Nordstedtii Wittr.) vom Lauser See ausgegeben (2).

Die nächsten Jahre brachten abermals fast nur Einzelheiten und wenig Neues: 1883 wurden von J. Gremblich bei Kerner (78 III) Hildenbrandia und Trentepohlia iolithus ausgegeben und es folgten über letztere Art ein paar Beobachtungen; 1885 veröffentlichte F. Leithe (2) die in den Vorjahren bei Innsbruck, Hall, Schwaz und Sterzing gemachten Funde, von denen einige wenige auch bei Kerner 78 enthalten sind, und im nämlichen Jahre verzeichnete K. Schiedermayr das Resultat eines i. J. 1884 nach Tirol (Hall, Georgenberg) unternommenen Ausfluges; O. E. Imhof (1) constatierte in seinen faunistischen Untersuchungen österreichischer Seen das Vorkommen der Flagellate Dinobryon divergens im Plansee. Im Jahre 1887 publicierte H. Kravogl (1) eine Liste von 162 Algen aus der weiteren Umgebung von Bozen, vielfach der Litteratur entnommen, zum nicht geringen Theile aber nach eigenen Funden, sowie nach dem Herbarmateriale von Hausmann und Heufler und i. J. 1891 machte O. Kirchner (1) einige Species für Vorarlberg (Altenrhein, Rellsthal) namhaft, die ersten Angaben für dieses Gebiet.

Einen ganz ungeahnten, plötzlichen Aufschwung nahm die algologische Landesdurchforschung mit dem Eintritte des letztabgelaufenen Decenniums. Zunächst wurde nämlich im Juli und August 1891 das Land vom Norden bis zum Süden von Prof. Dr. Ant. Hansgirg (1, 2) bereist und auf diese Weise die Erforschung auf das Umfassendste in Angriff genommen. Wie aus der Einleitung dieses wertvollen Aufsatzes hervorgeht, hat derselbe die Umgebung von Kufstein bis zur bayerischen Grenze, dann die Umgebung von Innsbruck, Bozen und Trient näher untersucht, ferner ein mehr oder weniger reiches Materiale an nachstehenden Standorten gesammelt: Wörgl, Brixlegg, Bad Mehrn, Rothholz, Jenbach, Achenthal, St. Magdalena im Hallthal, Hall, Zirl, Kematen, Völs, Patsch, Matrei, Brennerbad, Schelleberg, Pflersch, Gossensass, Sterzing, Brixen, Atzwang, Steg, Blumau, Kardaun, Vilpian, Terlan, Sigmundskron, Leifers, Branzoll, Auer, Neumarkt, Salurn, Deutschmetz, Lavis, Gardolo, San Lazzaro, Civezzano, Pergine, Mattarello, Calliano, Rovereto, Serravalle, Santa Margherita und Ala.

Es versteht sich von selbst, dass durch eine so weitreichende und intensive Thätigkeit eines hervorragenden, modernen Forschers die bisherigen, vielfach veralteten Arbeiten und aus nur nebenbei oder zufällig gemachten Funden bestehenden Leistungen vollständig in den Hintergrund gestellt wurden, ja dass man überhaupt erst jetzt daran denken konnte, über das Vorkommen resp. die Verbreitung der einzelnen Algenarten des Landes — von den in der vorerwähnten Arbeit nicht berücksichtigten Diatomaceen abgesehen — zusammenhängende Anhaltspunkte für den Reichthum dieser Flora und in diese selbst einen beiläufigen Einblick zu gewinnen.

Bei den von der Commission zur wissenschaftlichen Erforschung des Bodensees organisierten Arbeiten wurde ferner den Professoren Dr. A. Schröter und Dr. O. Kirchner (1) die Aufgabe zutheil, dessen Vegetationsverhältnisse zu untersuchen und systematisch darzustellen. Die von denselben am 11. und 12. April 1892 im österreichischen Antheile des Sees aufgenommenen Proben der Ufer-, limnetischen und Planktonvegetation lieferte reiche Beiträge zur Kenntnis der dortigen Algenflora. Hier ist auch der Erforschung der mikroskopischen Süsswasserfauna Tirols durch Prof. v. Dalla Torre (7 $^1/_2$), zu erwähnen, in welche auch die Flagellaten miteinbezogen worden sind.

Zwei Jahre nach diesem, mit der Veröffentlichung der Arbeit J. Schorn's (1) über den gefärbten Schnee zusammenfallenden Zeitpunkte führte i. J. 1894 Prof. W. Schmidle aus Mannheim (1) eine sehr eingehende Untersuchung der Algenflora von Längenfeld und Gurgl aus, wodurch die Zahl der bekannten Arten und Formen wieder durch viele neue — darunter auch nicht wenige neubeschriebene — vermehrt wurde und die Forschungen Hansgirgs durch Aufschlüsse über die Algenflora der Hochalpenregion eine ebenso willkommene, wie wertvolle Ergänzung erfuhren. Ueberdies gab er einige Exsiccaten bei Nordstedt und Wittrock (2) aus; auch verdanken wir ihm mehrere briefliche Angaben über Algen aus dem Falbesonerthale im Stubai. Eine weitere mit bestimmtem Zielbewusstsein die Ausgestaltung der Algenflora von Tirol bezweckende, doch nur wenig in die Oeffentlichkeit gedrungene Arbeit stammt von Bruno Schröder in Breslau (1). In richtiger Erkenntnis der zur Zeit am fühlbarsten obwaltenden Mängel hat sich derselbe besonders den Desmidien und Diatomaceen der alpinen Region zugewendet und in diesen Gruppen Forschungen angestellt: 1. an Alkoholmateriale, welches Reinhold Auras von Breslau im Oetzthale, Schnals, auf der Mendel, am Stilfserjoch, in Sulden und bei Madonna di Campiglio aufgenommen hatte; 2. an Diatomaceengemischen aus den Rabenhorst'schen Exsiccaten, sowie an Moosexemplaren zumeist aus der Gegend von Lienz und von der Seiseralpe.

War so das Hochgebirge zu seinem Rechte gekommen, so sollte nicht weniger auch der Seenflora des Südens ihr Recht werden! Ungefähr gleichzeitig begann nämlich auch eine durchgreifende Erforschung der Diatomaceenflora der Seen des italienischen Tirols. Die Anregung, welche Graf F. Castracane durch seine mustergiltige diatomatologische Untersuchung des Comersees und Prof. O. Pavesi durch ähnliche weit ausblickende zoologische Studien gegeben und welche eine Reihe von Arbeiten über die Diatomaceenflora der italienischen Seen im Gefolge gehabt hatte (vergl. De Toni 3. p. 3), regte auch in Südtirol zu einer lebhaften, zielbewussten Thätigkeit an. Nachdem bereits in den Jahren 1881 und 1882 L. Maggi (1, 2) einige diesbezügliche Mittheilungen über die Seen von Loppio und Terlago veröffentlicht hatte, untersuchte G. B. De Toni (3) i. J. 1893 eine von seinem Bruder Ettore dem Fedaja-See in Fassa (1892) entnommene Grundprobe des Bodenschlammes. Zu derselben Zeit (1893) sandten mehrere Mitglieder der Società degli alpinisti tridentini an das geologische Institut der Universität in Pavia Schlammproben von 25 Seen des italienischen Tirols, welche über Auftrag des Professors der Geologie Torquato Taramelli von Dr. Benedetto Corti (1) untersucht wurden und worüber das Resultat von 10 derselben der Generalversammlung in Pejo am 15. August 1893 vorgelegt und im Jahrbuche veröffentlicht wurde. Gleichsam als Fortsetzung dieser Publication erschien in den Jahren 1898 und 1899 eine 12 Seen umfassende Reihe, betitelt: Le Diatomacee del Trentino von Dr. Vittorio Largaiolli (1), dann 1899 und 1900 auf Grund von Schlammproben E. De Toni's aus den Jahren 1886 und 1895 eine weitere von A. Forti (1, 2), einem Schüler G. B. De Toni's, wodurch sich ein völlig planmässig angelegtes Beobachtungsnetz zur Feststellung der Verbreitung dieser Lebewesen ergab. Ebenso fand die Vegetation des bis dahin nahezu ganz unbekannten Gardasees gleichfalls in den Jahren 1896—1899 auch innerhalb des tirolischen Gebietes eine den Bodenseeforschungen analoge sorgfältige Untersuchung durch O. Kirchner (3) mit Heranziehung der bei Riva gemachten Aufsammlungen von Dr. C. B. Klunzinger aus Stuttgart und Dr. A. Garbini in Verona (1). Im Jahre 1897 erschienen in den Exsiccaten von Hauck und Richter (1) einige von Prof. G. Hieronymus an verschiedenen Punkten Tirols gesammelte Arten. In den Neunziger Jahren befasste sich ferner Prof. Dr. G. v. Beck über Auftrag des regierenden Fürsten von Liechtenstein mit der Untersuchung der Flora — speciell der Cryptogamenflora des Landes und gab in den Exsiccaten von Beck und Zahlbruckner (1) einige Algenarten von Vaduz aus. Ferner sammelte F. Brand (1, 2) in der Brennergegend Cladophora alpina n. sp., Hydrurus fetidus und Gloeocapsa alpina. Aus derselben Zeit sind der Vollständigkeit wegen einige wenige hiehergehörige Daten E. Kernstock's zu erwähnen (1), so Hildenbrandia rivularis, welche mit Arnold's Lichen. exsicc. ausgegeben wurden und Scytonema (Sirosiphon). Der freundlichen Mittheilung R. v. Wettstein's verdanken wir eine Angabe über das Vorkommen von Schizothrix pulvinata bei Trins, sowie Herrn Dr. W. Pfaff, Advokat in Bozen, mehrere Angaben über Algenfunde aus Südtirol.

Geschichte
der Characeen-Forschung in Tirol und Vorarlberg.

—

Der erste, welcher sich im vorgenannten Gebiete mit Characeen befasste, war, da die Fundstellen Poliui's ausserhalb der Landesgrenze liegen, J. L. Custer (2). Von seinen in den Rheinniederungen vom Jahre 1816 ab gemachten Funden wurde „Chara pulchella" — später als Nitella hyalina richtig gestellt — im Jahre 1827 als erste hiehergehörige Art des Gebietes veröffentlicht. Das übrige von ihm zusammengebrachte Materiale wurde sodann von J. F. Gaudin (1), Ant. Sauter (11). M. A. Höfle (1). Al. Braun (2, 3), J. H. Wallman (1) und Th. Bruhin (11) verwertet. Ant. Sauter fand zwischen 1828 und 1830 bei Kitzbühel Nitella flexilis (4, 11) und zwischen 1830 und 1832 bei Bregenz Chara hispida (11); Unger verzeichnet (8) von ersterem Orte bereits 5 Arten. Weitere Bearbeitungen der von den beiden letzteren Autoren gemachten Sammlungen und vielfache Richtigstellungen von deren Bestimmungen erfolgte nach den im Herbarium Putterlicks und im Wiener Hofmuseum niedergelegten Exemplaren durch A. Braun (1—3), U. Ganterer (1) und Prof. Dr. H. Freih. v. Leonhardi (1—3).

In den Jahren 1836 bis 1841 sammelte Heufler um Innsbruck und i. J. 1860 mit Juratzka bei Kufstein; Hausmann bei Bozen; ausserdem wurde in den Fünfzigerjahren von F. Längst bei Rattenberg, F. Leybold bei Bozen, C. v. Hepperger und V. M. Gredler bei Riva gesammelt und dieses gesammte Materiale über Veranlassung Heufler's von Leonhardi (1, 2) verarbeitet; vereinzelte Angaben nach Heufler finden sich auch bei Ganterer (1) und A. Grunow (3). Von Leonhardi (1) wird ferner Chara rudis als von Chr. Brittinger bei Pillersee und Ch. fetida als von K. Bolle bei Salurn gefunden aufgeführt. Weiters sind noch Bruhin (11) in Bregenz und G. Bachlechner (2, 3) in Brixen mit einzelnen Beiträgen zu nennen und als verhältnismässig wichtige Gewährsmänner A. v. Kerner und Leithe. Die von den letzteren um Innsbruck, im Unterinnthale, bei Kitzbühel und am Reschenscheideck gesammelten Exemplare fanden zum grössten Theile durch A. Braun (3) ihre kritische Bearbeitung. Etwas später publicierte Leithe (2) selbst seine sehr reichhaltigen Ergebnisse und durch das Herbarium des ersteren wurden wieder einige Funde von J. Zimmeter aus Innsbruck, A. Ausserdorfer aus Bruneck und P. Porta aus Val Vestino bekannt. Ueberdies enthält die eben erwähnte Arbeit von A. Braun zwei Originalbeiträge von der Algäuer Grenze und einen, Chara coronata aus der Gegend von Meran. In den Notizen von J. Peyritsch wird nur eine Art verzeichnet; die Arbeit von Kravogl enthält mehrere Angaben, welche zum Theil von Hausmann herstammen.

Die Gegenwart steht unter dem Einflusse der grundlegenden Monographie von Prof. Dr. W. Migula (1), für die Landesflora speciell von Wichtigkeit durch Originalangaben und durch die Kritik der vorhandenen Litteraturquellen auf Grund von Untersuchungen älteren Herbarmateriales, endlich auch durch eine Anzahl von neueren Funden von E. Gelmi bei Trient und von Paul Hora bei Innsbruck; von Letzterem wurden mehrere Formen im Herbarium Baenitz (1) ausgegeben.

In den letzten Jahren sammelte um Innsbruck der für die Erforschung des Landes nur allzufrüh verstorbene Universitätshörer Friedrich Stolz, dessen Characeen-Funde zur Bestimmung an Prof. Migula eingesandt worden waren, ohne bisher eine weitere Verwertung gefunden zu haben; dagegen verdanken wir einige Mittheilungen Herrn Dr. W. Pfaff in

Bozen. Schliesslich sei noch erwähnt, dass Prof. Migula nach dem Erscheinen seiner Monographie die Sammlung des Ferdinandeums revidiert hat, wodurch u. a. auch einige wenige Beiträge von J. Traunsteiner, B. F. Hausmann und Sarnthein für die vorliegende Arbeit verwertet werden konnten; nichts desto weniger bilden aber bis heute noch die Characeen die im Gesammtgebiete am wenigsten erforschte Pflanzengruppe.

Die Litteratur
über Algen und Characeen aus den Jahren 1899 und 1900.
(Mit Nachträgen aus den Vorjahren.)

Brand Friedrich, Dr. med., Arzt in München.
1. Cladophora-Studien. — Bot. Centralbl. LXXIX. 1899 p. 145—152, 177—186, 209—221, 287—311; Taf. I.—III.
   p. 06: C. alpina n. sp. mit Hydrurus fetidus bei Gries am Brenner.
2. Der Formenkreis von Gloeocapsa alpina Naeg. — Bot. Centralbl. Bd. LXXXIII. 1900 p. 224—227, 280—286, 305—313; 9 Fig.
   p. 308 und 309: C. alpina, Obernberg, Vennathal.

Dalla Torre K. W. v. (p. 54).
7½. Studien über die mikroskopische Thierwelt Tirols. Zeitschr. Ferdinandeum Innsbruck III. Folge 33. Heft 1889 p. 237—252 (I.); 34. Heft 1890 p. 257—273 (II.); 35. Heft 1891 p. 193—209 (III.).
   II. enthält die Infusoria Flagellata.

Forti Achille.
1. Contribuzioni diatomologiche I. Limnoflora (Laghi di Caldonazzo e di Levico). Atti Istit. veneto sc., lett. ed arti. Tomo LVIII. 1899 p. 439—478.
   Aufzählung von 97 (60, beziehungsweise 41) Arten aus den Seen von Caldonazzo und Levico, nach zwei, von Ettore De Toni im Jahre 1886 aufgenommenen Schlammproben.
2. Pugillo di Diatomee del laghetto di Lasés nel Trentino. — Nuova Notarisia XI. 1900 p. 97—100.
   Ergebnis der Untersuchung einer von Ettore de Toni im Jahre 1895 aufgenommene Schlammprobe, 23 Arten umfassend.

Garbini Adriano. Dr. in Verona.
1. Alghe neritiche del Lago di Garda. — Nuova Notarisia X. 1899 p. 1—20. — Ref.: Hedwigia Bd. XXXVIII. 1899 p. (20).
   Mit mehrfachen Daten aus Riva.

Imhof Otto Emil, Dr., Privatdocent an der Universität in Zürich.
1. Faunistische Studien in achtzehn kleineren und grösseren österreichischen Süsswasserbecken. — Sitzungsber. Akad.

Wissensch. Wien. Mathem.-naturwiss. Cl. XCI. Bd. 1. Abth. 1885
p. 203—226.

p. 208: Dinobryon divergens Imhof vom Plansee erwähnt.

Kirchner Oscar (p. 153).

3. Florula phycologica benacensis. Rovereto, V. Sottochiesa.
1899. 8°. 36 p., 1 tav. Bildet: XXXVI. Pubblicazione fatta
per cura del civico Museo di Rovereto 1899. 8°. 32 p., tav. —
Ref.: Hedwigia Bd. XXXVIII. 1899 p. (203); Atti Accad. agiati
Rovereto. Anno CXXIX. 1899 p. 478.

Sehr wichtige Arbeit mit vielen Daten von Riva und Torbole.

4. Die Bodenseeflora. — Jahreshefte Ver. f. vaterl. Naturkunde in
Württemberg 55. Jg. 1899 Sitzungsber. p. LXXIII—LXXIV.

Kurzer Ueberblick über die Forschungsresultate im Bodensee ohne specielle
Daten.

Schmidt A. W. F. (p. 267).

ad 1. Atlas der Diatomeenkunde Heft 54. Bearb. von M. Schmidt.
Fol. 4 Taf., 4 Blatt Erklärungen. Leipzig, O. R. Reisland. 1899.

De Toni G. B. (p. 302).

ad 1. Sylloge Algarum omnium hucusque cognitarum. Patavii. 8°.
— Vol. IV. Florideae Sectio I. 1897. XX., LXI, p. 1—386;
Sectio II. 1900. p. 387—776.

Ohne Angaben für das Gebiet.

DIE ALGEN

VON

TIROL, VORARLBERG UND LIECHTENSTEIN.

Algae.[1]

Ordn. Florideae.[2]

1. Fam. Lemaneaceae.

1. Lemanea Bory.

1. (1.) L. torulosa (Roth) Ag., Conferva torulosa Roth p. p. — Rbh. III. p. 411; Hg. 1. p. 20; De Toni IV. p. 39.

I An Steinen in der Sill hinter dem Berg Isel bei Innsbruck und im Volderbache nächst dem Bade (Leithe 2 p. 11); an Schieferfelsen im Gschnitzerbache bei Trins 1200 m (Kern. 78ª Nr. 396, 78ᵇ I. p. 134).
B In Gräben bei Bozen (Hsm. bei Baglietto, Cesati & De Notaris f. fasc. XXVII; siehe Hedwigia V. 1866 p. 107; Krav. 1 p. 5).

2. (2.) L. fluviatilis (Dillw.) Ag., Conferva fluviatilis Dillw. (L.?), Lemanea fluviatilis Ag. — Rbh. III. p. 411; Hg. 1. p. 21; De Toni IV. p. 43.

I An Steinen in der Sill hinter dem Berg Isel bei Innsbruck (Leithe 2 p. 11); an Steinen im Volderbache nächst dem Bade (Leithe l. c. und b. Kern. 78ᵇ V. p. 113).
K An Steinen der Kitzbüchler Ache in der Jochbergklamm (Ung. 8 p. 243).

3. (3.) L. dichotoma DC., Sacheria rigida Sirodot, Lemanea rigida De Toni. — Rbh. III. p. 411; De Toni IV. p. 43.

T In einem Gebirgsbache zwischen Mattarello und Calliano in grösserer Menge (Hg. 1 p. 107).

---

[1] Die Ordnungen entsprechen der Reihenfolge in: O. Kirchner die mikroskopische Pflanzenwelt des Süsswassers. 2. gänzlich umgearbeitete und vermehrte Auflage. Hamburg, L. Gräfe und Sillem. 1891. 4⁰. XII, 60 p., 5 Taf.

[2] Systematische Anordnung nach A. Hansgirg, Prodromus der Algenflora von Böhmen in: Archiv f. d. naturwiss. Landesdurchforschung von Böhmen V. Bd. Nr. 6 (Botan. Abth.) 1886 p. 1—27, VI. Bd. Nr. 6 (Botan. Abth.) 1888 p. 216—217 und VIII. Bd. Nr. 4 (Botan. Abth.) 1892 p. 205—206.

2. Fam. Batrachospermaceae.

2. Batrachospermum Roth.

1. (4.) **B. gelatinosum** (L.) Kern., Sched. I. p. 134. Conferva gelatinosa L., B. moniliforme Roth et auct. — Rbh. III. p. 405; Hg. I. p. 23; De Toni IV. p. 43.

V Bodensee: am Ufer bei Mehrerau angeschwemmt (Schröt. & Kirchn. 1 p. 53).
U Quelle am Südufer des Achensees: var. laxum (Leithe 1 p. 9).
K Kitzbühel (Saut. 4 p. 412; 7 p. 462): an Reisern und Holz des quellwasserführenden Baches der Langau (Ung. S p. 242).
B Bei Ratzes; Bozen: In einem Troge am Wege nach Schloss Kühbach (Krav. 1 p. 4).

2. (5.) **B. atrum** (Huds.) Harv., Conferva atra Huds., B. detersum Ktz., B. moniliforme var. atrum Rbh., B. Dillenii Bory. — Rbh. III. p. 406; Hg. I. p. 24; De Toni IV p. 57.

I Im Seebache bei Seefeld, im Kinzachbächlein nahe dem Hallerstadl unter der Brücke, in einem Graben des ehemaligen Sees beim Bauernhofe Sparbereck bei Lans, im Rinnerbächlein nach seinem Austritte aus dem Fleissmoor bei Judenstein, überall an Steinen flutend (Leithe 2 p. 8).

3. (6.) **B. vagum** (Roth) Ag., B. moniliforme var. vagum Roth. — Rbh. III. p. 406; Hg. I. p. 24; De Toni IV. p. 58.

I Innsbruck: Quelle bei der Geisterhütte am Paschberge und bei Egerdach;
E In einer Brunnenröhre bei Drassberg in Pfitsch (Leithe 2 p. 9).

Var. **affine** (Ktz.), B. affine Ktz. — Rbh. III. p. 406; De Toni IV. p. 59.

M Meran: mit einem Hydrurus einem Bache im Finele-Loche (Milde 11 p. 191; 13 p. 457).

4. (7.) **B. fluitans** Kern., Fl. exsicc. Nr. 397, Sched. I. p. 134; De Toni IV. p. 65.

I Innsbruck: an Felsen in Quellen und rasch fliessenden Bächen bei Mühlau, 800—1000 m (Kern. 78ᵃ Nr. 397, 78ᵇ p. 135)[1].

— **Audouinella** Bory.[2]

(Chantransia Fries non DC.).

1. (—) **A. chalybea** (Roth) Bory, Conferva chalybea Roth, Chantransia chalybea Fries. — Rbh. III. p. 401; Hg. I. p. 25; De Toni IV. p. 74.

In klaren Gewässern.

---

[1] B. suaveolens A. Br. — **B** Auf der Rittneralpe (Krav. 1 p. 4) beruht auf einem unaufgeklärten Irrthume.

[2] Die Arten dieser »Gattung« stellen anscheinend keine selbständigen Algenspecies, sondern nur Vorkeimbildungen von Batrachospermum dar; sie werden daher nicht mit fortlaufender Numerierung aufgeführt.

J Bei Zirl, Keinaten, Innsbruck, oberhalb Hall, bei St. Magdalena im Hallthal, Matrei;
U Am Achensee, unterhalb Maurach, bei Jenbach, Brixlegg, bei Kufstein mehrfach, auch im Abflusse des Hechtsees, am Wege zum Thiersee;
E Bei Brennerbad, Schelleberg, Pflersch, Gossensass, Sterzing, Brixen;
B Zwischen Atzwang und Sieg, bei Blumau, Terlan, Bozen, Branzoll, Auer, Neumarkt;
T Bei Lavis, Trient, zwischen Trient und Pergine, bei Mattarello;
R Bei Calliano, Rovereto, Serravalle, Ala (Hg. 1 p. 108).

2. (—) **A. Hermannii** (Roth) Bory, Conferva Hermanni Roth, Chantransia Hermanni Desv. — Rbh. III. p. 402; Hg. I. p. 26; De Toni IV. p. 74.

In klaren Gewässern.

I Zwischen Hall und St. Magdalena (Hg. 1 p. 108).

3. (—) **A. violacea** (Ktz.) nob., Chantransia violacea Ktz. — Rbh. III. p. 402; Hg. I. p. 26; De Toni IV. p. 74.

I Auf Lemanea fluviatilis an überfluteten Steinen im Voldererbache (Leithe bei Kern. 78ᵃ Nr. 1987, 78ᵇ V. p. 113).

R In Gebirgsbächen zwischen Mattarello und Calliano, bei Rovereto, zwischen Santa Margherita und Ala (Hg. 1 p. 108).

3. Fam. Porphyraceae.

Bangia Lyngb.

1. (8.) **B. atropurpurea** (Roth) Ag., Conferva atropurpurea Roth. — Rbh. III. p. 398; De Toni IV. p. 10.

B Im Abflusse eines offenen Gebirgsbrunnens oberhalb Atzwang und an Mühlrädern etc. an einer Mühle oberhalb Neumarkt (Hg. 1 p. 108).

Var. **ferruginea** (Kern.), B. ferruginea Kern. b. Rbh. Alg. Eur. Nr. 1797. — Rbh. III p. 399.

I Innsbruck: am Inn beim Badehause „zur Kaiserkrone" die Steine der Ufermauer ein paar hundert Schritte von der Ausflussstelle des Badwassers abwärts ganz dicht überwuchernd; weiter ab- oder aufwärts nicht mehr, daher offenbar mit dem — seit einigen Decennien gebrauchten — Soolenwasser in Verbindung stehend. (Kern. 23 p. 142 [Sep. p. 20] als B. fuscopurpurea Ktz.; b. Rbh. 3ᵈ Nr. 1797: siehe Hedwigia IV. 1865 p. 161).

4. Fam. Hildenbrandiaceae.[1])

4. Hildenbrandia Nardo.

1. (9.) **H. rivularis** (Liebman) Ag., Conferva rivularis Liebman, H. rosea var. fluviatilis Ktz., H. rosea auct. tirol. — Rbh. III. p. 408; Hg. I. p. 27.

---

¹) Man findet folgende 4 Schreibweisen dieses Namens vor: Hildbrandtia Nardo (1834, Originale), Hildenbrantia Menegh. (1838), Hildenbrandia Zanard.

I Innsbruck, an Steinen in kalklosen Quellwässern und Bächlein: Gallwiese, Peterbrünnl, Egerdach, Patsch (Kern. 37 p. 197, 200; 86); Hall: in einer Quelle am Fusse des Sonnenbühels (Grenzblich b. Kern. 78ª Nr. 1190, 78ᵇ III. p. 171; Murr in litt.); Tulfeser Bach unter dem Wege in's Voldertbal nahe der Bugazi-Kapelle (Leithe 2 p. 11).
U Jenbach (Kern. 37 p. 197, 200).
M Meran: in zahllosen Bächen bei Gratsch, Algund und Plars auf Granit- und Gneissteinen und Bruchstücken von irdenem Geschirr. Auf Letzteren wurden auch Früchte gefunden, später aber auf Steinen vergeblich wieder zu finden gesucht (Milde 13 p. 434, 457). In Gratsch den gepflasterten Boden der Wasserleitungen überziehend (Milde 10 p. 155). Scheint hier allgemein verbreitet zu sein (Milde 11 p. 191). Um Gratsch, Plars, Trauttmansdorff, Marling (Milde 29 p. 12). Unter der Brunnenburg in einem Brunnenhäuschen. Marling, Marlingerberg (Milde in Hb. Hfl. b. Kern. 37 p.' 200. Siehe auch Cohn 1 p. 84).
B Bozen: an Geröllsteinen in Bewässerungsgräben gegen Sigmundskron mit Verrucaria aqualilis Mudd. (Kernstock b. Arn. 1 Nr. 1567; 4 XXV, p. 403).
R In einem Gebirgsbache bei der Mühle in Santa Margherita nächst Ala in grösserer Menge (Hg. 1 p. 108).

II. Ordn. Characeae.[2)]

5. Fam. Chareae.

Nitella Ag.

1. (10). **N. syncarpa** (Thuill.) Ktz., Chara syncarpa Thuill. — Mig. p. 98 Nr. 1.

V Bodenseeriedgräben; zwischen dem Lochsee und Bodensee; mit Riccia fluitans in Pfützen des alten Rheins: bei Rheineck und Bregenz (Custer b. Bruhin 11 p. 23); häufig bei Mehrerau (Bruhin l. c.). — Vergl. N. capitata.
I Abzugsgräben des Völser Sees: f. leiopyrena und f. microcephala (Leithe 2 p. 11); Hirschweiher bei Loreto nächst Hall (A. Br. 3 p. 30; Leithe l. c.).

2. (11.) **N. capitata** (Nees) Ag., Chara capitata Nees, Ch. syncarpa var. capitata Ganterer. — Mig. p. 111 Nr. 2.

(1843), Lindl. (1847), Rupr. (1855) und Hildebrandtia Fries (1846), Aresch. (1847). Da die Gattung den Namen zu Ehren des Wiener Klinikers Franz von Hildebrand trägt (geb. am 7 September 1789 zu Wierzbowie in Volhynien, gest. am 6. April 1849 zu Ofen — vergl. Neilreich A., Geschichte der Botanik in Niederösterreich in: Verh. bot. Ver. Wien V. 1855 p. 40 und Biographisches Lexikon der hervorragenden Aerzte aller Zeiten. Wien, III. Bd. 1886 p. 205), so ist die hier gebrauchte die ausschliesslich richtige Schreibart.

[²)] Systematische Anordnung und Nomenclatur nach W. Migula: Die Characeen Deutschlands, Oesterreichs und der Schweiz. Leipzig, E. Kummer. 1897. 8°. 765 p.

V Am Bodensee bei Bregenz (Custer b. A. Br. 2 p. 8; 3 p. 31; b. Leonh. 1 p. 167). Höfle 1 p. 166 stellt diesen Standort irrthümlicherweise zu N. syncarpa; ebenso dürften die dort angeführten Angaben von Bruhin hiehergehören.

3. (12.) **N. opaca** Ag. — Mig. p. 121 Nr. 3.

Tirol: f. major incrustata (Baenitz 1 Nr. 5652, 1349 [1893]).

M Im Reschensee auf der Malser Haide (Kern. Hb.).

R Bei Riva zwischen Chara fragilis var. Hedwigii, einer abweichenden Form (Hepperger b. Leonh. 1 p. 166).

4. (13.) **N. flexilis** (L.) Ag., Chara flexilis L. p. p. — Mig. p. 132 Nr. 4.

V Im Gebiete von Bregenz gemein (Saut. 11 p. 38); Vorarlberg (Custer und Saut. b. Bruhin 11 p. 23 als sehr zweifelhaft). Circa Hohenems (Gaudin 1 VII. p. 448).

K Kitzbühel: im Giringer Weiher (Saut. 4 p. 412; 11 p. 38; Ung. 8 p. 270; Gauterer 1 p. 9) nach Exemplaren Ungers im Wiener Hofmuseum; aber nach Leonh. 1 p. 169 zweifelhaft, weil die obigen Exemplare unfruchtbar sind. Diese Bestimmung wurde jedoch von Migula nach dem Exemplare im Hb. Ferdinandeum bestätigt.

— **N. mucronata** A. Br. — Mig. p. 149 Nr.

B Bei Klobenstein am Ritten (Hsm. nach Hfl. b. Leonh. 1 p. 213; jedoch von Letzterem richt mit Sicherheit constatiert).

5. (14.) **N. gracilis** (Smith) Ag., Chara gracilis Smith — Mig. p. 159 Nr. 8.

B Torfgräben am Ritten bei 1200 m, kurzblättrige Form und bei Klobenstein; dann etwas abweichende Formen bei Bozen (Hsm. b. Leonh. 1 p. 172); Torfgräben am Ritten bei 1200 m und in tiefer gelegenen Gräben auf Torfwiesen in derselben Gegend, Klobenstein (Mig. 1 p. 166); bei Bozen auch var. capituligera Mig., ob noch? (Mig. 1 p. 172).

6. (15.) **N. hyalina** (DC.) Ag., Chara hyalina DC., Ch. tenuissima Desv. — Mig. p. 191 Nr. 13.

V Am Rande des Bodensees zwischen Rheineck und Fussach unter Scirpus lacuster (Custer 2 p. 382 als Chara pulchella; b. Saut. 11 p. 38 als Ch. tenuissima; b. A. Br. 2 p. 11; b. Höfle 1 p. 167; b. Ktz. 5 p. 516; b. Leonh. 1 p. 175; Custer Hb. nach Bruhin 11 p. 23).

K Pillersee (Saut. b. Leonh. 3 p. 62; b. A. Br. 3 p. 78).

]**R** Der Standort: Lazise (Leonh. 1 p. 175) liegt ausserhalb des Gebietes].

6. Chara L.

1. (16.) **Ch. coronata** Ziz b. A. Br. — Mig. p. 321 Nr. 23.

M Bei Meran in einem Altwasser der Etsch (A. Br. 3 p. 109).

B Bei Bozen: (Hsm. b. Leonh. 1 p. 180); ebendaselbst eine grosse und langblätterige Form (Leybold l. c.).

— **Ch. ceratophylla** Wallr. — Mig. p. 386 Nr. 28.

V Im Bodensee (A. Br. 2 p. 18 nach Leonh. 1 p. 175; Bruhin 11 p. mit jedenfalls ausserhalb der Grenze).

R Der Standort Lazise am Gardasee (Leonh. 1 p. 199) liegt ausserhalb der Grenze.

2. (17.) **Ch. contraria** A. Br. — Mig. p. 432 Nr. 30.

I Innsbruck: in einer Lache bei der Figgen: f. brevibracteata, brevifolia (Leithe 2 p. 9); Grundwasser-Lachen der Wattenser Felder (A. Br. 3 p. 142; Leithe 2 p. 9).

U Im Achensee am rechten Ufer oberhalb der Scholastica (A. Br. 3 p. 142); Kufstein: in Wasserlachen unter dem Steinbruche der Oed (Hfl. b. Leonh. 1 p. 203), Hintersteiner See 950 m (A. Br. 3 p. 142), Maisthaler See (Leithe 2 p. 9).

K Im Pillersee (Ung. in Hb. Putterlick als Ch. tomentosa L. nach Leonh. 1 p. 203), nach welchem auch die dort p. 218 citierte Angabe von „Ch. tomentosa" am Ausflusse des Pillersees (Ung. 8 p. 270) hiehergehört.

B Bozen (Hsm. b. Leonh. 1 p. 203; hieher wohl auch die Angabe Klobenstein: Hsm. nach Grun. b. Leonh. 1 p. 218).

3. (18.) **Ch. strigosa** A. Br. — Mig. p. 468 Nr. 31.

U Im Mariasteiner See bei Kufstein (A. Br. 3 p. 150; Leithe 2 p. 10; siehe Mig. 1 p. 474).

K Am Ausflusse des Pillersees mit Ch. hispida und Ch. tomentosa [= Ch. contraria], aber sparsamer als diese beiden (Ung. 8 p. 270 als Ch. canescens Lois. und darnach A. Br. 1 p. 29 und Ganterer 1 p. 15 als Ch. aspera; Rbh., Braun u. Stizenberger 1 Nr. 42; Leonh. 1 p. 201); Pillersee am Wege nach St. Adulari (Leithe 2 p. 10).

4. (19.) **Ch. intermedia** A. Br. — Mig. p. 488 Nr. 33.

I Innsbruck: im Lanser Torfmoor (A. Br. 3 p. 151) daselbst eine forma gracilior (Leithe 2 p. 10).

U Im Reinthaler See (A. Br. 3 p. 151); in einem Sumpfloche am Westufer daselbst (Leithe 2 p. 10).

B Bozen (Hsm. b. Leonh. 1 p. 200).

(20.) **Ch. gymnophylla** A. Br. — Mig. p. 543 Nr. 36.

I Moospfütze an der Strasse von Fulpmes nach Mieders. 12. Aug. 1886: f. subnudifolia Mig. (Paul Hora b. Mig. 1 p. 552, siehe auch p. 550).

B Kemater Weiher am Ritten: f. pulchella Mig. (Hsm. b. Mig. 1 p. 553).

6. (21.) **Ch. fetida** A. Br., Ch. vulgaris L. p. p. et auct. pl. — Mig. p. 554 Nr. 37.

Tirol (Hfl. b. A. Br. 1 p. 28); Tirol: f. subinermis macroptila (Baenitz 1 Nr. 5647).

V Im Gebiete von Bregenz gemein (Saut. 11 p. 38; siehe Leonh. 1 p. 216); Riedgräben am Bodensee (Hb. Custer b. Bruhin 11 p. 23); häufig in Quellen um Mehrerau etc. (Bruhin l. c.); eine forma crassior major nach Custer Hb. in Gräben um Fussach (Bruhin l. c.); am Bodensee die gemeinste Art, besonders in kleinen, stehenden und langsam fliessenden Gewässern, während sie in den grösseren Seen fehlt (Höfle 1 p. 167); Schlappolt 1624 m (A. Br. 3 p. 159).

I Leutasch: im Quellbächlein am Weitachsee: f. subinermis, longibracteata (Leithe 2 p. 9); Seefeld am Seekirchl (Hfl. b. Leonh. 1

Chara

p. 196); daselbst im Schlamme des Wildsees: f. subinermis, longibracteata (Leithe 2 p. 9) und subinermis, longibracteata, condensata pusilla submunda = Ch. montana Schleich.; am Grunde eines tiefen Wassergrabens bei Kematen: f. subinermis, sublongibracteata, elongata (Leithe 2 p. 10); Sumpfgräben des ehemaligen Völser Sees: f. subinermis, longibracteata (Leithe 2 p. 9); Innsbruck: am Sandbühel bei Hötting gegen den Wald: var. aequistriata A. Br. f. tenella subinermis macroteles, longibracteata superne condensata (Hfl. b. Leonh. 1 p. 194; 2 p. 200), oberhalb St. Nikolaus (Hfl. Hb. F. det. Migula). Gallwiese (Hfl. b. Leonh. 1 p. 211). Schrofenhütte: f. crassiuscula (Kern. Hb.), Villersee: Ch. vulgaris var. montana Schleich. (Hfl. 51) Lanser Torfmoore: f. gracilis accedens ad melanopyrenam (Leithe 2 p. 9), Gräben im Lansertorfmoor (Sarnth. Hb. F. det. Migula), im „guten Wasserl" bei der Taxburg nächst Igls: f. subinermis, longibracteata (Leithe 2 p. 9); Kinzachsee zwischen Thaur und Absam: var. melanopyrena A. Br. (A. Br. 3 p. 164); daselbst: f. subhispida, condensata, incrustata, von sehr sonderbarem Aussehen (Leithe 2 p. 10); Kinzachbächlein ebendort, flutend im raschen Wasserlaufe: f. subinormis, sublongibracteata, elongata; Teich unter der „Post" in Volders: f. subinermis, longibracteata (Leithe 2 p. 9); Giessen bei Kolsass: f. subinermis, accedens ad subhispidam, modice bracteata (Leithe 2 p. 10): Wassergräben in der Thalsohle des Gschnitzthales hinter Trins: f. macroteles, longifolia (Kern. Hb.).

U Sumpflöcher am Westufer des Reinthalsees: f. subinermis, longibracteata (Leithe 2 p 9); Weiher des Schlosses Matzen bei Brixlegg: f. subinermis, brevibracteata, stricta (Leithe 2 p. 10); Sumpfland ober dem Mariasteiner See; in einem todten Innarme bei Kundl: f. subinermis, longibracteata (Leithe 2 p. 9); bei Kufstein in morastigen Plätzen am Fusse des Pendling und am Thierberge: bei Thiersee (Hfl. b. Leonh. 1 p. 211, 196).

K Sumpfiges Westufer des Walchsees: f. subinermis, brevibracteata, stricta (Leithe 2 p. 10); in stehendem Wasser bei Kirchberg: var. longibracteata A. Br., Mig. l. c. p. 567 (Traunsteiner Hb. F. det. Migula); in Bächen bei St. Johann, in einem Weiher oberhalb Klausen u. a. O. (Ung. 8 p. 270).

E In einem Quellsumpf bei Drassberg in Pfitsch: f. subinermis, longibracteata, condensata; Quellen von der Wehr bis zum See vor Kematen in Pfitsch: var. acquistriata; Abzugsgräben des Sterzinger Mooses zwischen Schloss Moos und Sprechenstein: f. subinermis, longibracteata, elongata (Leithe 2 p. 9), Sümpfe vor Schloss Moos: f. montana Schleich. (Leithe 2 p. 10); Brixen: in einem Moose bei Raus (Bachlechner 2 p. 26: 3 p. 327).

N Nonsberg: häufig in den Strassengräben z. B. bei Salobbi, bei der Rocchetta (Pfaff).

B Rittneralpe über Rimal 1450 m: f. condensata = Ch. montana Schleich. „soll Hausmann gesammelt haben" (Leonh. 1 p. 196); in Gräben bei Wolfsgruben am Ritten: f. munda subnuda = Ch. punctata Le Bel (Hsm. b. Leonh. 1 p. 196); Ritten: Köstenthal bei Klobenstein (Hsm. b. Rbh. 10 III. p. 327); im Thale bei Kematen (Hsm. Hb. F. det. Migula); Bozen: mehrere Formen, Frangarter Moos (Hsm. b. Leonh. 1 p. 196), im Strassengraben zwischen St. Pauls und Unterrain, im Bache oberhalb Gries (Leonh. 1 p. 211; 2 p. 201); Bozen: Bruchstücke, die zu Ch. rudis f. subhispida zu gehören scheinen, zwischen Najas minor (Hsm. b. Leonh. 2 p. 198); Bozen: f. melanopyrena munda laete viridis paragymnophylla (Hsm. b. Leonh. 1 p. 197;

A. Br. 3 p. 164); in Gräben bei Bozen, Neumarkt (Krav. 1 p. 4); in Gräben bei St. Jakob gegen Bozen: var. nidifica Mig. (Hsm. b. Mig. 1 p. 591; Hb. F.); in einem Sumpfe auf dem Gipfel des Geierberges bei Salurn (Bolle b. Leonh. 1 p. 196).

G Val Vestino (Porta in Hb. Kern.)

T Sardagna bei Trient: var. longibracteata A. Br. (Gelmi b. Mig. 1 p. 569).

7. (22.) **Ch. rudis** A. Br. — Mig. p. 619 Nr 40.

V Bei Bregenz in f. typica (Mig. 1 p. 622).

I Leutasch: im Weitachsee, denselben ganz ausfüllend; Seefeld: im Wildsee und im Seebache am Seekirchl (Kern. b. A. Br. 3 p. 173; b. Leithe 2 p. 10); Mühlau bei Innsbruck (Kern. Hb.).

U Achensee: vor der Schiffshütte unter der Scholastica nächst dem Abflusse (Kern. b. A. Br. l. c.; Kern. Hb.; Leithe l. c.); im Sumpflande ober dem Mariasteiner See (Hfl. und Juratzka b. Leonh. 1 p. 186; Leithe und A. Br. l. c.): südliches Ufer des Hintersteiner Sees: f. longifolia (Leithe 2 p. 10).

K Im Pillersee (Brittinger und Ung. b. Leonh. 1 p. 186): am Wege nach St. Adulari: f. brevifolia (Leithe l. c.).

8. (23.) **Ch. hispida** L. — Mig. p. 624 Nr. 41.

V Im Gebiete von Bregenz gemein (Saut. 11 p. 38); Sümpfe am Rhein bei der Baurer Ueberfuhr nächst Hohenems (Custer b. Gaudin 1 VII. p. 448; b. A. Br. 2 p. 18; b. Bruhin 11 p. 23).

I Seefelder Moor und daselbst am Seekirchl (Hfl. b. Ganterer 1 p. 18; ? gymnoteles und Hfl. b. Leonh. 1 p. 189: f. tenuior, micrantha, macroteles; Hb. F.); Innsbruck: im Giessen oberhalb der städtischen Schwimmschule: f. micrantha, crassior: Lanser Torfmoore (Leithe 2 p. 10).

U Im Mariasteiner See (Hfl. b. Grun. p. 575), daselbst f. macrantha macrophylla (Leithe 2 p. 10).

K Am Ausflusse des Pillersees (Ung. 8 p. 270; b. Ganterer 1 p. 18; b. A. Br. 1 p. 28); Pillersee (Leithe 2 p. 10).

B Bozen: Frangarter Moos (Hsm. b. Leonh. 1 p. 189).

? R Gardaseeufer bei Riva angeschwemmt, doch nicht mit Sicherheit zu bestimmende Bruchstücke (Gredler b. Leonh. 1 p. 189 und wohl darnach Mig. 1 p. 631); im Gardasee (Pollini 1 p. 15, doch nicht in Tirol, wie Leonh. 1 p. 215 angibt, übrigens nicht mehr bei Pollini 3 III. p. 51).

9. (24.) **Ch. aspera** Detharding b. Willd. — Mig. p. 653 Nr. 43.

I Seefeld: in einer Wasserlache an der Strasse nach Leutasch nahe der Brücke über den Leutasch, Seebach beim Seekirchl: f. viridis (A. Br. 3 p. 175; Leithe 2 p. 9), in einem Moorgraben am Wege von Seefeld nach Leutasch: f. brevispina, leptophylla, in einer Lache des Wildmooses daselbst: f. longispina, leptophylla (Leithe 2 p. 9); Innsbruck (A. Br. 3 p. 175); in einem Sumpfe beim Purenhofe ober Arzl: f. brevispina leptophylla; in einem Sumpfe bei Loreto nächst dem Haller Heustadel; Bahnausstich bei Fritzens; Volderser und Wattenser Grundwasserlachen: f. brevispina, leptophylla (Leithe 2 p. 9).

U Achensee (A. Br. 3 p. 175); Bahnausstich bei Jenbach: f. brevispina leptophylla; Sumpflöcher am Westufer des Reinthaler Sees: f. longi-

spina, leptophylla (Leithe 2 p. 9); Kufstein: unter dem Steinbruche der Oed in Wasserlöchern mit Ch. contraria (Hfl. b. Leonh. 1 p. 206; 2 p. 201); Mariasteiner See, f. longispina, leptophylla;
K Versumpftes Ostufer des Walchsees: f. brevispina, leptophylla;
E In einem Quellwasser vor Kematen in Pfitsch: f. brevispina leptophylla (Leithe 2 p. 9).
P Im Toblacher See 1259 m eine schlanke, wenig stachelige Form (Hsm. b. Leonh. 1 p. 206); Misurina-See, bereits ausserhalb der Grenze: f. longispina, leptophylla (Leithe 2 p. 9).

10. (25.) **Ch. fragilis** Desv., Ch. capillacea Thuill. — Mig. p. 722 Nr. 48.

Tirol: f. sterilis valde incrustata (Baenitz 1 Nr. 1316 [1893]).

? **V** Im Gebiete von Bregenz gemein (Saut. 11 p. 38; Leonh. 1 p. 218), aber nach Bruhin 11 p. 23 nur — von Custer — im schweizerischen Rheinthale beobachtet.
I Innsbruck (Hfl. b. Leonh. 1 p. 210); in einem kleinen Sumpfe ober dem Meilbrunnen am Fusse der Martinswand zahlreich (Kern. Hb.); Gräben der Ulfiswiese (J. Zimmeter in Hb. Kern.); im rasch fliessenden Wasser eines Abzugsgrabens am Wege von Kematen nach Innsbruck: f. pachyphylla; im ehemaligen See bei Sparbereck nächst Lans: f. brevibracteata (Leithe 2 p. 10), Lanser Torfmoor (Leithe 2 p. 9 als Ch. capillacea; Kern. Hb.).
U Am Achensee: bei der Scholastica f. brachyphylla, pusilla (Leithe 2 p. 10); Moosenthal bei Rattenberg (Längst. b. Leonh. 1 p. 210); Zillerthal in einem Abzugsgraben zwischen Schlitters und Gagering: f. brevibracteata; Hintersteinersee bei Kufstein: f. valde incrustata; Ostufer des Maisthaler Sees bei Kufstein: f. brevibracteata longifolia (Leithe 2 p. 10).
E Brixen (Hfl. b. Leonh. 1 p. 210).
P Bei Bruneck: var. pulchella Wallr. (Ausserdorfer in Hb. Schönach); Toblacher See (Leithe 2 p. 10).
B Salten bei Jenesien 1200 m (Pfaff); Ratzes am See (Peyritsch 3); Bozen (Hsm. b. Leonh. 1 p. 210); in Gräben bei Bozen und Neumarkt mit Ch. fetida (Krav. 1 p. 4).
R Riva: f. major = Ch. Hedwigii Ag. (Hepperger fide Grun. b. Leonh. 1 p. 210).

III. Ordu. Confervoideae.[1]

6. Fam. Coleochaetaceae.

7. Coleochaete Bréb.

1. (26.) **C. pulvinata** A. Br. — Rbh. III. p. 389; Hg. 1. p. 38; De-Toni 1. p. 7.

---

[1] Systematische Anordnung nach G. B. De Toni, Sylloge Algarum omnium hucusque cognitarum. Vol. I. Sylloge Chlorophycearum. Patavii, sumpt. auct. 1889. 8°. p. 3—390.

T In Sümpfen zwischen Gardolo und Trient in einer abweichenden Form (Hg. 1 p. 109).

Var. **minor** Pringsh.

V Bregenz: am Holzwerke des Männerbades (Schröt. & Kirchn. 1 p. 54).

2. (27.) **C. pulchella** (Ktz.) Rbh., Phyllactidium pulchellum Ktz. (1854), C. orbicularis Pringsh. (1860). — Rbh. III. p. 390; Hg. I. p. 39; De Toni I. p. 8.

In Sümpfen.

I Bei Völs;
U Bei Wörgl, Kufstein, daselbst auch im Längensee (Hg. 1 p. 109);
B Im kleinen Montiggler See auf Myriophyllum (Hfl. 32 p. 71): zwischen Bozen und Leifers, bei Leifers, Branzoll, Auer, Neumarkt;
T Zwischen Salurn und San Michele, Lavis, Trient;
R Zwischen Serravalle und Ala (Hg. 1 p. 109).

3. (28.) **C. scutata** Bréb. — Rbh. III. p. 390; Hg. I. p. 40; De Toni I. p. 9.

R Gardaseeufer bei Torbole an und zwischen Wasserpflanzen (Kirchn. 3 p. 7).

4. (29.) **C. irregularis** Pringsh. — Rbh. III. p. 390; Hg. I. p. 40; De Toni I. p. 9.

B In Sümpfen zwischen Bozen und Leifers (Hg. 1 p. 109).

7. Fam. Oedogoniaceae.

8. Bulbochaete Ag.

1. (30.) **B. intermedia** De Bary. — Rbh. III. p. 358; Hg. I. p. 49; De Toni I. p. 17.

In Sümpfen.

U Bei Kufstein (Hfl. b. Rbh. l. c.);
B Im kleinen Montigglersee auf Myriophyllum (Hfl. 32 p. 71).

2. (31.) **B. crenulata** Pringsh. — Rbh. III. p. 358; Hg. I. p. 49; De Toni I. p. 18.

O Oetzthal: an Moos angeheftet im Geisbergthal bei Gurgl, häufig in der f. typica Pringsh. und in der var. supramediana Wittr. (Schmidle 1 p. 251).

3. (32.) **B. setigera** (Roth) Ag., Conferva setigera Roth. — Rbh. III. p. 358; Hg. I. p. 49; De Toni I. p. 20.

In Sümpfen.

U Bei Kufstein (Hg. 1 p. 111).
B Im kleinen Montiggler See auf Myriophyllum (Hfl. 32 p. 71).
R Gardasee: am Ufer verbreitet: bei Riva und Torbole (Kirchn. p. 7), zwischen Serravalle und Ala (Hg. 1 p. 111).

4. (33.) **B. crassa** Pringsh. — Rbh. III. p. 360; Hg. I. p. 51
De Toni I. p. 22.
B Im kleinen Montiggler See an Myriophyllum (Hfl. 32 p. 71).

5. (34.) **B. mirabilis** Wittr. — Hg. I. p. 50; De Toni I. p. 24.
O Oetzthal: In Flachslöchern bei Längenfeld 1164 m häufig (Schmidle 1 p. 251).
N Campo Carlo Magno bei Madonna di Campiglio an Batrachien und Charen (Nordst. & Wittr. 1 p. 52).
Var. pygmaea Pringsh. em. Wittr., B. pygmaea b. minor, excl. a major Pringsh. — Rbh. III. p. 359; Hg. I. p. 50; De Toni I. p. 25.
U Bei Wörgl (Hg. 1 p. 111).
B Klobenstein (Hsm. b. Rbh. l. c. als „B. pygmaea Pringsh.", vielleicht folgende Art); Branzoll, Neumarkt;
T Gardolo;
R Zwischen Serravalle und Ala (Hg. 1 p. 110).

6. (35.) **B. subsimplex** Wittr., B. pygmaea a major Pringsh. — Hg. I. p. 51; De Toni I. p. 26.
U Kufstein im Längensee u. s. w. mehrfach (Hg. 1 p. 111).
[**B** siehe Vorige].

7. (36.) **B. minor** A. Br. — Rbh. III. p. 359; Hg. I. p. 51; De Toni I. p. 27.
I Bei Völs und Hall (Hg. 1 p. 111).
B In Tümpeln auf dem Ritten (Krav. 1 p. 4); zwischen Bozen und Leifers (Hg. 1 p. 111).

8. (37.) **B. rectangularis** Wittr. — Hg. I. p. 51; De Toni I. p. 29.
U In den Seen bei Kufstein mehrfach:
B Bei Auer, Neumarkt (Hg. 1 p. 111).

9. Oedogonium Link.

1. (38.) **Oe. cryptoporum** Wittr. — Hg. I. p. 47; De Toni I. p. 33.
U Bei Kufstein;
B Bei Neumarkt;
R Zwischen Serravalle und Ala (Hg. 1 p. 110).

(39.) **Oe. cymatosporum** Wittr. — Hg. I. p. 42; De Toni I. p. 34.
O Oetzthal: In Flachslöchern bei Längenfeld häufig 1164 m (Schmidle 1 p. 251).

(40.) **Oe. pirulum** Wittr. var. **obesum** Wittr. — De Toni I. p. 36.
O Oetzthal: bei Heilig-Kreuz (Schröder 1 p. 44).
G Madonna di Campiglio (Nordst. & Wittr. 1 p. 44).

4. (41.) **Oe. crispum** (Hass.) Wittr., Vesiculifera crispa Hass. — Hg. I. p. 42; De Toni I. p. 37.
T In Sümpfen bei Lavis u. zwischen Gardolo u. Trient (Hg. 1 p. 109).

(42.) **Oe. tirolicum** Wittr. — De Toni I. p. 39.
„In Tirolia Austriae" (Wittr. 1 p. 12).

6. (43.) **Oe. Vaucheri** (Le Clerc) A. Br., Prolifera Vaucheri Le Clerc. — Rbh. III. p. 349; Hg. I. p. 43; De Toni I. p. 41.
In stehenden Wässern.
I Bei Völs;
U Bei Wörgl, Kufstein, hier mehrfach auch am Hechtsee
B Bei Auer, Neumarkt;
T Bei Trient mehrfach;
R Bei Calliano, Rovereto; Ala mehrfach (Hg. 1 p. 109).

7. (44.) **Oe. Borisianum** (Le Clerc) Wittr., Prolifera Borisiana Le Clerc, Oe. apophysatum A. Br. non Pringsh. — Rbh. III. p. 351; Hg. I. p. 44; De Toni I. p. 56.
In stehenden und trägen Gewässern.
U Bei Kufstein mehrfach, auch im Längensee und Hechtsee (Hg. p. 109);
B In Gräben am Ritten (Krav. 1 p. 6); bei Branzoll, Neumarkt;
T Bei Lavis, zwischen Gardolo und Trient;
R Zwischen Serravalle und Ala (Hg. 1 p. 109).

8. (45.) **Oe. echinospermum** A. Br. — Rbh. III. p. 349; Hg. I. p. 45; De Toni I. p. 63.
G Am Monte Spinale (Nordst. & Wittr. 1 p. 46).

9. (46.) **Oe. capillare** (L.) Ktz., Conferva capillaris L. — Rbh. III. p. 352; Hg. I. p. 45; De Toni I. p. 64.
B Bozen: Im Talferbette und bei Haslach (Krav. 1 p. 6).

10. (47.) **Oe. rufescens** Wittr. — Hg. I. p. 221; De Toni I. p. 68.
In stehenden Gewässern.
I Bei Zirl, Kematen, in der Umgebung von Innsbruck und Hall, auch bei St. Magdalena im Hallthale, nicht selten; bei Patsch, Matrei;
U Bei Jenbach, Brixlegg, Kufstein mehrfach;
E Bei Brennerbad, Schelleberg, Pflersch, Gossensass, zwischen Gossensass und Sterzing;
B Bei Kardaun, am Bergwege von Neumarkt nach Auer;
T Bei Deutschmetz, Lavis, San Lazzaro, bei Trient, zwischen Pontealto und Pergine mehrfach, bei Mattarello;
R Bei Calliano, Rovereto, Ala (Hg. 1 p. 110).

11. (48.) **Oe. inversum** Wittr. — Hg. I. p. 46; De Toni I. p. 69.
N Campo Carlo Magno bei Campiglio an- Batrachien und Charen (Nordst. & Wittr. 1 p. 47).

12. (49.) **Oe. cardiacum** (Hass.) Ktz., Vesiculifera cardiaca Hass. — Rbh. III. p. 356; De Toni I. p. 70.
R Gardaseeufer bei Torbole, an Blättern von Potamogeton (Kirchn. 3 p. 8).

13. (50.) **Oe. Priugsheimii** Cramer, O. Nordstedtii Wittr.. Oe. Pringsheimii ? Nordstedtii Nordst. et Wittr. — Rbh. III. p. 348; Hg. I. p. 46; De Toni I. p. 71.
I Bei Völs (Hg. I p. 110); im Lansersee (Nordst. & Wittr. 2 Nr. 8)
U Bei Wörgl; Kufstein mehrfach;
E Zwischen Brennerbad und Schelleberg, Gossensass und Pflersch
B Bei Branzoll, Neumarkt, zwischen Bozen und Leifers;
T Zwischen Lavis und Gardolo;
R Zwischen Mattarello und Calliano, bei Serravalle, Ala (Hg. I p. 110).

14. (51.) **Oe. Boscii** (Le Clerc) Bréb., Conferva Boscii Le Clerc. — Rbh. III. p. 357; Hg. I. p. 46; De Toni I. p. 72.
T In Sümpfen zwischen Serravalle und Ala (Hg. 1 p. 110).

15. (52.) **Oe. tumidulum** Ktz. — Rbh. III. p. 350; De Toni I. p. 73).
B Im kleinen Montiggler See an Myriophyllum (Hfl. 32 p. 71).

16. (53.) **Oe. grande** Ktz. — Rbh. III. p.   Hg. I. p. 45; De Toni I. p. 74.
B In Gräben bei Klobenstein am Ritten (Krav. 1 p. 6).

17. (54.) **Oe. Landsboroughii** (Hass.) Ktz., Vesiculifera Landsboroughii Hass. — Hg. I. p. 259; De Toni I. p. 75.
U Im Längensee bei Kufstein (Hg. 1 p. 110).

18. (55.) **Oe. fonticola** A. Br. Rbh. III. p. 350; Hg. I. p. 47; De Toni I. p. 80.
In Quellen, Brunnen, Bächen.
I Bei Zirl, Kematen, Innsbruck mehrfach; Hall, Patsch, Matrei;
U Zwischen Achensee und Jenbach, bei Jenbach, Brixlegg mehrfach, Wörgl, Kufstein;
E Bei Brennerbad, Schelleberg, Pflersch, Gossensass, Sterzing, Brixen;
B Bei Atzwang, Steg, Blumau, Terlan, Bozen, Branzoll, Auer, Neumarkt;
T Bei Deutschmetz, Lavis, Trient mehrfach; Civezzano, Pergine, Mattarello;
R Bei Calliano, Rovereto, Serravalle, Ala mehrfach (Hg. 1 p. 110).

19. (56.) **Oe. giganteum** Ktz.   Hg. I. p. 47; De Toni I. p. 81.
In Sümpfen.
I Bei Innsbruck;
B Bei Branzoll;
T Bei Lavis, zwischen Gardolo und Trient (Hg. 1 p. 110).

20. (57.) **Oe. hexagonum** (Hass.) Ktz., Vesiculifera hexagona Hass. Rbh. III. p. 354; Hg. I. p. 48; De Toni I. p. 82.
I Innsbruck: in einem Tümpel bei der Schweinsbrücke oberhalb Mühlau (Kern. 86).

Oedogonium — Prasiola

21. (58.) **Oe. tenuissimum** Hg. — Hg. I. p. 222; De Toni I. p. 83.
In Sümpfen.
U Bei Kufstein, hier auch am Längensee und Hechtsee;
E Gossensass gegen Pflersch;
B Bei Branzoll, Neumarkt, Salurn;
T Bei Lavis, zwischen Gardolo und Trient;
R Zwischen Mattarello und Calliano, Serravalle und Ala; bei Santa Margherita (Hg. 1 p. 111).

(59.) **Oe. capillaceum** Ktz. Rbh. III. p. 353; De Toni I. p. 87.
B Im Lengmooser Weiher am Ritten (Grun. 3 p. 394; Krav. 1 p. 6).

8. Fam. Cylindrocapseae.

10. Cylindrocapsa Reinsch.

1. (60.) **C. geminella** Wolle, Hormospora geminella Wolle. — Hg. I. p. 224; De Toni I. p. 93.
U Bei Kufstein in Sümpfen und in den Seen daselbst mehrfach;
B In Sümpfen zwischen Bozen und Leifers;
T Zwischen Gardolo und Trient (Hg. 1 p. 111).

9. Fam. Ulvaceae.

11. Prasiola Ag.

1. (61.) **P. crispa** (Lightf.) Ag., Ulva crispa Lightf., U. terrestris Roth. — Rbh. III. 308; Hg. 1. p. 54; De Toni I. p. 142.
O Oetzthal: an feuchten Stellen auf der Aussenseite einer Brunnenschale unter Hormidium parietinum Ktz.; an feuchten Felsen am Ramolwege (Schmidle 1 p. 251).
U Bei Rothholz nächst Jenbach und im Bad Mehrn bei Brixlegg (Hg. 1 p. 112).
K An der Nordseite der Feldscheunen auf lockerer, moderreicher, etwas feuchter Erde, dann auch an anderen Stellen und zwar am Fusse alter Bäume, auf der Rinde an alten Brettern nahe der Erde, an Zaunpfählen u. dgl., im Thale und auf Bergen, bei Reith, Jochberg, Kirchberg u. s. w. (Ung. 5 p. 523, 537, 538; 8 p. 243).
B Bozen: am Wege nach Runkelstein (Krav. 1 p. 6).

2. (62.) **P. fluviatilis** (Sommerfelt) Jessen, Prasiolae generis monogr. 1848, Hfl. in Verh. zool. bot. Ges. VIII. 1858 Sitzungsber. p. 28; Ulva fluviatilis Sommerfelt in Magaz. f. Naturvidensk. IX. 1828 p. 27; U. intestinalis Mielichh. et Saut. in Flora XXII. 1839 I. Bd. Intelligenzbl. Nr. 1 p. 36, non L.; U. frigida Kern. in Wochenschr. f. Wissensch., Kunst und öffentl. Leben 1862 p. 233; Prasiola Sauteri Menegh. b. Ktz., Phycol. Germ. 1845 p. 243. — Rbh. III. p. 310; De Toni 1. p. 145.

O Oetzthal: im Bache bei Gurgl, häufig; die meisten Exemplare zeigen einen breiteren gefalteten Thallus, ähnlich, wie bei var. Hausmannii (Schmidle 1 p. 251; b. Nordst. et Wittr. 2 Nr. 1234).

I Sellrain: in einem Bächlein des Längenthaler Ferners bei 2411 m von Perktold am 24. September 1840 gefunden (Hfl. 29 p. 28 und Hb. F.); Nordwestseite des Blechnerkammes zwischen Lisens und Alpein in einer mit 0·8° (0·5° bis 1°) R. gemessenen Quelle in 2917 m Höhe (Kern. 8 p. 233; 22 p. 198; 24 p. 16; 81 1. Aufl. II. p. 620; b. Rbh. 3ᵈ Nr. 1986 und 10 III. p. 310); Stubai: an überfluteten Felsen im Gletscherbache bei Oberiss 1600 m (Kern. 86; b. Rbh. 10 III. p. 310).

Var. **Hausmannii** Grun., P. Sauteri var. Hausmanni Grun. b. Rbh. III. p. 310; De Toni I. p. 145.

U Zillerthal: flutend von Steinen einer mächtigen kalten Quelle bei der Alpe Klaus nächst Breitlahner 1300 m (Leithe 2 p. 11; b. Kern. 78ᵃ Nr. 1594, 78ᵇ IV. p. 111).

B Am Rittnerhorn bei 2050 m (Hsm. b. Rbh. 10 III. p. 310; Krav. 1 p. 6).

12. Protoderma Ktz.

1. (63.) **P. viride** Ktz. — Rbh. III. p. 307; Hg. 1. p. De Toni I. p. 147.

I Bei Zirl, Kematen, Innsbruck mehrfach; Hall, zwischen Hall und St. Magdalena; bei Patsch, Matrei;

U Am Achensee, bei Maurach, Jenbach, Brixlegg, Wörgl; Kufstein mehrfach;

E Bei Brennerbad, Schelleberg, Pflersch, Gossensass, Sterzing Brixen;

B Bei Atzwang, Steg, Blumau, Terlan, Bozen, Branzoll, Auer, Neumarkt, Salurn;

T Bei Deutschmetz, San Michele, Lavis, Gardolo, Trient, Civezzano, Pergine, Mattarello;

R Bei Calliano, Rovereto, Serravalle, Santa Margherita, Ala (Hg. 1 p. 111).

10. Fam. Ulotrichiaceae.

13. Schizogonium Ktz.

1. (64.) **Sch. murale** Ktz., Clothrix parietina var. b. velutina Hg. — Rbh. III. p. 368; Hg. 1. p. 62, II. p. 216; De Toni I. p. 153.

U Bad Mehrn bei Brixlegg (Hg. 1 p. 113).

2. (65.) **Sch. Boryanum** Ktz., Clothrix parietina var. c. Boryana Hg. — Rbh. III. p. 369; Hg. 1. p. 62, II. p. 216; De Toni I. p. 154.

U Bei Rothholz nächst Jenbach reichlich, bei Brixlegg spärlich (Hg. 1 p. 113).

14. Hormidium Ktz.

1. (66.) **H. murale** (Lyngb.) Ktz., Oscillatoria muralis Lyngb. (1819), Lyngbya muralis Ag. (1824), Ulothrix radicans Ktz., Priestleya

botryoides Meyen (nach Unger). — Rbh. III. p. 367; Hg. I. p. 61, II. p. 215; De Toni I. p. 156.

O Oetzthal: Bretterwand bei Gurgl (Schmidle I p. 251).
I An entblössten Baumwurzeln im Volderthale (Schiedermayr I p. 194).
K Meist unter Ulva terrestris [siehe oben p. 16 Prasiola crispa] (Ung. 5 p. 52; 8 p. 242).
B Auf Sambucus nigra bei Seis (Krav. I p. 5).

2. (67.) **H. parietinum** (Vauch.?) Ktz., Oscillatoria parietina Vauch. fide Kützing, Ulothrix parietina Ktz. — Rbh. III. p. 367; Hg. I. p. 62, II. p. 215; De Toni I. p. 157.

O Oetzthal: an Brunnen und Zäunen bei Gurgl häufig (Schmidle I p. 252).
I Bei Hötting spärlich;
U Bei Rothholz, Brixlegg, Bad Mehrn, Kufstein mehrfach (Hg. I p. 112).
B Auf feuchten Brettern bei Seis (Krav. 1 p. 7).

Var. **delicatulum** (Ktz.), Ulothrix delicatula Ktz., H. delicatulum Ktz. — Hg. I. p. 62; De Toni I. p. 157.

O Oetzthal bei Gurgl mit der Art (Schmidle 1 p. 252).

15. **Hormiscia** Fries.

1. (68.) **H. subtilis** (Ktz.) De Toni, Ulothrix subtilis Ktz. — Rbh. III. p. 365; Hg. I. p. 59, II. p. 213; De Toni I. p. 159.

I Bei Völs, Innsbruck, Hall, Patsch;
U Bei Wörgl; Kufstein mehrfach;
E Zwischen Brennerbad und Schelleberg, bei Sterzing;
B Zwischen Atzwang und Steg, bei Branzoll, Neumarkt;
T Bei San Michele, Lavis, Gardolo, Trient;
R Zwischen Mattarello und Calliano, Serravalle und Ala; bei Rovereto (Hg. 1 p. 112).

Var. **tenerrima** (Ktz.) Kirchn., Ulothrix tenerrima Ktz. non Rbh. III. p. 366 (siehe Hg. I. p. 59 Fussnote). — Hg. I. p. 59, II. p. 213; De Toni I. p. 160.

B In Talfergräben bei Bozen (Krav. 1 p. 7).

2. (69.) **H. flaccida** (Ktz.) Lagerh., Ulothrix flaccida Ktz. — Rbh. III. p. 367; Hg. I. p. 60, II. p. 214; De Toni I. p. 161.

I Bei Zirl, Kematen, Völs, Hötting, Innsbruck, Matrei;
U Bei Jenbach, Rothholz, Brixlegg, Wörgl, Kufstein (Hg. 1 p. 112);
M Meran: bei Trauttmansdorff (Milde 13 p. 457 als Cladophora flaccida Ktz., was jedoch auf einer Verwechslung mit vorstehender Art beruht, da letztere eine Meeresalge ist. Siehe De Toni I. p. 317);
E Bei Gossensass, Sterzing, Brixen;
B Bei Atzwang, Steg, Blumau, Kardaun, Terlan, Bozen, Branzoll, Auer, Neumarkt;
T Bei Deutschmetz, Lavis, Gardolo, Trient, Civezzano, Pergine, Mattarello;

R Bei Calliano, Rovereto, Serravalle, Santa Margherita, Ala (Hg. 1 p. 112).

Var. **minor** Hg. I. p. 61, II. p. 213; De Toni I. p. 162.
U Bei Brixlegg mit der Art (Hg. 1 p. 112).

3. (70.) **H. zonata** (Web. et Mohr) Aresch., Conferva zonata Web. et Mohr, Ulothrix zonata Ktz., U. pectinalis Rbh. olim. — Rbh. III. p. 362; Hg. I. p. 57. II. p. 213; De Toni I. p. 163.
V Bodensee: limnetisch vor der Mündung der Bregenzer Ache (Schröt. & Kirchn. 1 p. 55).
I Bei Zirl. Kematen, Völs, Innsbruck, zwischen Hall und St. Magdalena (Hg. 1 p. 112); bei Georgenberg mit Spirogyra arcta (Schiedermayr 1 p. 194); bei Patsch und Matrei;
U zwischen Achensee und Jenbach stellenweise reichlich; bei Brixlegg (Hg. 1 p. 112).
K In kleinen Wasserfällen über der Hoferwirtsalpe in der Sperten und am Wasserfalle in der Jochbergklamm (Ung. 8 p. 242).
M An nassen Steinen einer Mühle in Meran (Milde 13 p. 458); Marlinger Waal (Pfaff).
E Zwischen Brennerbad und Schelleberg mehrfach; zwischen Gossensass und Pflersch; bei Sterzing (Hg. 1 p. 112).
N Nonsberg: einem Mühlkanale oberhalb Vigo d'Anaunia (Pfaff).
B Zwischen Atzwang und Steg (Hg. 1 p. 112); Bozen, im Mühlkanal bei Runkelstein (Krav. 1 p. 7); bei Auer, oberhalb Neumarkt;
T Bei Lavis, Trient, Civezzano, Pergine;
R Gardasee: Riva am Ufer und im Plankton (Kirchn. 3 p. 8); bei Calliano, Rovereto, Santa Margherita und Ala mehrfach (Hg. 1 p. 112).

Var. **attenuata** (Ktz.), Ulothrix attenuata Ktz. — Rbh. III. p. 362; Hg. I. p. 57; De Toni I. p. 163.
B Bad Thurnbach bei Eppan (Krav. 1 p. 7).

Var. **rigidula** (Ktz.), Ulothrix rigidula Ktz., Hormiscia rigidula Rbh. — Rbh. III. p. 362; Hg. I. p. 58; De Toni I. p. 164.
B Bei Eppan mit var. valida (Krav. 1 p. 7).

Var. **valida** (Naeg.), Ulothrix valida Naeg. Rbh. III. p. 362; Hg. I. p. 58; De Toni I. p. 164.
B Bei Eppan mit var. rigidula (Krav. 1 p. 7).

Forma **biattenuata** Schmidle, Oesterr. bot. Zeitg. XLV. 1895 p. 252.
O Oetzthal: an mehreren Brunnen von Obergurgl z. B. beim Curaten am Einlaufe des Wassers in die Brunnenschale an letzterer festgewachsen und hellgrüne Räschen bildend (Schmidle 1 p. 252).

4. (71.) **H. latissima** (Menegh.) nob.[1]), Bangia latissima Menegh. litt. ad Heufler, Schizogonium latissimum Menegh. in litt. ad

---

[1]) Wie Heufler am angeführten Orte darlegt, ist seine Pflanze, deren Charactere er in den Worten »Thallo viridi; articulis diametro subtriplo brevioribus, levigatis; nucleo annuliformi gemino, perpendiculariter lineato« zusammenfasst, mit

Kützing, Ulothrix latissima Hfl. in Verh. zool. bot. Ver. Wien II. 1852 Sitzungsber. p. 4, Taf. 1; vergl. auch Zanardini ibid. Sitzungsber. p. 18—19.

I Innsbruck: an Schiefersteinen flutend in einem Bächlein unter dem Heiligen Wasser 1200 m von Heufler im Jahre 1837 entdeckt (Menegh. b. Ktz. 2 p. 197; Hfl. 16 p. 4, 5).

5. (72.) **H. aequalis** (Ktz.) Rbh., Ulothrix aequalis Ktz. — Rbh. III. p. 363; Hg. I. p. 58, II. p. 213; De Toni I. p. 165.

B Bei Seis und am Ritten in Quellen (Krav. 1 p. 7).

R Gardasee: Torbole an den Uferfelsen (Kirchn. 3 p. 8).

6. (73.) **H. tenuis** (Ktz.) Hg., Ulothrix tenuis Klz. — Rbh. III. p. 366; Hg. II. p. 213; De Toni I. p. 165.

U Bei Maurach, Brixlegg, Kufstein;

E Bei Sterzing (Hg. 1 p. 112).

B Im Mühlbache bei Seis (Krav. 1 p. 7).

16. Hormospora Brėb.

1. (74.) **H. mutabilis** Naeg. non Bréb. — Rbh. III. p. 48 pp.; Hg. 1. p. 271; De Toni I. p. 172.

R In Sümpfen zwischen Serravalle und Ala (Hg. 1 p. 121).

17. Aphanochaete Berthold.
(Chaetosphaeridium Klebahn).

1. (75.) **A. globosa** (Nordst.) Wolle, Herposteiron globosum Nordst., Aphanochaete globosa Wolle, Chaetosphaeridium Pringsheimii Klebahn. — Hg. II. p. 209; De Toni I. p. 180.

U Im Längensee bei Kufstein in einer abweichenden Form (Hg. 1 p. 109; 2 p. 367).

18. Herposteiron Naeg.

1. (76.) **H. confervicola** Naeg. — Hg. II. p. 218; De Toni I. p. 181.

In Sümpfen.

I Bei Völs;

U Bei Kufstein, auch an Conferva-Fäden;

B Bei Branzoll;

T Zwischen Salurn und San Michele, Gardolo und Trient (Hg. 1 p. 113).

R Gardasee am Ufer: Riva auf Oedogonium, Torbole auf Cladophora glomerata (Kirchn. 3 p. 8); zwischen Serravalle und Ala (Hg. 1 p. 113).

Kützings Ulothrix inaequalis Phycol. germ. (1845) p. 196 = Hormiscia zonata var. inaequalis Hg. Prodr. I. p. 58, De Toni I. p. 163 — nicht Rbh., welcher sie (Fl. europ. Alg. III. p. 362) als blosses Synonym zu H. zonata stellt — keineswegs identisch.

2. (77.) **H. polychaeta** Hg. — Hg. I. p. 219; De Toni I. p. 181.
I Bei Völs;
B zwischen Bozen und Leifers (Hg. 1 p. 114).
Forma crassius Hg. l. c. — mit der Art.

19. Chaetophora Schrank.

1. (78.) **Ch. pisiformis** (Roth) Ag., Rivularia pisiformis Roth. — Rbh. III. p. 383; Hg. I. p. 69; De Toni I. p. 182.
V Bodenseeufer bei Mehrerau auf Steinen (Schröt. & Kirchn. 1 p. 55).

2. (79.) **Ch. elegans** (Roth) Ag., Rivularia elegans Roth. — Rbh. III. p. 384; Hg. I. p. 70; De Toni I. p. 183.
An Wasserpflanzen.
U Bei Kufstein (Hg. 1 p. 113).
K Kitzbühel: an Wasserpflanzen in der Langau (Saut. 4 p. 412; 7 p. 462; Ung. 8 p. 241).
B Zwischen Bozen und Leifers, bei Branzoll reichlich, Neumarkt;
T Zwischen Salurn und San Michele, bei Lavis, zwischen Trient und Gardolo;
R Zwischen Serravalle und Ala (Hg. 1 p. 113).
Var. **longipila** (Ktz.), Ch. longipila Ktz. — Rbh. III. p. 384; Hg. I. p. 70; De Toni I. p. 183.
U Bei Kufstein (Hg. 1 p. 113).

(80.) **Ch. tuberculosa** (Roth) Hook., Rivularia tuberculosa Roth. — Rbh. III. p. 383; Hg. 1. p. 71; De Toni I. p. 184.
B Quellen bei Lengmoos am Ritten (Krav. 1 p. 4).

4. (81.) **Ch. cornu-damae** (Roth) Ag., Rivularia cornu-damae Roth. — Rbh. III. p. 385; Hg. I. p. 71; De Toni I. p. 186.
In Sümpfen.
U Im Längensee bei Kufstein;
B Zwischen Bozen und Leifers spärlich; bei Branzoll reichlich;
T Bei Lavis, zwischen Gardolo und Trient;
R Zwischen Serravalle und Ala (Hg. 1 p. 113).
Var. **endivifolia** (Roth), Rivularia endiviaefolia Roth. Ch. endiviaefolia Ag., Ch. cornu-damae var. genuina De Toni. — Rbh. III. p. 385; Hg. I. p. 71; De Toni I. p. 187.
I In einem Graben des Sparbereeksees bei Lans, in einer Viehtränke nahe dem Bauernhofe „Unterhoppichl" am Grossvolderberge;
E Lachen beim „Elephanten" oberhalb der Wehr im Pfitsch (Leithe 2 p. 9).
B Auf dem Leiferer Moos (Krav. 1 p. 4).

20. Draparnaudia Bory em. Ag.
(Draparnaldia Bory).

1. (82.) **D. plumosa** (Vauch.) Ag., Batrachospermum plumosum Vauch. — Rbh. III. p. 382; Hg. I. p. 73; De Toni I. p. 190.

K Kitzbühel: in Bächlein nächst dem Giringer Weiher, bei Münichau u. s. w. (Ung. 8 p. 242).
B Bei Branzoll (Hg. 1 p. 114).

2. (83.) **D. glomerata** (Vauch.) Ag., Batrachospermum glomeratum Vauch. — Rbh. III. p. 381; Hg. I. p. 72; De Toni I. p. 192.
U In einem Bächlein bei Häring, im Herbste (Ung. 8 p. 242).
B In Bächlein auf der Rittneralpe (Krav. 1 p. 5).

21. Stigeoclonium Ktz.

1. (84.) **St. variabile** Naeg. — Rbh. III. p. 380; Hg. I. p. 65: De Toni I. p. 196.

O Oetzthal an einigen Brunnen bei Gurgl am Einlaufe des Wassers in die Brunnenschale an letzterer festgewachsen wie Hormiscia zonata var. biattenuata (Schmidle 1 p. 252).

2. (85.) **St. tenue** (Ag.) Rbh., Draparnaldia tenuis Ag. — Rbh. III. p. 375; Hg. I. p. 66; De Toni I. p. 197.

I Bei Zirl, Kematen, Völs, Innsbruck, Hall, Patsch, Matrei (Hg. 1 p. 113); in Gräben des kleinen Fleissmoores nächst Judenstein (Leithe 2 p. 11).
U Bei Jenbach, Brixlegg, Wörgl, Kufstein;
E Bei Gossensass mehrfach, Sterzing, Brixen;
B Bei Atzwang, Steg, Blumau, Terlan, Bozen, Branzoll. Auer, Neumarkt;
T Bei Deutschmetz, San Michele, Lavis, Gardolo, Trient, Civezzano, Pergine, Mattarello (Hg. 1 p. 113).
R Gardaseeufer bei Riva (Kirchn. 3 p. 8); Calliano, Rovereto, Serravalle, Santa Margherita, Ala (Hg. 1 p. 113).

3. (86.) **St. longipilum** Ktz. — Rbh. III. p. 379; Hg. I. p. 67: De Toni I. p. 198.
V Bodenseeufer bei Bregenz im Männerbade (Schröt. & Kirchn. 1 p. 55).

4. (87.) **St. flagelliferum** Ktz. — Rbh. III. p. 378; Hg. I. p. 68; De Toni I. p. 200.
B In Sümpfen zwischen Bozen und Leifers (Hg. 1 p. 113).

22. Eudoclonium Szymanski.

1. (88.) **E. rivulare** Hg. var. **gracile** Hg. in: Sitzungsber. böhm. Ges. Wiss. 1892 p. 114.
R An einem Wasserfalle bei Rovereto auf Fontinalis und anderen Wasserpflanzen hellgrüne krustenförmige Ueberzüge bildend, mit Chantransia, Inactis u. a. (Hg. 1 p. 114).

Chaetonema Nowakow.

1. (89.) **Ch. irregulare** Nowakow. — Hg. I. 228; De Toni I. p. 208.
V Zwischen Batrachospermum am Bodenseeufer bei Mehrerau (Schröt. & Kirchn. 1 p. 55).

24. **Couferva** L. em. Lagerh.

1. (90.) **C. bombycina** (Ag.) Lagerh. — Rbh. III. p. 323; Hg. I. p. 76, II. p. 221; De Toni I. p. 216.

O Oetzthal: Tümpel und Wiesengräben bei Untergurgl 1768 m zerstreut, als var. genuina Wille (Schmidle 1 p. 252).

I Bei Patsch, Matrei;

U Bei Kufstein mehrfach;

E Bei Brennerbad, Schelleberg, Pflersch, Gossensass, Sterzing, Brixen, (Hg. 1 p. 114).

B Quellwasser am Boden der Rittneralpe 1740 m (Hsm. b. Grun. 3 p. 356); in Bächlein am Ritten (Krav. 1 p. 4); bei Auer, Neumarkt mehrfach; bei Salurn;

T Bei San Michele, Lavis, zwischen Gardolo und Trient, bei Civezzano, Pergine;

R Zwischen Mattarello und Calliano, bei Rovereto, Serravalle, Ala (Hg. 1 p. 114).

Var. **elongata** Rbh. — Rbh. III. p. 324; De Toni I. p. 216.

O Oetzthal mit var. genuina Wille (Schmidle 1 p. 252).

Var. **minor** Wille. — Hg. I. p. 76; De Toni I. p. 216.

B Bei Neumarkt mit der Art (Hg. 1 p. 114).

2. (91.) **C. glacialis** Klz. var. **elongata** Schmidle, Oesterr. bot. Zeitschr. XLV. 1895 p. 252. — De Toni I. p. 217.

O Oetzthal: an Felsen angewachsen oft an Moosrasen neben oder an kleinen Wasserfällen in den höchsten Parthieen des Ramolweges (Schmidle 1 p. 252).

3. (92.) **C. tenerrima** Klz. — Rbh. III. p. Hg. I. p. 74; De Toni I. p. 218.

U Bei Wörgl, Kufstein;

E Bei Brennerbad, Schelleberg, Pflersch, Gossensass, Sterzing (Hg. 1 p. 114).

B In Lachen am Ritten und bei Seis (Krav. 1 p. 4); bei Branzoll, Neumarkt;

T Bei Lavis, zwischen Civezzano und Pergine;

R Zwischen Calliano und Mattarello, bei Rovereto, Serravalle, Ala, (Hg. 1 p. 114).

Var. **subtilissima** Hg.

Mit der Art.

U Bei Kufstein;

E Bei Brennerbad;

T Bei Lavis (Hg. 1 p. 114).

4. (93.) **C. schizoderma** Grun. — Rbh. III. p. 326; De Toni I. p. 222.

B Ritten: zwischen Chara vulgaris in einer Lache („lacuna") des Köstenthales bei Klobenstein (Hsm. b. Rbh. 10 III. p. 327); in einem Bächlein bei Klobenstein (Krav. 1 p. 4).

5. (94.) **C. tenella** Ktz., Phycol. germ. p. 202 Nr. 6, C. affinis [Ktz. 1. c. Nr. 5 (1845), non C. affinis Crouan (1865), De Toni I. p. 223] var. tenella Ktz. bei Krav., C. bombycina β stagnorum Ktz., Decad. Alg. — Vergl. Rbh. III. p. 322. — Fehlt bei De Toni.

B Im Talfergraben bei Bozen (Krav. 1 p. 4).

25. Microspora Thuret.

1. (95.) **M. floccosa** (Vauch.) Thur., Prolifera floccosa Vauch., Conferva floccosca Ag. — Rbh. III. p. 321; Hg. I. p. 75, II. p. 222; De Toni I. p. 226.

In Sümpfen.

U Bei Wörgl, Kufstein;

B Zwischen Atzwang und Steg; bei Branzoll (Hg. 1 p. 115).

2. (96.) **M. amoena** (Ktz.) Rbh. — Rbh. III. p. 321; Hg. I. p. 77; De Toni I. p. 227

V Bodenseeufer: Bregenz, an der Mündung des Fabrikbaches, Mehrerau (Schröt. & Kirchn. 1 p. 56).

3. (97). **M. elegans** Hg., M. amoena (Ktz.) Rbh. var. tenuior Hg. — Hg. II. p. 223.

R In einem Bergbache bei Santa Margherita und bei Ala (Hg. 1 p. 115).

4. (98.) **M. pachyderma** (Wille) Lagerh., Conferva pachyderma Wille. — Hg. II. p. 222; De Toni I. p. 227.

O Oetzthal: Sumpf im Rothmoosthal bei Gurgl 2200 m, überrieselte Felsen am Ramolwege, Gaisbergthal, ziemlich häufig (Schmidle I p. 252).

5. (99.) **M. abbreviata** (Rbh.) Lagerh., Conferva abbreviata Rbh. — Rbh. III. p. 323; Hg. I. p. 75, II. p. 222; De Toni I. p. 228.

B In Lachen um Bozen (Krav. 1 p. 4).

6. (100.) **M. stagnorum** (Ktz.) Lagerh., Conferva teuerrima var. stagnorum Ktz., Ulothrix stagnorum Ktz., Conferva stagnorum Ktz. — Hg. I. p. 75, II. p. 222; De Toni I. p. 229.

E In Sümpfen zwischen Brennerbad und Schelleberg;

R Zwischen Serravalle und Ala (Hg. 1 p. 115).

7. (101.) **M. globulifera** (Ktz.) De Toni, Conferva globulifera Ktz., C. fontinalis var. globulifera Rbh. III. p. 323, non C. globulifera ib. p. 324. — Rbh. III. p. 323; Hg. I. p. 77, II. p. 222; De Toni I. p. 229.

R In Sümpfen zwischen Serravalle und Ala (Hg. 1 p. 115).

11. Fam. Chroolepidaceae.

26. Trentepohlia Mart.
(Chroolepus Ag.).

1. (102.) **T. aurea** (L.) Mart., Byssus aurea L., Chroolepus aureum Ktz. — Rbh. III. p. 371; Hg. I. p. 86; De Toni I. p. 236.

Trentepohlia

An feuchten, schattigen Felsen und Mauern, feuchtem Holzwerk, namentlich an Wasserleitungen.

I Häufig: Zirl (Hg. 1 p. 116); Zirl gegen Reith, Kranebitterklamm (Kern. 86), Weg zum Höttingerbild (Hg. 1 p. 116), Vintlalpl 1740 m, Mühlauerklamm, Thaurerberg (Kern. 86), Hallthal, Völs, Kematen (Hg. 1 p. 116), Lanserkopf (Kern. 86), Patsch (Hg. 1 p. 116); Mieders (Kern. 86); Matrei (Hg. 1 p. 116); Trins (Kern. 86).
U Achensee (Kern. 86); zwischen Achensee und Jenbach häufig; Rothholz; bei Brixlegg und Kufstein mehrfach (Hg. 1 p. 116); sehr häufig auf Mergelschiefer bei Häring (Ung. 8 p. 225); Kaisergebirge (B. Weber 1 p. 70).
K Auf Schieferfelsen hie und da, auch an der Rinde der Nadelhölzer (Ung. 8 p. 225)..
M Martellthal (Eschweiler 1 p. 205); um Meran allgemein verbreitet (Milde 25 p. 290; 30 p. 12).
E Zwischen Brennerbad und Schelleberg zerstreut, zwischen Pflersch und Gossensass mehrfach, bei Sterzing, Brixen (Hg. 1 p. 116).
B Vilpian gegen Mölten (Pfaff); Ratzes (Milde 29 p. 8, 21; Krav. 1 p. 4); zwischen Atzwang und Steg, bei Blumau, Kardaun, Bozen (Hg. 1 p. 116), bei Runkelstein (Krav. 1 p. 4); bei Eppan, Haslach, Virgl, Leifers (Pfaff); bei Branzoll, Auer, Neumarkt (Hg. 1 p. 116).
T Bei Trient; dann zwischen Pontealto und Pergine häufig;
R Zwischen Mattarello und Calliano, bei Rovereto (Hg. 1 p. 116); im äusseren Vallarsa (Cristofori 1 p. 339; Hb. F.); bei Santa Margherita, Ala mehrfach (Hg. 1 p. 116).

2. (103). **T. abietina** (Flotow) Hg., Chroolepus abietinum Flotow. — Rbh. III. p. 372; Hg. I. p. 86; De Toni I. p. 237.
I Innsbruck: schattige Abhänge des Patscherkofel an Fichtenrinde. 1200 m (Kern. 78a Nr. 1192, 78b III. p. 171); Hall gegen St. Magdalena mehrfach;
U Zwischen Achensee und Jenbach mehrfach; bei Rothholz auch im Protococcuszustande; bei Kufstein, insbesondere am Wege zum Thiersee mehrfach;
E Gossensass gegen Pflersch (Hg. 1 p. 116).

3. (104.) **T. odorata** (Lyngb.) Wittr., Chroolepus odoratum Ktz. — Rbh. III. p. 372; Hg. I. p. 87; De Toni I. p. 237.
B Ratzes auf Föhrenrinde: var. aurantiaca Rbh. (Milde 29 p. 8, 21).

4. (105). **T. lagenifera** (Hildenbrand) Wille, Chroolepus lageniferum Hildenbrand. — Rbh. III. p. 373; Hg. I. p. 87; De Toni I. p. 238.
B Bozen: im Ananashause des erzherzoglichen Gartens (Hg. 1 p. 116).

5. (106.) **T. umbrina** (Ktz.) Born., Chroolepus umbrinum Ktz. — Rbh. III. p. 372; Hg. I. p. 87; De Toni I. p. 242.
I Bei Zirl, Kematen, Völs, Innsbruck (Hg. 1 p. 116), Gallwiese, Egerdach (Kern. 86), Hall, Patsch;
U Bei Jenbach, Brixlegg, Kufstein;
E Bei Sterzing;

Trentepohlia

B Bei Atzwang, zwischen Kardaun und Blumau; bei Terlan, Bozen, Branzoll, Auer, Neumarkt;

T Bei Deutschmetz, Lavis spärlich, zwischen Gardolo und Trient, bei Civezzano;

R Zwischen Mattarello und Calliano, bei Rovereto (Hg. 1 p. 116).

6. (107.) **T. uncinata** (Gobi) Hg., Chroolepus uncinatum Gobi. — Hg. I. p. 88; De Toni I. p. 243.

E Zwischen Gossensass und Pflersch (Hg. 1 p. 116).

7. (108.) **T. iolithus** [1] (L.) Wallr., Byssus iolithus L., Chroolepus iolithus Ag., Ch. rupestre Ktz. — Rbh. III. p. 373; Hg. I. p. 88; De Toni I. p. 245. — „Veilchenalge, Veilchenstein, Steinsafran".

An feuchten Felsblöcken und Steinen der Centralalpenthäler, insbesondere auf dem Geschiebe am Ufer der Gletscherbäche. Sehr selten in den Kalkalpen und hier fast nur auf erratischen Blöcken.

O Oetzthal (Kern. 81 II. p. 620, 2. Aufl. II. p. 604 mit Chromotafel, 1. Aufl. II. p. 828): bei Oetz 950 m (Kern. 86; Pfaundler 1 p. 31); Ochsengarten (Peyritsch 3).

I Nördlich des Inn: Kranebitterklamm vor der Hundskirche 800 m [auf Kalk?]; Mühlauergraben bei den Quellen des Wurmbaches, 1126—1200 m auf erratischen Blöcken, wogegen auf den angrenzenden Kalkblöcken keine Spur davon (Kern. 86). Centralalpen: Lisenserthal (Gruner 1 p. 700) daselbst von Rothenbrunn 920 m bis St. Sigmund 1516 m und oberhalb Lisens 1700 m; im Lizumthale bei Götzens 1325 m (Kern. 86); im Rinnsale der Quellen ober der Gallwiese bei Innsbruck 760 m (Kern. 86); Stubai: im Oberbergthale (Hfl. 4 p. XXVII; Stotter & Hfl. b. DT. 10 p. 291; Hb. F.), daselbst bei 1080 m beginnend (Kern. 86), Unterbergthal (Sarnth. 4 p. 336); Gschnitzthal: am Aufstiege zum Blaser, nur auf Schieferblöcken (Kern. 86). Südöstliches Schiefergebiet: Heiligwasser (Perktold b. DT. 10 p. 291); oberhalb Patsch bei 1100 m beginnend (Kern. 86); an Schieferblöcken bei Hall (Gremblich b. Kern. 78ª Nr. 1191, 78ᵇ III. p. 171), Neunerspitze (Perktold), an Felstrümmern beim Schwarzbrunn im Volderthale (Leithe 2 p. 10).

U Zillerthal: häufig und stundenweit auf den Bachgeschieben zwischen Zell und Mayrhofen [ca. 600 m] (Moll 1 I. p. 45 [1785] und darnach Braune 2 III. p. 246; Ktz. 2 p. 285; 3 IV. p. 21; 5 p. 427), Gerlosthal (Hock 1 p. 320), massenhaft im Zemmthale und hier bis 820 m herab (Kern. 86), Floite (Schaubach 1ª II. p. 137), bei der Felsenenge zwischen Lanersbach und Hinterdux (Leithe 2 p. 10).

K An Steinen der Kitzbüchlerache vom Jochbergwald, häufig im Weissacher Graben nächst der Kelchalpe, auch auf Kalksteinen beim Passe Strub. Sonst gemein in den tiefen feuchten Querthälern der Centralkette (Ung. 8 p. 225).

M Vöran bei Meran (Pfaff).

E Zwischen Gossensass und Pflersch stellenweise massenhaft, insbesondere auf Felsblöcken etc. am Ufer des Pflerscherbaches (Hg. 1 p. 116); Ridnaun (Senger 1 p. 158); Flaggenthal bei Franzensfeste (Pfaff).

---

[1] Von Veilchen; daher nicht mit »j« zu schreiben.

D Im äusseren Defereggen alle Felsen überziehend (Hornschuch 1 p. 341).
B Purgametschthal am Rosengarten (Pfaff).

Phaeothamnion Lagerh.

1. (109.) **Ph. confervicola** Lagerh. — Hg. I. p. 31.
In Sümpfen.
U Bei Kufstein:
B Zwischen Bozen und Leifers;
R Zwischen Serravalle und Ala (Hg. 1 p. 108).

28. Chlorotylium Ktz.

1. (110). **Ch. cataractarum** Ktz. — Rbh. III. p. 386; Hg. I. p. 90; De Toni I. p. 256.
In klaren, fliessenden Gewässern.
I Bei Zirl, Kematen, Innsbruck, zwischen Hall und St. Magdalena häufig; bei Patsch, Matrei;
U Am Achensee, bei Maurach, Jenbach, Brixlegg, bei Kufstein mehrfach, auch am Wege zum Thiersee und im Abfluss des Hechtsees (Hg. 1 p. 116).
M Meran: zahllos in einem einzigen, von einer hohen Wassermauer umgebenen Bache in Gratsch, in schönen, gelblich-grünen, oft zusammenfliessenden Pölsterchen (Milde 11 p. 191; 13 p. 457).
E Zwischen Brennerbad und Schelleberg, Gossensass und Pflersch;
B Zwischen Atzwang und Steg spärlich, Blumau und Kardaun, bei Bozen (Hg. 1 p. 116), bei St. Georg im Sand (Reisach b. Grun. 3 p. 577), im Gurbachl bei Gries (Krav. 1 p. 4); Branzoll und Auer mehrfach, am Bergwege von Auer nach Neumarkt mehrfach, bei Neumarkt;
T Zwischen Pontealto und Pergine, bei Trient;
R Zwischen Mattarello und Calliano, bei Rovereto, Santa Margherita, Ala (Hg. 1 p. 117).

Var. **incrustans** (Reinsch), Ch. incrustans Reinsch. — Hg. I. p. 91; De Toni I. p. 256.
Tirol (Reinsch 1 p. 76).

29. Microthamnion Naeg.

1. (111.) **M. Kützingianum** Naeg. — Rbh. III. p.   Hg. I. p. 91; De Toni 1. p. 257.
R Gardasee: im Plankton bei Torbole, ein kleines Fragment (Kirchn. 3 p. 8).

12. Fam. Cladophoraceae.

30. Rhizoclonium Ktz.

1. (112.) **Rh. hieroglyphicum** (Ag.) Ktz., Conferva hieroglyphica Ag. — Rbh III. p. 329; Hg. I p. 78; De Toni I. p. 281.
O Oetzthal: Gaisbergthal bei Gurgl, auf überrieselten Rasen (Schnidle 1 p. 252).

I Bei Zirl, Kematen, Innsbruck, Hall, Patsch, Matrei;
U Bei Jenbach, Brixlegg, Kufstein;
E Zwischen Brennerbad und Schelleberg, bei Brixen:
B Zwischen Atzwang und Steg, Blumau und Kardaun, bei Terlan, Bozen, Branzoll, Auer mehrfach, Neumarkt;
T Bei Lavis, San Lazzaro nächst Trient, zwischen Pontealto und Pergine mehrfach, bei Mattarello;
R Bei Calliano, Rovereto, Santa Margherita, Ala (Hg. 1 p. 115).

31. Cladophora Klz.

1. (113.) **C. fracta** (Dillw.) Klz., Conferva fracta Dillw. — Rbh. III. p. 334; Hg. I. p. 80; De Toni I. p. 288.

I Bei Kematen, Völs;
U Bei Brixlegg, Wörgl, Kufstein;
B Zwischen Terlan und Sigmundskron, bei Bozen, Branzoll, Neumarkt;
T Zwischen Salurn und San Michele, Gardolo und Trient (Hg. 1 p. 115).
R Rovereto (Cristofori, Hb. Ferd.; hieher jedenfalls die von ihm in Nr. 1 p. 327 für den Standort „dallo Spino alla Ghiacciaja" angegebene „Conferva rivularis"); zwischen Serravalle und Ala (Hg. 1 p. 115).

Var. **gossypina** (Drap.) Rbh., Conferva gossypina Drap., Cladophara gossypina Klz. — Rbh. III. p. 335; Hg. I. p. 80; De Toni I. p. 289.

B In Bächlein bei Klobenstein am Ritten (Krav. 1 p. 4).

2. (114.) **C. crispata** (Roth) Klz., Conferva crispata Roth. — Rbh. III. p. 336; Hg. I. 82; De Toni I. p. 291.

B In Bächlein auf dem Ritten (Krav. 1 p. 4).

Var. **squarrosa** Grun., non Cladophora squarrosa Klz. — Rbh. III. p. 337; De Toni I. p. 292.

B In Sümpfen bei Bozen (Hsm. b. Rbh. 10 III. p. 338).

3. (115.) **C. glomerata** (L.) Klz., Conferva glomerata L. — Rbh. III. p. 341; Hg. I. p. 83; De Toni I. p. 295.

I Bei Zirl, Kematen, Völs, Hötting, Innsbruck (Hg. 1 p. 115), im Giessen und bei Mühlau (Kern. 86), Kinzachbächlein bei Hall (Leithe 2 p. 10), Hall, zwischen Hall und St. Magdalena mehrfach, bei Patsch, Matrei;
U Achensee, Maurach, Jenbach, Brixlegg, Wörgl, Kufstein (Hg. 1 p. 115);
K Kitzbühel: gemein in Gebirgsbächen B. bei Schwendt, Pillersee u. s. w. (Ung. 8 p. 243).
M Meran: in lang hinflutenden Exemplaren an Steinen in der Etsch und in Wasserleitungen, durch zahllose Bacillarien oft ganz braun gefärbt. Die gemeinste Alge (Milde 13 p. 457).
E Bei Brennerbad, Schelleberg, Gossensass, Sterzing, Brixen;
B Bei Atzwang, Steg, Blumau, Terlan mehrfach, Bozen (Hg. 1 p. 115); Runkelstein (Hsm. b. Bertoloni 3 II. p. 195; b. Rbh. 10 III. p. 341); Branzoll, Auer, Neumarkt;
T Bei Lavis, Gardolo, Trient, zwischen Pontealto und Pergine, bei Civezzano, Mattarello (Hg. 1 p. 115).

Cladophora

R Gardaseeufer bei Torbole (Kirchn. 3 p. 9); bei Calliano, Rovereto, Serravalle, Santa Margherita, Ala (Hg. 1 p. 115).

Var. **fasciculata** (Ktz.), C. fasciculata Ktz. — Rbh. III. p. 340; Hg. I. p. 83; De Toni I. p. 295.
B Seis, Runkelstein, Eppan (Krav. 1 p. 4).

Forma **Heufleri** (Zanardini). C. Heufleri Zanardini in: Verh. zool. bot. Ver. Wien II. 1852 p. 18, C. glomerata I. fasciculata f. elongata Rbh. Alg. Nr. 524 (1856). — [Rbh. III. p. 340; Hg. I. p. 83; De Toni I. p. 295.
B In Gräben bei Englar in Eppan (Hfl. b. Zanardini 1 p. 19; b. Rbh. 3e Nr. 524: siehe Flora XXXIX. 1856 p. 543; b. Rbh. 10 III. p. 340).

Forma **rivularis** Rbh., Alg. exs. Nr. 147. — Rbh. III. p. 341 Hg. I. p. 83; De Toni I. p. 296.
B In Lachen auf dem Ritten (Krav. 1 p. 4).

Forma **simplicior** Ktz. — Rbh. III. p. 341; Hg. I. p. De Toni I. p. 296.
B Auf nassen Mauern bei Bozen (Krav. 1 p. 4 als „var. simplex").

Var. **macrogonya** (Lyngb.) Rbh., Conferva macrogonya Lyngb. — Rbh. III. p. 342; De Toni I. p. 296.
M Meran: in einer Schlucht bei Gratsch an einem kleinen Wasserfalle auf Steinen (Milde 9 p. 155; 13 p. 457).
B Bei Bozen (Hsm. b. Rbh. 10 III. p. 342).

4. (116.) **C. declinata** Ktz., C. glomerata II. declinata Rbh. — Rbh. III. p. 340; Hg. I. p. 84; De Toni I. p. 297.
I Bei Kematen, Patsch, Matrei;
U Zwischen dem Achensee und Maurach, bei Kufstein;
B Zwischen Bluman und Kardaun, bei Terlan, Auer, Neumarkt;
T Bei Trient, zwischen Pontealto und Pergine;
R Zwischen Mattarello und Calliano, bei Rovereto, Ala (Hg. 1 p. 116

Var. **fluitans** (Ktz.), C. fluitans Ktz., C. glomerata f. fluitans Grun. — Rbh. III. p. 340; Hg. I. p. 84; De Toni I. p. 298.
B Bozen: im Fagnerbache bei Gries und an anderen Stellen (Pfaff).

5. (117.) **C. sudetica** Ktz., C. crispata b. virescens, VII. sudetica Rbh. — Rbh. III. p. 338; Hg. I. p. 84; De Toni I. p. 298.
B In Bächlein bei Klobenstein am Ritten mit C. fracta var. gossypina (Krav. 1 p. 4; Rbh. 2 III. p. 338: „alp. tyrol."").

6. (118.) **C. Sauteri** (Nees) Ktz., Conferva Sauteri Nees, Cladophora Aegagropila f. Sauteri Rbh. — Rbh. III. p. 344; De Toni I. p. 342.
T Im Lago di Piné (Titius b. Rbh. 10 III. p. 344).

7. (119.) **C. alpina** F. Brand in: Botan. Centralbl. LXXIX. 1899 p. 306.
I Im Seebache bei Gries am Brenner 1200 m mit Hydrurus fetidus an Wassermoosen angeschlungene krause Watten bildend (Brand l. c.).

IV Ordn. Siphophyceae.[1]

13. Fam. Vaucheriaceae.

32. Vaucheria DC.

1. (120.) V. Dillwynii (Web. et Mohr) Ag., V. pachyderma Walz.
V. sessilis var. pachyderma Hg. — Rbh. III. p. 269; Hg. I. p. 233;
De Toni I. p. 397.

B Bozen: in Warmhäusern des erzherzoglichen Gartens (Hg. 1 p. 117).

2. (121). V. sessilis (Vauch.) DC., Ectosperma sessilis Vauch.,
E. clavata Vauch. (f. zoogonidigera), E. caespitosa Vauch., V. clavata
auct. — Rbh. III. p. 267; Hg. I. p. 94; De Toni I. p. 398.

I Bei Zirl (Hg. 1 p. 117); Wurmbachquelle bei Mühlau; Krimpenbachquelle 2015 m und Riepenalpl 1700 m am Rosskogl, Montia überziehend oder sich dazwischen einschaltend (Kern. 86); bei Kematen, Völs, Innsbruck, Hall, zwischen Hall und St. Magdalena; bei Patsch, Matrei;

U Am Achensee, bei Jenbach, Brixlegg, Wörgl, Kufstein (Hg. 1 p. 117);

K Häufig in Quellwässern und oft in grosser Ausbreitung nächst den Quellen, z. B. am Sonnberg bei Reicher, am Eingang des Kössnerthales u. s. w. (Ung. 8 p. 242 als V. caespitosa DC. = Ectosperma caespitosa Vauch.).

M Quelle zwischen Graun und Haid 1450 m (Kern. 86).

E Zwischen Brennerbad und Schelleberg, Gossensass und Pflersch, bei Sterzing, Brixen (Hg. 1 p. 117).

B Ratzes: in einem kleinen Bache in der Nähe des Badehauses (Milde 29 p. 21); bei Atzwang, Steg, Blumau, zwischen Terlan, und Sigmundskron, bei Bozen (Hg. 1 p. 117), beim kühlen Brünnl (Krav. 1 p. 7); bei Branzoll, Auer, Neumarkt;

T Zwischen Salurn und San Michele, bei Deutschmetz, Lavis, Trient, Civezzano, Pergine, Mattarello;

R Bei Calliano, Rovereto, Serravalle, Santa Margherita, Ala (Hg. 1 p. 117

3. (122.) V. geminata (Vauch.) DC., Ectosperma geminata Vauch., V. caespitosa Ag. non Vauch. — Rbh. III. p. 269, 279; Hg. I. p. 95; De Toni I. p. 399.

I Oberhalb Hall;

U Bei Kufstein (Hg. 1 p. 117).

B In Bächlein am Ritten (Krav. 1 p. 7); Auer, Neumarkt;

T Zwischen Trient und Pergine;

R Bei Santa Margherita, Ala (Hg. 1 p. 117).

Var. verticillata (Ktz.), V. verticillata Ktz. — Rbh. III. p. 270; De Toni I. p. 400.

B In Bächlein am Ritten mit der Art (Krav. 1 p. 7).

---

[1] Systematische Anordnung nach G. B. De Toni l. c., Vol. I. p. 391—531.

14. Fam. Hydrogastraceae.

33. Botrydium Wallr.

1. (123.) **B. granulatum** (L.) Grev., Ulva granulata L., Protococcus Coccoma Ktz., Phyc. gen. tab. VII. fig. 1; Tab. phyc. 1. p. 2 Nr. 8, tab. II., Chlorococcum Coccoma Rbh. [dieses Synonym fehlt bei De Toni]. — Rbh. III. p. 59; Hg. II. p. 239, Fussnote; De Toni I. p. 529.

N Val secco bei Castelfondo in abweichenden Form (Hfl. bei Rbh. 10 III. p. 60).

V. Ordn. Protococcoideae.[1])

15. Fam. Volvocaceae.

34. Volvox Linné.

1. (124.) **V. globator** (L.) Ehrenb. — Rbh. III. p. 96; Hg. I. p. 101; De Toni I. p. 536.

I Innsbruck: im botanischen Garten (DT.).
B In Gräben bei Bozen (Krav. 1 p. 7).

Eudorina Ehrenb.

1. (125.) **E. elegans** Ehrenb. — Rbh. III. p. 98; Hg. I. p. 102; De Toni I. p. 537.

R Gardasee: Riva und Torbole, im Plankton in den Monaten März, April, Mai, August und September (Kirchn. 3 p. 9).

36. Pandorina Bory.

1. (126.) **P. morum** (O. F. Müll.?) Bory, ? Gonium morum O. F. Müll. — Rbh. III. p. 99; Hg. I. p. 103; De Toni I. p. 539.

In Sümpfen.

U Bei Kufstein:
B Zwischen Bozen und Leifers;
T Bei Lavis, zwischen Gardolo und Trient (Hg. 1 p. 117).
R Gardasee: bei Riva, Torbole, im Plankton in den Monaten März, April, Juni, August, September (Kirchn. 3 p. 9); Loppiosee (Maggi 1 p. 57); zwischen Mattarello und Calliano, Serravalle und Ala (Hg. 1 p. 117).

Gonium O. F. Müll.

1. (127.) **G. pectorale** O. F. Müll. — Rbh. III. p. 99; Hg. I. p. 105; De Toni I. p. 541.

R Gardasee: überall (Garbini b. Kirchn. 3 p. 9); Loppiosee (Maggi 1 p. 57).

Systematische Anordnung nach G. B. De Toni l. c., Vol. I. p. 533—707.

38. Chlamydomonas Ehrenb.

1. (128.) **Ch. pulvisculus** (O. F. Müll.) Ehrenb., Gonium Pulvisculus O. F. Müll. — Rbh. III. p. 94; Hg. I. p. 107; De Toni I. p. 549.

I Bei Völs;
U Bei Wörgl, Kufstein;
E Zwischen Brennerbad und Schelleberg;
B Zwischen Bozen und Leifers, bei Branzoll;
T Bei Lavis;
R zwischen Mattarello und Calliano, Serravalle und Ala (Hg. 1 p. 117).

39. Chloraster Ehrenb.[1)]

1. (129.) **Ch. gyrans** Ehrenb. — Sav. Kent. Infus. 1. p. 316; T. 19, F 21, 22.

I In einem Stücke aus einem Tümpel von Eppzirl zwischen Charen (DT. 7½ p. 264).

40. Haematococcus Ag.

1. (130.) **H. ulva** (L.) nob., Volvox Ulva L., V. lacuster Girod-Chantr. (1802), Sphaerella lacustris Wittr., Haematococcus lacuster Rostaf., H. pluvialis Flotow, Protococcus pluvialis Ktz. — Rbh. III. p. 93; Hg. I. p. 105; De Toni I. p. 552.

In stehendem Wasser. „Blutregen".

U Im Längensee bei Kufstein (Hg. 1 p. 118).
M Meran: sehr häufig in den Weihwassernäpfen des Kirchhofes und der Pfarrkirche, auch auf einer Granitplatte in einer Vertiefung bei Algund (Milde 13 p. 436, 457).
T In Sümpfen zwischen Gardolo und Trient;
R Zwischen Serravalle und Ala (Hg. 1 p. 118).

2. (131.) **H. nivalis** (Bauer) Ag., Uredo nivalis Bauer (1819). Conferva nivalis Sieber in Tiroler Bote 1821 p. 188, Protococcus nivalis Ag., Chlamydococcus nivalis A. Br., Sphaerella nivalis Sommerfelt. — Rbh. III. p. 93: De Toni I. p. 552 (als Synonym von H. lacuster). — „Rother Schnee".

V Auf der Seesaplana bei 2840 m [1864] von Zimmerl gesammelt (Kern. 20 p. 355). Am 26. Februar fiel am Arlberg „von Rauz bis St. Christoph wieder röthlicher Schnee" (Anonym 74 p. 268. Eine bezügliche frühere Stelle konnten wir nicht auffinden).
L Bedeckte 1863 massenhaft den Gletscher an der Südseite der Mädelegabel (Molendo 6 p. 95 als „Rothe Schnee-Alge").
O Oetzthal: Hintereisferner (Gsaller b. Schorn 1 p. 458); Timmljoch 3. J. 1820 (Sieber 4 p. 188).
I In ausgedehntem Masse trat diese Erscheinung an der Solsteinkette im Frühlinge des Jahres 1862 auf; wir glauben hierüber die wenig

---

[1)] Diese Gattung fehlt bei De Toni l. c., wird jedoch von N. Wille in Engler in Prantl, Natürl. Pflanzenfam. I. Theil Abth. 2 p. 39 als Gattung der Volvocaceen aufgeführt.

zugänglichen Originalmittheilungen Kerners wörtlich wiedergeben zu sollen. — Zunächst berichtet Kerner (6 p. 141) wie folgt: „Nach anhaltendem Südwinde in der zweiten Hälfte März d. J. bemerkte ich auf den Schneeflächen der nördlichen Kalkalpen bei Innsbruck umschriebene röthliche Flecken und Streifen, die in dem Maasse, als der Schnee sich höher und höher an den Gehängen hinaufzog, immer schärfer und deutlicher sichtbar wurden. Insbesondere zeigte der Schnee am südlichen Abhange der Solsteinkette, das Gehänge, welches von der Frau Hitt zur Höttinger Alpe herabzieht, die Umgebung der Seegruben, der Brandjochboden und der Grat über dem Achselkopf, stellenweise diese röthlich schimmernden Streifen und Flecken, und da die letzteren Punkte am leichtesten zugänglich schienen, beschloss ich dort die Erscheinung an Ort und Stelle in Augenschein zu nehmen und wanderte daher am Morgen des 29. März über den Achselkopf zum Brandjochboden hinauf. Die Schneemasse erschien hier auf weite Strecken hin schmutzig röthlich gefärbt. Nur an wenigen Punkten aber war die Oberfläche derselben wie mit röthlichem Staube bedeckt, vielmehr schien an den meisten Orten der Schnee gar keine Beimengung zu haben. Die Schneefelder waren dort blank und sauber und schimmerten bei auffallendem Sonnenlichte auf weithin wie blasser vollständig reiner Rosenquarz. Oft waren es blos umschriebene Stellen, die als längliche röthliche Flecken und Streifen den weissen Schnee durchzogen, bald aber waren auch grössere Flecken ziemlich gleichmässig geröthet. Stellenweise zeigte sich die rothe Schichte nur einige Zoll tief, an anderen Orten wieder war die ganze Schneemasse bis zu der Tiefe von 2 Fuss hinab gefärbt und es liess sich überhaupt in Beziehung der Vertheilung gar keine bestimmte Regel ermitteln. Nur das eine liess sich bemerken, dass sich nämlich das Phänomen ausschliesslich auf die südlichen, südöstlichen und südwestlichen Abdachungen beschränkte und dass vorzüglich solche Mulden und Runsen mit der gefärbten Schneemasse ausgefüllt waren, in welche eine von Süden kommende Luftströmung offenbar den Schnee zusammengeweht hatte". Als Ergänzung dazu mag folgende Stelle aus den Tagebüchern Kerners (86) Abdruck finden: Achselkopf, 29. März 1862. „Am schönsten an der oberen Fichtengrenze gegen das Brandjoch zu, noch schöner am Brandjochboden gegen das Gamsangerl. Hier hat der rothe Schnee ganz das Aussehen von lichtem Rosenquarz, wohl vorzüglich in den Mulden aber auch an solchen Stellen, wo ein Herabgeführtwerden der färbenden Substanz unmöglich ist, wegen der Flachheit des Bodens. Am schönsten ist er, wenn ein Sonnenblick auf die rothen Schneefelder fällt, dann tritt die Rosenfarbe intensiver hervor, während es sonst von der Ferne mehr das Ansehen hat, als wäre der Schnee durch rothen Ziegelstaub roth gefärbt worden. Der rothe Schnee geht stellenweise nur einige Zoll tief von der Oberfläche gegen die Tiefe zu, an anderen Stellen ist er 2 Fuss mächtig und reicht bis zur Erde hinab; oft tritt die Färbung intensiver auf, wenn man in die Tiefe eingräbt; oft erscheint er an ganz bestimmt umschriebenen Stellen, meistens streifenförmig". — Ueber weitere bald darauf gemachte Beobachtungen lesen wir wieder bei Kern. 6 p. 174: „Ende Mai kam ein Student zu mir und theilte mir mit, dass er bei einem vor kurzem unternommenen Ausflug jenseits der Solsteinkette weite Schneeflächen röthlich gefärbt gesehen habe, dass aber dort nebst der weit verbreiteten blass ziegelrothen Färbung an wenigen Stellen auch blutrothe Flecken bemerkt werden konnten. Am 1. Juni wanderten wir über die Frauhitt zu einem kleinen See im obersten Gleirschthale... In der Nähe des Schnees hatte mein Geleitsmann den blutrothen Schnee gesehen... Die Schneefelder, die sich hier von allen Seiten herabdrängen, waren fast durchgehends roth gestriemt und gefleckt und gerade so wie der Schnee, den wir zu Ende März ... untersucht hatten, auf weite Strecken hin wie mit Ziegelmehl bestreut. In der Nähe des Sees jedoch war die Färbung weit intensiver und von einem anderen, viel mehr ausgesprochenen rothen Farbenton. Fasste man dort den Schnee mit der Hand an, so war die berührte Stelle fast wie von Blut gefärbt und auch die Fussstapfen sahen sich daselbst ganz blutigroth an. Auch drang dort die Färbung nicht so tief nach abwärts und liess sich kaum irgendwo tiefer als $\frac{1}{2}$ Zoll unter der Oberfläche verfolgen. Die Stelle, wo sich das Schneefeld am schönsten geröthet zeigte, war fast eben und kaum merklich gegen Osten geneigt, doch waren auch an den steil abfallenden Schneefeldern aller anderen Weltgegenden röthliche Bänder und Streifen zu sehen und es liess sich hier in Beziehung auf die Verbreitung des Phänomens nach Expositionen überhaupt keinerlei Regel ermitteln." (Siehe auch Kern. 4 p. 441 Oesterr. bot. Zeitschr. XII. 1862 p. 261). — Lisensergletscher, am alten Firn, August 1862 (Kern. 86); Villerspitze (Gsaller b. Schorn 1 p. 458); Blaser bei Trins (Kern. 81 I. 1. Aufl. p. 465, 2. Aufl. p. 485); Nordseite des Glungezer — vielleicht ziegelrother Detritus — J. Pock b. Schorn 1 (p. 459; hinteres Wattenthal (Schorn 1 p. 459).

K Am 4. August 1830 auf der Geigen im Spertenthale 1950 m (Ung. 1 p. 773; 2 p. 340): überall auf den unteren Gletschern der Centralkette, auch im Territorio von Kitzbühel auf einem kleinen Gletscherstock am Uebergange über die Geigen 1950—2275 m (Ung. 8 p. 240).

M Stilfserjoch: ungewiss ob diese Pflanze oder die Eier von Philodina rosula Vogt (Paulsen 1 p. 43); Stilfserhöhe (Rob. v. Aichinger b. Schorn 1 p. 459).

? P Auf der Stalleralpe in Antholz unter der Weissbacherspitze bei 6802—7575′ am 3. Juli 1814 (Oettl 1 p. 228, 232; b. Sieber 4 p. 188, ohne Nennung eines Pflanzennamens).

D In der Frossnitz bei Prägratten i. J. 1820 (Sieber 4 p. 188); Felberjoch 27. Juli 1831 (Ung. 2 p. 340); Kals i. J. 1820 (Sieber l. c.).

N Flavonalpe (K. Biasioli b. Schorn 1 p. 458).

B Sarnthal: am Aberstickerjoche bei 1100 Toisen [2145 m], 12. Juni 1820 (Sieber 4 p. 188).

? G Madonna di Campiglio: „röthet oft weithin den Schnee" (Kuntze 2 p. 85; Kuntze & Pfeiffer 1 p. 70 als Sphaerella nivalis).

Anhangsweise ist hier noch eine Anzahl von Fällen des Auftretens rother Niederschläge anzuführen, deren Färbung entweder vermuthlich oder erwiesenermassen auf Beimengungen athmosphärischen Staubes beruht oder aber mit einiger Wahrscheinlichkeit auf die vorhergehende **Art** (H. ulva) bezogen werden darf. Diese Fälle sind, chronologisch geordnet, folgende

„Anno 592 — in regione quoque Brionum sanguis de nubibus fluxit et inter Eni fluvii aquam rivulus cruoris emanavit" (Resch 1 l. p. 404).

„Anno 868 uti legitur in Chronico Sabionensi apud nos Saec. IV. annotat. 52 apud Brixen 339 tribus diebus tribusque noctibus sanguine pluit è nubibus: quo portento territi Brixinenses, sumptis thesauris opibusque suis in Alpes nostras confugère" (Resch 1 II. p. 155).

(Nach Schnurrers Chronik der Seuchen I. p. 181 ist es J. 871 gewesen: Chladni 1 p. p. 362; Ehrenb. 2 p. 61).

1755 war am 14. Oktober vormittags ein auffallend heisser Wind mit rothem Nebel zu Locarno im Tessin. Um 4 Uhr fiel dortselbst Blutregen mit rötblichem Bodensatz und auf den Alpen sechs Fuss hoher Schnee. Dasselbe Phänomen wurde am gleichen Tage in der ganzen Ost- und Mittelschweiz, in Tirol und im Veltlin bemerkt. Lambert in Chur gibt als begleitende Erscheinungen niedrigen Barometerstand, heftigen Föhn und dichten Staubnebel an. Darauf sind grosse Wassergüsse erfolgt (Chladni 1 p. 44, 371; Ehrenb. 2 p. 348; Brügger Beitr. z. Naturchronik der Schweiz VI. Th. p. 7: Schorn 1 p 474, 475).

1755 fiel am 15. November rother Regen am Bodensee, wobei der Himmel ganz roth war (Chladni 1 p. 372).

1803 wurde am 5.—6. März die ganze Gegend von Cadore, Belluno und Feltre in einer einzigen Nacht bis auf eine Höhe von 20 cm mit rosafarbigem Schnee bedeckt; dieselbe Erscheinung wurde zu gleicher Zeit auf den Gebirgen von Veltlin, Brescia, Südtirol, insbesondere in der Umgebung des Tonale und in Krain wahrgenommen (Anonym 1: siehe I. Bd. p. 337 die wörtliche Wiedergabe der betreffenden Stelle; Agardh in Nova acta acad. caes. Leopold. Carol. nat. curios. Tom. XII. S. 2 1825 p. 739; Ehrenb. 2 p. 350).

1816 fiel am 15. April aus rothen Wolken ziegelrother Schnee auf dem Monte Tonale und an anderen Orten Südtirols (Configliachi b. Anonym 1 p. 473; Chladni 1 p. 382; Schorn 1 p. 476).

1847 fiel am 31. März vormittags in den Centralalpen des Pusterthales bei herrschendem Südwinde ein ziegelrother, ins Bräunliche spielender Schnee, welcher der ganzen Wintergegend einen sonderbaren Anstrich gab. Der Bereich der Erscheinung erstreckte sich von Lappach über das Taufererthal und Iselgebiet bis in die Gegend von Lienz und über die ganze das Gasteiner- und Rauriserthal begrenzende Centralalpenkette Salzburgs. Die Substanz dieses zuerst im Boten von und für Tirol und Vorarlberg vom 15. April 1847 p. 117 bekanntgemachten grossartigen Phänomens erfuhr nach den vom Curaten Ignaz Villplaner zu St. Jakob in Defereggen von dort und Taufers eingesandten Proben eine Analyse durch Dr. Josef Oellacher (Nr. 1 p. 164, 168; Nr. 2 p. 260 etc., siehe I. Bd. p. 215) und Dr. A. Heinisch (Nr. 1 p. 252), sowie eine eingehende Untersuchung durch Ehrenberg, deren Ergebnis im I. Bd. p. 61 kurz zusammengefasst erscheint. Vergl. hierüber auch Schorn 1 p. 476, 486—488.

1885 ereignete sich am 14. und 15. Oktober ein grossartiger Meteorstaubfall, der sich von Malta über Italien bis in das österreichische und bayerische Alpengebiet hinein erstreckte. (Anonym 127 p. 515—514 beziehungsweise 198 - 208).

1887 fiel am 3. Mai Meteorstaub bei Bozen, welcher von Dr. M. Schuster untersucht wurde, siehe I. Bd. p. 277.

Im Uebrigen siehe noch die oft citierte Arbeit Schorns Nr. 1, wo dieser Gegenstand nach allen Richtungen auf das Gründlichste erörtert wird.

41. Tetraselmis Stein.

(Carteria Diesing).

1. (132) **T. cordiformis** (Carter) Sav. Kent, Infus. I. p. 315; T. 19, F. 28, 29; De Toni I. p. 555.

I Innsbruck: im Bereiche des Lansersees ziemlich häufig;
K Kitzbühel: am Schwarzsee;
E Bei Vahrn (DT. 7½ p. 264).

42. Polytoma Ehrenb.

1. (133.) **P. uvella** Ehrenb., Monas uva O. F. Müll., Polytoma uva Sav. Kent. — Sav. Kent, Infus. I. p. 302; T. 15, F. 67—78; De Toni I. p. 556.

In allen Wässern aus Friedhöfen und aus Moos und in den von daher bereiteten Aufgüssen (DT. 7½ p. 264).

43. Chlorangiella De Toni, Syll. Alg. I. p. 557.

(Chlorangium Stein).

1. (134.) **Ch. stentorina** (Ehrenb.) nob. — Sav. Kent, Infus. I. p. 407, fig. 1—7.

I Innsbruck: im Aquarium mit Crustaceen aus Lans mehrmals (DT. 7½ p. 269).

44. Nephroselmis Stein.[1]

1. (135.) **N. olivacea** Stein. — Sav. Kent, Infus. I. p. 405 T. 22, F. 11—13.

In stehendem Wasser.

I Innsbruck: bei Götzens;
E Bei Brixen (DT. 7½ p. 269).

16. Fam. Palmellaceae.

45. Hydrodictyon Roth.

1. (136.) **H. reticulatum** (L.) Lagerh., Conferva reticulata L. H. utriculatum Roth. — Rbh. III. p. 66; Hg. I. p. 109; De Toni I. p. 562

B In Gräben bei Bozen, Tramin (Krav. 1 p. 5); einen Graben bei Salurn ganz ausfüllend (Martens 1 II. p. 354).

46. Scenedesmus Meyen.

1. (137) **S. bijugatus** (Turp.) Ktz., Achnanthes bijuga Turpin, S. obtusus Meyen. — Rbh. III. p. 64; Hg. I. p. 114; De Toni I. p. 563.

In stagnierendem Wasser.

V Bodenseeufer bei Bregenz (Schröt. & Kirchn. 1 p. 57).
O Oelzthal: zwischen Längenfeld und Sölden und bei Heiligkreuz (Schröder 1 p. 44).
I Bei Kematen, Völs;
U Bei Wörgl, Kufstein (Hg. 119).

---

[1] Ueber die Zugehörigkeit dieser Gattung zu den Volvocaceen vergl. G. Senn in: Engler u. Prautl, Natürl. Pflanzenfamil. I. Theil 1. Abth. a. p. 187.

Scenedesmus

M Meran am „Waal" bei Gratsch, dicht am Wege nach Durrenstein an nassen Felsen (Milde 13 p. 62, 457 sub Nr. 15).
E Zwischen Brennerbad und Schelleberg (Hg. 1 p. 119).
B In Gräben um Bozen (Krav. 1 p. 6); zwischen Bozen und Leifers, bei Branzoll, Neumarkt;
T Zwischen Salurn und San Michele, bei Lavis, zwischen Gardolo und Trient (Hg. 1 p. 119).
R Gardasee: Riva im Plankton (Kirchn. 3 p. 10); zwischen Mattarello und Calliano, Serravalle und Ala (Hg. 1 p. 119); Torbole am Ufer (Kirchn. 3 p. 10).

Var. alternans (Reinsch), S. alternans Reinsch. De Toni I. p. 564.

R Gardaseeufer bei Torbole (Kirchn. 3 p. 10).

2. (138.) **S. denticulatus** Lagerh. — Hg. 1. p. 115; De Toni I. p. 564.
O Oetzthal (Schröder 1 p. 44).
B In Sümpfen zwischen Bozen und Leifers (Hg. 1 p. 119).

3. (139) **S. quadricaudus** (Turp.) Bréb., Achnanthes quadricauda Turp. (1820), S. variabilis Wildeman var. cornutus Franzé. — Rbh. III. p. 65; Hg. I. p. 115; De Toni I. p. 565.
V Bodenseeufer bei Bregenz (Schröt. & Kirchn. 1 p. 55).
O Oetzthal: In Flachslöchern bei Längenfeld 1164 m seltener, in Tümpeln und Wiesengräben bei Untergurgl 1768 m häufig (Schmidle 1 p. 305).
I Bei Kematen, Völs;
U Bei Wörgl, Kufstein;
B Zwischen Bozen und Leifers, bei Branzoll mehrfach, Neumarkt;
T Zwischen Salurn und San Michele, bei Lavis, zwischen Gardolo und Trient (Hg. 1 p. 119).
R Gardasee: Riva, im Plankton, selten, Torbole am Ufer (Kirchn. p. 10); zwischen Mattarello und Calliano (Hg. 1 p. 119).

Var. ecornis Franzé, S. variabilis var. ecornis Wildeman.
O Oetzthal: Sumpf im Rothmoosthal bei Gurgl 2200 m häufiger als die Species (Schmidle 1 p. 305).

Forma multicaudatus Schröder in 72. Jahresber. schles. Ges. vaterl. Cult. 1894 zool. bot. Sect. p. 43.
O Oetzthal: bei Heiligkreuz (Schröder 1 p. 43).

4. (140). **S. costatus** Schmidle, Oesterr. bot. Zeitschr. XLV. 1895 p. 305, T. 14, F. 5, 6.
O Oetzthal von Mitte August bis Mitte September in Torfgruben bei den Pirchithöfen bei Gurgl 1900 m (Schmidle 1 p. 305).

5. (141.) **S. obliquus** (Turp.) Ktz., Achnanthes obliqua Turp., S. acutus var. b. obliquus Rbh. — Rbh. III. p. 64; Hg. 1. p. 116; De Toni I. p. 566.

In stehenden Gewässern.
I Bei Kematen, Völs;

U Bei Kufstein;

B Zwischen Bozen und Leifers, bei Branzoll, Neumarkt;

T Bei Lavis, zwischen Gardolo und Trient (Hg. 1 p. 120).

R Gardaseeufer bei Torbole (Kirchn. 3 p. 10); zwischen Mattarello und Calliano, Serravalle und Ala (Hg. 1 p. 120).

Var. **dimorphus** (Turp.), Achnanthes dimorpha Turp., S. acutus var. c. dimorphus Rbh. — Rbh. III. p. 64; Hg. I. p. 116; De Toni 1. p. 567.

T Toblinosee (Maggi 2 p. ? [Sep. p. 3]).

R Gardaseeufer: bei Torbole an Wasserpflanzen (Kirchn. 3 p. 10).

47. Sorastrum Ktz.

1. (142.) **S. spinulosum** Naeg. — Rbh. III. p. 81; Hg. I. p. 114; De Toni I. p. 568.

In Sümpfen.

O Oetzthal: in Flachslöchern bei Längenfeld 1164 m, häufig (Schmidle 1 p. 306).

I Bei Völs;

U Bei Wörgl;

B Zwischen Bozen und Leifers, bei Neumarkt;

R Zwischen Serravalle und Ala (Hg. 1 p. 118).

Var. **crassispinosum** Hg. — Hg. I. p. 235; De Toni I. p. 569.

O Oetzthal: in Flachslöchern bei Längenfeld mit der Art (Schmidle 1 p. 306).

48. Coelastrum Naeg.

1. (143.) **C. sphaericum** Naeg., C. sphaericum var. a. sphaericum Hg. — Rbh. III. p. 79 p. p.; Hg. I. p. 113; De Toni I. p. 570.

R Gardaseeufer: bei Torbole an und zwischen Wasserpflanzen (Kirchn. 3 p. 10).

Var. **robustum** (Hantzsch), C. robustum Hantzsch. — Rbh. III. p. 80; Hg. I. p. 113; De Toni I. p. 570.

P Beim Bade Antholz (Hsm. b. Rbh. 10 III. p. 80).

2. (144.) **C. microporum** Naeg. — Rbh. III. p. 80; Hg. 1. p. 114; De Toni 1. p. 571.

In stehenden und langsam fliessenden Gewässern.

O Oetzthal: in Flachslöchern bei Längenfeld 1164 m, ziemlich selten (Schmidle 1 p. 306).

I Bei Völs;

U Bei Wörgl, Kufstein;

E Bei Brennerbad spärlich;

B Zwischen Bozen und Leifers, bei Branzoll mehrfach, Neumarkt;

T Zwischen Salurn und San Michele, bei Lavis, zwischen Gardolo und Trient;

R Zwischen Mattarello und Calliano, Serravalle und Ala (Hg. 1 p. 119).

3. (145.) **C. natans** Kirchn., Flor. phycol. benac. 1899 p. 10, Fig. 3 u. 4.

R An der Oberfläche des Gardasees bei Riva und Torbole (Kirchn. 3 p. 10).

4. (146.) **C. cambricum** Archer. — Hg. 1. p. 267; De Toni 1. p. 571.
B In Sümpfen zwischen Bozen und Leifers;
R Zwischen Serravalle und Ala.(Hg. 1 p. 119).

(147.) **C. scabrum** Reinsch. — De Toni 1. p. 571.
Var. **torbolense** Kirchn., Flor. phycol. benac. 1899 p. 11, F. 5.
R Gardasee: im Plankton von der Oberfläche bei Riva und Torbole, sporadisch (Kirchn. 3 p. 11).

49. Pediastrum Meyen.

1. (148.) **P. integrum** Naeg. — Rbh. III. p. 71; Hg. 1. p. 110; De Toni I. p. 573.

O Oetzthal: zwischen Längenfeld und Sölden und bei Heiligkreuz (Schröder 1 p. 44); Sumpf im Rothmoosthale bei Gurgl 2200 m, in 2 Formen, mit Uebergängen (Schmidle 1 p. 253).
I Zwischen Hall und St. Magdalena (Hg. 1 p. 118).
M Meran mit Scenedesmus obtusus von „Waal" bei Gratsch, dicht am Wege nach Durrenstein an nassen Felsen (Milde 10 p. 155; 13 p. 457); in einer Lache unterhalb der Brunnenburg (Milde 20 p. 23; 30 p. 12).
B Zwischen Bozen und Leifers (Hg. 1 p. 118).
G Bei Madonna di Campiglio (Schröder 1 p. 44).
R Gardaseeufer: bei Torbole an Wasserpflanzen selten (Kirchn. p. 12); zwischen Serravalle und Ala (Hg. 1 p. 118).

Var. **tirolense** Hg. in Sitzungsber. böhm. Ges. Wiss. 1892 p. 118.
B An feuchten Felsen und Steinen am Bergwege zwischen Auer und Neumarkt reichlich (Hg. l. c.).

2. (149.) **P. forcipatum** (Corda) A. Br., Euastrum forcipatum Corda. — Rbh. III. p. 74; Hg. 1. p. 110; De Toni I. p. 575.
In Sümpfen.
U Bei Kufstein;
B Bei Branzoll;
T Zwischen Gardolo und Trient (Hg. 1 p. 118).

3. (150.) **P. Boryanum** (Turp.) Menegh., Hierella Boryana Turp. — Rbh. III. p. 74; Hg. 1. p. 111; De Toni I. p. 576—577.

Var. **genuinum** Kirchn.
V Bodenseeufer an der Mündung des Forellenbaches bei Bregenz (Schröt. & Kirchn. 1 p. 58).
O Oetzthal: in Flachslöchern bei Längenfeld 1164 m und Sumpf im Rothmoosthal bei Gurgl 2200 m, nicht häufig (Schmidle 1 p. 253).
I Bei Völs;
U Im Achensee, bei Wörgl, Kufstein;
B Zwischen Bozen und Leifers, bei Branzoll, Neumarkt;

T Zwischen Salurn und San Michele, bei Lavis (Hg. 1 p. 118).

R Gardasee: Riva am Ufer und im Plankton, Torbole am Ufer (Kirchn. 3 p. 12); zwischen Mattarello und Calliano, Serravalle und Ala (Hg. 1 p. 118).

Var. **brevicorne** A. Br. — De Toni I. p. 579.

O Oetzthal: zwischen Längenfeld und Sölden (Schröder 1 p. 44).

Var. **granulatum** (Ktz.), P. granulatum Ktz. — De Toni I. p. 577.

O Oetzthal: Tümpel und Wiesengräben bei Untergurgl 1768 m, nicht häufig (Schmidle 1 p. 253).

4. (151.) **P. tricornutum** Borge in Chlorophyceer från Norska Finmarken p. 4.

Var. **genuinum** Borge l. c. Fig.

Tirol (Schröder 1 p. 46).

O Oetzthal: Gaisbergthal bei Gurgl, Tümpel und Wiesengräben bei Untergurgl 1768 m und Sumpf im Rothmoosthale bei Gurgl 2200 m, doch weniger häufig als die folgende Varietät (Schmidle 1 p. 253).

Var. **alpinum** Schmidle, Oesterr. bot. Zeitschr. XLV. 1895 p. 253, T. 14, F. 2—4.

O Oetzthal: im Gaisbergthal oberhalb Obergurgl, in Tümpeln und Wiesengräben bei Untergurgl 1768 m und im Sumpfe im Rothmoosthale bei 2200 m auch als Forma **simplex** Schmidle l. c. T. 14, F. 3 et **evoluta** Schmidle l. c. T. 14, F. 4, besonders häufig in ersterer Form (Schmidle 1 p. 253).

Forma **tirolense** Schröder in 72. Jahresber. schles. Ges. vaterl. Cult. 1894 zool. bot. Sect. p. 43.

O Oetzthal: bei Heiligkreuz (Schröder 1 p. 43).

5. (152.) **P. angulosum** (Ehrenb.) Menegh., Micrasterias angulosa Ehrenb. — Rbh. III. p. 73; De Toni I. p. 578.

Var. **araneosum** Racib., Pediastr. p. 18, Fig. 40.

O Oetzthal: Sumpf im Rothmoosthale bei Gurgl 2200 m, stellenweise zerstreut (Schmidle 1 p. 253).

6. (153.) **P. duplex** Meyen, P. pertusum Ktz. — Rbh. III. p. 75; Hg. 1. p. 111; De Toni I. p. 578.

Var. **genuinum** A. Br. — De Toni I. p. 579.

O Oetzthal: in Flachslöchern bei Längenfeld 1164 m, ziemlich selten (Schmidle 1 p 253).

I Bei Kematen, Völs;

U Bei Wörgl, Kufstein;

E Bei Brennerbad;

B Zwischen Bozen und Leifers, bei Branzoll;

T Zwischen Salurn und San Michele, bei Lavis, zwischen Gardolo und Trient (Hg. 1 p. 118).

R Gardasee: bei Riva im Plankton selten, Torbole am Ufer (Kirchn. p. 12); zwischen Serravalle und Ala (Hg. 1 p. 118).

Var. **reticulatum** Lagerh. — De Toni I. p. 579.

O Oetzthal: in Flachslöchern bei Längenfeld 1160 m, ziemlich selten (Schmidle 1 p. 253).

7. (154.) P. tetras (Ehrenb.) Ralfs, Micrasterias Tetras Ehrenb.. Euastrum Ehrenbergii Corda, P. Ehrenbergii A. Br. — Rbh. III. p. 77; Hg. I. p. 112; De Toni I. p. 581.

O Oetzthal: in Flachslöchern bei Längenfeld 1164 m und Sumpf im Rothmoosthale bei Gurgl 2200 m, selten (Schmidle 1 p. 253).
I Bei Kematen, Völs;
U Bei Kufstein;
B Zwischen Bozen und Leifers, bei Branzoll, Neumarkt;
T Zwischen Salurn und San Michele, bei Lavis, zwischen Gardolo und Trient (Hg. 1 p. 118).
R Gardaseeufer bei Torbole (Kirchn. 3 p. 12); zwischen Serravalle und Ala (Hg. 1 p. 118).

8. (155.) P. biradiatum Meyen (1839), Micrasterias Rotula Ehrenb. P. Rotula A. Br. — Rbh. III. p. 79; Hg. I. p. 112; De Toni I. p. 582.
B In Torfgräben auf dem Ritten (Krav. 1 p. 6).

50. Sciadium A. Br.

1. (156.) S. gracilipes A. Br. — Rbh. III. p. 68; Hg. I. p. 117; De Toni I. p. 585.
B In Sümpfen bei Neumarkt (Hg. 1 p. 120).

51. Ophiocytium Naeg.

1. (157.) O. parvulum (Perty) A. Br., Brochidium parvulum Perty. — Rbh. III. p. 67; Hg. I. p. 118; De Toni I. p. 591.
In stehenden Gewässern.
O Oetzthal: in Flachslöchern bei Längenfeld 1164 m und im Sumpfe im Rothmoosthale bei Gurgl 2200 m, ziemlich häufig (Schmidle 1 p. 306).
I Bei Kematen, Völs;
U Bei Wörgl, Kufstein;
E Zwischen Brennerbad und Schelleberg;
B Zwischen Bozen und Leifers, bei Branzoll, Neumarkt;
T Zwischen Salurn und San Michele, bei Lavis, zwischen Gardolo und Trient (Hg. 1 p. 120).
R Gardaseeufer bei Torbole (Kirchn. 3 p. 12); zwischen Mattarello und Calliano, Serravalle und Ala (Hg. 1 p. 120).

2. (158.) O. cochleare (Eichwald) A. Br., Spirodiscus cochlearis Eichwald. — Rbh. III. p. 66; Hg. I. p. 118; De Toni I. p. 591.
In Sümpfen.
V Bodenseeufer bei Mehrerau (Schröt. & Kirchn. 1 p. 58).
O Oetzthal: Tümpel und Wiesengräben bei Untergurgl 1768 m, nicht häufig (Schmidle 1 p. 306).
U Bei Kufstein;
T Bei Lavis (Hg. 1 p. 120).

52. Rhaphidium Ktz.

1. (159.) Rh. polymorphum Fres. — Rbh. III. p. 44; Hg. I. p. 118; De Toni I. p. 592.

In stehenden oder langsam fliessenden Gewässern.

V Bodenseeufer bei Mehrerau (Schröt. & Kirchn. 1 p. 58).

O Oetzthal (Schröder 1 p. 44): in Flachslöchern bei Längenfeld 1164 m, ziemlich selten (Schmidle 1 p. 306).

I Bei Kematen, Völs, Patsch;

U Bei Wörgl, Kufstein mehrfach;

E Zwischen Brennerbad und Schelleberg, Gossensass und Pflersch (Hg. 1 p. 120).

B In Gräben um Bozen (Krav. 1 p. 6); zwischen Bozen und Leifers, bei Branzoll, Neumarkt;

T Zwischen Salurn und San Michele, bei Lavis, zwischen Gardolo und Trient (Hg. 1 p. 120).

R Gardasee: Riva im Plankton (Kirchn. 3 p. 12); zwischen Mattarello und Calliano; Serravalle und Ala (Hg. 1 p. 120).

Var. falcatum (Corda), Micrasterias falcata Corda, Ankistrodesmus falcatus Ralfs, Rh. polymorphum var. c. falcatum Rbh. — Rbh. III. p. 45; Hg. I. p. 119; De Toni I. p. 593.

T Toblinosee (Maggi 2 p. ?, [Sep. p. 3]).

Selenastrum Reinsch.

1. (160.) **S. Bibraianum** Reinsch. — De Toni 1. p. 596.

B In Sümpfen zwischen Bozen und Leifers (Hg. 1 p. 120).

54. Tetraedron Ktz.

1. (161.) **T. trigonum** (Naeg.) Hg., Polyedrium trigonum Naeg. — Rbh. III. p. 61; Hg. I. p. 120, II. p. 232; De Toni I. p. 598.

In Sümpfen.

U Bei Kufstein mehrfach;

B Zwischen Bozen und Leifers, bei Neumarkt;

T Zwischen Gardolo und Trient;

R Zwischen Mattarello und Calliano, Serravalle und Ala (Hg. 1 p. 120).

2. (162.) **T. quadratum** (Reinsch) Hg., Polyedrium quadratum Reinsch.

Var. crassispinum (Reinsch) — De Toni 1. p. 602.

Tirol zwischen verschiedenen Phycochromaceen: Tolypothrix, Sirosiphon, Chroococcus (Hsm. b. De Toni 1. c.).

3. (163.) **T. lobulatum** (Naeg.) Hg., Polyedrium lobulatum Naeg., P. enorme (Ralfs) De Bary, Staurastrum enorme Ralfs. — Rbh. III. p. 63; Hg. II. p. 232; De Toni I. p. 607.

U In Sümpfen bei Kufstein (Hg. 1 p. 120).

55. Reinschiella De Toni.
(Closteridium Reinsch non auct.).

1. (164.) **R. crassispina** (Reinsch) De Toni, Closteridium crassispinum Reinsch. — De Toni I. p. 613.

O Oetzthal: in Flachslöchern bei Längenfeld 1164 häufig (Schmidle 1 p. 306).

56. Eremosphaera De Bary.

1. (165.) E. viridis De Bary. — Hg. I. p. 121; De Toni I. p. 616.
O Oetzthal: Tümpel und Wiesengräben bei Untergurgl 1768 m, ziemlich selten (Schmidle 1 p. 306).
R Gardasee: im Plankton zwischen Torbole und Riva, im August und September stets nur in einer kleinen Form (Kirchn. 3 p. 12).

57. Characium A. Br.

1. (166.) Ch. strictum A. Br. — Rbh. III. p. 84; Hg. I. p. 122; De Toni I. p. 619.
An Wasserpflanzen.
I Bei Kematen;
U Bei Brixlegg;
B Bei Branzoll;
T Zwischen Gardolo und Trient (Hg. 1 p. 120).

2. (167.) Ch. longipes Rbh. — Rbh. III. p. 85; Hg. I. p. 123; De Toni I. p. 624.
U In Sümpfen bei Kufstein;
T Zwischen Gardolo und Trient (Hg. 1 p. 85).

58. Chlorochytrium Cohn.

1. (168.) Ch. lemnae Cohn. — Hg. I. p. 125; De Toni I. p. 636.
Auf Lemna.
U Bei Kufstein;
T Zwischen Gardolo und Trient (Hg. 1 p. 122).

59. Endosphaera Klebs.

1. (169.) E. biennis Klebs. — Hg. I. p. 126; De Toni I. p. 639.
An Wasserpflanzen.
U Im Längensee bei Kufstein;
B In Sümpfen zwischen Bozen und Leifers (Hg. 1 p. 122).

60. Kentrosphaera Borzi.
(Centrosphaera De Toni)).

1. (170) K. Facciolae Borzi. — Hg. I. p. 124; De Toni I. p. 640.
In Quellen, Tümpeln etc.
B Zwischen Bozen und Leifers und bei Branzoll (Hg. 1 p. 121).

61. Schizochlamys A. Br.

1. (171.) Sch. gelatinosa A. Br. — Rbh. III. p. 32; Hg. 1. p. 128; De Toni I. p. 644.
In Sümpfen, Torfgräben.
O Oetzthal: Gaisbergthal bei Gurgl, selten (Schmidle 1 p. 306).
U In Sümpfen am Längensee bei Kufstein (Hg. 1 p. 121).

62. Tetraspora Link.

1. (172.) T. bullosa (Roth) Ag., Ulva bullosa Roth. — Rbh. III. p. 39; De Toni I. p. 648.
Tirol (Rbh. 2 II. p. 62).

2. (173.) T. gelatinosa (Vauch.) Desv., Ulva gelatinosa Vauch. — Rbh. III. p. 40; Hg. I. p. 127; De Toni I. p. 649.
In Sümpfen.
U Bei Wörgl;
B Zwischen Bozen und Leifers;
T Zwischen Gardolo und Trient (Hg. 1 p. 121).

63. Geminella Turp.

1. (174.) G. interrupta (Turp.) Lagerh. — Rbh. III. p. 155; Hg. I. p. 129; De Toni I. p. 655.
In stehenden Gewässern.
U Bei Wörgl, in Sümpfen bei Kufstein, auch im Längensee;
B Zwischen Bozen und Leifers, bei Branzoll, Neumarkt;
T Zwischen Gardolo und Trient (Hg. 1 p. 121).
R Gardaseeufer bei Torbole (Kirchn. 3 p. 12); zwischen Mattarello und Calliano; Serravalle und Ala (Hg. 1 p. 121).

64. Staurogenia Ktz.
(Crucigenia Morren.)

1. (175.) St. rectangularis (Naeg.) A. Br., Chloropedium rectangulare Naeg. mscr. — Rbh. III. p. 80; Hg. I. p. 130; De Toni I. p. 655.
U In Sümpfen bei Kufstein;
B Zwischen Bozen und Leifers (Hg. 1 p. 121).
R Gardaseeufer bei Torbole (Kirchn. 3 p. 12); zwischen Serravalle und Ala (Hg. 1 p. 121).

65. Dictyosphaerium Naeg.

1. (176.) D. Ehrenbergianum Naeg. — Rbh. III. p. 47; Hg. I. p. 130; De Toni I. p. 660.
R Gardasee: Riva im Plankton (Kirchn. 3 p. 12).

2. (177.) D. pulchellum Wood. — Hg. I. p. 130; De Toni I. p. 660.
B In Sümpfen zwischen Bozen und Leifers (Hg. 1 p. 121).

66. Nephrocytium Naeg.

1. (178.) N. Agardhianum Naeg. — Rbh. III. p. 52; Hg. I. p. 131; De Toni I. p. 663.
In Gräben, Sümpfen.
B Bei Neumarkt;
T Bei Lavis, zwischen Gardolo und Trient (Hg. 1 p. 121).

Nephrocytium — Oocystis

2. (179.) **N. Naegelii** Grun. — Rbh. III. p. 52; Hg. I. p. 131:
De Toni I. p. 663.

Wie vorige.

U Bei Kufstein;
B Zwischen Bozen und Leifers, bei Branzoll, Neumarkt;
T Bei Lavis (Hg. 1 p. 122).

67. Oocystis Naeg.

1. (180.) **O. Naegelii** A. Br. — Hg. I. p. 131; De Toni I. p. 663.

O Oetzthal: bei Heiligkreuz (Schröder 1 p. 44).
R Gardasee: zwischen Riva und Torbole im Plankton, Torbole am Ufer (Kirchn. 3 p. 12).

2. (181.) **O. solitaria** Wittr. — Hg. I. p. 131; De Toni I. p. 664.

In Sümpfen.

I Bei Völs;
U Bei Kufstein;
E Zwischen Brennerbad und Schelleberg;
B Zwischen Bozen und Leifers, bei Branzoll, Neumarkt;
T Bei Lavis;
R Zwischen Mattarello und Calliano, Serravalle und Ala (Hg. 1 p. 122).

3. (182.) **O. Novae-Semliae** Wille. — De Toni I. p. 665.

O Oetzthal: in Flachslöchern bei Längenfeld 1164 m, zerstreut (Schmidle 1 p. 307).

Var. **tuberculata** Schmidle, Oesterr. bot. Zeitschr. XLV. 1895 p. 307.

O Oetzthal: in Flachslöchern bei Längenfeld 1164 m, mit der Art selten (Schmidle 1 p. 307).

4. (183.) **O. apiculata** West, Algae of Engl. Lake Distr. p. T. 4 F. 56.

O Oetzthal: in Flachslöchern bei Längenfeld 1164 zerstreut (Schmidle 1 p. 307).

5. (184.) **O. elliptica** West, Notes Scot. Freshw. Algae p. 3 Fig. 7 etc.

O Oetzthal: in Flachslöchern bei Längenfeld 1164 m, zerstreut (Schmidle 1 p. 307).

6. (185.) **O. rotunda** Schmidle, Oesterr. bot. Zeitschr. XLV. 1895 p. 307, T. 14, F. 7.

O Oetzthal: in Flachslöchern bei Längenfeld 1164 m, ziemlich selten (Schmidle 1 p. 307).

7. (186.) **O. lacustris** Chodat, Bull. Herb. Boissier V. 1897 p. 119, 296, T. 10.

R Gardasee: bei Riva und Torbole im Plankton (Kirchn. 3 p. 13).

Gloeocystis — Urococcus

68. Gloeocystis Naeg.

1. (187.) G. vesiculosa Naeg. — Rbh. III. p. 29; Hg. I. p. 135, De Toni I. p. 668.

In stehenden Gewässern an Steinen, Holzwerk, Moosen.

I Zwischen Hall und St. Magdalena, bei Patsch;
B Zwischen Auer und Neumarkt;
T Zwischen Pontealto und Pergine (Hg. 1 p. 123).
R Gardasee: Torbole auf dem Holzwerke der Badeanstalt (Kirchn. p. 13).

Var. alpina Schmidle, Oesterr. bot. Zeitschr. XLV. 1895 p. 307, T. 14 F. 8.

O Oelzthal: in Flachslöchern bei Längenfeld 1164 m häufig und im Gaisbergthal bei Gurgl selten (Schmidle 1 p. 307).

2. (188.) G. rupestris (Lyngb.) Rbh., Palmella rupestris Lyngb. — Rbh. III. p. 30; Hg. 1. p. 136; De Toni I. p. 668.

An feuchten Felsen und Mauern.

I Innsbruck: am Wege zum Höttingerbild, zwischen Hall und St. Magdalena;
U Bei Kufstein;
E Auf Felsen zwischen Brennerbad und Schelleberg, Gossensass und Pflersch;
B Am Bergwege zwischen Neumarkt und Auer (Hg. 1 p. 123).

3. (189.) G. fenestralis (Ktz.) A. Br., Gloeocapsa fenestralis Ktz. — Hg. 1. p. 136; De Toni I. p. 669.

I Im Warmhause des botanischen Gartens in Innsbruck und
B des erzherzoglichen Gartens in Bozen (Hg. 1 p. 123).

4. (190.) G. gigas (Ktz.) Lagerh., Protococcus gigas Ktz., Gloeocapsa ampla Ktz., Gloeocystis ampla Rbh. — Rbh. III. p. 29; Hg. I p. 136; De Toni I. p. 670.

An Holz, Steinen, Pflanzen in stehenden Gewässern.

I Bei Völs;
U Bei Wörgl, Kufstein;
B Zwischen Bozen und Leifers, bei Branzoll, Neumarkt;
T Zwischen Salurn und San Michele, bei Lavis, zwischen Gardolo und Trient;
R Gardaseeufer bei Torbole (Kirchn. 3 p. 13); zwischen Serravalle und Ala (Hg. 1 p. 123).

69. Urococcus Hass.

1. (191.) U. insignis Hass. — Rbh. III. p. 31; Hg. I. p. 144; De Toni I. p. 673.

In stehenden Gewässern, an nassen Felsen.

I Bei Zirl, Kematen, Innsbruck am Wege zum Höttingerbild, bei Hall, zwischen Hall und St. Magdalena;
U Bei Maurach, oberhalb Jenbach, bei Brixlegg, Kufstein;
E Zwischen Brennerbad und Schelleberg, Gossensass und Pflersch;

B Zwischen Kardaun und Blumau, bei Bozen, zwischen Bozen und Leifers, Auer und Neumarkt mehrfach;
T Bei Lavis, Deutschmetz, zwischen Trient und Pergine;
R Bei Ala (Hg. 1 p. 124).

70. Botryococcus Ktz.

1. (192.) **B. Braunii** Ktz. — Rbh. III. p. 43; Hg. I. p. 147; De Toni I. p. 674.

V Bodensee: limnetisch an der Oberfläche bei Bregenz, 3 m tief bei Hard (Schröt. & Kirchn. 1 p. 59); im Altenhein (Kirchn. 1 p. 180).
O Oetzthal: in Torfgruben hinter den Pirchithöfen bei Gurgl 1900 m ziemlich selten (Schmidle 1 p. 307).
U Im Längensee bei Kufstein (Hg. 1 p. 125).
R Gardasee: Im Plankton bei Riva und Torbole häufig im März, April, Mai, Juni, August und September in einer grünen und einer rothen Form, dann am Ufer bei Torbole selten (Kirchn. 3 p. 13).

Var. **mucosus** Lagerh. — De Toni I. p. 675.
U Im Hechtsee bei Kufstein (Hg. 1 p. 125).

71. Inoderma Ktz.

1. (193.) **I. lamellosum** Ktz. — Rbh. III. p. 38; Hg. I. p. 140; De Toni I. p. 677.
U Oberhalb Jenbach, bei Brixlegg;
B Zwischen Atzwang und Steg, oberhalb Neumarkt (Hg. 1 p. 124).

72. Palmella Lyngb.

1. (194.) **P. Stigeoclonii** Cienk. — Hg. I. p. 137; De Toni I. p. 678.
U Bei Kufstein;
E Zwischen Brennerbad und Schelleberg, bei Sterzing (Hg. 1 p. 123).

2. (195.) **P. mucosa** Ktz. — Rbh. III. p. 33; Hg. I. p. 137 De Toni I. p. 678.
I Innsbruck: im Mühlauerbache etwas unter den Quellen Steine überziehend (Kern. 86).

3. (196.) **P. botryoides** (Lyngb.) Ktz. — Rbh. III. p. 33; Hg. I. p. 138; De Toni I. p. 679.
An faulem Holz, nassem Stroh u. dgl.
I Bei Zirl, Kematen, Innsbruck, Patsch, Matrei;
U Am Achensee, bei Maurach, Jenbach, Brixlegg, Kufstein mehrfach;
E Bei Brennerbad, Schelleberg, Pflersch, Gossensass, Sterzing;
B Bei Atzwang, Steg, zwischen Blumau und Kardaun, bei Bozen, Auer, Neumarkt;
T Bei Lavis;
R Bei Rovereto, Ala (Hg. 1 p. 123).

4. (197.) **P. miniata** Leibl. — Rbh. III. p. 34; Hg. I. p. 138; De Toni I. p. 6 0.
An Sumpfstellen, nassen Felsen, auf feuchter Erde.

I Bei Zirl, Kematen, Völs, Innsbruck, Hall, Patsch, Matrei;
U Bei Maurach, Jenbach, Brixlegg, Kufstein;
E Bei Gossensass, Sterzing, Brixen;
B Bei Atzwang, Steg, Kardaun, Terlan, Bozen, Branzoll, Neumarkt;
T Bei Deutschmetz, Lavis, Trient, Pergine;
R Bei Rovereto, Serravalle, Ala (Hg. 1 p. 123).

Dactylococcus Naeg.

1. (198.) **D. infusionum** Naeg. — Rbh. III. p. 46; Hg. I. p. 146; De Toni I. p. 685.

In stehendem Wasser.

B Zwischen Bozen und Leifers, bei Branzoll, Neumarkt;
T Bei Lavis;
R Zwischen Serravalle und Ala (Hg. 1 p. 125).

2. (199.) **D. caudatus** Hg., Characium pyriforme (Reinsch) non A. Br. — Hg. I. p. 146; De Toni I p. 685.

An feuchtem Mauer- und Holzwerk, auf feuchter Erde.

I Bei Kematen, Innsbruck, Patsch, Matrei;
U Bei Maurach, oberhalb Jenbach, bei Kufstein;
E Bei Sterzing;
B Bei Bozen, Branzoll, Auer, Neumarkt;
T Bei Trient;
R Bei Rovereto, Ala (Hg. 1 p. 125).

3. (200.) **D. raphidioides** Hg. — Hg. I. p. 146; De Toni I. p. 686.

An nassen Felsen.

B Am Bergwege zwischen Auer und Neumarkt;
T Zwischen Trient und Pergine (Hg. 1 p. 125).

74. Stichococcus Naeg.

1. (201) **St. bacillaris** Naeg., Protococcus bacillaris Naeg. b. Klz. — Rbh. III. p. 47; Hg. I. p. 139; De Toni I. p. 687.

An faulem Holzwerk, feuchten Mauern, faulenden Pflanzenstengeln, alten Pilzen etc.

I Bei Zirl, Kematen, Völs, Innsbruck, Hall;
U Am Achensee, bei Jenbach, Brixlegg, Wörgl, Kufstein häufig;
B Bei Blumau, Kardaun, Terlan, Bozen, Branzoll, Auer, Neumarkt, Salurn;
T Bei Deutschmetz, Lavis, Gardolo, Trient, Pergine, Mattarello;
R Bei Calliano, Rovereto, Serravalle, Santa Margherita, Ala mehrfach (Hg. 1 p. 124).

Pleurococcus Menegh.

1. (202.) **P. vulgaris** (Grev.) Menegh., Chlorococcum vulgare Grev. — Rbh. III. p. 24; Hg. I. p. 133; De Toni I. p. 638.

O Oetzthal: Bretterwände bei Gurgl (Schmidle 1 p. 307).
T Toblinosee (Maggi 2 p. ?, [Sep. p. 3]).

2. (203.) **P. aureoviridis** (Ktz.) Rbh., Protococcus aureoviridis Ktz. — Rbh. III. p. 26; Hg. I. p. 134; De Toni I. p. 689.
B Bozen: an Mauern am „kühlen Brünnl" (Krav. 1 p. 6).

3. (204.) **P. miniatus** (Ktz.) Naeg., Protococcus miniatus Ktz. — Rbh. III. p. 27; Hg. I. p. 134; De Toni I. p. 689.
I Bei Innsbruck, auch im Warmhause des botanischen Gartens;
U Bei Jenbach, Brixlegg, Kufstein;
B Bozen, auch in Warmhäusern des erzherzoglichen Gartens (Hg. 1 p. 122).

Var. **roseus** (Menegh.) De Toni in litt., Protococcus roseus Menegh., Pleurococcus roseus Rbh. — Rbh. III. p. 27.
B Bozen (Hsm. b. Rbh. 10 III. p. 28).

4. (205.) **P. angulosus** (Corda) Menegh., Protococcus angulosus Corda. — Rbh. III. p. 25; Hg. I. p. 134; De Toni I. p. 691.
O Oetzthal: in Torfgruben hinter den Pirchithöfen bei Gurgl 1900 m und im Sumpf im Rothmoosthale bei Gurgl 2200 m häufig (Schmidle 1 p. 307).
U In Sümpfen und im Längensee bei Kufstein;
T Zwischen Gardolo und Trient;
R Zwischen Serravalle und Ala (Hg. 1 p. 25).

5. (206.) **P. rufescens** (Ktz.) Bréb., Protococcus rufescens Ktz. — Rbh. III. p. 28; Hg. I. p. 135; De Toni I. p. 691.
An Steinen in fliessenden Gewässern.
I Bei Kematen; bei Innsbruck am Wege zum Höttingerbild, oberhalb Hall;
T Bei Trient, Pergine;
R Bei Roveredo, Ala (Hg. 1 p. 122).

— **P. glomeratus** Menegh. — Rbh. III. p. 26; De Toni I. p. 692.
Tirol (Menegh. 1 p. 40). „Videtur generi Chroococco inter Algas phycochromaceas adscribendus" (De Toni l. c.).

76. Sphaerocystis Chodat.

1. (207.) **Sph. Schroeteri** Chodat, Bull. Herb. Boissier V. 1897 p. 119, 285, T. 9, „Chlorococcum vulgare Grev. bei Garbini".
R Gardasee: bei Riva und Torbole im Plankton (Kirchn. 3 p. 13).

Trochiscia Ktz.

1. (208.) **T. stagnalis** Hg., Acanthococcus palustris Hg. Hedwigia XXVII. 1888 p. 120. — Hg. I. p. 274 Nr. 520, II. p. 241; De Toni I. p. 694.
In Sümpfen.
U Bei Kufstein;

E Zwischen Brennerbad und Schelleberg;
B Bei Bozen und Leifers, daselbst auch in einer abweichenden Form (Hg. 1 p. 125).

2. (209.) **T. Gutwinskii** Schmidle, Oesterr. bot. Zeitschr. XLV. 1895 p. 307 T. 14, F. 10.
O Oetzthal: Gaisbergthal bei Gurgl häufig mit allen Entwicklungsformen (Schmidle 1 p. 307).

78. Protococcus Ag.

1. (210.) **P. viridis** Ag., Cystococcus humicola Naeg., Chlorococcum humicola Rbh. — Rbh. III. p. 56, 58; Hg. I. p. 141; De Toni I. p. 699.

Tirol in einer abweichenden Form (tfl. b. Rbh. 3e Nr. 1794: siehe Hedwigia IV. 1865 p. 161; Rbh. 10 III. p. 58).

K Kitzbühel allenthalben an feuchten schattigen Orten als Anfang der Vegetation, färbt häufig die letzten Schneereste am Ausgang des Winters grün (Ung. 8 p. 240). So am 11. und 20. Dezember 1830 in der Nähe eines Fussweges nach Reith, am 28. März 1831 hinter Schloss Kaps (Ung. 2 p. 348, 352; Schorn 1 p. 459).

2. (211.) **P. caldariorum** Magn. — Hg. I. p. 142; De Toni I. p. 701.
I Im botanischen Garten in Innsbruck;
B In Warmhäusern des erzherzoglichen Gartens in Bozen (Hg. 1 p. 124).

3. (212.) **P. cinnamomeus** (Menegh.) Ktz., Pleurococcus cinnamomeus Menegh. — De Toni I. p. 701.
I Im botanischen Garten in Innsbruck (Hg. 1 p. 124).

4. (213.) **P. variabilis** Hg. — Hg. I. p. 142; De Toni I. p. 701.
B In Warmhäusern des erzherzoglichen Gartens in Bozen (Hg. 1 p. 124).

5. (214.) **P. glomeratus** Ag., Chlorococcum glomeratum Rbh. — Rbh. III. p. 59; Hg. I. p. 143; De Toni I. p. 701.

An feuchten Mauern, morschem Holzwerk u. dgl.
I Innsbruck am Wege zum Höttingerbild, bei Patsch, Matrei;
U Bei Kufstein mehrfach;
E Bei Brennerbad, Schelleberg, Gossensass, Sterzing;
B Bei Auer, oberhalb Neumarkt;
T Bei Deutschmetz, Trient, zwischen Pontealto und Pergine;
R Bei Rovereto, Santa Margherita, Ala (Hg. 1 p. 124).

6. (215.) **P. infusionum** (Schrank) Kirchn., Lepraria infusionum Schrank, Chlorococcum infusionum Menegh. — Rbh. III. p. 57; Hg. I. p. 143; De Toni I. p. 702.

In stehenden oder langsam fliessenden Gewässern.
I Bei Zirl, Völs;
U Bei Wörgl, Kufstein;
E Zwischen Brennerbad und Schelleberg;

B In Gräben bei Sigmundskron (Krav. 1 p. 4), zwischen Bozen und Leifers, bei Branzoll, Neumarkt;
T Zwischen Salurn und San Michele, bei Lavis, zwischen Gardolo und Trient;
R Zwischen Mattarello und Calliano, Serravalle und Ala (Hg. 1 p. 124).

79. Dactylothece Lagerh.

1. (216.) **D. macrococca** Hg., Archiv naturwiss. Landesdurchforsch. Böhmen VIII. Nr. 4·(bot. Abth.) 1893 p. 238.
T Auf feuchten Felsen bei Trient spärlich (Hg. 1 p. 124).

2. (217.) **D. confluens** (Ktz.) Hg. Gloeocapsa confluens Ktz., Gloeothece confluens Naeg., Gloeocystis confluens Richter. — Rbh. II. p. 60; Hg. II. p. 238; De Toni I. p. 706.
I Zwischen Hall und St. Magdalena (Hg. 1 p. 124).
B Ueberetsch: an warm gelegenen, überflossenen Strassenmauern zwischen St. Pauls und Unterrain (Hfl. b. Grun. 3 p. 395, 397 Krav. 1 p. 5).

VI. Ordn. Conjugatae.[1])

17. Fam. Zygnemaceae.

80. Mougeotia Ag.

1. (218.) **M. scalaris** Hass., Mesocarpus scalaris Hass. — Rbh. III. p. 257; Hg. 1. p. 150; De Toni I. p. 712.
In Sümpfen.
U Bei Kufstein;
B Zwischen Leifers und Bozen;
T Bei Lavis (Hg. 1 p. 125).

2. (219.) **M. nummuloides** Hass., Mesocarpus nummuloides Hass. Rbh. III. p. 257; Hg. 1. p. 150; De Toni I. p. 713.
U In Sümpfen bei Kufstein;
R Zwischen Serravalle und Ala (Hg. 1 p. 126).

3. (220.) **M. parvula** Hass., Mesocarpus parvulus Hass. — Rbh. III. p. 257; Hg. 1. p. 150; De Toni I. p. 714.
In Sümpfen.
I Bei Kematen, Innsbruck, oberhalb Hall, bei Patsch, Matrei;
U Am Achensee, bei Jenbach, Brixlegg mehrfach, Kufstein;
B Zwischen Atzwang und Steg, bei Bozen, zwischen Bozen und Leifers, bei Branzoll, Auer, Neumarkt;

---

[1]) Systematische Anordnung nach G. B. De Toni 1. Vol. 1. 1889 p. 709—1236.

T Zwischen Salurn und San Michele, bei Lavis, zwischen Pontealto und Pergine;
R Zwischen Mattarello und Calliano, bei Rovereto, zwischen Serravalle und Ala, bei Santa Margherita (Hg. 1 p. 126).

4. (221.) **M. genuflexa** (Dillw.) Ag., Conferva genuflexa Dillw., Pleurocarpus mirabilis A. Br., Mesocarpus pleurocarpus De Bary. — Rbh. III. p. 258; Hg. I. p. 151 De Toni 1 p. 716.

In Sümpfen.

I Bei Zirl, Kematen, Völs, Innsbruck, Hall mehrfach, am Wege nach St. Magdalena, Patsch, Matrei;

U Bei Jenbach, Brixlegg, Wörgl, Kufstein mehrfach;

E Zwischen Brennerbad und Schelleberg, bei Gossensass, Pflersch, Sterzing;

B Zwischen Atzwang und Steg, Terlan und Sigmundskron, bei Bozen, zwischen Bozen und Leifers, bei Branzoll, Auer, Neumarkt;

T Zwischen Salurn und San Michele, bei Lavis, zwischen Gardolo und Trient, bei Trient, zwischen Pontealto und Pergine;

R Zwischen Mattarello und Calliano, bei Rovereto, zwischen Serravalle und Ala, bei Santa Margherita (Hg. 1 p. 126).

Var. **gracilis** (Ktz.). M. gracilis Ktz. — Hg. I. p. 151; De Toni I. p. 717.

B Neumarkt mit der Art (Hg. 1 p. 126).

Var. **radicans** (Ktz.) Mougeotia radicans Ktz. — Hg. I. p. 151; De Toni I. p. 717.

B Zwischen Bozen und Leifers mit der Art (Hg. 1 p. 126).

5. (222.) **M. viridis** (Ktz.) Wittr., Staurospermum viride Ktz. — Rbh. III. p. 260; Hg. I. p. 152; De Toni I. p. 719.

In Sümpfen.

U Bei Kufstein;

E Zwischen Brennerbad und Schelleberg, Gossensass und Pflersch;

R Zwischen Serravalle und Ala (Hg. 1 p. 126).

M. capucina (Bory) Ag., Syst. p. 84, Leda capucina Bory, Staurospermum capucinum Ktz., M. coerulescens Ag., Staurospermum coerulescens Ktz. et auct. Rbh. III. p. 259; De Toni I. p. 721.

K In violett-rosigen Rasen an Quellen auf der Platten [bei Waidring] (Ung. 8 p. 242 als Conferva alpina Lyngb., welches Synonym nach Kützing 5 p. 436 hieher gehört, aber bei De Toni nicht enthalten ist!).

81. Gonatonema Wittr.

1. (223.) **G. ventricosum** Wittr., var. tirolense Hg. Sitzungsber. böhm. Ges. Wiss. 1892 p. 128. — De Toni I. p. 726.

B In Sümpfen zwischen Bozen und Leifers reichlich fructificierend (Hg. l. c.).

82. Zygnema Ag.

1. (224.) **Z. chalybeospermum** Hg. II. p.   De Toni I. p. 728.

In fliessendem Wasser.

Zygnema

B Zwischen Atzwang und Steg; bei Leifers, Auer, Neumarkt;
T Bei Trient, zwischen Pontealto und Pergine;
R Bei Rovereto, Ala (Hg. 1 p. 126).

2. (225.) **Z. stellinum** (Vauch.) Ag., Conjugata stellina Vauch.
— Rbh. III. p. 249; Hg. I. p. 154; De Toni I. p. 730.
In stagnierenden Gewässern.
I Bei Zirl, Kematen, Völs, Innsbruck, Hall, St. Magdalena, Patsch, Matrei;
U Bei Maurach, Jenbach, Brixlegg, Wörgl, Kufstein;
E Zwischen Brennerbad und Schelleberg, Gossensass und Pflersch, bei Sterzing;
B Zwischen Atzwang und Steg, Blumau und Kardaun, bei Terlan (Hg. 1 p. 126); Bozen: in Lachen bei Schloss Ried (Krav. 1 p. 8); bei Bozen, Leifers, Branzoll, Auer;
T Zwischen Salurn und San Michele, bei Lavis, Gardolo, Trient, zwischen Pontealto und Pergine (Hg. 1 p. 126).
R Gardasee: Riva im Plankton, Torbole am Ufer und im Plankton (Kirchn. 3 p. 13); zwischen Mattarello und Calliano, bei Rovereto, zwischen Serravalle und Ala in mehreren Formen, bei Santa Margherita (Hg. 1 p. 126).

Var. **Vancheri** (Ag.), Z. Vancheri Ag.   Rbh. III. p. 250; Hg. I. p. 154; De Toni I. p. 731.
B Zwischen Leifers und Bozen (Hg. 1 p. 126).

Var. **tenue** (Ktz.), Z. tenue Ktz., Z. Vancherii var. tenue Ktz. Rbh. III. p. 250; Hg. I. p. 154; De Toni I. p. 731.
U Bei Maurach (Hg. 1 p. 126).
B In Gräben um Bozen (Krav. 1 p. 8).

Var. **subtile** (Ktz.), Z. subtile Ktz., Z. Vancheri d. subtile Rbh.
— Rbh. III. p. 250; Hg. I. p. 154; De Toni I. p. 731.
B Zwischen Leifers und Bozen (Hg. 1 p. 126).

(226.) **Z. affine** Ktz. — Rbh. III. p. 250; De Toni I. p. 732.
J Georgenberg bei Schwaz mit Hormiscia zonata und Spirogyra arcta (Schiederm. 1 p. 194).

4. (227.) **Z. cruciatum** (Vauch.) Ag., Conjugata cruciata Vauch. Rbh. III. p. 251; Hg. I. p. 153; De Toni I. p. 732.
V Bodenseeufer bei Mehrerau (Schröt. & Kirchn. 1 p. 60).
K Gemein in Alpenseen zwischen 1625 und 1950 m (Ung. 8 p. 243).
B Bei Branzoll (Hg. 1 p. 126).
R Gardaseeufer bei Torbole (Kirchn. p. 13); bei Santa Margherita, Ala Hg. 1 p. 126).

Var. **Hausmannii** De Notaris in Erb. critt. ital. Nr. 956, Bertol., Fl. crypt. ital. II. 206; Z. Hausmannii Hass. — Rbh. III. p. 251; De Toni I. p. 733.
B In einem Weiher am Ritten (Hsm. b. De Not. u. Bertol. l. c.; b. Rbh. l. c.; Krav. 1 p. 8).

Zygnema — Spirogyra

(228.) **Z. pectinatum** (Vauch.) Ag., Conjugata pectinata Vauch., Zygogonium pectinatum Ktz. — Rbh. III. p. 252; Hg. I. p. 155; De Toni I. p. 736.

In stehenden oder trägen Gewässern.

U Bei Kufstein;

E Zwischen Brennerbad und Schelleberg:

T Bei Lavis, zwischen Gardolo und Trient:

R Zwischen Mattarello und Calliano, Serravalle und Ala (Hg. 1 p. 127).

Var. **conspicuum** (Hass.) Kirchn., Tyndaridea conspicua Hass., Zygogonium conspicuum Ktz. — Rbh. III. p. 253; Hg. I. p. 155; De Toni I. p. 737.

B In einem Weiher bei Völs (Krav. 1 p. 8).

6. (229.) **Z. ericetorum** (Funck) Hg., Conferva ericetorum Funck, Crypt. Gew. Nr. 678, Zygogonium Agardhii Rbh. — Rbh. III. p. 253; Hg. I. p. 156; De Toni I. p. 738.

In stehenden und fliessenden Gewässern.

I Oberhalb Hall;

U Bei Jenbach, Kufstein;

E Zwischen Gossensass und Pflersch mehrfach (Hg. 1 p. 127).

B Auf der Rittneralpe (Krav. 1 p. 8); bei Atzwang, Auer, oberhalb Neumarkt (Hg. 1 p. 127).

7. (230.) **Z. lutescens** (Ktz.) Rbh., Zygogonium lutescens Ktz. — Rbh. III. p. 255; De Toni I. p. 741.

I In Wässern bei Innsbruck (Hfl. h. Kützing V. p. 5 Nr. 1415; 5 p. 447 Rbh. 2 II. 2. p. 122).

Spirogyra Link.

1. (231.) **S. longata** (Vauch.) Ktz., Conjugata longata Vauch. — Rbh. III. p. 238; Hg. I. p. 159; De Toni I. p. 743.

I In Quellentümpeln des Wurmbaches bei Mühlau (Kern. 86).

R Gardasee: am Holze der Badeanstalt bei Torbole (Kirchn. 3 p. 14 in Sümpfen zwischen Mattarello und Calliano (Hg. 1 p. 128).

2. (232.) **S. porticalis** (O. F Müll. Cleve, Conferva porticalis O. F Müll. (1785), Conjugata porticalis Vauch., Hist. (1800) p. 66, Zygnema quininum Ag., Syst. (1821) p. 80, Spirogyra quinina Ktz. — Rbh. III. p. 240; Hg. I. p. 159; De Toni I. p. 743.

In stehenden und langsam fliessenden Gewässern.

V Bodenseeufer bei Mehrerau (Schröt. & Kirchn. 1 p. 60).

I Bei Zirl, Kematen, Völs, zwischen Hall und St. Magdalena, bei Patsch, Matrei;

U Jenbach, bei Kufstein mehrfach, auch im Längensee (Hg. 1 p. 127).

K Gemein in Bächen, wo das Wasser seichte stagnierende Stellen bildet, bis in die Alpen (Ung. 8 p. 243).

E Zwischen Brennerbad und Schelleberg, Gossensass und Pflersch, bei Sterzing;

B Zwischen Atzwang und Steg, bei Blumau, Kardaun, zwischen Terlan und Sigmundskron, bei Bozen, Branzoll, Auer, Neumarkt;

Spirogyra

T Zwischen Salurn und San Michele, bei Lavis, zwischen Gardolo und Trient, bei Pergine (Hg. 1 p. 127).
R Gardaseeufer bei Riva (Kirchn. 3 p. 14); zwischen Mattarello und Calliano, bei Rovereto, zwischen Serravalle und Ala, bei Ala (Hg. 1 p. 127).
Var. **Juergensii** (Ktz.) Hg., S. Juergensii Ktz. — Rbh. III. p. 238; Hg. I. p. 159; De Toni I. p. 744.
U Bei Kufstein (Hg. 1 p. 127).

3. (233.) **S. inaequalis** (Naeg.) Kirchn., S. inaequalis Naeg. b. Ktz., Spec. alg. p. 440, non S. inaequalis Ktz. l. c. p. 438, S. quinina c inaequalis Rbh. — Rbh. III. p. 240.
R Gardaseeufer bei Torbole am Abhange des Dos Brione (Kirchn. p. 14 und in litt.).

4. (234.) **S. arcta** (Ag.) Ktz., Zygnema arctum Ag. — Rbh. III. p. 239; Hg. I. p. 160; De Toni I. p. 744.
I Im Bassin des Klosterbrunnens zu St. Georgenberg bei Schwaz, conjugiert (Schiederm. 1 p. 194).
B In frischem Quellwasser am Ritten (Krav. 1 p.

Var. **torulosa** (Ktz.), S. torulosa Ktz.   Rbh. III. p. 139; Hg. I. p. 160; De Toni I. p. 744.
B In einem Bächlein bei Lengmoos am Ritten (Krav. 1 p. 7).

5. (235.) **S. communis** (Hass.) Ktz., Zygnema commune Hass. — Rbh. III. p. 237; Hg. I. p. 158; De Toni I. p. 747.
In stehenden und langsam fliessenden Gewässern.
Tirol (Hsm. und Hfl. b. Rbh. l. c.).
I Bei Zirl, Kematen, Völs, Innsbruck, Hall, Patsch, Matrei;
U Zwischen Achensee und Jenbach, bei Wörgl, Kufstein;
E Bei Brennerbad, Schelleberg, Pflersch, Gossensass, Sterzing;
B Zwischen Atzwang und Steg, bei Kardaun, Blumau, zwischen Bozen und Leifers, bei Branzoll, Auer, Neumarkt.
T Zwischen Salurn und San Michele, bei Lavis, Gardolo, Trient, Pergine;
R Zwischen Mattarello und Calliano, bei Rovereto, zwischen Serravalle und Ala, bei Ala (Hg. 1 p. 127).

6. (236.) **S. decimina** (O. F. Müll.) Ktz., Conferva decimina O. F. Müll., Zynema deciminum Ag. — Rbh. III. p. 242; Hg. I. p. 161; De Toni I. p. 749.
K Hie und da in Gräben z. B. in den Einfängen (Ung. 8 p. 243).
B In Bächlein bei Kematen am Ritten (Krav. 1 p. 7).

7. (237.) **S. nitida** (Dillw.) Link, Conferva nitida Dillw., Conjugata princeps Vauch., Hist. p. 64. — Rbh. III. p. 245; Hg. I. p. 163; De Toni I. p. 750.
I Innsbruck: im Innflusse am Ufer unter dem Husselhofe. 10. Februar 1840 (Perktold im Hb. Ferd.) — Der Standort jetzt durch den Bahnbau und Schuttablagerung wohl verschwunden!

8. (238.) **S. rivularis** (Hass.) Rbh., Fl. eur. alg. III. (1868) p. 243, Zygnema rivulare Hass. non S. rivularis Ktz., Tab. phycol. V. tab. 25. — Var. **minor** Hg. I. p. 161; De Toni I. p. 752.

In fliessendem Wasser.

I Bei Patsch:
U Bei Kufstein:
E Bei Sterzing:
B Bei Atzwang, Steg, Branzoll, Neumarkt;
T Bei Lavis, Trient, zwischen Gardolo und Trient, Pontealto und Pergine:
R Bei Rovereto, Ala (Hg. 1 p. 128).

9. (239.) **S. setiformis** (Roth) Ktz., Conferva setiformis Roth. — Rbh. III. p. 246; Hg. I. p. 163; De Toni I. p. 752.

B Bozen, Klobenstein und an vielen anderen Stellen (Hsm. b. Rbh. 10 III. p. 246); in Gräben bei Sigmundskron und Neumarkt (Krav. 1 p. 7).

10. (240.) **S. irregularis** Naeg. — Rbh. III. p. 242; Hg. I. p. 161; De Toni I. p. 754.

B In einer Lache bei Klobenstein (Krav. 1 p. 7, hieher jedenfalls auch die Angabe: Tirol, Hsm. b. Rbh. l. c.); bei Branzoll (Hg. 1 p. 128).

11. (241.) **S. crassa** Ktz. — Rbh. III. p. 246; Hg. I, p. 163; De Toni I. p. 757.

T In Sümpfen zwischen Gardolo und Trient (Hg. 1 p. 128).

Var. **Heeriana** (Naeg.), S. Heeriana Naeg. b. Ktz. — Rbh. III. p. 246; Hg. I. p. 163; De Toni I. p. 758.

B In einem Weiher am Ritten (Hsm. b. Baglietto, Cesati und De Notaris 1 Nr. 763; b. Bertol. 3 II. p. 205; Krav. 1 p. 7); bei Sigmundskron (Krav. l. c.).

12. (242.) **S. affinis** (Hass.) Petit, Zygnema affine Hass., Rhynchonema affine Ktz. — Rbh. III. p. 234; Hg. I. p. 158; De Toni I. p. 758.

B Bei Auer (Hg. 1 p. 128).

13. (243.) **S. gracilis** (Hass.) Ktz., Zygnema gracile Hass. Rbh. III. p. 237; Hg. I. p. 157; De Toni I. p. 759.

In Tümpeln, Gräben.

U Bei Kufstein;
K Kitzbühel; in moorigen Gräben der Langau (Ung. 8 p. 243).
T Zwischen Gardolo und Trient;
R Zwischen Serravalle und Ala (Hg. 1 p. 128).

14. (244.) **S. fluviatilis** Ihlse. Rbh. III. p. 243; Hg. I. p. 161; De Toni I. p. 762.

R Gardaseeufer bei Torbole, an Steinen und Holzwerk bei der Badeanstalt (Kirchn. 3 p. 14).

Spirogyra

15. (245.) **S. adnata** (Vauch.) Ktz., Conjugata adnata Vauch.
— Rbh. III. p. 242; Hg. I. p. 162; De Toni l. p. 763.
V Bodensee: am Ufer im Hafen von Bregenz (Schröt. & Kirchn. 1 p. 61).
R Gardasee: Torbole, am Holzwerk der Badeanstalt (Kirchn. 3 p. 14).

16. (246.) **S. dubia** Ktz. — Rbh. III. p. 243; Hg. I. p. 162; De Toni l. p. 764.
B Bei Branzoll (Hg. 1 p. 128).

17. (247.) **S. tenuissima** (Hass.) Ktz., Zygnema tenuissimum Hass. — Rbh. III. p. 233; Hg. I. p. 164; De Toni l. p. 765.
In stehenden Gewässern.
U Bei Kufstein;
E Zwischen Brennerbad und Schelleberg;
B Zwischen Bozen und Leifers;
T Zwischen Gardolo und Trient (Hg. 1 p. 128).

18. (248.) **S. inflata** (Vauch.) Rbh., Conjugata inflata Vauch. — Rbh. III. p. 233; Hg. I. p. 164; De Toni l. p. 766.
Wie vorige.
U Kufstein mehrfach, auch im Längensee und Hechtsee (Hg. 1 p. 128).
B Vom Ritten nach Rothwand (Krav. 1 p. 7).

19. (249.) **S. Weberi** Ktz., S. ventricosa Ktz., Spec. alg. p. 437, T. V. F. 29, 30, non S. ventricosa Ktz. l. c. p. 440. Rbh. III. p. 233; Hg. I. p. 165; De Toni l. p. 768.
V Bodenseeufer bei Mehrerau (Schröt. & Kirchn. 1 p. 61).
B Bozen, Runkelstein (Rbh. 10 III. p. 234); in einer Lache bei Runkelstein (Krav. 1 p. 7 Nr. 136 als S. ventricosa Ktz.) und im Talferbette hinter Runkelstein (Krav. 1 p. 7 Nr. 137 als S. Weberi Ktz.).

20. (250.) **S. Grevilleana** (Hass.) Ktz., Zygnema Grevilleanum Hass. — Rbh. III. p. 234; Hg. I. p. 165; De Toni l. p. 769.
E Antholzermoor (Hsm. b. Rbh. 10 III. p. 234.)

21. (251.) **S. laxa** Ktz. — Rbh. III. p. 234; Hg. I. p. 165; De Toni l. p. 769.
P Pusterthal — wohl Antholz — (Hsm. b. Rbh. 10 III. p. 235).
B Bozen (Hsm. b. Rbh. l. c.): im Oberkemater Weiher am Ritten, Eggenthal (Krav. 1 p. 7).

22 (252.) **S. elongata** (Berk.) Ktz., Zygnema elongatum Berk. — Rbh. III. p. 241; De Toni l. p. 771.
Tirol (Hfl. b. Rbh. 10 III. p. 241).

23. (253.) **S. insignis** (Hass.) Ktz., Zygnema insigne Hass. — Rbh. III. p. 235; Hg. II. p. 246; De Toni l. p. 772.
T In Sümpfen zwischen Gardolo und Trient (Hg. 1 p. 128).

24. (254.) **S. pellucida** (Hass.?) Ktz., ? Zygnema pellucidum Hass. — Rbh. III. p. 247; De Toni l. p. 776.
B Bei Kematen am Ritten (Krav. 1 p. 7).

25. (255.) **S. alpina** Ktz. — Rbh. III. p. 247; De Toni I. p. 777.

B Bozen: in einer Lache hinter Runkelstein (Krav. 1 p. 7; hieher wohl auch die Angabe: Südtirol, Hsm. nach Grun. b. Rbh. 10 III. p. 247).

18. Fam. Desmidiaceae.

84. Desmidium Ag.

1. (256.) **D. Swartzii** Ag. — Rbh. III. p. 154; Hg. I. p. 171; De Toni I. p. 780.

O Oetzthal: in Flachslöchern bei Längenfeld 1164 m ziemlich selten (Schmidle 1 p. 307).

B In Lachen bei Klobenstein und Kollern (Krav. 1 p. 5); im kleinen Montiggler See (Hfl. 32 p. 71); in Sümpfen bei Neumarkt und

R zwischen Serravalle und Ala (Hg. 1 p. 129).

85. Hyalotheca Ehrenb.

1. (257.) **H. dissiliens** (Smith) Bréb., Conferva dissiliens Smith. — Rbh. III. p. 152; Hg. I. p. 168; De Toni I. p. 785.

V Bodenseeufer bei Mehrerau (Schröt. & Kirchn. 1 p. 61).

O Oetzthal: in Torfgruben hinter den Pirchithöfen bei Gurgl 1900 m und an überrieselten Felsen am Ramolwege sehr zerstreut (Schmidle 1 p. 307).

I In Sümpfen bei Zirl und Völs;

U Bei Kufstein, auch im Längensee und Hechtsee (Hg. 1 p. 129);

B In Gräben bei Lengmoos am Ritten (Krav. 1 p. 5).

R Zwischen Serravalle und Ala (Hg. 1 p. 129).

Var. **bidentula** Nordst. — Hg. I. p. 168; De Toni I. p. 786.

G Bei Madonna di Campiglio und am Spinale, zwischen Campiglio und Pinzolo (Nordst. & Wittr. 1 p. 27).

Var. **tridentula** Nordst. — Hg. I. p. 168; De Toni I. p. 786.

G Zwischen Campiglio und Pinzolo (Nordst. & Wittr. 1 p. 27).

Var. **tatrica** Raciborski, Desmid. Polon. p. 8.

O Oetzthal: Sumpf im Rothmoosthale bei Gurgl 2200 m ziemlich selten (Schmidle 1 p. 308).

2. (258.) **H. dubia** Ktz. — Rbh. III. p. 152; Hg. I. p. 169; De Toni I. p. 787.

O Oetzthal: in Flachslöchern bei Längenfeld 1164 m sehr selten (Schmidle 1 p. 308).

K Am Walchsee (Hfl. b. Rbh. 10 III. p. 152).

3. (259.) **H. mucosa** (Mert.) Ehrenb., Conferva mucosa Mert. — Rbh. III. p. 152; Hg. I. p. 168; De Toni I. p. 787.

R Gardasee: am Holzwerk der Badeanstalt bei Torbole und am Ufer beim Doss Brione (Kirchn. 3 p. 14).

Sphaerozosma — Spirotaenia 57

86. Sphaerozosma Corda.

1. (260.) **S. excavatum** Ralfs forma granulata Rbh. — Rbh. III. p. 149; Hg. I. p. 170; De Toni I. p. 791.
O Oetzthal: in Flachslöchern bei Längenfeld 1164 m und in Torfgruben hinter den Pirchithöfen bei Gurgl 1900 m zerstreut (Schmidle 1 p. 308).

2. (261.) **S. secedens** (Archer) De Bary, Spondylosium secedens Archer. — Rbh. III. p. 150; Hg. I. p. 170; De Toni I. p. 792.
Tirol (Hsm. b. Rbh. l. c.).
B In Sümpfen bei Neumarkt (Hg. 1 p. 129).

3. (262.) **S. depressum** (Bréb.) Rbh., Spondylosium depressum Bréb. — Rbh. III. p. 151; Hg. I. p. 170; De Toni I. p. 792.
O Oetzthal Gaisberglhal bei Gurgl ziemlich selten (Schmidle 1 p. 308).

4. (263.) **S. pulchellum** (Archer) Rbh., Spondylosium pulchellum Archer, S. secedens var. pulchellum Hg. — Rbh. III. p. 150; Hg. I. p. 170; De Toni I. p. 792.
K Am Walchsee (Hfl. b. Rbh. l. c.).

5. (264.) **S. pygmaeum** (Archer) Rbh., Cosmarium pygmaeum Archer. — Rbh. III. p. 150; De Toni I. p. 793.
O Oetzthal: Gaisberglhal bei Gurgl, sehr selten (Schmidle 1 p. 308).

87. Gymnozyga Ehrenb.

1. (265.) **G. moniliformis** Ehrenb. — Rbh. III. p. 153; Hg. I. p. 169; De Toni I. p. 797.
O Oetzthal: in Torfgruben hinter den Pirchithöfen bei Gurgl 1900 m ziemlich häufig (Schmidle 1 p. 308).

88. Gonatozygon De Bary.

1. (266.) **G. asperum** (Bréb.) Cleve, Docidium asperum Bréb. non G. asperum (Ralfs) Rbh. (= G. Ralfsii De Bary), G. Brebissonii De Bary. — Rbh. III. p. 155; Hg. I. p. 168; De Toni I. p. 801.
U Im Längensee bei Kufstein (Hg. 1 p. 129).

2. (267.) **G. Ralfsii** De Bary, Docidium? asperum Ralfs non Bréb., G. asperum Rbh. non Cleve. — Rbh. III. p. 155; De Toni I. p. 801.
R Gardaseeufer am Doss Brione selten (Kirchn. 3 p. 14).

3. (268.) **G. Kinahanii** (Archer) Rbh., Leptocystinema Kinahanii Archer. — Rbh. III. p. 156; De Toni I. p. 802.
R Gardasee: zwischen Riva und Torbole im Plankton (Kirchn. 3 p. 14).

89. Spirotaenia Bréb.

1. (269.) **S. condensata** Bréb. — Rbh. III. p. 146; Hg. I. p. 174; De Toni I. p. 807.
V Rellsthal bei Schruns (Kirchn. 1 p. (180)).

Spirotaenia — Mesotaenium

O Oetzthal: in Torfgruben hinter den Pirchilhöfen bei Gurgl 1900 m ziemlich selten (Schmidle 1 p. 308).

2. (270.) S. bryophila (Bréb.) Rbh., Endospira bryophila Bréb., Palmogloea endospira Ktz., Spirotaenia muscicola De Bary. — Rbh. III. p. 146; De Toni I. p. 808.
Tirol (Rbh. l. c.).

3. (271.) S. minuta Thuret.   Rbh. III. p. 147; De Toni I. p. 809.

O Oetzthal: in Torfgruben hinter den Pirchilhöfen bei Gurgl 1900 m häufiger als S. condensata Bréb., doch kann die Bestimmung nicht als ganz sicher gelten (Schmidle 1 p. 308).

4. (272.) S. obscura Ralfs.   Rbh. III. p. 147; De Toni I. p. 809.

V Rellsthal (Kirchn. 1 p. (180)).

5. (273.) S. alpina Schmidle, Oesterr. bot. Zeitschr. XLV 1895 p. 308, T. 14 F. 11—13.

O Oetzthal: im Gaisbergthal bei Gurgl ziemlich häufig, oft einzeln, meist schlammige Massen bildend (Schmidle 1 p. 308).

90. Mesotaenium Naeg.

1. (274.) M. micrococcum (Ktz.) Kirchn., Palmogloea micrococca Ktz. — Rbh. III. p. 116; Hg. I. p. 173; De Toni I. p. 811.

An Moosen, feuchten Felsen etc.

I Bei Zirl, Kematen, Innsbruck, insbesondere am Wege zum Höttingerbild und bei Hall mehrfach, Patsch, Matrei;

U Am Achensee, bei Maurach, oberhalb Jenbach, bei Brixlegg, Kufstein mehrfach;

E Zwischen Brennerbad und Schelleberg, Gossensass und Pflersch, bei Sterzing;

B Zwischen Atzwang und Steg, Blumau und Kardaun, Kardaun und Bozen, bei Bozen, Terlan, Auer, am Bergwege von Auer nach Neumarkt;

T Bei Deutschmetz, Lavis, Trient, S. Lazzaro, zwischen Pontealto und Pergine;

R Bei Calliano, Rovereto, Santa Margherita, Serravalle (Hg. 1 p. 129).

2. (275.) M. Braunii De Bary, Palmella macrococca Ktz., Ulva protuberans Sm., Palmella protuberans Grev., Coccochloris protuberans Spreng. — Rbh. III. p. 116; Hg. I. p. 173; De Toni I. p. 811.

K Hie und da z. B. im Goingthal unter Moos, im Herbste (Ung. 8 p. 241).

3. (276.) M. chlamydosporum De Bary, Palmogloea chlamydospora De Bary. — Rbh. III. p. 117 Hg. I. p. 174; De Toni I. p. 812.

T Auf feuchtem Moos an Kalksteinfelsen zwischen Trient und Pergine in einer abweichenden Form (Hg. 1 p. 129).

4. (277.) M. Endlicherianum Naeg., Palmogloea Endlicheriana Rbh.   Rbh. III. p. 116; Hg. I. p. 174; De Toni I. p. 814.

U Im Längensee bei Kufstein (Hg. 1 p. 129).

91. Cylindrocystis Menegh.

1. (278.) **C. Brebissonii** Menegh., Peninm Brebissonii Ralfs. Rbh. III. p. 120; Hg. I. p. 175; De Toni I. p. 815.

Forma genuina Schmidle, Oesterr. bot. Zeitschr. XLV. 1895 p. 309, T. 14 F. 14.

O Oetzthal: sehr häufig in Torfgruben hinter den Pirchithöfen 1900 m und im Gaisbergthal bei Gurgl, an überrieselten Felsen am Ramolwege (Schmidle 1 p. 309).

B Ritten (Martel 1 II. p. wohl nach Hausmann).

Var. turgida Schmidle, Oesterr. bot. Zeitschr. XLV. 1895 p. 309 T. 14. F. 15.

O Oetzthal: in einem Teiche bei den Pirchithöfen bei Gurgl 1900 m (Schmidle 1 p. 309).

2. (279.) **C. rupestris** (Ktz.) nob., Trichodictyon rupestre Ktz., Phycol. germ. (1845) p. 153, Peninm rupestre Rbh., Cylindrocystis crassa De Bary, Fam. Conjug. (1858) p. 74. — Rbh. III. p. 120; Hg. I. p. 277; De Toni 1. p. 816.

U Kufstein (Hfl. b. Rbh. l. c.).

92. Gloeotaenium Hg.

1. (280.) **G. Loitlesbergerianum** Hg., Sitzungsber. böhm. Ges Wiss. 1890 p. 10.

U Im Längensee bei Kufstein spärlich;
B In Sümpfen zwischen Bozen und Leifers;
T Zwischen Gardolo und Trient;
R Zwischen Mattarello und Calliano (Hg. 1 p. 125).

93. Closterium Nitzsch.

1. (281.) **C. pusillum** Hantzsch. — Rbh. III. p. 125; De Toni I. p. 820.

O Oetzthal: in Torfgruben hinter den Pirchithöfen bei Gurgl 1900 m zerstreut: forma . (Schmidle 1 p. 309).

2. (282.) **C. juncidum** Ralfs. — Rbh. III. p. 127; Hg. I. p. 178; De Toni I. p. 820.

O Oetzthal in Torfgruben hinter den Pirchithöfen bei Gurgl 1900 m ziemlich selten (Schmidle 1 p. 309).

B In Sümpfen zwischen Bozen und Leifers (Hg. 1 p. 130).

Var. austriacum Heimerl, Desm. alp. T. 5 F. 6.

O Oetzthal: in Torfgruben hinter den Pirchithöfen bei Gurgl 1900 m und im Sumpf im Rothmoosthale bei Gurgl 2200 m ziemlich häufig. — Auf überrieselten Felsen gegen das Ramolhaus wurde eine zur Varietät austriaca Heimerl gehörige Form mit weisser, fein gestreifter Membran beobachtet (Schmidle 1 p. 309).

3. (283.) **C. acerosum** (Schrank) Ehrenb., Vibrio acerosus Schrank (1803. — Rbh. III. p. 128; Hg. I. p. 179; De Toni I. p. 824.

V Bodenseeufer an der Mündung des Harderböschen-Baches bei Hard (Schröt. & Kirchn. 1 p. 64).

B Bei Branzoll;
T Zwischen Gardolo und Trient;
R Zwischen Serravalle und Ala (Hg. 1 p. 130).

4. (284.) **C. striolatum** Ehrenb. — Rbh. III. p. 125; Hg. I. p. 180; De Toni I. p. 826.

O Oetzthal: Sumpf im Rothmoosthale bei Gurgl 2200 m ziemlich häufig (Schmidle 1 p. 309).

5. (285.) **C. attenuatum** Ehrenb. — Rbh. III. p. 130; De Toni I. p. 829.

B Bad Thurnbach bei Eppan (Hsm. b. Rbh. l. c.; Krav. 1 p. 4).

6. (286.) **C. Pritchardianum** Archer. — Rbh. III. p. 129; De Toni I. p. 830.

Var. **alpinum** Schmidle, Oesterr. bot. Zeitschr. XLV. 1895 p. 309 T. 14 F. 19.

O Oetzthal: im Rothmoosthal in einem Sumpfe stellenweise gemein bei 2200 m (Schmidle 1 p. 309).

7. (287.) **C. lunula** (O. F. Müll.) Nitzsch, Vibrio Lunula O. F. Müll. (1784). — Rbh. III. p. 127; Hg. I. p. 179; De Toni I. p. 831.

V Bodensee: limnetisch an der Oberfläche bei Bregenz einzeln (Schröt. & Kirchn. 1 p. 62).

I Villermoor und Fleismoor bei Rinn in Abzuggräben (Leithe 2 p. 10).

Var. **biconvexum** Schmidle, Oesterr. bot. Zeitschr. XLV. 1895 p. 309 T. 14 F. 18.

O Oetzthal: Gaisbergthal bei Gurgl zerstreut (Schmidle 1 p. 309).

8. (288.) **C. costatum** Corda, C. striolatum var. costatum Klebs. — Rbh. III. p. 126; Hg. I. p. 180; De Toni I. p. 833.

O Oetzthal: überrieselte Felsen am Ramolwege, zerstreut (Schmidle 1 p. 309).

9. (289.) **C. cornu** Ehrenb. — Rbh. III. p. 137; Hg. I. p. 181; De Toni I. p. 835.

O Oetzthal: in Torfgruben hinter den Pirchithöfen bei Gurgl 1900 m ziemlich häufig (Schmidle 1 p. 310).

10. (290.) **C. acutum** (Lyngb.) Bréb., Echinella acuta Lyngb. — Rbh. III. p. 137; De Toni I. p. 836.

B In Sümpfen zwischen Bozen und Leifers (Hg. 1 p. 130).

11. (291.) **C. Dianae** Ehrenb. — Rbh. III. p. 133; Hg. I. p. 181; De Toni I. p. 838.

Forma **major** Wille, Ferskvandsalger f. Novaja Semlja.

O Oetzthal: in Flachslöchern bei Längenfeld 1164 m ziemlich selten. Gaisbergthal bei Gurgl gemein (Schmidle 1 p. 310; b. Nordst. & Wittrock 2 Nr. 1390).

R Gardasee: am Ufer bei Riva und Torbole (Kirchn. 3 p. 15).

12. (292.) **C. Venus** Ktz. — Rbh. III. p. 134; Hg. I. p. 182; De Toni I. p. 841.
O Oetzthal: Sumpf im Rothmoosthale bei Gurgl 2200 m stellenweise zerstreut (Schmidle 1 p. 310).
R Gardasee: im Plankton bei Riva (Kirchn. 3 p. 15).

13. (293.) **C. parvulum** Naeg. — Rbh. III. p. 134; Hg. I. p. 182; De Toni I. p. 841.
In stehendem Wasser.
I Bei Kematen, Völs;
U Bei Wörgl, Kufstein, auch im Längensee (Hg. 1 p. 130).
K Hochmoor Filzen am Walchsee (Hfl. b. Rbh. l. c.).
E Bei Brennerbad, Schelleberg;
B Zwischen Bozen und Leifers, bei Branzoll, Neumarkt;
T Bei Lavis, zwischen Gardolo und Trient;
R Zwischen Mattarello und Calliano, Serravalle und Ala (Hg. 1 p. 130).

14. (294.) **C. moniliferum** (Bory) Ehrenb., Lunulina monilifera Bory, Hist. nat. d. Zooph. (1824), non Encycl. (1824). — Rbh. III. p. 131; Hg. I. p. 182; De Toni I. p. 845.
In Gräben und Sümpfen.
I Bei Zirl, Völs;
U Bei Wörgl;
E Brennerbad;
B Zwischen Bozen und Leifers, bei Branzoll, Neumarkt;
T Bei Lavis, zwischen Gardolo und Trient;
R Zwischen Mattarello und Calliano, bei Rovereto; zwischen Serravalle und Ala (Hg. 1 p. 130

15. (295.) **C. rostratum** Ehrenb. — Rbh. III. p. 135; Hg. I. p. 183; De Toni I. p. 851.
V Bodenseeufer: beim Badhäuschen in Mehrerau (Schröt. & Kirchn. 1 p. 62).
O Oetzthal: Sumpf im Rothmoosthale bei Gurgl 2200 m theilweise häufig (Schmidle 1 p. 310).

16. (296.) **C. linea** Perty. — Rbh. III. p. 839; De Toni I. p. 854.
O Oetzthal: in Torfgruben hinter den Pirchithöfen bei Gurgl 1900 m ziemlich selten (Schmidle 1 p. 309).

17. (297.) **C. abruptum** West.
Forma brevior West, New Brit. Freshw. Algae 1. p. T. 1 F. 4.
O Oetzthal: Sumpf im Rothmoosthale bei Gurgl 2200 m ziemlich selten (Schmidle 1 p. 309).

94. Penium Brèb.

1. (298.) **P. margaritaceum** (Ehrenb.) Brèb. — Rbh. III. p. 121; Hg. I. p. 176; De Toni I. p. 855.

O Oetzthal: Gaisbergthal und Sumpf Rothmoosthal bei Gurgl 2200 m zerstreut (Schmidle 1 p. 310).

(299.) **P. polymorphum** Perty. — De Toni I. p. 859.

Var. **alpicola** Heimerl.

O Oetzthal: in **Torfgruben** hinter den Pirchithöfen bei Gurgl 1900 m, in **Tümpeln** und **Wiesengräben** bei Untergurgl 1768 m, im Sumpfe im Rothmoosthale bei Gurgl 2200 m ziemlich häufig (Schmidle 1 p. 310).

3. (300.) **P. interruptum** Bréb. — Rbh. III. p. 119; Hg. I. p. 176: De Toni I. p. 860.

O Oetzthal: Gaisbergthal bei Gurgl ziemlich selten (Schmidle 1 p. 310).

4. (301.) **P. digitus** Ehrenb.) Bréb., Closterium digitus Ehrenb. — Rbh. III. p. 118; Hg. I. p. 176: De Toni I. p. 860.

O Oetzthal: Sumpf im Rothmoosthal bei Gurgl 2200 ziemlich selten (Schmidle 1 p. 310).

5. (302.) **P. closterioides** Ralfs. — Rbh. III. p. 121; Hg. I. p. 176; De Toni I. p. 860.

O Oetzthal: Gaisbergthal bei Gurgl selten (Schmidle 1 p. 310).

6. (303.) **P. Naegelii** Bréb. — Rbh. III. p. 119; De Toni I. p. 861.

O Oetzthal: in Flachslöchern bei Längenfeld 1164 m häufiger, in Torfgruben hinter den Pirchithöfen 1900 m und im Sumpfe im Rothmoosthale bei Gurgl 2200 m zerstreut, an überrieselten Felsen am Ramolwege eine abweichend punktierte Form (Schmidle 1 p. 311).

K Am Walchsee ([Hfl. h.] Rbh. 10 III. p. 119).

7. (304.) **P. navicula** Bréb., forma apicibus rotundata Wille. Norges Ferskvandsalger T. 2 F. 32. — Hg. I. p. 176; De Toni I. p. 861

O Oetzthal: Sumpf im Rothmoosthale bei Gurgl 2200 m ziemlich selten (Schmidle 1 p. 311).

8. (305.) **P. didymocarpum** Lund. — De Toni I. p. 862.

Var. **alpinum** Schmidle, Oesterr. bot. Zeitschr. XLV. 1895 p. 311 T. 14 F. 17.

O Oetzthal: im Gaisbergthal bei Gurgl nicht häufig (Schmidle 1 p. 311).

9. (306.) **P. oblongum** De Bary. — Hg. I. p. 177; De Toni I. p. 864.

O Oetzthal: in Torfgruben hinter den Pirchithöfen 1900 m und in Sümpfen im Rothmoosthal bei Gurgl 2200 m. an beiden Standorten in von einander etwas abweichenden Formen (Schmidle 1 p. 311).

10. (307.) **P. lamellosum** Bréb. in: Delponte, Desmid. subalp. T. 15 F. 10—18. — Rbh. III. p. 119; Hg. I. p. 177; De Toni I. p. 864.

O Oetzthal: in Flachslöchern bei Längenfeld 1164 m und in Torfgruben hinter den Pirchithöfen bei Gurgl 1900 m sehr zerstreut, am ersteren Fundorte in abweichender Form (Schmidle 1 p. 311).

Penium — Disphinctium

11. (308.) **P. crassinsculum** De Bary. — De Toni I. p. 865.
O Oetzthal: in Torfgruben hinter den Pirchilhöfen 1900 m und Sumpf im Rothmoosthal bei Gurgl 2200 m ziemlich häufig (Schmidle 1 p. 311

95. Tetmemorus Ralfs.

1. (309.) **T. Brebissonii** (Menegh.) Ralfs, Closterium Brebissonii Menegh. — Rbh. III p. 139; Hg. I. p. 188; De Toni I. p. 866.
O Oetzthal überrieselte Felsen am Ramolwege zerstreut, Sumpf im Rothmoosthale bei Gurgl 2200 m häufiger (Schmidle 1 p. 346).

(310.) **T. granulatus** (Brèb.) Ralfs, Closterium granulatum Brèb. — Rbh. III. p. 140; Hg. I. p. 189; De Toni I. p. 867.
O Oetzthal: in Torfgruben hinter den Pirchithöfen im Gaisbergthal, und im Sumpfe im Rothmoosthal bei Gurgl 2200 m zerstreut (Schmidle 1 p. 346).

Forma **basichondra** Schmidle, Oesterr. bot. Zeitschr. XLV. 1895 p. 346 T. 14 F. 22, 23.
O Oetzthal: Sumpf im Rothmoosthale bei Gurgl 2200 m in 2 Formen (Schmidle 1 p. 346.

3. (311.) **T. levis** (Ktz.) Ralfs, Closterium laeve Klz. — Rbh. III. p. 140; Hg. I. p. 188; De Toni I. p. 868.
O Oetzthal: Sumpf im Rothmoosthal bei Gurgl 2200 m mit T. Brebissonii und T. granulatus häufig (Schmidle 1 p. 347).

Var. **ornatus** Schmidle, Oesterr bot. Zeitschrift XLV. 1895 p. 347 T. 1 F. 24.
O Oetzthal: triefende Felsen Ramolwege bei Gurgl zerstreut (Schmidle 1 p. 347).

4. (312.) **T. minutus** De Bary. — Rbh. III. p. 140; Hg. I. p. 189; De Toni I. p. 868.
O Oetzthal: Gaisbergthal und Sumpf im Rothmoosthale bei Gurgl 2200 m ziemlich selten (Schmidle 1 p. 347).

96. Docidium Brèb.

1. (313.) **D. baculum** Brèb., Closterium Sceptrum Ktz., D. Sceptrum Klz. — Hg. I. p. 188; De Toni I. p. 872.
B An Myriophyllum im kleinen Monliggler See (Hfl. 32 p. 71 als Penium Sceptrum).

97. Disphinctium Naeg.

1. (314.) **D. curtum** (Brèb.) Reinsch, Penium curtum Brèb., Cosmarium curtum Ralfs. — Rbh. III. p. 176; Hg. I. p. 184; De Toni I. p. 877.

Var. **exiguum** Hg. — Hg. I. p. 184; De Toni I. p. 878.

Auf feuchten Felsen.
O Oetzthal: „Mittelgebirge" bei Gurgl 2600 (Schmidle 1 p. 347 und in litt.).
I Bei Kematen, zwischen Hall und St. Magdalena mehrfach, bei Patsch mehrfach;

U Zwischen Achensee, Maurach und Jenbach mehrfach, bei Kufstein mehrfach;
B Bei Auer (Hg. 1 p. 130).

Forma minor Wille — (non Cosmarium curtum b. minus Rbh. III. p. 177).
Tirol (Schröder 1 p. 46).

2. (315.) **D. cruciferum** (De Bary) Hg., Cosmarium? cruciferum De Bary p. p. — Rbh. III. p. 177; Hg. I. p. 185; De Toni I. p. 878.
B In Sümpfen bei Branzoll (Hg. 1 p. 131).

3. (316.) **D. palangula** (Bréb.) Hg., Cosmarium palangula Bréb. — Rbh. III. p. 174; Hg. I. p. 184; De Toni I. p. 879.
O Oetzthal: Gaisbergthal bei Gurgl ziemlich zerstreut (Schmidle 1 p. 347).

Var. **De Baryi** Rbh., Cosmarium palangula De Bary non Bréb. — Rbh. III. p. 175.
O Oetzthal: Sumpf im Rothmoosthal bei Gurgl 2200 m (Schmidle 1 p. 347).

4. (317.) **D. globosum** (Bulnheim) Hg., Cosmarium globosum Bulnheim. — Rbh. III. p. 178; Hg. I. p. 243; De Toni I. p. 880.
In Sümpfen.
O Oetzthal: in Torfgruben hinter den Pirchithöfen bei Gurgl 1900 m mit 2 Formen zerstreut (Schmidle 1 p. 347).
I Bei Hall und Matrei;
E Zwischen Brennerbad und Schelleberg überall mit der Varietät und einer anderen abweichenden Form (Hg. 1 p. 131).

Var. **minus** Hg. — Hg. I. p. 243; De Toni I. p. 880 — mit der Art vorkommend; die vorherrschende Form (Hg. 1 p. 131).

(318.) **D. subglobosum** (Nordst.) De Toni, Cosmarium subglobosum Nordst. De Toni I. p. 881.
I Bei Patsch in einer abweichenden Form (Hg. 1 p. 131).

6. (319.) **D. cucurbita** (Bréb.) Reinsch, Cosmarium cucurbita Bréb. — Hg. I. p. 185; De Toni I. p. 881.
O Oetzthal: Sumpf im Rothmoosthal bei Gurgl 2200 m ziemlich selten, überrieselte Felsen am Ramolwege ziemlich häufig, hier auch sehr selten eine abweichende Form (Schmidle 1 p. 347).

7. (320.) **D. connatum** (Bréb.) De Bary, Cosmarium connatum Bréb. — Rbh. III. p. 175; Hg. I. p. 185; De Toni I. p. 884.
R Gardasee: am Holzwerk der Badeanstalt von Torbole und am Ufer beim Doss Brione (Kirchn. 3 p. 15).

8. (321.) **D. sparsepunctatum** Schmidle, Oesterr. bot. Zeitschr. XLV. 1895 p. 348 T. 15 F. 1—7.
O Oetzthal: in Torfgruben hinter den Pirchithöfen bei Gurgl 1900 m sehr häufig (Schmidle 1 p. 348).

9. (322.) **D. annulatum** Naeg., Penium annulatum Archer. Rbh. III. p. 122; Hg. I. p. 186; De Toni 1. p. 887.

K Am Walchsee (Hfl. b. Rbh. l. c.).

10. (323.) **D. cylindrus** (Ehrenb.?) Naeg., Closterium cylindrus Ehrenb.?, Penium cylindrus Brèb. — Rbh. III. p. 122; Hg. I. p. 186; De Toni I. p. 888.

Var. silesiacum Kirchn. — Hg. I. p. 186; De Toni l. p. 888.

O Oetzthal Gaisbergthal bei Gurgl zerstreut (Schmidle 1 p. 310).

Var. subtruncatum Schmidle, Oesterr. bot. Zeitschr. XLV 1895 p. 310 =? D. cylindrus f. minor Heimerl, Desmid. alpin. T. 14 F. 27. 28.

O Oetzthal: in stehendem Wasser in Torfgruben hinter den Pirchithöfen, im Gaisbergthale und im Sumpfe des Rothmoosthales bei Gurgl zerstreut, ziemlich häufig auf überrieselten Felsen am Ramolwege (Schmidle 1 p. 310).

Forma colorata Schmidle l. c.

O Oetzthal: im Gaisbergthal bei Gurgl zerstreut (Schmidle 1 p. 310).

11. (324.) **D. notabile** (Brèb.?) Hg.,? Cosmarium notabile Brèb. — Rbh. III. p. 173; Hg. I. p. 186; De Toni 1. p. 889.

O Oetzthal: Sumpf im Rothmoosthale bei Gurgl 2200 m sehr selten (Schmidle 1 p. 347).

I Bei Kematen (Hg. 1 p. 131).

12. (325.) **D. speciosum** (Lund.) Hg., Cosmarium speciosum Lund. — Hg. I. p. 187 Note, II. p. 255; De Toni 1. p. 891.

O Oetzthal: in Torfgruben hinter den Pirchithöfen bei Gurgl 1900 m und im Sumpf im Rothmoosthale bei Gurgl 2200 m ziemlich selten; ebenso an überrieselten Felsen am Ramolwege (Schmidle 1 p. 347).

G Bei Madonna di Campiglio und Bad Comano (Nordst. & Wittr. 1 p. 37).

Var. simplex Nordst. Hg. II. p. 255; De Toni 1. p. 892.

Tirol (Schröder 1 p. 46).

Var. tumidum Schmidle, Oesterr. bot. Zeitschr. XLV. 1895 p. 347 T 14 F. 30.

O Oetzthal: Sumpf im Rothmoosthale bei Gurgl zerstreut (Schmidle 1 p. 348).

13. (326.) **D. speciosissimum** Schmidle, Oesterr. bot. Zeitschr. XLV. 1895 p. 458 T. 15 F. 30, 31.

O Oetzthal: Sumpf im Rothmoosthale bei Gurgl 2200 m (Schmidle 1 p. 458 und in litt.

14. (327.) **D. Thwaitesii** (Ralfs) De Toni, Cosmarium Thwaitesii Ralfs. — Rbh. III. p. 175; De Toni 1. p. 890.

Tirol (Rbh. l. c., Hsm. b. De Toni 1. p. 891).

15. (328.) **D. anceps** (Lund.) Hg., Cosmarium anceps Lund. — Hg. I. p. 278; De Toni 1. p. 893.

G Bei Madonna di Campiglio und Monte Spinale (Nordst. & Wittr. 1 p. 35).

Flora 11.

Var. **pusillum** Hg., D. pusillum Hg. — Hg. 1. p. 187, 278; De Toni I. p. 894.

An nassen Felsen etc.

I Bei Kematen, zwischen Hall und St. Magdalena, bei Matrei;
U Zwischen Achensee, Jenbach und Maurach, bei Kufstein;
E Zwischen Brennerbad und Schelleberg;
B Bei Neumarkt;
R Bei Ala (Hg. 1 p. 131).

16. (329.) **D. sinuosum** (Lund.) Hg., Cosmarium sinuosum Lund. — Hg. I. p. 244 nota 1; De Toni I. p. 894.

O Oetzthal: Sumpf im Rothmoosthal bei Gurgl 2200 m sehr selten (Schmidle 1 p. 348).

98. Pleurotaenium Naeg.

1. (330.) **P. Ehrenbergii** (Ralfs) Delponte, Docidium Ehrenbergii Ralfs. — Hg. 1. p. 189; De Toni I. p. 896.

O Oetzthal: in Flachslöchern bei Längenfeld 1164 m zerstreut (Schmidle 1 p. 349).

2. (331.) **P. minutum** (Ralfs) Delponte, Docidium minutum Ralfs, Penium Ralfsii De Bary. — Rbh. III. p. 122; Hg. 1. p. 188; De Toni I. p. 904.

O Oetzthal: in Torfgruben hinter den Pirchithöfen bei Gurgl stellenweise häufig (Schmidle 1 p. 311, b. Nordst. & Wittr. 1 Nr. 1399).

99. Pleurotaeniopsis Lund.
(Cosmaridium Gay).

1. (332.) **P. De Baryi** (Archer) Lund., Cosmarium De Baryi Archer non Wolle, Cosmaridium De Baryi Hg. — Hg. I. p. 246; De Toni I. p. 906.

O Oetzthal: „Mittelgebirge" bei Gurgl 2600 m sehr selten (Schmidle 1 p. 349).

2. (333.) **P. cucumis** (Corda) Lagerh., Cosmarium Cucumis Corda, Cosmaridium Cucumis Hg. — Rbh. III. p. 164; Hg. I. p. 190; De Toni I. p. 910.

C Oetzthal: Sumpf im Rothmoosthale bei Gurgl 2200 m ziemlich selten (Schmidle 1 p. 349).

B An Myriophyllum im kleinen Montiggler See (Hfl. 32 p. 71).

100. Xanthidium Ehrenb.

1. 334.) **X. arma'um** Bréb. b. Ralfs, Cosmarium armatum Bréb. — Rbh. III. p. 222; Hg. I. p. 191; De Toni I. p. 916.

Var. **supernumerarium** Schmidle, Oesterr. bot. Zeitschr. XLV. 1895 p. 349 T. 15 F. 8.

O Oetzthal: Sumpf im Rothmoosthale bei Gurgl 2200 m häufig (Schmidle 1 p. 349).

2. (235.) **X. antilopaeum** (Bréb.) Ktz., Cosmarium antilopaeum Bréb. — Hg. I. p. 192; De Toni I. p. 920.

O Oetzthal: in Flachslöchern bei Längenfeld 1164 m (Schmidle 1 p. 349 und in litt.).

3. (336.) **X. alpinum** Schmidle, Oesterr. bot. Zeitschr. XLV. 1895 p. 350.

O Oetzthal: in Torfgruben hinter den Pirchithöfen 1900 m sehr selten (Schmidle 1 p. 350).

101. Cosmarium Corda.

1. (337.) **C. granatum** Bréb. — Rbh. III. p. 162; Hg. 1. p. 192; De Toni I. p. 931.

U Bei Kufstein;

K Am Walchsee (Hfl. b. Rbh. l. c.).

R Gardasee: am Ufer bei Riva (Garbini 1 p. 11) und Torbole (Kirchn. 3 p. 15).

Var. **elongatum** Nordst.

G Am Monte Spinale (Nordst. & Wittr. 1 p. 32).

2. (338.) **C. moniliforme** (Turp.) Ralfs, Tessarthonia moniliformis Turp. — Rbh. III. p. 173; Hg. 1. p. 193; De Toni I. p. 932.

Var. **panduriforme** Heimerl, Disphinctium dubium B. W. Turner, D. infernum B. W. Turner.

O Oetzthal: in Flachslöchern bei Längenfeld 1164 m zerstreut (Schmidle 1 p. 387).

3. (339.) **C. bioculatum** Bréb. — Rbh. III. p. 163; Hg. 1. p. 193; De Toni I. p. 933.

In stagnierendem Wasser.

O Oetzthal: Gaisbergthal bei Gurgl ziemlich selten (Schmidle 1 p. 387).

I Bei Kematen, Völs;

U Oberhalb Jenbach, bei Wörgl;

E Brennerbad;

B In Bächlein bei Lengmoos (Krav. 1 p. 4); im kleinen Montiggler See (Hfl. 32 p. 71); zwischen Bozen und Leifers, bei Branzoll, Neumarkt;

T Bei Lavis, zwischen Trient und Gardolo, Trient und Pergine;

R Gardaseeufer bei Torbole (Kirchn. 3 p. 15); zwischen Mattarello und Calliano, Serravalle und Ala mehrfach (Hg. 1 p. 131).

4. (340.) **C. leve** Rbh. — Rbh. III. p. 161; Hg. 1. p. 193; De Toni I. p. 934.

In stehendem Wasser.

I Bei Patsch, Matrei;

U Bei Kufstein;

B Bei Auer, oberhalb Neumarkt;

T Bei Deutschmetz, Lavis, Trient, zwischen Pontealto und Pergine;

R Bei Ala (Hg. 1 p. 132);

Var. **undulatum** Schmidle, Algen Oberrhein T. XXVIII F.

O Oetzthal: in Flachslöchern bei Längenfeld 1164 m sehr zerstreut. Sumpf im Rothmoosthale bei Gurgl 2200 m ziemlich selten (Schmidle 1 p. 387).

5. (341.) **C. retusiforme** Gutw., C. Hammeri var. retusiforme Wille, C. retusum Perty T. 16 F. 12, non Lund., C. retusum Lund. non Perty var. leve Roy et Bisset. — Hg. I. p. 194; De Toni I. p. 936.

Var. alpinum Schmidle, Oesterr. bot. Zeitschr. XLV. 1895 p. 456 T. 15 F. 27.

O Oetzthal: Sumpf im Rothmoosthale bei Gurgl 2200   zerstreut (Schmidle 1. c.).

6. (342.) **C. Hammeri** (Reinsch) Wolle, Didymidium Hammeri Reinsch. — Hg. I. p. 194; De Toni I. p. 936.

B Bei Neumarkt (Hg. 1 p. 131).

7. (343.) **C. leiodermum** (Gay) Hg., Euastrum leiodermum Gay. — Hg. I. p. 194; De Toni I. p. 937.

In sumpfigen Gewässern, zwischen grösseren Algen.

U Bei Brixlegg, Kufstein;

E Zwischen Brennerbad und Schelleberg, Gossensass und Sterzing;

B Zwischen Bozen und Leifers, Auer und Neumarkt;

T Bei Deutschmetz, zwischen Pontealto und Pergine;

R Bei Rovereto, Ala (Hg. 1 p. 134).

8. (344.) **C. Meneghinii** Bréb. — Rbh. III. p. 163; Hg. I. p. 194; De Toni I. p. 937.

In Tümpeln, an nassen Felsen etc.

O Oetzthal: in Flachslöchern bei Längenfeld 1164 m und in Torfgruben hinter den Pirchlthöfen bei Gurgl 1900 m zerstreut (Schmidle 1 p. 388).

I Bei Kematen, Völs (Hg. I. p. 132); Innsbruck: beim Steinbruche unter der Hungerburg (Leithe 2 p. 10).

U Bei Wörgl, Kufstein mehrfach;

E Bei Brennerbad, Schelleberg;

B Zwischen Bozen und Leifers, bei Branzoll, Neumarkt in mehreren Formen;

T Zwischen Salurn und San Michele, bei Lavis, zwischen Gardolo und Trient;

R Zwischen Mattarello und Calliano, Serravalle und Ala (Hg. 1 p. 132).

Var. Braunii (Reinsch) Hg., C. Braunii Reinsch p. p. — Hg. I. p. 195; De Toni I. p. 938.

I Bei Völs;

B Bei Branzoll (Hg. 1 p. 132).

9. (345.) **C. crenulatum** Naeg., Einzell. Alg. T. 7 F.

O Oetzthal: Sumpf im Rothmoosthale bei Gurgl 2200 m sehr zerstreut (Schmidle 1 p. 388).

10. (346.) **C. impressulum** Elfving. Hg. 1. p. 248; De Toni I. p. 940.

O Oetzthal: überrieselte Felsen Ramolwege ziemlich selten (Schmidle 1 p. 388).

Var. **alpicola** Schmidle, Oesterr. bot. Zeitschr. XLV. 1895 p. 388 T. 15 F. 13, 14.

O Oetzthal: in Flachslöchern bei Längenfeld 1164 m und im Sumpf im Rothmoosthale bei Gurgl 2200 m zerstreut, am letzteren Orte auch eine abweichende Form (Schmidle l. c.).

Var. **integratum** Heimerl, Desmid. alpin. T. 5 F. 12.

O Oetzthal: Sumpf im Rothmoosthale bei Gurgl 2200 m zerstreut (Schmidle 1 p. 288).

11. (347.) **C. crenatum** Ralfs, Brit. Desmid. T. 15 F. — Rbh. III. p. 165; Hg. I. p. 195; De Toni I. p. 941.

O Oetzthal: Sumpf im Rothmoosthale bei Gurgl 2200 m zerstreut an mehreren Stellen, überrieselte Felsen am Ramolwege in einer abweichenden Form zerstreut (Schmidle 1 p. 388).

Var. **bicrenatum** Nordst.

Tirol (Schröder 1 p. 46).

G Am Monte Spinale bei Campiglio (Nordst. & Wittr. 1 p. 35).

12. (348.) **C. garrolense** Roy et Bisset in Annals Scot. Nat. Hist. (1894) T. 2 F. 4. C. alpinum var. helveticum Schmidle, Einzell. Algen a. d. Berner Alpen T. 6 F 11.

O Oetzthal: Sumpf im Rothmoosthale bei Gurgl 2200 m ziemlich zerstreut (Schmidle 1 p. 387).

13. (349.) **C. Naegelianum** Bréb. — Rbh. III. p. 164; Hg. I. p. 96; De Toni I. p. 942.

In Sümpfen, an Ufern.

U Bei Kufstein (Hfl. b. Rbh. 10 III. p. 165, Hg. 1 p. 132).

E Zwischen Brennerbad und Schelleberg (Hg. 1 p. 132).

D Bei Antholz (Hsm. b. Rbh. 10 III. p. 165).

T Zwischen Gardolo und Trient (Hg. 1 p. 132).

R Gardaseeufer bei Torbole (Kirchn. 3 p. 15); zwischen Mattarello und Calliano, Serravalle und Ala (Hg. 1 p. 132).

14. (350.) **C. tinctum** Ralfs, Sphaerozosma tinctum Rbh. — Rbh. III. p. 150; Hg. I. p. 248; De Toni I. p. 942.

O Oetzthal: in Torfgruben hinter den Pirchithöfen 1900 m und im Gaisbergthal bei Gurgl zerstreut, häufig mit farbloser Membran (Schmidle 1 p. 388).

G Bei Madonna di Campiglio (Nordst. & Wittr. 1 p. 35).

Var. **intermedium** Nordst. — De Toni I. p. 943.

O Oetzthal: Sumpf im Rothmoosthale bei Gurgl 2200 m an einer Stelle zerstreut (Schmidle 1 p. 388).

15. (351.) **C. arctoum** Nordst. — De Toni I. p. 944.

Var. **tatricum** Racib., Desmid. Polon. T. 2 F. 6. — De Toni I. p. 944.

O Oetzthal: in Flachslöchern bei Längenfeld 1164 m zerstreut (Schmidle 1 p. 388).

16. (352.) **C. holmiense** Lund. — Hg. I. p. 197; De Toni I. p. 944.
Auf feuchten Felsen.
I Bei Zirl, Kematen, Patsch, Matrei;
U Am Achensee, bei Maurach, Brixlegg, Kufstein;
B Zwischen Blumau und Kardaun, bei Auer, Neumarkt (Hg. 1 p. 133).
G Am Monte Spinale, zwischen Campiglio und Pinzolo, beim Bade Comano, hier auch eine abweichende kleinere Form (Nordst. & Wittr. 1 p. 31).
T Bei Deutschmetz, Trient, Lavis, zwischen Pontealto und Pergine mehrfach;
R Bei Rovereto, Santa Margherita, Ala (Hg. 1 p. 133).

Var. integrum Lund., Dysphinctium holmiense var. integrum Schmidle. — Hg. I. p. 197; De Toni I. p. 945.
O Oetzthal: mit D. parvulum und D. microsphinctum zerstreut im Sumpf im Rothmoosthale bei Gurgl 2200 m (Schmidle 1 p. 349).

Var. trigonum Nordst. et Wittr., Desmid. Ital. et Tyrol. p. 31 T. 12 F. 6. — De Toni 1. p. 945.
G Bei Madonna di Campiglio (Nordst. & Wittr. l. c.).

17. (353.) **C. venustum (Bréb.)** Archer, Euastrum venustum Bréb. — Hg. I. p. 196; De Toni I. p. 945.
O Oetzthal: in Torfgruben hinter den Pirchithöfen bei Gurgl 1900 m, Gaisbergthal bei Gurgl und im Sumpf im Rothmoosthale bei Gurgl 2200 m ziemlich selten (Schmidle 1 p. 388).

Var. **minus** Boldt, Bidr. Sibir. Chlorophyllophyc. T. 5 F. 10.
O Oetzthal: in Torfgruben hinter den Pirchithöfen bei Gurgl 1900 m selten (Schmidle 1 p. 388).

18. (354.) **C. pseudopyramidatum** Lund. — Hg. I. p. 198, 100; De Toni 1. p. 946.

Forma major Lund.
O Oetzthal: Sumpf im Rothmoosthale bei Gurgl 2200 m ziemlich häufig (Schmidle 1 p. 388).

Subsp. **stenonotum** Nordst. et Wittr., Desmid. Ital. et Tyrol 32. — De Toni I. p. 946.
G Bei Madonna di Campiglio, zwischen Campiglio und Pinzolo (Nordst. & Wittr. 1 p. 33).

19. (355.) **C. abruptum** Lund. — De Toni I. p. 947.
R Gardasee: am Holze der Badeanstalt bei Torbole (Kirchn. 3 p. 15).

20. (356.) **C. minutum** Delponte T. 15 F. 12. — Hg. I. p. 197; De Toni I. p. 948.
O Oetzthal: Sumpf im Rothmoosthale bei Gurgl 2200 m zerstreut (Schmidle 1 p. 389).

21. (357.) **C. pseudoprotuberans** Kirchn. — De Toni I. p. 951.
O Oetzthal: in Flachslöchern bei Längenfeld 1164 m ziemlich selten (Schmidle 1 p. 389).

22. (358.) C. Elfvingii Racib., C. hexagonum Elfving non Nordst.
— De Toni I. p. 853.
R In Sümpfen zwischen Serravalle und Ala, meist in einer abweichenden Form (Hg. 1 p. 131).

23. (359.) C. variolatum Lund., C. pseudopyramidatum Lund, var. variolatum Hg. — Hg. I. p. 198; De Toni I. p. 954.
B Bei Neumarkt (Hg. 1 p. 133).

24. (360.) C. parvulum Bréb. — Rbh. III. p. 177; De Toni I. p. 958.
E In Sümpfen zwischen Brennerbad und Schelleberg einer abweichenden Form (Hg. 1 p. 132).

Var. undulatum (Schmidle), Dysphinctum parvulum var. undulatum Schmidle, Oesterr. bot. Zeitschr. XLV. 1895 p. 348 T. XV F. 7.
O Oetzthal: Sumpf im Rothmoosthale bei Gurgl 2200 m zerstreut (Schmidle 1 p. 348).

25. (361.) C. tetragonum (Naeg.) Archer, Euastrum tetragonum Naeg. — Rbh. III. p. 164; De Toni I. p. 959.
G Bei Madonna di Campiglio (Nordst. & Wittr. 1 p. 35).

26. (362.) C. Regnesii Reinsch.   Hg. II. p. 252; De Toni I. p. 961.
Var. montanum Schmidle. Hedwigia XXXIV. 1895 p. 74 T. 15 F. 11.
O Oetzthal: in Flachslöchern bei Längenfeld 1164 m und Sumpf im Rothmoosthale bei Gurgl 2200 m zerstreut (Schmidle 1 p. 389).

27. (363.) C. punctulatum Bréb., Liste Desmid. T. 1 F. 16. — Rbh. III. p. 157; Hg. I. p. 199; De Toni I. p. 961.
O Oetzthal: in Torfgruben hinter den Pirchithöfen bei Gurgl 1900 m ziemlich selten (Schmidle 1 p. 389).

28. (364.) C. orthopunctulatum Schmidle, Oesterr. bot. Zeitschr. XLV. 1895 p. 389 T. 15 F. 15.
O Oetzthal: ziemlich selten im Schlamme von Gletscherdetritus am Ramolwege, ebenso im Schlamme beim Sumpf im Rothmoosthale bei Gurgl 2200 m — beidemale mit Staurastrum muricatiforme (Schmidle 1 p. 390).

29. (365) C. pseudobotrytis Gay. — Hg. I. p. 200; De Toni I. p. 962.
In fliessendem Wasser.
I Bei Kematen, zwischen Hall und St. Magdalena, bei Patsch;
U Bei Kufstein mehrfach;
B Zwischen Atzwang und Steg, Blumau und Kardaun, bei Bozen, oberhalb Neumarkt;
T Bei Deutschmetz, Lavis, zwischen Pontealto und Pergine;
R Bei Ala (Hg. 1 p. 132).

Cosmarium

30. (366.) **C. humile** (Gay) Nordst., Euastrum humile Gay. — De Toni I. p. 965.

Var. **substriatum** (Nordst), (C. substriatum Nordst), f. **minor** Schmidle.

O Oetzthal: in Flachslöchern bei Längenfeld 1164 m ziemlich selten Schmidle 1 p. 389).

31. (367.) **C. subquadratum** Nordst. in: Nordst. et Wittr., Desmid. Ital. et Tyrol. p. 32 T. 12 F. 7. C. alpinum Kern. ined. (1867) non Racib. (1886. — De Toni 1. p. 968.

I Innsbruck an überrieselten Tuffsteinen ober der Weiherburg 800 m (Kern. 78[a] Nr. 398, 78[b] l. p. 135).

B Auf feuchten Felsen zwischen Blumau und Kardaun und bei Auer in etwas abweichender Form (Hg. 1 p. 132).

G an Felsen beim Bade Comano (Nordst. & Wittr. 1 p. 32).

(368.) **C. pachydermum** Lund. — Hg. I. p. 198; De Toni I. p. 970.

O Oetzthal: in Flachslöchern bei Längenfeld 1164 m ziemlich selten, eine abweichende Form im Sumpf im Rothmoosthale bei Gurgl 2200 m stellenweise ziemlich häufig (Schmidle 1 p. 390).

G Bei Madonna di Campiglio (Nordst. & Wittr. 1 p. 31).

R Gardasee: am Holzwerk der Badeanstalt (Kirchn. 3 p. 16).

33. (369.) **C. cymatopleurum** Nordst. — De Toni I. p. 971.

Var. **tirolicum** Nordst. et Wittr., Desmid. Ital. et Tyrol. 32 T. 12 F. 5. — De Toni 1. p. 971.

G Am Monte Spinale (Nordst. & Wittr. 1 p. 30).

34. (370) **C. didymochondrum** Nordst. in Nordst. et Wittr., Desmid. Ital. et Tyrol. p. 36 T. 12 F. 11. — De Toni 1. p. 972.

G An Felsen beim Bade Comano, etwas selten (Nordst. et Wittr. 1 p. 36).

35. (371.) **C. circulare** (Reinsch) Hg., Didymidium circulare Reinsch. — Hg. 1. p. 249; De Toni 1. p. 975.

I Bei Völs;

U Im Längensee bei Kufstein (Hg. 1 p. 133).

36. (372.) **C. galeritum** Nordst. — De Toni 1. p. 976.

U Im Längensee bei Kufstein (Hg. 1 p. 132).

37. (373.) **C. perforatum** Lund. — De Toni 1. p. 977.

Var. **porosum** Gutw., Fl. Glonów Ok. Lwowa T. V F. 32.

O Oetzthal: Sumpf im Rothmoosthale bei Gurgl 2200 m zerstreut (Schmidle 1 p. 390).

38. (374.) **C. margaritiferum** (Turp.) Menegh., Ursinella margaritifera Turp. — Rbh. III. p. 157; Hg. 1. p. 198; De Toni 1. p. 979.

In stehenden Gewässern.

O Oetzthal: in Flachslöchern bei Längenfeld 1164 m ziemlich selten, ebenso im Gaisbergthal bei Gurgl (Schmidle 1 p. 390).

I Bei Völs;
U Bei Wörgl, Kufstein;
E Brennerbad;
B Zwischen Bozen und Leifers, bei Branzoll, Neumarkt;
T Bei Lavis (Hg. 1 p. 133).
R Gardaseeufer bei Torbole, an Wasserpflanzen (Kirchn. 3 p. 16); zwischen Serravalle und Ala (Hg. 1 p. 133).

39. (375.) **C. Netzerianum** Schmidle, Oesterr. bot. Zeitschr. XLV. 1895 p. 390 T. 15 F. 19.
O Oetzthal: Sumpf im Rothmoosthale bei Gurgl 2200 m stellenweise häufig (Schmidle 1 p. 390).

40. (376.) **C. botrytis** (Bory) Menegh., Heterocarpella Botrytis Bory. — Rbh. III. p. 158; Hg. I. p. 199; De Toni I. p. 979.
In stehenden Gewässern.
V Bodenseeufer bei Bregenz (Schröt. & Kirchn. 1 p. 64).
O Oetzthal: Gaisbergthal bei Gurgl, ziemlich selten (Schmidle 1 p. 391).
I Bei Völs, Hall;
U Bei Wörgl, Kufstein;
E Zwischen Brennerbad und Schelleberg, Gossensass und Pflersch; bei Sterzing;
B In Gräben auf dem Ritten (Krav. 1 p. 4); zwischen Blumau und Bozen (Hg. 1 p. 133); im kleinen Montiggler See (Hfl. 32 p. 71); zwischen Bozen und Leifers, bei Branzoll, Auer, Neumarkt;
T Zwischen Salurn und San Michele, bei Lavis, Trient, zwischen Pontealto und Pergine (Hg. 1 p. 133).
R Gardaseeufer bei Torbole (Kirchn. 3 p. 16); zwischen Mattarello und Calliano, bei Rovereto, zwischen Serravalle und Ala (Hg. 1 p. 133).

Var. **mesoleium** Nordst. — De Toni I. p. 980.
G An Felsen beim Bad Comano (Nordst. & Wittr. 1 p. 28).

Var. **emarginatum** Hg. — Hg. I. p. 199; De Toni I. p. 981.
B Bei Neumarkt (Hg. 1 p. 133).

41. (377.) **C. tetraophthalmum** (Ktz.) Bréb., Heterocarpella tetraophthalma Ktz. — Rbh. III. p. 159; Hg. I. p. 200; De Toni I. p. 981.
M Meran: mit Epithemia zebra Ktz. in Algund an einem Bache auf Moos (Milde 10 p. 155; 13 p. 457).
B An Myriophyllum im kleinen Montiggler See (Hfl. 32 p. 71).
R Gardaseeufer beim Doss Brione (Kirchn. 3 p. 16).

42. (378.) **C. reniforme** (Ralfs), C. margaritiferum var. reniforme Ralfs. — Hg. I. p. 200; De Toni I. p. 982.
O Oetzthal: in Flachslöchern bei Längenfeld 1164 m zerstreut, eine abweichende Form unter dem Typus selten (Schmidle 1 p. 391).
U Kufstein: im Längensee;
B Bei Neumarkt (Hg. 1 p. 133).

43. (379.) **C. Brebissonii** Menegh. — Rbh. III. p. 158; Hg. I. p. 200; De Toni I. p. 983.

E In Sümpfen zwischen Brennerbad und Schelleberg (Hg. 1 p. 134).

44. (380.) **C. cyclicum** Lund. — Hg. I. p. 196; De Toni I. p. 983.

Var. **arcticum** Nordst. — De Toni I. p. 983.

Tirol (Schröder 1 p. 46).

G Im Val di Nambron und bei Campiglio (Nordst. & Wittr. 1 p.

45. (381.) **C. quadrum** Lund. — De Toni I. p. 985.

Var. **minus** Nordst. — De Toni I. p. 985.

O Oetzthal: in Flachslöchern bei Längenfeld 1164 m zerstreut (Schmidle 1 p. 391).

46. (382.) **C. Portianum** Archer. — Rbh. III. p. 160; De Toni I. p. 986.

G Zwischen Campiglio und Pinzolo, beim Bade Comano (Nordst. & Wittr. 1 p. 28).

Var. **orthostichum** Schmidle, Algenfl. Torfst. Virnheim T. VII F. 11.

O Oetzthal: in Flachslöchern bei Längenfeld 1164 m ziemlich selten und im Sumpf im Rothmoosthale bei Gurgl 2200 m an einer Stelle häufiger (Schmidle 1 p. 390).

Var. **calvum** Schmidle, Oesterr. bot. Zeitschr. XLV 1895 T. 15 F. 17.

O Oetzthal: Sumpf im Rothmoosthale bei Gurgl 2200 m zerstreut mit var. orthostichum (Schmidle 1 p. 390).

47. (383.) **C. rectangulare** Grun., C. gotblandicum Wittr. — Rbh. III. p. 166; De Toni I. p. 987.

Var. **cambrense** B. W. Turner, Desmid. Notes (1893) F.

O Oetzthal: Sumpf im Rothmoosthale bei Gurgl 2200 m zerstreut. Gaisbergthal bei Gurgl selten (Schmidle 1 p. 388).

48. (384.) **C. amoenum** Bréb. — Rbh. III. p. 159; De Toni I. p. 988.

O Oetzthal: Sumpf im Rothmoosthale bei Gurgl 2200 m zerstreut (Schmidle 1 p. 456).

49. (385.) **C. ochthodes** Nordst. — De Toni I. p. 992.

G Bei Campiglio und beim Bad Comano (Nordst. & Wittr. 1 p. 28).

50. (386.) **C. conspersum** Ralfs. — Rbh. III. p. 101; De Toni I. p. 997.

O Oetzthal: Sumpf im Rothmoosthale bei Gurgl 2200 m selten (Schmidle 1 p. 454.

51. (387.) **C. praemorsum** Bréb., Formae Tab. XV F. 22—26. — Rbh. III. p. 160; De Toni I. p. 1000.

O Oetzthal: Sumpf im Rothmoosthale bei Gurgl 2200 m in 3 Formen, doch sehr zerstreut: f. genuinae, f. subleves, f. ornatae (Schmidle 1 p. 455).

52. (388.) **C. subcrenatum** Hantzsch. — Rbh. III. p. 164; Hg. I. p. 201; De Toni I. p. 1000.
O Oetzthal: „Mittelgebirge" bei Gurgl 2600 m ziemlich selten (Schmidle 1 p. 454).
G Zwischen Campiglio und Pinzolo (Nordst. & Wittr. 1 p. 35).

53. (389.) **C. phaseolus** Bréb. — Rbh. III. p. 166; Hg. I. p. 201; De Toni I. p. 1001.
In Sümpfen.
O Oetzthal: in Flachslöchern bei Längenfeld 1164 m zerstreut (Schmidle 1 p. 456).
B Zwischen Bozen und Leifers, bei Branzoll, Neumarkt;
R Zwischen Mattarello und Calliano (Hg. 1 p. 134).
Var. **elevatum** Nordst. — De Toni I. p. 1001.
O Oetzthal: in Flachslöchern bei Längenfeld 1164 m häufiger als die Species (Schmidle 1 p. 456).

54. (390.) **C. tithophorum** Nordst. — De Toni I. p. 1002.
Var. **dissimile** Racib.
O Oetzthal: in Flachslöchern bei Längenfeld 1164 m ziemlich selten (Schmidle 1 p. 456).

55. (391.) **C. retusum** (Perty) Rbh., Euastrum retusum Perty. — Rbh. III. p. 167; De Toni I. p. 1003.
K Am Walchsee (Hfl. b. Rbh. 10 III. p. 167).

56. (392.) **C. microsphinctum** Nordst., C. pseudopyramidatum f. microsphinctum Nordst., Dysphinctium microsphinctum Schmidle. — De Toni I. p. 1005.
O Oetzthal: Sumpf im Rothmoosthale bei Gurgl 2200 m (Schmidle 1 p. 349).
Var. **crispulum** Nordst., Dysphinctium microsphinctum var. crispulum Schmidle. — De Toni I. p. 1006.
Tirol (Schröder 1 p. 46).
O Oetzthal: Sumpf im Rothmoosthale bei Gurgl 2200 m zerstreut mit der typischen Form im Gemische (Schmidle 1 p. 349).
G Val Genova (Nordst. & Wittr. 1 p. 34).

57. (393.) **C. caelatum** Ralfs. — Rbh. III. p. 170; Hg. I. p. 202; De Toni I. p. 1007.
Var. **spectabile** (De Not.), C. spectabile De Not. — De Toni I. p. 1007.
O Oetzthal: Sumpf im Rothmoosthale bei Gurgl 2200 m ziemlich selten, überrieselte Felsen am Ramolwege häufiger (Schmidle 1 p. 458).
G Bei Madonna di Campiglio (Nordst. & Wittr. 1 p. 40).

58. (394.) **C. Osteri** Schmidle, Oesterr. bot. Zeitschr. XLV. 1895 p. 458 T. 15 F. 32.
O Oetzthal: Sumpf im Rothmoosthale bei Gurgl 2200 m zerstreut (Schmidle l. c.).

59. (395.) C. polonicum Racib. — De Toni I. p. 1009.

Var. alpinum Schmidle, Oesterr. bot. Zeitschr. XLV. 1895 p. 457 T. 15 F. 21.

O Oetzthal: Gaisberglhal bei Gurgl sehr häufig, Tümpel und Wiesengräben bei Untergurgl 1768 m zerstreut (Schmidle 1 p. 457).

60. (396.) C. sexnotatum Gutw.

Var. subtriomphalum Schmidle, Oesterr. bot. Zeitschr. XLV. 1895 p. 457 T. 15 F. 28.

O Oetzthal: in Flachslöchern bei Längenfeld 1164 m zerstreut (Schmidle 1 p. 458).

Var. tristriatum Lütkemüller, C. Blyttii var. tristriatum Lütkemüller, Altersee T. 8 F. 5.

Forma rotundata Schmidle, Oesterr. bot. Zeitschr. XLV. 1895 p. 458 T. 15 F. 33.

O Oetzthal: Sumpf im Rothmoosthale bei Gurgl 2200 m nicht häufig (Schmidle 1 p. 458).

61. (397.) C. limnophilum Schmidle, Oesterr. bot. Zeitschr. XLV. 1895 p. 457 T. 15 F. 20.

O Oetzthal: in Flachslöchern bei Längenteld 1164 m ziemlich selten, jedoch in den meisten „Reazen" [1]) vorhanden (Schmidle 1 p. 457).

62. (398.) C. subprotumidum Nordst. — De Toni I. p. 1010.

G Am Monte Spinale bei circa 1900 m (Nordst. & Wittr. 1 p. 39).

63. (399.) C. contigenum Nordst. Forma? T. 15 F. 26. — De Toni I. p. 1010.

O Oetzthal: Sumpf im Rothmoosthale bei Gurgl 2200 m (Schmidle 1 p. 456 und in litt.).

64. (400.) C. Novae Semliae Wille. — De Toni I. p. 1012.

Tirol (Schröder 1 p. 46).

65. (401.) C. truncatellum (Perty) Rbh., Euastrum truncatellum Perty. — Rbh. III. p. 165; De Toni I. p. 1017.

B Bozen (Hfl. b. Rbh. 10 III. p. 165); Weihern bei Bozen (Krav. 1 p. 4).

66. (402.) C. Turpinii Bréb. — Rbh. III. p. 172; De Toni I. p. 1019.

R Gardaseeufer beim Doss Brione selten (Kirchn. 3 p. 16).

67. (403.) C. quasillus Lund. — De Toni I. p. 1020.

Var. alpinum Schmidle, Oesterr. bot. Zeitschr. XLV 1895 p. 459 T. 16 F. 1.

O Oezthal: Sumpf im Rothmoosthale bei Gurgl 2200 m an mehreren Stellen ziemlich häufig (Schmidle l. c.).

---

[1]) Vergl.: »Reas« = Graben, Teich zum Bewässern der Wiesen bei Schöpf, Tirolisches Idiotikon p. 549.

Cosmarium

Forma **rotundata** Schmidle, Oesterr. bot. Zeitschr. XLV 1895 p. 459.

O Oetzthal: in Torfgruben hinter den Pirchithöfen bei Gurgl 1900 m zerstreut (Schmidle l. c.).

68. (404.) **C. hexastichum** Lund., Desmid. Suec. T. III F. 13. — De Toni I. p. 1023.

O Oetzthal: Sumpf im Rothmoosthale bei Gurgl 2200 an einer Stelle ziemlich häufig (Schmidle 1 p. 459).

69. (405.) **C. subochthodes** Schmidle, Hedwigia XXXIV. 1895 p. 75 Fig. 26.

O Oetzthal: selten in Flachslöchern bei Längenfeld 1164 m, Sumpf im Rothmoosthale bei Gurgl 2200 m ziemlich häufig, Gaisbergthal bei Gurgl selten (Schmidle 1 p. 454).

70. (406.) **C. Boeckii** Wille. — De Toni I. p. 1024.

O Oetzthal: in Flachslöchern bei Längenfeld 1164 m ziemlich häufig (Schmidle 1 p. 458).

71. (407.) **C. ornatum** Ralfs. — Rbh. III. p. 169; Hg. I. p. 201; De Toni I. p. 1025. — (ad var. lithauicum Racib. accedens).

O Oetzthal: in Flachslöchern bei Längenfeld 1164 m zweimal angetroffen (Schmidle 1 p. 459).

72. (408.) **C. Broomei** Thwaites. — Rbh III. p. 171; Hg. I. p. 251; De Toni I. p. 1026.

Tirol (Hfl. b. Rbh. l. c.).

G Beim Bade Comano (Nordst. & Wittr. 1 p. 44).

73. (409.) **C. subcostatum** Nordst. — De Toni I. p. 1028.

G Val di Genova (Nordst. & Wittr. 1 p. 37).

74. (410.) **C. pericymatium** Nordst., Dysphinctium pericymatium Schmidle. — De Toni I. p. 1038.

O Oetzthal: Sumpf im Rothmoosthale bei Gurgl 2200 m sehr zerstreut (Schmidle 1 p. 348).

75. (411.) **C. homalodermum** Nordst. — De Toni I. p. 1043.

G Bei Campiglio und am Monte Spinale (Nordst. & Wittr. 1 p. 34).

76. (412.) **C. angustatum** (Wittr.) Nordst., Euastrum binale γ angustatum Wittr. — De Toni I. p. 1044.

B Zwischen Atzwang und Steg in einer abweichenden Form (Hg. 1 p. 133).

G Beim Bade Comano (Nordst. & Wittr. 1 p. 35).

77. (413.) **C. calcareum** Wittr. — De Toni I. p. 1047.

O Oetzthal: Gaisbergthal bei Gurgl ziemlich selten (Schmidle 1 p. 456).

78. (414.) **C. nasutum** Nordst. — De Toni I. p. 1048.

Var. **enastriforme** Schmidle, Oesterr. bot. Zeitschr. XLV. 1895 T. 16 F. 2.

O Oetzthal: „Mittelgebirge" bei Gurgl 2600 m in dem Moose eines stark fliessenden Baches zerstreut (Schmidle 1 p. 459).

79. (415.) **C. Heuflerianum** Grun. — Rbh. III. p. 172; De Toni I. p. 1053.
K In Torfgräben am Walchsee (Hfl. b. Rbh. 10 III. p. 172).

80. (416.) **C. sportella** Bréb. — Rbh. III. p. 169; De Toni I. p. 1053.
G Bei Campiglio (Nordst. & Wittr. 1 p. 28).

81. (417.) **C. delicatulum** Perty. — Rbh. III. p. 179; De Toni I. p. 1055.
B An einer Quelle bei Ratzes (Krav. 1 p. 4).

102. Arthrodesmus Ehrenb.

1. (418.) **A. incus** (Bréb.) Hass., Cosmarium Incus Bréb. — Rbh. III. p. 226; Hg. I. p. 202; De Toni I. p. 1057.
O Oetzthal: in Torfgruben hinter den Pirchithöfen bei Gurgl 1900 m:
Forma extensa Borge — ziemlich häufig;
Forma intermedia Wittr. — ziemlich selten;
Forma vulgaris Racib., Novae Galunki etc. T. 3 F. 22 — gemein;
ad formam longispinam Racib. ibid. Tab. 3 F. 21 accedens;
Forma semilunaris Schmidle Tab. 16 F. 9 — selten;
Forma quadrata Schmidle T. 16 F. 10 — selten (Schmidle 1 p. 20).

2. (419.) **A. convergens** Ehrenb. — Rbh. III. p. 227; Hg. I. p. 203; De Toni I. p. 1058.
O Oetzthal: in Flachslöchern bei Längenfeld 1164 m zerstreut (Schmidle 1 p. 20).

3. (420.) **A. tenuissimus** Archer. — Rbh. III. p. 226; De Toni I. p. 1058.
O Oetzthal: in Torfgruben hinter den Pirchithöfen bei Gurgl 1900 m (Schmidle 1 p. 20).

4. (421.) **A. octocornis** Ehrenb. — Rbh. III. p. 225; Hg. I. p. 203; De Toni I. p. 1063. — α Ralfs, Brit. Desmid. Tab. 20 F. 2a und b und β major Ralfs ibid F. 2 f und g.
O Oetzthal: Gaisbergthal bei Gurgl, ziemlich selten (Schmidle 1 p. 20).

103. Euastrum Ehrenb.

1. (422.) **E. verrucosum** Ehrenb. — Rbh. III. p. 179; Hg. I. p. 204; De Toni I. p. 1066.
O Oetzthal: in Torfgruben hinter den Pirchithöfen bei Gurgl 1900 m, Gaisbergthal bei Gurgl und in Tümpeln und Wiesengräben bei Untergurgl 1768 m sehr häufig (Schmidle 1 p. 20; b. Nordst. & Wittr. 1 Nr. 1263).

2. (423.) **E. Pokornyanum** Grun. — Rbh. III. p. 185; Hg. II. p. 257; De Toni I. p. 1073.

U Bei Kufstein zwischen nassem Moos (Hll. b. Rbh. 10 III. p. 185).

3. (424.) **E. binale** (Turp.) Ralfs. — Rbh. III. p. 186; Hg. I. p. 207; De Toni I. p. 1084.

O Oetzthal: Sumpf im Rothmoosthale bei Gurgl 2200 m zerstreut, eine Form: „angulis superioribus rotundatis" Gay, Essays Tab. 1 (Schmidle 1 p. 21).
I Bei St. Magdalena im Hallthal;
U Längensee bei Kufstein (Hg. 1 p. 134).

Var. **granulatum** Hg. forma Tab. 16 F. 7. — De Toni I. p. 1084.

O Oetzthal: in Torfgruben hinter den Pirchithöfen bei Gurgl 1900 m häufig (Schmidle 1 p. 21).

4. (425.) **E. oblongum** (Grev.) Ralfs, Echinella oblonga Grev. — Rbh. III. p. 181; Hg. I. p. 204; De Toni I. p. 1086.

O Oetzthal: in Flachslöchern bei Längenfeld 1164 m, in Torfgruben hinter den Pirchithöfen bei Gurgl 1900 m, im Gaisbergthal bei Gurgl und in Tümpeln und Wiesengräben bei Untergurgl 1768 m sehr zerstreut (Schmidle 1 p. 21).

5. (426.) **E. insigne** Hass. — Rbh. III. p. 184; Hg. I. p. 206; De Toni I. p. 1092.

O Oetzthal: in Torfgruben hinter den Pirchithöfen bei Gurgl 1900 m gemein, Gaisbergthal bei Gurgl und Sumpf im Rothmoosthale bei Gurgl 2200 m seltener (Schmidle 1 p. 21; b. Nordst. & Wittr. 1 Nr. 1260).

6. (427.) **E. didelta** (Turp.) Ralfs, Heterocarpella didelta Turp. — Rbh. III. p. 184; Hg. I. p. 205; De Toni I. p. 1093.

Forma **scrobiculata** Nordst., Norg. Desmid. p. 9; Oesterr. bot. Zeitschr. XLVI. 1896 p. 17 F. 12—14.

O Oetzthal: häufig und immer mit E. ansatum f. scrobiculatum vermischt (Schmidle 1 p. 22; b. Nordst. & Wittr. 1 Nr. 1258).

7. (428.) **E. subcuneatum** Schmidle, Oesterr. bot. Zeitschr. XLVI. 1896 p. 21.

O Oetzthal: sehr selten im Gaisbergthal bei Gurgl (Schmidle 1 p. 21).

8. (429.) **E. ansatum** Ralfs, E. Ralfsii Rbh. — Rbh. III. p. 184; Hg. I. p. 206; De Toni I. p. 1096. — Forma ad var. **suprapositum** Nordst. accedens Schmidle, Oesterr. bot. Zeitschr. XLVI. 1896 T. 17 F. 10.

O Oetzthal: Sumpf im Rothmoosthale bei Gurgl 2200 m vereinzelt (Schmidle 1 p. 21).

Forma **scrobiculata** Nordst., Norg. Desmid. p. 9, Schmidle, Oesterr. bot. Zeitschr. XLVI. 1896 Tab. 17 F. 11.

O Oetzthal: in Flachslöchern bei Längenfeld 1164 m, in Torfgruben hinter den Pirchithöfen bei Gurgl 1900 m, Gaisbergthal bei Gurgl, Tümpel und Wiesengräben bei Untergurgl 1768 m, Sumpf im Rothmoosthale bei Gurgl 2200 m ziemlich selten (Schmidle 1 p. 22).

Euastrum — Micrasterias

9. (430.) **E. elegans** (Bréb.) Ktz, Cosmarium elegans Bréb. — Rbh. III. p. 185; Hg. I. p. 206; De Toni I. p. 1101.

Var. speciosum Boldt, Stud. T. 1 F. 10.

O Oetzthal: in Flachslöchern bei Längenfeld 1164 m und in Torfgruben hinter den Pirchithöfen bei Gurgl 1900 m zerstreut (Schmidle 1 p. 22).

Forma scrobiculata Lütkemüller, Attersee T. 8 F. 12.

O Oetzthal: Sumpf im Rothmoosthale bei Gurgl 2200 m häufiger als var. speciosum (Schmidle 1 p. 22).

Forma ad var. bidentatum Naeg. bei Börgesen, Bornholms Desmid. Flora T. 5 F. 2 accedens.

O Oetzthal: Sumpf im Rothmoosthale bei Gurgl 2200 m an einigen Orten häufig (Schmidle 1 p. 23).

10. (431.) **E. denticulatum** (Kirchn.) Gay, E. binale Ralfs denticulatum Kirchn. — De Toni I. p. 1106.

O Oetzthal: in Torfgruben hinter den Pirchithöfen bei Gurgl 1900 m ziemlich selten, Gaisbergthal bei Gurgl häufig (Schmidle 1 p. 23).

104. Micrasterias Ag.

1. (432.) **M. crux melitensis** (Ehrenb.) Ralfs, Euastrum crux melitensis Ehrenb. — Rbh. III. p. 190; Hg. I. p. 208; De Toni I. p. 1113).

O Oetzthal: in Flachslöchern bei Längenfeld 1164 zerstreut (Schmidle 1 p. 23).

2. (433.) **M. rotata** (Grev.) Ralfs, Echinella rotata Grev., M. furcata Rbh. — Rbh. III. p. 191 p. p.; Hg. I. p. 209; De Toni I. p. 1126.

O Oetzthal: Sumpf im Rothmoosthale bei Gurgl 2200 m zerstreut (Schmidle 1 p. 23).

3. (434.) **M. crenata** Bréb. [Cleve nach De Toni]. M. conferta Lund. bei De Toni, recte Cleve. — De Toni I. p. 1128.

O Oetzthal: Sumpf im Rothmoosthale bei Gurgl 2200 m sehr selten (Schmidle 1 p. 23).

4. (435.) **M. denticulata** (Bréb.) Ralfs. M. furcata var. denticulata Rbh. — Rbh. III. p. 192; Hg. I. p. 209; De Toni I. p. 1130.

O Oetzthal: Sumpf im Rothmoosthale bei Gurgl 2200 m seltener (Schmidle 1 p. 23).

5. (436.) **M. Boldtii** Schmidle, Oesterr. bot. Zeitschr. XLVI. 1896 p. 24 T. 16 F. 5, Euastrum denticulatum forma .. Boldt, Groenland T. 1 F. 9.

O Oetzthal: Sumpf im Rothmoosthale bei Gurgl 2200 m ziemlich häufig (Schmidle 1 p. 24).

6. (437.) **M. papillifera** Bréb. — Rbh. III. p. 194; Hg. I. p. 210; De Toni I. p. 1132.

Var. verrucosa Schmidle, Oesterr. bot. Zeitschr. XLVI. 1896 p. 23.

O Oetzthal: Sumpf im Rothmoosthale bei Gurgl 2200 m ziemlich häufig (Schmidle 1 p. 23).

7. (438.) **M. americana** (Ehrenb.) Ktz., Euastrum americanum Ehrenb. — Rbh. III. p. 189; De Toni I. p. 1134.

Forma. Schmidle, Oesterr. bot. Zeitschr. XLVI. 1896 p. 24 T. 16 F. 8.

O Oetzthal: Sumpf im Rothmoosthale bei Gurgl 2200 m (Schmidle l. c. und in litt.).

105. Staurastrum Meyen.

1. (439.) **St. dejectum** Bréb. — Rbh. III. p. 203; Hg. I. p. 211; De Toni I. p. 1137.

O Oetzthal: in vielen Formen: 1. Ralfs T. 20 F. 5a, in Flachslöchern bei Längenfeld 1164 m selten. — 2. Wood, Contrib. T. 13 F. 9 und T. 21 F. 18. in Torfgruben hinter den Pirchithöfen bei Gurgl 1900 m zerstreut. — 3. Wood l. c. sed angulis aculeis plane destituta, Schmidle, Oesterr. bot. Zeitschr. XLV. 1895 T. 16 F. 31, mit voriger in allen Uebergängen. — 4. Forma cellulis late ellipticis sed aculeis introrsum directis Schmidle ibid. T. 16 F. 30, in Flachslöchern bei Längenfeld 1164 m sehr selten. — 5. Wolle, Desmid. U. S. I. Ed. T. 60 F. 21, Gaisbergthal bei Gurgl ziemlich häufig, Sumpf im Rothmoosthale bei Gurgl 2200 m selten (Schmidle 1 p. 24).

U Im Längensee bei Kufstein (Hg. 1 p. 135).

2. (440.) **St. Dickiei** Ralfs, St. brevispina var. Dickiei Rbh. — Rbh. III. 202; De Toni I. p. 1139.

Forma parva Schmidle, Oesterr. bot. Zeitschr. XLVI. 1896 p. 25 T. 16 F. 29.

O Oetzthal: Gaisbergthal und Sumpf im Rothmoosthale bei Gurgl 2200 m sehr selten (Schmidle 1 p. 24).

3. (441.) **St. brevispinum** Bréb. (1840) non Cleve (1863). — Rbh. III. p. 202; Hg. I. p. 211; De Toni I. p. 1140.

R Gardaseeufer am Doss Brione (Kirchn. 3 p. 16).

4. (442.) **St. cuspidatum** Bréb. — Rbh. III. p. 203; Hg. I. p. 211 De Toni I. p. 1140.

In Sümpfen, Gräben.

I Bei Völs;
U Bei Wörgl;
B Zwischen Bozen und Leifers (Hg. 1 p. 135).

5. (443.) **St. lunatum** Ralfs. — Rbh. III. p. 221; De Toni I. p. 1146.

Forma alpestris Schmidle, Oesterr. bot. Zeitschr. XLV. 1895 T. 16 F. 27, XLVI. 1896 p. 24.

O Oetzthal: in Flachslöchern bei Längenfeld 1164 m häufig (Schmidle 1 p. 24).

6. (444.) **St. senarium** (Ehrenb.) Ralfs, Desmidium senarium Ehrenb. — Rbh. III. p. 220; De Toni I. p. 1155.

Var. alpinum Racib., Desmid. Polon. p. 32 T. 12 F. 7.
O Oetzthal: Gaisbergthal bei Gurgl, ziemlich selten (Schmidle 1 p. 25).

7. (445.) **St. monticulosum** Bréb. — Rbh. III. p. 214; De Toni I. p. 1156.
Tirol (Hsm. b. Rbh. l. c.).

8. (446.) **St. . . . . . .**, wahrscheinlich zu **St. subtile** Nordst., Alg. et charic. sandwich. p. 16 T. 2 F. 2. De Toni I. p. 1161 gehörig.
O Oetzthal: Sumpf im Rothmoosthale bei Gurgl 2200 m, sehr selten (Schmidle 1 p. 65).

9. (447.) **St. hirsutum** (Ehrenb.) Bréb., Xanthidium hirsutum Ehrenb. — Rbh. III. p. 211; Hg. I. p. 214; De Toni I. p. 1165.
B In Sümpfen zwischen Bozen und Leifers und bei Neumarkt (Hg. 1 p. 135).

10. (448.) **St. pilosum** (Naeg.) Archer, Phycastrum pilosum Naeg. — Rbh. III. p. 212; De Toni I. p. 1166.
O Oetzthal: in Torfgruben hinter den Pirchithöfen bei Gurgl 1900 m selten (Schmidle 1 p. 61).

11. (449.) **St. hystrix** Ralfs. — Rbh. III. p. 213; De Toni I. p. 1167.
O Oetzthal: in Torfgruben hinter den Pirchithöfen bei Gurgl 1900 m zerstreut und in Tümpeln und Wiesengräben bei Untergurgl 1768 m (Schmidle 1 p. 60).
Var. paucispinosum Schmidle, Oesterr. bot. Zeitschr. XLVI. 1896 p. 60.
O Oetzthal mit der typischen Form Schmidle l. c.).

12. (450.) **St. sparseaculeatum** Schmidle, Oesterr. bot. Zeitschr. XLVI. 1896 p. 60 T. 16 F. 20.
O Oetzthal: in Torfgruben hinter den Pirchithöfen bei Gurgl 1900 m ziemlich häufig (Schmidle 1 p. 60).

13. (451.) **St. Nigrae Silvae** Schmidle, Einzell. Algen T. 11 F. 3—6.
O Oetzthal: in Torfgruben hinter den Pirchithöfen bei Gurgl 1900 m, Gaisbergthal bei Gurgl und Sumpf im Rothmoosthale bei Gurgl 2200 m selten (Schmidle 1 p. 60).

14. (452.) **St. Heimerlianum** Lütkemüller in: Heimerl, Desmid. alp. T. V F. 24.
O Oetzthal: Sumpf im Rothmoosthale bei Gurgl 2200 m, selten (Schmidle 1 p. 60).

15. (453.) **St. polytrichum** Perty. — Rbh. III. p. 214; De Toni I. p. 1169.
Var. alpinum Schmidle in: Hedwigia XXXIV 1895 p. 81 T. 1 F. 20.

O Oetzthal: Sumpf im Rothmoosthale bei Gurgl 2200 m ziemlich häufig und Gaisbergthal bei Gurgl zerstreut, am ersteren Standorte Formen mit vierkantigem Scheitel (Schmidle 1 p. 61).

16. (454.) **St. rugulosum** Brèb. — Rbh. III. p. 208; De Toni I. p. 1170.

V Altenrhein (Kirchn. 1 p. (181)).

17. (455.) **St. scabrum** Brèb. in: Wittr. & Nordst., Algae exsicc. Nr. 1114, Schmidle, Oesterr. bot. Zeitschr. XLVI. 1896 p. 60 T. 16 F. 21. — Rbh. III. p. 217; De Toni I. p. 1170.

O Oetzthal: überrieselte Felsen am Ramolwege ziemlich selten und Sumpf im Rothmoosthale bei Gurgl 2200 m häufig am letzten Standorte auch Formen, bei welchen keine oder nur wenige Dornen zweizinkig waren (Schmidle 1 p. 60).

18. (456.) **St. trapezicum** Boldt. — De Toni I. p. 1172.

Var. **campylospinosum** Schmidle in: Hedwigia XXXIV. 1895 p. 81 T. 1 F. 25.

O Oetzthal: Sumpf im Rothmoosthale bei Gurgl 2200 m ziemlich selten (Schmidle 1 p. 61).

19. (457.) **St. saxonicum** Bulnh. — Rbh. III. p. 213; De Toni I. p. 1173.

G Im Val di Nambron bei Campiglio (Nordst. & Wittr. 1 p. 44).

20. (458.) **St. spongiosum** Brèb. — Rbh. III. p. 217; Hg. I. p. 215; De Toni I. p. 1174.

Var.? **cambricum** Bennett 1888; Schmidle, Oesterr. bot. Zeitschr. XLVI. 1896 p. 61 T. 17 F. 5.

O Oetzthal: Sumpf im Rothmoosthale bei Gurgl 2200 m sehr selten (Schmidle 1 p. 61).

Var. **perbifidum** West.

O Oetzthal: Gaisbergthal bei Gurgl selten (Schmidle 1 p. 61).

21. (459.) **St. muticum** Brèb. — Rbh. III. p. 200; Hg. I. p. 210; De Toni I. p. 1177.

In Sümpfen und Gräben.

O Oetzthal: in Flachslöchern bei Längenfeld 1164 m ziemlich häufig, Sumpf im Rothmoosthale bei Gurgl 2200 m selten (Schmidle 1 p. 61).

I Bei Zirl, Kematen, Völs, zwischen Hall und St. Magdalena;

U Bei Kufstein mehrfach, auch im Längensee;

E Zwischen Brennerbad und Schelleberg;

B Zwischen Bozen und Leifers, bei Branzoll, Neumarkt;

T Zwischen Salurn und San Michele, bei Lavis, zwischen Gardolo und Trient;

R Zwischen Mattarello und Calliano (Hg. 1 p. 134).

22. (460.) **St. orbiculare** (Ehrenb.) Ralfs, Desmidium orbiculare Ehrenb. — Rbh. III. p. 200; Hg. I. p. 254; De Toni I. p. 1180.

O Oetzthal in drei Formen: 1. forma minor Wittr. et Nordst., Alg. exsicc. Nr. 74, in Flachslöchern bei Längenfeld 1164 m, in Torfgruben hinter den Pirchithöfen bei Gurgl 1900 m ziemlich häufig, Gaisbergthal bei Gurgl zerstreut; 2. formae e vertice tetragonae, an obigem Standorte bei den Pirchithöfen; 3. forma ad var. extensum Nordst. accedens, sed dimidio minor, am nämlichen Standorte ziemlich häufig (Schmidle 1 p. 61).

G Im Val di Nambron (Nordst. & Wittr. 1 p. 42).

Var. extensum Nordst. — De Toni I. p. 1181.

Tirol (Schröder 1 p. 46).

O Oetzthal: „Mittelgebirge" bei Gurgl 2600 m selten, f. major (Schmidle 1 p. 61).

23. (461.) **St. pygmaeum** Bréb. — Rbh. III. p. 220; Hg. I. p. 213; De Toni I. p. 1181.

O Oetzthal: Sumpf im Rothmoosthale bei Gurgl 2200 selten (Schmidle 1 p. 62).

B Ritten (Martel 1 p. ?).

24. (462.) **St. lanceolatum** Archer. — Rbh. III. p. 202; De Toni I. p. 1182.

V Rellsthal bei Schruns (Kirchn. 1 p. (181)).

25. (463.) **St. insigne** Lund. — De Toni I. p. 1187.

O Oetzthal: Sumpf im Rothmoosthale bei Gurgl 2200 m, ziemlich selten (Schmidle 1 p. 61).

26. (464.) **St. striolatum** (Naeg.) Archer, Phycastrum striolatum Naeg. — Rbh. III. p. 201; De Toni I. p. 1188.

O Oetzthal: überrieselte Felsen am Ramolwege selten (Schmidle 1 p. 62).

27. (465.) **St. varians** Racib. Desmid. Polon., formae trigonae Racib. l. c. T. 3 F. 19 und De Toni I. p. 1188.

Var. badense Schmidle, Oberrhein. T. 28 F. 16, Oesterr. bot. Zeitschr. XLVI. 1896 p. 62 T. 16 F. 18.

O Oetzthal: Gaisbergthal bei Gurgl zerstreut, Sumpf im Rothmoosthale bei Gurgl 2200 m seltener (Schmidle 1 p. 62).

28. (466.) **St. muricatum** Bréb. — Rbh. III. p. 208; Hg. I. p. 213; De Toni I. p. 1189.

O Oetzthal: „Mittelgebirge" bei Gurgl 2600 m sehr selten (Schmidle 1 p. 62).

R Gardaseeufer bei Riva (Garbini b. Kirchn. 3 p. 16).

29. (467.) **St. turgescens** De Not., St. punctulatum var. turgescens Rbh. — Rbh. III. p. 208; De Toni I. p. 1189.

Forma .. Schmidle, Oesterr. bot. Zeitschr. XLVI. 1896 p. 62 F. 16 F. 13.

O Oetzthal: Sumpf im Rothmoosthale bei Gurgl 2200 m (Schmidle 1 p. 62 und in litt.).

30. (468.) **St. punctulatum** Bréb. — Rbh. III. p. 208; Hg. I. p. 212; De Toni I. p. 1190.

O Oetzthal: Gaisbergthal bei Gurgl ziemlich selten (Schmidle 1 p. 62).
B In Sümpfen zwischen Bozen und Leifers (Hg. 1 p. 135).
R Gardaseeufer bei Torbole (Kirchn. 3 p. 16).

Var. **Kjellmanii** Wille, f. minor Wille. — De Toni I. p. 1190.

O Oetzthal: überrieselte Felsen am Ramolwege zerstreut (Schmidle 1 p. 62).

Forma **contorta** Schmidle.

O Oetzthal: „Mittelgebirge" bei Gurgl 2600 m zerstreut (Schmidle 1 p. 62).

31. (469.) **St. muricatiforme** Schmidle, Oesterr. bot. Zeitschr. XLVI. 1896 p. 62 T. 16 F. 14, 15, St. punctulatum var. muricatiforme Schmidle olim.

O Oetzthal: Ramolabhang bei Gurgl an feuchten Felsen häufig, seltener in einem Präparate vom Sumpfe im Rothmoosthale (Schmidle 1 p. 63).

32. (470.) **St. Merianii** Reinsch. — Hg. II. p. 259; De Toni 1. p. 1192.

Forma **hexagona** Nordst.

G Bei Campiglio, zwischen Campiglio und Pinzolo, im Val di Nambron (Nordst. & Wittr. 1 p. 42).

33. (471.) **St. alternans** Bréb., St. dilatatum b. alternans Rbh. — Rbh. III. p. 207; Hg. I. p. 254; De Toni I. p. 1193.

O Oetzthal: Sumpf im Rothmoosthale bei Gurgl 2200 m ziemlich häufig (Schmidle 1 p. 63).
I Bei Völs;
B Zwischen Bozen und Leifers, bei Neumarkt (Hg. 1 p. 135).

34. (472.) **St. dilatatum** Ehrenb. — Rbh. III. p. 207; Hg. 1. p. 212; De Toni 1. p. 1193.

O Oetzthal: Sumpf im Rothmoosthale bei Gurgl 2200 m ziemlich selten (Schmidle 1 p. 63).

35. (473.) **St. brachiatum** Ralfs. — Rbh. III. p. 205; De Toni I. p. 1202.

O Oetzthal: in Torfgruben hinter den Pirchithöfen bei Gurgl 1900 m häufig (Schmidle 1 p. 63).

36. (474.) **St. intricatum** Delponte forma . . . Schmidle, Oesterr. bot. Zeitschr. XLV. 1895 p. 25 T. 16 F. 26. — Hg. II. p. 258; De Toni I. p. 1204 (als Synonym von St. Hantzschii Reinsch).

O Oetzthal: in Torfgruben hinter den Pirchithöfen bei Gurgl 1900 m und Sumpf im Rothmoosthale bei Gurgl 2200 m zerstreut (Schmidle 1 p. 25).

37. (475.) **St. vastum** Schmidle, Oesterr. bot. Zeitschr. XLVI. 1896 p. 59, St. arcuatum Nordst. (siehe De Toni I. p. 1207) var. vasta Schmidle, Algen a. d. Berner Alpen p. 28 T. 7 F. 7.

Forma tirolensis Schmidle, Oesterr. bot. Zeitschr. XLVI. 1896 p. 60 T. 16 F. 25.

O Oetzthal: in Flachslöchern bei Längenfeld 1164 m zerstreut (Schmidle l. c.).

38. (476.) **St. inflexum** Bréb., Schmidle, Oesterr. bot. Zeitschr. XLVI. 1896 p. 63 T. 16 F. 11. — Rbh. III. p. 207; De Toni I. p. 1208.

O Oetzthal: in Flachslöchern bei Längenfeld 1164 m zerstreut (Schmidle 1 p. 63).

39. (477.) **St. polymorphum** Bréb. — Rbh. III. p. 209; Hg. I. p. 213; De Toni I. p. 1208.

In stehendem und langsam fliessendem Wasser.

I Bei Völs;

U Bei Wörgl, Kufstein;

B Zwischen Bozen und Leifers, bei Branzoll, Neumarkt;

T Zwischen Salurn und San Michele, Gardolo und Trient;

R Zwischen Mattarello und Calliano (Hg. 1 p. 135).

Forma obesa Heimerl in Desmid. alp. T. 5 F. 22.

O Oetzthal: in Flachslöchern bei Längenfeld 1164 m zerstreut (Schmidle 1 p. 65).

40. (478.) **St. crenulatum** (Naeg.) Schmidle, ? Phycastrum crenulatum Naeg. — Siehe De Toni I. p. 1209.

O Oetzthal: in Flachslöchern um Längenfeld 1164 m ziemlich selten: „wohl zu St. polymorphum var. subgracile Wittr. zu rechnen" (Schmidle 1 p. 65).

41. (479.) **St. amphidoxon** West var. **alpinum** Schmidle, Oesterr. bot. Zeitschr. XLVI. 1896 p. 63 T. 16 F. 17.

O Oetzthal: Torfgruben oberhalb Gurgl vor dem Eingange das Gaisbergthal (Schmidle 1 p. 63 und in litt.).

I Stubai: im Falbesonthale (Schmidle in litt.).

42. (480.) **St. paradoxum** Meyen. — Rbh. III. p. 210; De Toni I p. 1211.

O Oetzthal: Gaisbergthal bei Gurgl, vereinzelt (Schmidle 1 p. 65).

Forma minutissima Heimerl, Desmid. alp., Oesterr. bot. Zeitschr. XLVI. 1896 p. 65 T. 16 F. 16.

O Oetzthal: Gaisbergthal bei Gurgl häufig, in Torfgruben hinter den Pirchilhöfen bei Gurgl 1900 m selten (Schmidle 1 p. 65).

43. (481.) **St. controversum** Bréb., St. aculeatum var. controversum Rbh. — Rbh. III. p. 217; De Toni I. p. 1216.

Forma... Schmidle, Oesterr. bot. Zeitschr. XLVI. 1896 p. 63 T. 17 F. 1—3.

O Oetzthal: ziemlich häufig bei Gurgl in Torfgruben hinter den Pirchithöfen 1900 m, Sumpf im Rothmoosthale bei Gurgl 2200 m und Gaisbergthal (Schmidle 1 p. 64).

44. (482.) **St. aculeatum** (Ehrenb.) Menegh., Desmidium aculeatum Ehrenb. — Rbh. III. p. 216; Hg. I. p. 215; De Toni I. p. 1216. — Oesterr. bot. Zeitschr. XLVI. 1896 T. 17 F. 4.

O Oetzthal: Torfgruben oberhalb Gurgl vor dem Eingange in das Gaisbergthal und anderwärts in Gurgl (Schmidle 1 p. 64 und in litt.).
I Stubai: im Falbesonthale (Schmidle in litt.).

45. (483.) St. gurgeliense Schmidle, Oesterr. bot. Zeitschr. XLVI. 1896 p. 64 T. 16 F. 23, 24.

O Oetzthal: an vielen Orten, doch immer zerstreut: in Flachslöchern bei Längenfeld 1164 m, Sumpf im Rothmoosthale bei Gurgl 2200 m, Gaisbergthal bei Gurgl (Schmidle 1 p. 64).

46. (484.) St. megalonotum Nordst. — De Toni I. p. 1222.

Forma hastata Lütkemüller. — Schmidle, Oesterr. bot. Zeitschr. XLVI. 1896 p. 64 T. 17 F. 6, 7.

O Oetzthal: in Flachslöchern bei Längenfeld 1164 m ziemlich häufig, Sumpf im Rothmoosthale bei Gurgl 2200 m zerstreut (Schmidle 1 p. 64).

47. (485.) St. leve Ralfs. — Rbh. III. p. 206; Hg. I. p. 212; De Toni I. p. 1227.
I In Sümpfen bei Völs in einer abweichenden Form (Hg. 1 p. 135).

48. (486.) St. margaritaceum (Ehrenb.) Menegh., Pentasterias margaritacea Ehrenb. — Rbh. III. p. 206; Hg. I. p. 212; De Toni I. p. 1227.

Forma minor Heimerl.

O Oetzthal: häufig in Torfgruben hinter den Pirchithöfen bei Gurgl 1900 m und in Tümpeln und Wiesengräben bei Untergurgl 1768 m, seltener im Sumpf im Rothmoosthale bei Gurgl 2200 m (Schmidle 1 p. 65).

49. (487.) St. ornatum Turner, St. margaritaceum f. ornatum Boldt, De Toni I. p. 1228.

Var. asperum (Perty?) Schmidle, Oesterr. bot. Zeitschr. XLVI. 1896 p. 65 T. 16 F. 22; Phycastrum asperum Perty, non St. asperum Bréb, De Toni I. p. 1175.

O Oetzthal: Gaisbergthal bei Gurgl häufig (Schmidle 1 p. 65).

— St. arachne Ralfs, Phycastrum Arachne Ktz., Ph. radiatum Ktz. — Rbh. III. p. 210; De Toni I. p. 1229.

? B An Myriophyllum im kleinen Montiggler See (Hll. 32 p. 71).

VII. Ordn. Bacillariaceae.[1]

19. Fam. Naviculaceae.

106. Navicula Bory.

1. (488.) N. nobilis (Ehrenb.) Ktz., Pinnularia nobilis Ehrenb. — Rbh. I. p. 209; De Toni II. p. 9.

---

[1] Systematische Anordnung nach G. B. De Toni, Sylloge Algarum etc. Vol. II. Bacillarieae. Patavii. 1891—1894. 8⁰. CXXXII & 1556 (+ CCXIV) p.

V Bodenseeufer: an der Mündung des Harderböschen-Baches bei Hard (Schroet. & Kirchn. 1 p. 65).
T In den Seen von Molveno, Toblino, Cavedine, Caldonazzo, Levico;
R Ceï und Loppio (Corti 1).

2. (489.) **N. major** Ktz., Pinnularia major Rbh. — Rbh. I. p. 210; De Toni II. p. 10.

V Bodenseeufer bei Bregenz, Mehrerau, an der Mündung des Harderböschen-Baches bei Hard (Schröt. & Kirchn. 1 p. 65).
T Caldonazzo-See (Forti 1 p. 444).
R Am Gardaseeufer bei Torbole (Kirchn. 3 p. 17).

3. (490.) **N. viridis** (Nitzsch) Ktz., Bacillaria viridis Nitzsch, Pinnularia viridis Ehrenb. — Rbh. I. p. 212; De Toni II. p. 10, 11.

V Am Bodenseeufer bei Bregenz, Mehrerau, an der Mündung des Harderböschen-Baches bei Hard (Schröt. & Kirchn. 1 p. 66).
? D Im rothen Schnee von St. Jakob in Defereggen (Ehrenb. 1 p. 291 mit „?").
F Im Fedaja-See 2090 m (De Toni 3 p. 5); in den Seen am Colbriccone (Larg. 1 XI., XII. p. 356).
T In den Seen von Terlago (Larg. 1 I. p. 127 Nr. 28, 30), Santa Massenza (Larg. 1 IV. p. 168), Piazze (Larg. 1 VII. p. 23), Serraja (Larg. 1 V. p. 70), Madrano (Larg. 1 II. p. 23), Costa (Larg. 1 VIII. p. 23), Caldonazzo (Forti 1 p. 444), Lavarone (Larg. 1 IX. p. 4).
R Im See von Loppio (Corti 1); am Gardaseeufer bei Torbole (Kirchn. 3 p. 17).

4. (491.) **N. Rabenhorstii** Grun., N. thuringiaca Rbh. non Ktz. — Rbh. I. p. 205; De Toni II. p. 19.
D Prägratten (Hfl. b. Rbh. 10 I. p. 205).

5. (492.) **N. borealis** (Ehrenb.) Ktz., Pinnularia borealis Ehrenb. — Rbh. I. p. 216; De Toni II. p. 20.
P Im rothen Schnee von Taufers und
D St. Jakob in Defereggen (Ehrenb. 1 p. 291).
N Im Val secco bei Castelfondo (Hfl. b. Grun. 4 p. 155; b. Rbh. 10 I. p. 246).
R Gardaseeufer bei Torbole an Wasserpflanzen (Kirchn. 3 p. 17).

6. (493.) **N. Brebissonii** Ktz. — Rbh. I. p. 222; De Toni II. p. 23.
V Bodenseeufer an der Mündung des Harderböschen-Baches bei Hard (Schröt. & Kirchn. 1 p. 66).

Var. **subproducta** Grun.
T Im Lago di Fornace (Larg. 1 III. p. 212).

7. (494.) **N. intermedia** Lagerst.   De Toni II. p. 24.
Tirol (Schröder 1 p. 46).

8. (495.) **N. stauroptera** Grun. — Rbh. I. p. 222; De Toni II. p. 25.
V Am Bodenseeufer bei Mehrerau (Schröt. & Kirchn. 1 p. 66).

9. (496.) N. dicephala Ehrenb. — Rbh. I. p. 199. Siehe De Toni II. p. 27 Nr. 57.
V Bodenseeufer: an der Mündung des Harderböschen-Baches bei Hard (Schröt. & Kirchn. 1 p. 68).
R Gardaseeufer beim Doss Brione (Kirchn. 3 p. 17).

10. (497.) N. appendiculata (Ag.) Ktz., Frustulia appendiculata Ag., Cymbella appendiculata Ag. — Rbh. I. p. 197; De Toni II. p. 28.
V Bodenseeufer bei der Mündung des Harderböschen-Baches bei Hard (Schröt. & Kirchn. 1 p. 66).
F In den Seen am Colbriccone (Larg. 1 XI., XII. p. 355).
T Im See von Molveno (Corti 1) und von Terlago (Larg. 1 I. p. 126).

11. (498.) N. mesolepta Ehrenb., Pinnularia mesolepta W. Sm. — Rbh. I. p. 219; De Toni II. p. 32.
V Bodenseeufer bei der Mündung des Harderböschen-Baches bei Hard (Schröt. & Kirchn. 1 p. 66).
T In den Seen von Piazze (Larg. 1 VII. p. 22, 23), Serraja (Larg. 1 V. p. 70) und Costa (Larg. 1 VIII. p. 22, 23, Nr. 44 und 58).

12. (499.) N. legumen Ehrenb. — De Toni II. p. 33.
R Gardaseeufer bei Torbole an Wasserpflanzen (Kirchn. 3 p. 17).

13. (500.) N. zellensis Grun. — Rbh. I. p. 207; De Toni II. p. 34. Tirol (Grun. b. Rbh. 10 I. p. 208).

14. (501.) N. oblonga Ktz. (1844) non Ehrenb. (1843), Pinnularia oblonga Rbh. — Rbh. I. p. 174, 213; De Toni II. p. 37.
V Bodenseeufer bei der Mündung des Harderböschen-Baches bei Hard und bei Mehrerau (Schröt. & Kirchn. 1 p. 66).
B Im kleinen Montiggler See (Hfl. 32 p. 71).

15. (502.) N. peregrina (Ehrenb.?) Ktz., ? Pinnularia peregrina Ehrenb. — De Toni II. p. 38.
R Gardasee: Riva im Plankton und Torbole am Ufer zwischen Wasserpflanzen, bisher nur im Salzwasser beobachtet (Kirchn. 3 p. 17).

16. (503.) N. meniscus Schumann, N. peregrina var. Meniscus Grun., De Toni. — De Toni II. p. 38.
R Gardasee: im Plankton an der Oberfläche bei Riva (Kirchn. 3 p. 17).

17. (504.) N. gracilis Ktz. — De Toni II. p. 40.
R Gardasee: am Holzwerk der Badeanstalt bei Torbole (Kirchn. p. 17).

18. (505.) N. radiosa Ktz., Pinnularia radiosa Rbh. — Rbh. I. p. 214; De Toni II. p. 42.
V Eine der häufigsten Bacillarien im Bodensee (Schröt. & Kirchn. 1 p. 67).
B Im kleinen Montiggler See (Hfl. 32 p. 71).
F Im Fedaja-See 2090 m (De Toni 3 p. 5).

T Im Molveno-See (Corti 1); im Lago Santo (Larg. 1 X. p. 199); in den Seen von Terlago (Larg. 1 I. p. 127), Toblino, Cavedine (Corti 1), Lases (Forti 2 p. 98), Piazze (Larg. 1 VII. p. 22), Serraja (Larg. 1 V. p. 70), Fornace (Larg. 1 III. p. 212), Madrano (Larg. 1 II. p. 22), Canzolino (Larg. 1 VI. p. 22), Costa (Larg. 1 VIII. p. 22), Andermol, Caldonazzo, Levico (Corti 1; Forti 1 p. 444), Lavarone (Larg. 1 IX. p. 4).

R In den Seen von Tenno, Cei, Loppio (Corti 1): Gardasee: bei Riva im Plankton und Torbole am Ufer und im Plankton (Kirchn. 3 p. 17).

Var. acuta (W. Sm.) Grun., Pinnularia acuta W. Sm. — Rbh. I. p. 217; De Toni II. p. 42.

T Caldonazzo-See (Forti 1 p. 444).

Var. tenella (Brèb.), N. tenella Brèb. — De Toni II. p. 42.

F Im Fedaja-See 2090 m (De Toni 3 p. 5).

T In den Seen von Caldonazzo und Levico (Forti 1 p. 444).

19. (506.) **N. menisculus** (Van Heurck), N. peregrina var. Menisculus Van Heurck, De Toni. — De Toni II. p. 39.

R Gardasee: im Plankton an der Oberfläche bei Riva (Kirchn. 3 p. 17).

20. (507.) **N. viridula** Ktz., N. gracilis Ehrenb. non Ktz., Pinnularia viridula Ehrenb. — Rbh. I. p. 214; De Toni II. p. 43.

V Am Bodenseeufer bei Bregenz, Mehrerau (Schröt. & Kirchn. 1 p. 67).

D Im rothen Schnee von St. Jakob in Defereggen (Ehrenb. 1 p. 291).

F Im Fedaja-See 2090 m (De Toni 3 p. 5).

T In den Seen von Molveno, Cavedine, Caldonazzo und

R Cei (Corti 1); Gardasee: Riva im Plankton (Kirchn. 3 p. 17).

21. (508.) **N. rhynchocephala** Ktz. — Rbh. I. p. 196; De Toni II. p. 44.

T Im Caldonazzo-See (Forti 1 p. 444).

R Gardasee: bei Riva im Plankton, bei Torbole am Ufer (Kirchn. p. 17).

22. (509.) **N. cryptocephala** Ktz. — Rbh. I. p. 198; De Toni II. p. 46.

V Am Bodenseeufer überall verbreitet und häufig (Schröt. & Kirchn. 1 p. 68).

F Im oberen See am Colbriccone (Larg. 1, XI. p. 356).

T In den Seen von Molveno (Corti 1), Madrano (Larg. 1 II. p. 22), Terlago (Larg. 1 I. p. 127), Serraja (Larg. 1 V. p. 70), Canzolino (Larg. 1 VI. p. 22), Andermol, Caldonazzo (Corti 1), Levico (Forti 1 p. 444).

R Im See von Tenno (Corti 1); Gardasee: bei Riva und Torbole am Ufer und im Plankton (Kirchn. 3 p. 17).

23. (510.) **N. Reinhardtii** Grun. — De Toni II. p. 52.

R Gardasee: Riva (Garbini 1 p. 10); daselbst am Ufer und im Plankton, dann am Ufer bei Torbole (Kirchn. 3 p. 17).

24. (511.) **N. placentula** (Ehrenb.) Ktz., Pinnularia Placentula Ehrenb. — De Toni II. p. 55.

R Gardasee: Riva im Plankton, Torbole am Holzwerk der Badeanstalt (Kirchn. 3. p. 17).

Var. anglica (Ralfs), N. anglica Ralfs, Forti, N. tumida W. Sm. — De Toni II. p. 56.

T In den Seen von Costa (Larg. I VIII. p. 23), Caldonazzo und Levico (Forti 1 p. 445).

25. (512.) **N. dicephala** (Ehrenb.) Ktz., Pinnularia dicephala Ehrenb. — Rbh. I. p. 199; De Toni II. p. 57.

V Bodenseeufer an der Mündung des Harderböschen-Baches bei Hard (Schröt. & Kirchn. 1 p. 68).

26. (513.) **N. lanceolata** Ktz. — Rbh. I. p. 175; De Toni II. p. 57.

F Im Fedaja-See 2090 m (De Toni 3 p. 5); in den Seen am Colbriccone (Larg. I XI., XII. p. 355).

T In den Seen von Lases (Forti 1 p. 98) und Caldonazzo (Forti 1 p. 445).

27. (514.) **N. Ehrenbergii** Ktz., Kieselsch. Bacill. p. 92 T. 3 F 38, Phycol. germ. p. 91, N. lanceolata Ehrenb. non Ktz. — Rbh. I. p. 175. Fehlt bei De Toni!

B Im kleinen Montiggler See (Hfl. 32 p. 71).

28. (515.) **N. oculata** Bréb. — Rbh. I. p. 187; De Toni II. p. 89.

V Bodenseeufer an der Mündung des Harderböschen-Baches bei Hard (Schröt. & Kirchn. 1 p. 69).

F Im Fedaja-See 2090 m (De Toni 3 p. 6).

R Gardasee: am Ufer bei Riva (Garbini 1 p. 10; b. Kirchn. 3 p. 17).

29. (516.) **N. elliptica** Ktz. — Rbh. I. p. 179; De Toni II. p. 89.

V Bodenseeufer bei Mehrerau (Schröt. & Kirchn. 1 p. 69).

B Ratzes: in dem Bache zwischen dem Teiche und der Brücke vor der Mühle (Milde 29 p. 9, 21).

T In den Seen von Caldonazzo und Levico (Forti 1 p. 445).

R Gardasee: Riva im Plankton, Torbole am Ufer (Kirchn. p. 17).

30. (517.) **N. tuscula** Ehrenb., Pinnularia Tuscula Ehrenb. — De Toni II. p. 113.

T In den Seen von Caldonazzo und Levico (Forti 1 p. 445).

31. (518.) **N. mutica** Ktz. — Rbh. I. p. 185; De Toni II. p. 114.

R Gardaseeufer bei Torbole zwischen Wasserpflanzen (Kirchn. 3 p. 17).

Var. **producta** Cleve et Grun. — De Toni II. p. 114.

T In den Seen von Serraja und Canzolino (Larg. 1 V. p. 70, VI. p. 22 als N. mutica var. producta Van Heurck).

[Der von De Toni II. p. 115 für Tirol angegebene Standort „Kindlberg" der Var. quinquenodis (Grun.) liegt in Niederösterreich].

32. (519.) **N. Kotschyana** Grun. — Rbh. I. p. 193; De Toni II. p. 129.

Tirol (Hfl. b. Rbh. 10 I. p. 193).

Navicula

33. (520.) N. pusilla W Sm. — Rbh. I. p. 193; De Toni II. p. 129.
T In den Seen von Molveno, Toblino, Cavedine, Caldonazzo und
R Loppio (Corti 1).

Var. alpestris Brun. — De Toni II. p. 130.
T Im See von Costa (Larg. 1 VIII. p. 22) und Lavarone (Larg. 1 IX. p. 4).

34. (521.) N. cuspidata Ktz. — Rbh. I. p. 170; De Toni II. p. 136.
V Bodenseeufer an der Mündung des Harderböschen-Baches bei Hard (Schröt. & Kirchn. 1 p. 70).
T Im Caldonazzo See (Forti 1 p. 445).

Var. alpestris Brun. — De Toni II. p. 137.
T In den Seen von Molveno, Andermol, Caldonazzo, Levico;
R Tenno und Ceï (Corti 1).

35. (522.) N. ambigua Ehrenb. — De Toni II. p. 137.
T In den Seen von Piazze (Larg. 1 VII. p. 22), Canzolino (Larg. 1 VI. p. 22), Costa (Larg. 1 VIII. p. 22).

36. (523.) N. sphaerophora Ktz., N. affinis var. sphaerophora Largajolli. — Rbh. I. p. 191; De Toni II. p. 140.
T Im Lago di Santa Massenza (Larg. 1 IV. p. 168) und von Madrano (Larg. ib., doch nicht Larg. 1 II.!).

37. (524.) N. latiuscula Ktz., N. patula W. Sm. — De Toni II. p. 145.
T In den Seen von Madrano (Larg. 1 II. p. 22) und Costa (Larg. 1 VIII. p. 22).

38. (525.) N. limosa Ktz. Rbh. I. p. 188; De Toni II. p. 147.
B Bodenseeufer bei Bregenz und Mehrerau (Schröt. & Kirchn. 1 p. 70).
F Im oberen See am Colbriccone (Larg. 1 XI. p. 356).
T Im See von Molveno (Corti 1); im Lago Santo (Larg. 1 X. p. 199); in den Seen von Piazze (Larg. 1 VII. p. 22), Serraja (Larg. 1 V. p. 70), Andermol, Caldonazzo (Corti 1; Forti 1 p. 446), Lavarone (Larg. 1 IX. p. 4);
R Tenno und Ceï (Corti 1); Gardaseeufer bei Torbole (Kirchn. 3 p. 18).

39. (526.) N. gibberula Ktz. — De Toni II. p. 148.
T Im See von Lases (Forti 2 p. 98).

40. (527.) N. ventricosa Ehrenb. — De Toni II. p. 148.
T Im See von Fornace (Larg. 1 III. p. 212).

41. (528.) N. alpestris Grun. — Rbh. I. p. 181; De Toni II. p. 152.
R Gardaseeufer bei Riva (Garbini 1 p. 10) und Torbole (Kirchn. 3 p. 18).

42. (529.) N. amphigomphus Ehrenb., N. iridis var. Amphigomphus Van Heurck, De Toni. — Rbh. I. p. 176; De Toni II. p. 154.

V Bodenseeufer bei Bregenz (Schröt. & Kirchn. 1 p. 71).
R Gardasee: am Holzwerk der Badeanstalt bei Torbole (Kirchn. p. 18).

43. (530.) **N. amphirhynchus** Ehrenb., N. iridis var. Amphirhynchus De Toni, N. affinis var. Amphirhynchus Rbh. — Rbh. I. p. 196; De Toni II. p. 154.
V Bodenseeufer an der Mündung des Harderböschen-Baches bei Hard und bei Bregenz (Schröt. & Kirchn. 1 p. 71).
M Meran: an einer Wassermauer in Gratsch (Milde 13 p. 458).
T Im See von Piazze (Larg. 1 VII. p. 22).

44. (531.) **N. affinis** Ehrenb., N. iridis var. affinis Van Heurck. De Toni. — Rbh. I. p. 196; De Toni II. p. 155.
T In den Seen von Terlago (Larg. 1 I. p. 126), Cavedine (Corti 1), Madrano (Larg. 1 II. p. 22), Canzolino (Larg. 1 VI. p. 22), Andermol, Caldonazzo (Corti 1).
R In den Seen von Tenno, Ledro, Cei (Corti 1); Gardaseeufer beim Doss Brione (Kirchn. 3 p. 18).

Var. **producta** Brun.
T Im See von Piazze (Larg. 1 VII. p. 22); im See von Lavarone (Larg. 1 IX. p. 4).
[Von De Toni II. p. 154 wird nur eine N. iridis var. producta Van Heurck, und zwar als Synonym von N. amphirhynchus angeführt].

45. (532.) **N. firma** Ktz., Grun. — Rbh. I. p. 226; De Toni II. p. 155.
V Bodenseeufer bei Mehrerau (Schröt. & Kirchn. 1 p. 71).
T Im See von Toblino, Cavedine und
R Loppio (Corti 1); Gardaseeufer bei Torbole (Kirchn. 3 p. 18).

46. (533.) **N. bacillum** Ehrenb. — Rbh. I. p. 185; De Toni II. p. 160.
Südtirol (Hfl. b. Grun. 2 p. 551).
R Gardaseeufer bei Torbole (Kirchn. 3 p. 18).

47. (534.) **N. pseudobacillum** Grun. — De Toni II. p. 161.
R Gardaseeufer bei Torbole an und zwischen Wasserpflanzen (Kirchn. 3 p. 18).

48. (535.) **N. bacilliformis** Grun. — De Toni II. p. 161.
V Bodenseeufer an der Mündung des Forellenbaches bei Bregenz (Schröt. & Kirchn. 1 p. 72).

49. (536.) **N. pupula** Ktz. — Rbh. I. p. 173; De Toni II. p. 162.
T Im Caldonazzo See (Forti 1 p. 445).
R Gardaseeufer beim Doss Brione (Kirchn. 3 p. 18).

50. (537.) **N. binodis** Ehrenb. — Rbh. I. p. 203; De Toni II. p. 165.
F Im Fedaja-See 2090 m (De Toni 3 p. 6).

51. (538.) **N. seminulum** Grun. — De Toni II. p. 166.
V Bodenseeufer bei Bregenz an der Mündung des Forellenbaches (Schröt. & Kirchn. 1 p. 72).
R Gardasee: Riva am Ufer und im Plankton, Torbole am Ufer (Garbini 1 p. 10; Kirchn. 3 p. 18).

52. (539.) **N. minima** Grun. — De Toni II. p. 166.
T Im Caldonazzo-See (Forti 1 p. 446).

53. (540.) **N. atomoides** Grun. — De Toni II. p. 166.
T Im Lago di Levico (Forti 1 p. 446).

54. (541.) **N. contenta** Grun. — De Toni II. p. 168.
T Im Caldonazzo See (Forti 1 p. 446).

— **N. aequalis** (Ehrenb.) Ktz., Pinnularia aequalis Ehrenb. — De Toni II. p. 182.
P Im rothen Schnee von Taufers (Ehrenb. 1 p. 291 mit »?«).

— **N. hybrida** Grun. (sine desc.).
P Bei Antholz in der Badquelle (Hsm. nach Grun. b. Kern. 78^b II. p. 171).

107. Rhoiconeis Grun.

1. (542.) **Rh. trinodis** (W Sm.) Grun., Navicula trinodis W. Sm., Achnanthidium trinode Arnott. — Rbh. I. p. 107; De Toni II. p. 199.
B In grösserer Menge am Wasserfall hinter Schloss Korb bei Eppan (Hfl. b. Grun. 1 p. 40; 2 p. 551; Krav. 1 p. 5).

108. Stauroneis Ehrenb.

1. (543.) **St. phoenicenteron** (Nitzsch) Ehrenb., Bacillaria Phoenicenteron Nitzsch, Navicula Phoenicenteron Ehrenb. — Rbh. 1. p. 244; De Toni II. p. 204.
V Bodenseeufer an der Mündung des Harderböschen-Baches bei Hard und bei Bregenz (Schröt. & Kirchn. 1 p. 72).
F Im Fedaja-See 2090 m (De Toni 3 p. 6).
T Im See von Lavarone (Larg. 1 IX. p. 4).
R Gardaseeufer bei Torbole (Kirchn. 3 p. 18).

2. (544.) **St. platystoma** (Ehrenb.) Ktz., Navicula platystoma Ehrenb. — Rbh. 1. p. 246; De Toni II. p. 206.
F Im Fedaja-See 2090 m (De Toni 3 p. 6); im oberen See am Colbriccone (Larg. 1 XI. p. 356).
T Im Molveno-See (Corti 1); in den Seen von Terlago (Larg. 1 I. p. 127), Santa Massenza (Larg. 1 IV. p. 168), Toblino (Corti 1), Fornace (Larg. 1 III. p. 213), Caldonazzo (Corti 1), Lavarone (Larg. 1 IX. p. 4).
R Gardaseeufer bei Riva (Garbini 1 p. 9) und Torbole (Kirchn. 3 p. 18).

Stauroneis — Pleurosigma

(545.) **St. dilatata** Ehrenb. — De Toni II. p. 209.
V Bodenseeufer an der Mündung des Harderböschen-Baches bei Hard (Schröt. & Kirchn. 1 p. 73).
R Gardaseeufer bei Torbole (Kirchn. 3 p. 18).

4. (546.) **St. anceps** Ehrenb. — Rbh. I. p. 247; De Toni II. p. 211.
V Bodenseeufer bei Bregenz (Schröt. & Kirchn. 3 p. 75).
R Gardasee: Riva, im Plankton, Torbole, am Ufer (Kirchn. 3 p. 18).

5. (547.) **St. minutissima** Lagerst. — De Toni II. p. 212.
Tirol (Schröder 1 p. 46).

6. (548.) **St. Heufleriana** Grun. — Rbh. I. p. 245; De Toni II. p. 212.
N Im Valsecco bei Castel Fondo, zwischen Symploca Wallrothiana mit Melosira Roeseana und Pinnularia borealis (Hfl. b. Grun. 4 p. 155 und Rbh. l. c.).

7. (549.) **St. Wittrockii** Lagerst. — De Toni II. p. 215.
Tirol (Schröder 1 p. 46).

109. Pleurostaurum Rbh.

1. (550.) **P. legumen** (Ehrenb.) Rbh., Stauroneis Legumen Ehrenb. — Rbh. I. p. 259; De Toni II. p. 222.
F Im Fedaja-See 2090 m (De Toni 3 p. 6); in den Seen am Colbriccone (Larg. 1 XI., XII. p. 356); im See von Terlago (Larg. 1 I. p. 127).

110. Amphipleura Ktz.

1. (551.) **A. pellucida** (Ehrenb.?) Ktz., Navicula? pellucida Ehrenb., Frustulia pellucida Ktz. — Rbh. I. p. 143; De Toni II. p. 227.
K Torfmoor Filzen am Walchsee (Hfl. b. Grun. 3 p. 469).
B Ueberetsch: an überflossenen Strassenmauern zwischen St. Pauls und Unterrain (Hfl. b. Grun. l. c.); Torfgründe beim Bad Thurmbach (Hsm. ib.); in Bächlein bei Eppan (Krav. 1 p. 5).

111. Pleurosigma Smith.

1. (552.) **P. thuringiacum** (Ktz.) nob., Navicula thuringiaca Ktz., Bacill. (1844) p. 102 T. 4, non Rbh., Bacill. exs. Nr. 59 (1852); N. angulata J. Quekett (1848), P. angulatum W. Sm. — Rbh. I. p. 234; De Toni II. p. 231.
Tirol (De Toni & Levi 1 p. 176).

2. (553.) **P. attenuatum** (Ktz.) W. Sm., Navicula attenuata Ktz. — Rbh. I. p. 239; De Toni II. p. 248.
V Bodenseeufer an der Mündung des Harderböschen-Baches bei Hard (Schröt. & Kirchn. 1 p. 73).
B Ratzes: in dem Bache zwischen dem Teiche und der Brücke vor der Mühle (Milde 29 p. 9, 21).

T In den Seen von Molveno, Toblino, Caldonazzo;
R Ceï und Loppio (Corti 1); Gardasee: Riva im Plankton (Kirchn. 3 p. 18).

3. (554.) **P. acuminatum** (Ktz.) Grun., Frustulia acuminata Ktz. — Rbh. I. p. 239; De Toni II. p. 252.
V Bodenseeufer bei Mehrerau (Schröt. & Kirchn. 1 p. 74).
F In den Seen am Colbriccone (Larg. 1 XI., XII. p. 356).
T Im Lago Santo (Larg. 1 X. p. 199); in den Seen von Cavedine (Corti 1), Serraja (Larg. 1 V. p. 70), Fornace (Larg. 1 III. p. 213), Madrano (Larg. 1 II. p. 23), Andermol, Levico (Corti 1).
R In den Seen von Tenno, Ledro, Ceï (Corti 1).

4. (555.) **P. Spenceri** (J. Quekett) W. Sm. — Rbh. I. p. 240; De Toni II. p. 253.

Var. **curvulum** (Ktz.?) Grun., ? Navicula curvula Ktz. vix Ehrenb. De Toni II. p. 254.
T In den Seen von Piazze und Canzolino (Larg. 1 VII., VIII. p. 23 als P. Spencerii Ehrenb. var. curvulum Grun.).

112. Frustulia Ag.

1. (556.) **F. rhomboides** (Ehrenb.) De Toni, Navicula rhomboides Ehrenb. — Rbh. I. p. 171; De Toni II. p. 277.

Var. **elliptica** Grun.
Tirol (Rbh. 10 I. p. 172).

2. (557.) **F. vulgaris** (Thwaites) De Toni, Colletonema vulgare Thwaites. — De Toni II. p. 280.
Tirol (Hfl. b. De Toni l. c.).
T Im Lago di Levico (Forti 1 p. 446).

3. (558.) **F. neglecta** (Thwaites) De Toni, Colletonema neglectum Thwaites. — Rbh. I. p. 265; De Toni II. p. 280.
F Im Fedaja-See 2090 m (De Toni 3 p. 6).

113. Mastogloia Thwaites.

1. (559.) **M. Smithii** Thwaites. — Rbh. I. p. 261; De Toni II. p. 313.
B In Menge an überflossenen, warm gelegenen Strassenmauern zwischen St. Pauls und Unterrain, zwischen Moosen in einem kleinen Waldsumpf bei Perdonig, an verwitterten Kalkfelsen ober Söll im Mendelgebirge (Hfl. b. Grun. 1 p. 40, 2 p. 575).

Var. **lacustris** Grun. — De Toni II. p. 314.
R Gardasee: bei Riva im Plankton, bei Torbole am Holzwerk der Badeanstalt (Kirchn. 3 p. 18).

2. (560.) **M. meleagris** (Ktz.) Grun., Navicula Meleagris Ktz. (1844), M. lanceolata Thwaites (1853). — Rbh. I. p. 261; De Toni II. p. 314.
T Im Caldonazzo-See (Forti 1 p. 446).

(561.) M. Grevillei W. Sm. — Rbh. I. p. 261; De Toni II. p. 315.
R Gardasee: Riva im Plankton an der Oberfläche (Kirchn. 3 p. 18).

4. (562.) **M. Danseii** Thwaites, M. elliptica Van Heurck, M. Danseii var. elliptica Ag. 1833 nach Forti. — De Toni II. p. 315.
T Im Caldonazzo-See (Forti 1 p. 446).

20. Fam. Cymbellaceae.

114. Cymbella Ag.

1. (563.) **C. Ehrenbergii** Ktz. — Rbh. I. p. 77; De Toni II. p. 349.
V Bodenseeufer bei Mehrerau (Schröt. & Kirchn. 1 p. 75).
T Im Lago Santo (Larg. 1 X. p. 199[1]); in den Seen von Serraja (Larg. 1 V. p. 69), Caldonazzo, Levico (Forti 1 p. 442) und Lavarone (Larg. 1 IX. p. 4).

2. (564.) **C. cuspidata** Ktz. — Rbh. I. p. 77; De Toni II. p. 350.
T In den Seen von Molveno (Corti 1), Piazze, Costa (Larg. 1 VII., VIII. p. 20), Andermol, Caldonazzo, Levico;
R Loppio (Corti 1);
Var. **naviculiformis** Auerswald.
R Gardaseeufer bei Torbole (Kirchn. 3 p. 19).

3. (565.) **C. amphicephala** Naeg. — Rbh. I. p. 77; De Toni II. p. 350.
F Im Fedaja-See 2090 m (De Toni 3 p. 6).
T Im See von Fornace (Larg. 1 III. p. 212).

4. (566.) **C. affinis** Ktz. — Rbh. I. p. 81; De Toni II. p. 352.
V Bodenseeufer bei Höchst (Schröt. & Kirchn. 1 p. 76).
B Bei Bad Ratzes (Krav. 1 p. 5).
F Im Fedaja-See 2090 m (De Toni II. p. 6); in den Seen am Colbriccone (Larg. 1 XI., XII. p. 355).
T Im Lago Santo (Larg. 1 X. p. 199); in den Seen von Terlago (Larg. 1 I. p. 125), Toblino, Cavedine (Corti 1), Serraja (Larg. 1 V. p. 69), Fornace (Larg. 1 III. p. 212), Costa (Larg. 1 VIII. p. 20), Andermol, Caldonazzo, Levico (Corti 1; Forti 1 p. 442), Lavarone (Larg. 1 IX. p. 4).
R Im See von Loppio (Corti 1).
Var. **semicircularis** Lagerst. — De Toni II. p. 353.
Tirol (Schröder 1 p. 46).

5. (567.) **C. leptoceras** (Ehrenb.) Rbh., Cocconema leptoceras Ehrenb., Cymbella affinis var. leptoceras Brun. — Rbh. I. p. 81; De Toni II. p. 353.

---
[1] Als »Cocconema Ehrenbergii (Kg.)«, welcher Name jedoch bei De Toni nicht erscheint.

T In den Seen von Molveno, Andermol, Caldonazzo, Levico;
R Tenno, Ceï (Corti 1).

6. (568.) **C. microcephala** Grun. — De Toni II. p. 353.
R Gardaseeufer beim Doss Brione (Kirchn. 3 p. 19).

7. (569.) **C. stauroneiformis** Lagerst. — De Toni II. p. 354.
Tirol (Schröder 1 p. 46).

8. (570.) **C. anglica** Lagerst. — De Toni II. p. 354.
F Im Fedaja-See 2090 m (De Toni 3 p. 6).
T Im Caldonazzo-See (Forti 1 p. 442).

9. (571.) **C. alpina** Grun. — Rbh. I. p. 81; De Toni II. p. 354.
M Zwischen Bryum turbinatum von den Heiligen drei Brunnen bei Trafoi im Kalkmoränenschlamm 1640 m (Simony b. Grun. 4 p. 148).
B Am Wasserfalle hinter Schloss Korb bei Eppan (Hfl. b. Grun. 1 p. 40 als C. alpestris; b. Grun. 4 p. 148); am Wasserfalle von Salurn (Grun. 4 p. 148).
T In den Seen von Molveno, Toblino, Andermol (Corti 1), Caldonazzo (Corti 1; Forti 1 p. 442), Levico;
R Tenno und Ceï (Corti 1).

10. (572.) **C. austriaca** Grun. — De Toni II. p. 359.
B Bei Perdonig in Eppan (Schmidt 1 Taf. 9 Nr. 10, Taf. 71 Nr. 67, 68; jedenfalls von Heufler gesammelt).

11. (573.) **C. gastroides** Ktz. — Rbh. I. p. 79; De Toni II. p. 361.
V Bodensee: limnetisch an der Oberfläche bei Bregenz (Schröt. & Kirchn. 1 p. 76).
B Ratzes an Steinen im Teiche in und am Wasser (Milde 29 p. 9, 21).
F Im Fedaja-See 2090 m (De Toni 3 p. 6).
T In den Seen von Terlago (Larg. 1 I. p. 125), Andermol und
R Ceï (Corti 1); Gardasee: Riva und Torbole, am Ufer und im Plankton (Kirchn. 3 p. 19).

12. (574.) **C. lanceolata** (Ehrenb.) Kirchn., Cocconema lanceolatum Ehrenb. — De Toni II. p. 362.
V Am Bodenseeufer verbreitet und häufig (Schröt. & Kirchn. 1 p. 76).
T In den Seen von Terlago (Larg. 1 I. p. 126), Santa Massenza (Larg. 1 IV. p. 167), Toblino, Cavedine (Corti 1), Piazze (Larg. 1 VII. p. 20), Serraja (Larg. 1 V. p. 69), Fornace (Larg. 1 III. p. 212), Madrano (Larg. 1 II. p. 20), Canzolino (Larg. 1 VI. p. 20), Costa (Larg. 1 VIII. p. 20), Andermol, Caldonazzo, Levico (Corti 1; Forti 1 p. 443), Lavarone (Larg. 1 IX. p. 4).
R In den Seen von Tenno, Ledro, Ceï, Loppio (Corti 1); Gardaseeufer bei Torbole (Kirchn. 3 p. 19).

13. (575.) **C. cymbiformis** (Ktz.) Bréb., Frustulia cymbiformis Ktz., Cocconema cymbiforme Ehrenb. — Rbh. I. p. 83; De Toni II. p. 363.

V Bodenseeufer an der Mündung des Harderböschen-Baches bei Hard und bei Mehrerau (Schröt. & Kirchn. 1 p. 77).
B Ratzes: in dem Bache zwischen dem Teiche und der Brücke vor der Mühle (Milde 29 p. 9, 21).
T In den Seen von Molveno, Cavedine (Còrti 1), Lases (Forti 2 p. 98), Serraja (Larg. 1 V. p. 69), Caldonazzo, Levico (Corti 1; Forti 1 p. 443), Lavarone (Larg. 1 IX. p. 4);
R Tenno, Ledro, Ceï (Corti 1); Gardasee: Riva im Plankton, Torbole am Ufer und im Plankton (Kirchn. 3 p. 19).

Var. parva (W. Sm.), Cocconema parvum W. Sm. — De Toni II. p. 364.
V Bodensee: häufiger als die Hauptform (Schröt. & Kirchn. 1 p. 77).
T Im Lago di Levico (Forti 1 p. 443).
R Gardasee: Riva im Plankton, Torbole am Ufer und im Plankton (Kirchn. 3 p. 19).

14. (576.) **C. cistula** (Hempr.) Kirchn., Cocconema Cistula Hempr. — De Toni II. p. 365.
T In den Seen von Serraja (Larg. 1 V. p. 69), Costa (Larg. 1 VIII. p. 20) und Lavarone (Larg. 1 IX. p. 4).
R Gardaseeufer bei Riva und Torbole (Kirchn. 3 p. 19).

Var. maculata (Ktz.), C. maculata Ktz., C. variabilis Wartm. b. Rbh. Alg. exs. — Rbh. I. p. 80; De Toni II. p. 365.
F Im Fedaja-See 2090 m (De Toni 3 p. 6).

15. (577.) **C. helvetica** Ktz., C. gastroides var. helvetica Rbh. — Rbh. I. p. 80; De Toni II. p. 366.
V Bodenseeufer bei Höchst (Schröt. & Kirchn. 1 p. 77).
T Im Lago Santo (Larg. 1 X. p. 199); in den Seen von Lases (Forti 2 p. 98) und Serraja (Larg. 1 V. p. 69).
R Gardaseeufer bei Torbole (Kirchn. 3 p. 19).

115. Encyonema Ktz.

1. (578.) **E. prostratum** (Berk.) Ralfs, Monema prostratum Berk. — De Toni II. p. 371.
V Am Bodenseeufer sehr verbreitet und häufig (Schröt. & Kirchn. 1 p. 78).
T In den Seen von Terlago (Larg. 1 I. p. 126)*), Serraja (Larg. 1 V. p. 69), Madrano (Larg. 1 I. p. 126*), II. p. 20), Canzolino (Larg. 1 VI. p. 20 Nr. 14*). 18), Levico (Forti 1 p. 443).
R Gardasee: bei Torbole, am Holzwerk der Badeanstalt und im Plankton (Kirchn. 3 p. 19).

2. (579.) **E. caespitosum** Ktz. — Rbh. I. p. 85; De Toni II. p. 372.
V Bodenseeufer sehr verbreitet und noch häufiger als E. prostratum (Schröt. & Kirchn. 1 p. 78).

---

*) Als Cymbella prostrata Ralfs, welche jedoch bei De Toni nicht angeführt wird.

T In den Seen von Piazze (Larg. 1 VII. p. 20)*), ?Serraja (Larg. 1
V. p. 70), Costa (Larg. 1 VIII. p. 20 Nr. 12*), 17), Caldonazzo
(Forti 1 p. 443)*).

R Gardasee: bei Riva im Plankton, Torbole am Ufer (Kirchn. 3 p. 19).

Var. **Auerswaldii** (Rbh.), Encyonema Auerswaldii Rbh. —
Rbh. I. p. 86; De Toni II. p. 372.

R Im Loppio-See (Maggi 1 p. 58).

3. (580.) **E. ventricosum** (Ag.) Grun., Cymbella ventricosa Ag.
Ktz., C. variabilis Wartm. b. Rbh. [nach Forti, während dieser Name
bei De Toni II. p. 365 unter C. Cistula var. maculata erscheint]. —
Rbh. 1. p. 82; De Toni II. p. 373.

V Bodensee: am Ufer sehr verbreitet und häufig, limnetisch bei
Bregenz, 2 m tief (Schröt. & Kirchn. 1 p. 78).

B In Bächlein bei Lengmoos am Ritten (Krav. 1 p. 5).

F Im See von Fedaja 2090 m (De Toni 3 p. 7); in den Seen am
Colbriccone (Larg. 1 XI., XII. p. 355).

T Im Molveno-See (Corti 1); im Lago Santo (Larg. 1 X. p. 199); in
den Seen von Lases (Forti 2 p. 98), Serraja (Larg. 1 V. p. 70), Costa
(Larg. I, VIII. p. 20), Caldonazzo, Levico (Corti 1; Forti 1 p. 443).

R In den Seen von Tenno, Ledro (Corti 1); Gardasee: Riva im
Plankton, Torbole am Ufer (Kirchn. 3 p. 19).

4. (581.) **E. gracile** Rbh., non Cymbella gracilis Ehrenb., Ktz.
et alior. — Rbh. I. p. 86; De Toni II. p. 373.

V Bodenseeufer bei Höchst (Schröt. & Kirchn. 1 p. 78).

T Im See von Canzolino (Larg. 1 VI. p. 20 als E. gracile (Ehrh.) Rbh.).

116. Amphora Ehrenb.

1. (582.) **A. levis** Gregory. — Rbh. I. p. 87; De Toni II. p. 380.

R Gardaseeufer bei Torbole auf und zwischen Wasserpflanzen
(Kirchn. 3 p. 19).

2. (583.) **A. perpusilla** Grun. — De Toni II. p. 400.

T Im Caldonazzo See (Forti 1 p. 442).

3. (584.) **A. ovalis** (Bréb.) Ktz., Cymbella ovalis Bréb. — Rbh. I.
p. 91; De Toni II. p. 411.

V Bodenseeufer sehr verbreitet und häufig (Schröt. & Kirchn. 1 p. 78).

T Im Molveno-See (Corti 1); im Lago Santo (Larg. 1 X. p. 198);
in den Seen von Terlago (Larg. 1 I. p. 125), Santa Massenza (Larg. 1
IV. p. 167), Toblino, Cavedine (Corti 1), Piazze (Larg. 1 VII. p. 19),
Serraja (Larg. 1 V. p. 69), Fornace (Larg. 1 III. p. 209), Madrano
(Larg. 1 II. p. 19), Canzolino (Larg. 1 VI. p. 19), Costa (Larg. 1
VIII. p. 19), Andermol, Lavarone (Larg. 1 IX. p. 3).

R In den Seen von Tenno, Ledro, Ceï (Corti 1); Gardasee: bei Riva
im Plankton und Torbole am Ufer (Kirchn. 3 p. 20).

---

*) Als Cymbella caespitosa Ktz.

4. (585.) **A. affinis** Ktz., A. ovalis var. affinis Van Heurck, De Toni. — Rbh. I. p. 94; De Toni II. p. 412.

B Im kleinen Montiggler See auf Myriophyllum (Hfl. 32 p. 71).
T Im Caldonazzo-See (Forti 1 p. 441).

5. (586.) **A. pediculus** (Ktz.) Grun., Kirchn., Cymbella Pediculus Ktz., A. ovalis var. Pediculus Van Heurck, De Toni. — De Toni II. p. 412.

P In der Badequelle bei Antholz (Hsm. b. Kern. 78[b] II. p. 171).
T Im Lago Santo (Larg. 1 X. p. 198); in den Seen von Caldonazzo und Levico (Forti 1 p. 442).
R Riva am Ufer und im Plankton, Torbole am Ufer, überall auf Nitzschia-Arten (Kirchn. 3 p. 20).

21. Fam. Gomphonemaceae.

117. Gomphonema Ag.

1. (587.) **G. constrictum** Ehrenb., G. truncatum Ehrenb. — Rbh. I. p. 289; De Toni II. p. 421.

V Bodenseeufer an der Mündung des Harderböschen-Baches bei Hard (Schröt. & Kirchn. 1 p. 79).
D Im rothen Schnee von St. Jakob in Defreggen (Ehrenb. 1 p. 291).
B Im kleinen Montiggler See (Hfl. 32 p. 71).
F Im Fedaja-See 2090 m (De Toni 3 p. 7).
T In den Seen von Terlago (Larg. 1 I. p. 126), Molveno, Toblino, Cavedine, (Corti 1). Serraja (Larg. 1 V. p. 70), Costa (Larg. 1 VIII. p. 21), Levico;
R Ceï und Loppio (Corti 1); Gardaseeufer bei Riva und Torbole (Kirchn. 3 p. 20).

2. (588.) **G. capitatum** Ehrenb., G. ventricosum Gregory. — Rbh. I. p. 288; De Toni II. p. 422.

V Bodenseeufer an der Mündung des Harderböschen-Baches bei Hard (Schröt. & Kirchn. 1 p. 79).
B Im kleinen Montiggler See (Hfl. 32 p. 71).
T In den Seen von Terlago (Larg. 1 I. p. 126), Madrano (Larg. 1 II. p. 21), Canzolino (Larg. 1 VI. p. 21), Costa (Larg. 1 VIII. p. 21). Caldonazzo (Forti 1 p. 448).

3. (589.) **G. subtile** Ehrenb. — Rbh. I. p. 288; De Toni II. p. 423.

U In einem See bei Kufstein (Hfl. b. Rbh. 10 I. p. 288).

4. (590.) **G. acuminatum** Ehrenb. — Rbh. I. p. 290; De Toni II. p. 423.

P In der Badequelle bei Antholz (Hsm. b. Kern. 78[b] II. p. 171).
B In Wiesengräben bei Lengmoos am Ritten (Krav. 1 p. 5); im kleinen Montiggler See (Hfl. 32 p. 71).
T Im Molveno-See (Corti 1); in den Seen von Lases (Forti 2 p. 98), Piazze (Larg. 1 VII. p. 21), Serraja (Larg. 1 V. p. 70), Fornace (Larg. 1

III. p. 212), Canzolino (Larg. 1 VI. p. 21), Costa (Larg. 1 VIII. p. 21),
Andermol, Caldonazzo (Corti 1; Forti 1 p. 447), Levico (Forti l. c.),
[von Larg. 1 VIII. p. 21 irrig nach Corti für den Levico-See angegeben].

R In den Seen von Tenno, Ledro (Corti 1); Gardasee: bei Riva am
Ufer und im Plankton, bei Torbole am Ufer (Kirchn. 3 p. 20).

Var. elongatum (W. Sm.), G. elongatum W. Sm., Sphenella
elongata Ktz. — Rbh. I. p. 290. Fehlt bei De Toni und derselbe
bemerkte uns hierüber in litt. d. d. 15. November 1900: „È sinonimo certo di qualche Gomphonema, ma io non ne ho visto esemplari
autentici, e la descrizione è troppo deficiente per poter identificarla
con uno piuttosto che con un altro Gomphonema. È al mio parere
da mettere vicino al G. acuminatum".

M Meran: an Wasserleitungen in Gratsch (Milde 13 p. 457).

5. (591.) **G. augur** Ehrenb., G. cristatum Ralfs. — De Toni II.
p. 424.

T Im Lago di Costa (Larg. 1 VIII. p. 21).

6. (592.) **G. montanum** Schum. — De Toni II. p. 425.

Var. subclavatum Grun. — De Toni II. p. 425.

V Bodenseeufer bei Bregenz (Schröt. & Kirchn. 1 p. 80).

T In den Seen von Terlago (Larg. 1 I. p. 126), Serraja (Larg. 1 V.
p. 70) und Fornace (Larg. 1 III. p. 212).

R Gardasee: Riva im Plankton, Torbole am Ufer (Kirchn. 3 p. 20).

7. (593.) **G. dichotomum** Ktz., G. intricatum var. dichotomum
Van Heurck, Forti. — Rbh. I. p. 285; De Toni II. p. 426.

B Am Bache bei Seis (Krav. 1 p. 5).

T In den Seen von Molveno, Cavedine (Corti 1), Caldonazzo und
Levico (Forti 1 p. 447).

R Gardaseeufer bei Torbole (Kirchn. 3 p. 20); im See von Ceï
(Corti 1).

Var. pulvinatum (A. Br.), G. pulvinatum A. Br. — Rbh. I.
p. 292; De Toni II. p. 427.

Südtirol (De Toni & Levi 1 p. 181).

B Auf Felsen bei Seis (Krav. 1 p. 5).

8. 594.) **G. vibrio** Ehrenb. — Rbh. I. p. 287; De Toni II. p. 427.

V Bodenseeufer bei Höchst (Schröt. & Kirchn. 1 p. 80).

T Im Lago di Levico (Forti 1 p. 447).

R Gardasee: Riva am Ufer und im Plankton, Torbole am Ufer
(Kirchn. 3 p. 20).

9. (595.) **G. intricatum** Ktz. — Rbh. I. p. 292; De Toni II.
p. 428.

V Bodensee: am Ufer allgemein verbreitet, die häufigste Art der
Gattung (Schröt. & Kirchn. 1 p. 80).

I Innsbruck: in dem klaren, aus den Gallwiesquellen fliessenden
Bächlein die Steine überziehend (Kern. 86).

B Ratzes: in dem Bache zwischen dem Teiche und der Brücke vor der Mühle, in kleinen, schmutzigbraunen Polstern an Steinen im und am Wasser sehr häufig (Milde 29 p. 9, 21).
T In den Seen von Toblino, Cavedine (Corti 1), Caldonazzo (Corti 1; Forti 1 p. 447) und
R Tenno (Corti 1); Gardaseeufer beim Doss Brione (Kirchn. 3 p. 20).

10. (596.) **G. micropus** Ktz., G. tenellum var. b. micropus Rbh. — Rbh. 1. p. 284; De Toni II. p. 428.
V Bodenseeufer an der Mündung des Harderböschen-Baches bei Hard (Schröt. & Kirchn. 1 p. 81).
B In Gräben um Bozen (Krav. 1 p. 5).

11. (597.) **G. angustatum** (Ktz.) Van Heurck, Sphenella angustata Ktz., G. commune Rbh. — Rbh. I. p. 283; De Toni II. p. 429.
T Im See von Lases (Forti 2 p. 98).

12. (598.) **G. parvulum** (Ktz.) Rbh., Sphenella parvula Ktz. — Rbh. I. p. 291; De Toni II. p. 429.
F In den Seen am Colbriccone (Larg. 1 XI., XII. p. 355).
T In den Seen von Caldonazzo und Levico (Forti 1 p. 447).
R Gardasee: Riva am Ufer (Garbini 1 p. 8) und im Plankton (Kirchn. 3 p. 20).

13. (599.) **G. abbreviatum** Ag. — Rbh. I. p. 285; De Toni II. p. 431.
F In den Seen am Colbriccone (Larg. 1 XI., XII. p. 355).
T In den Seen von Molveno, Cavedine, Andermol, Caldonazzo, Levico;
R Tenno, Ledro, Ceï (Corti 1).

14. (600.) **G. olivaceum** (Lyngb.) Ktz., Echinella olivacea Lyngb. — Rbh. I. p. 291; De Toni II. p. 433.
T Im Caldonazzo-See (Forti 1 p. 448).
R Gardasee: Riva am Ufer und im Plankton, Torbole am Ufer (Kirchn. 3 p. 20).
Siehe auch unten Meridion circulare p. 114.

15. (601.) **G. stauroneiforme** Grun. — De Toni II. p. 434.
In Gebirgsbächen Tirols (Grun. 6 p. 106).

16. (602.) **G. glaciale** (Ktz.) Rbh., Sphenella glacialis Ktz. — Rbh. I. p. 282; De Toni II. p. 434.
F Im Fedaja-See 2090 m (De Toni 3 p. 7); in den Seen am Colbriccone (Larg. 1 XI., XII. p. 355).
T In den Seen von Molveno, Andermol und
R Ceï (Corti 1).

118. Rhoicosphenia Grun.

1. (603.) **Rh. curvata** (Ktz.) Grun., Gomphonema curvatum Ktz. — Rbh. I. p. 112; De Toni II. p. 437.

R Gardasee: Riva am Ufer und im Plankton, Torbole Ufer (Kirchn. 3 p. 20).

22. Fam. Cocconeidaceae.

119. Cocconeis Ehrenb.

1. (604.) **C. pediculus** Ehrenb. — Rbh. I. p. 98; De Toni II. p. 452.

V Bodensee: am Ufer verbreitet und nicht selten (Schröt. & Kirchn. 1 p. 81).

I Innsbruck: im Mühlauerbache nahe den Quellen desselben (Kern. 86).

B In Bächlein auf dem Ritten; Bozen: neben dem Eisenbahndamme bei Haslach (Krav. 1 p. 4).

T In den Seen von Terlago (Larg. 1 I. p. 125), Lases (Forti 2 p. 99), Piazze (Larg. 1 VII. p. 19), Serraja (Larg. 1 V. p. 69), Fornace (Larg. 1 III. p. 209), Madrano (Larg. 1 II. p. 19), Costa (Larg. 1 VIII. p. 19).

R Gardasee: bei Riva im Plankton, Torbole im Plankton und am Ufer (Kirchn. 3 p. 20).

2. (605.) **C. placentula** Ehrenb. — Rbh. I. p. 99; De Toni II. p. 454.

V Bodensee: am Ufer verbreitet und noch häufiger als vorige Art (Schröt. & Kirchn. 1 p. 82).

M Meran: auf Hildenbrandia am Marlingerberg (Milde 30 p. 12).

B Ratzes: in dem Bache zwischen dem Teiche und der Brücke vor der Mühle (Milde 29 p. 9, 21).

F In den Seen am Colbriccone (Larg. 1 XI., XII. p. 355).

T Im Molveno-See (Corti 1); in den Seen von Terlago (Larg. 1 I. p. 125), Toblino (Corti 1), Lases (Forti 2 p. 99), Canzolino (Larg. 1 VI. p. 19), Caldonazzo, Levico (Corti 1: Forti 1 p. 449).

R In den Seen von Tenno, Ledro, Ceï, Loppio (Corti 1); Gardasee: bei Riva am Ufer und im Plankton, Torbole am Ufer (Kirchn. 3 p. 20).

23. Fam. Achnanthaceae.

120. Achnanthes Bory.

1. (606.) **A. inflata** (Ktz.?) Grun., Stauroneis inflata Ktz.? — De Toni II. p. 475.

Südtirol (Hsm. b. Grun. 5 p. 7).

2. (607.) **A. microcephala** (Ktz.) Grun., Achnanthidium microcephalum Ktz. — Rbh. I. p. 106; De Toni II. p. 483.

V Bodensee: am Ufer verbreitet und häufig (Schröt. & Kirchn. 1 p. 82).

F In den Seen am Colbriccone (Larg. 1 XI., XII. p. 354).

T In den Seen von Molveno, Andermol,

R Ceï (Corti 1); Gardasee: Riva am Ufer und im Plankton, Torbole am Ufer (Kirchn. 3 p. 21).

3. (608.) **A. exilis** Ktz. — Rbh. I. p. 109; De Toni II. p. 483.
V Bodenseeufer bei Höchst (Schröt. & Kirchn. 1 p. 82).
I Innsbruck: im Mühlauerbache nahe den Quellen auf der Gallerte von Palmella mucosa (Kern. 86).
T In den Seen von Molveno (Corti 1), Terlago (Larg. 1 I. p. 124). Toblino, Andermol (Corti 1), Caldonazzo, Levico (Corti 1; Forti 1 p. 448).
R Ledro, Ceï, Loppio (Corti 1); Gardasee: Riva am Ufer und im Plankton (Kirchn. 3 p. 20).

4. (609.) **A. minutissima** Ktz. — Rbh. I. p. 109; De Toni II. p. 484.
V Bodensee: am Ufer verbreitet und häufig (Schröt. & Kirchn. 1 p. 82).
I Innsbruck: in einem Tümpel bei der Schweinsbrücke oberhalb Mühlau auf Oedogonium hexagonum (Kern. 86).
B In Bächlein auf dem Ritten (Krav. 1 p. 4).
T Im Lago di Levico (Forti 1 p. 448).
R Gardasee: Riva im Plankton, Torbole am Ufer (Kirchn. 3 p. 21).

5. (610.) **A. linearis** (W. Sm.) Grun., Achnanthidium lineare W. Sm. Rbh. I. p. 107; De Toni II. p. 484.
B Am Wasserfalle hinter Schloss Korb bei Eppan (Hfl. b. Grun. 1 p. 40).

6. (611.) **A. lanceolata** (Brèb.) Grun., Achnanthidium lanceolatum Brèb. — Rbh. I. p. 107; De Toni II. p. 486.
P In der Badequelle von Antholz (Hsm. b. Kern. 78^b II. p. 171).
T In den Seen von Cavedine, Andermol und Levico (Corti 1).

121. Achnanthidium Ktz.

1. (612.) **A. flexellum** (Ktz.) Brèb., Cymbella flexella Ktz., Achnanthes flexella Corti, Larg. — Rbh. I. p. 108; De Toni II. p. 488.
V Bodensee: am Ufer überall verbreitet und häufig (Schröt. & Kirchn. 1 p. 82).
T Im Molveno-See (Corti 1); im Lago Santo (Larg. 1 X. p. 198); in den Seen von Terlago (Larg. 1 I. p. 124), Piazze (Larg. 1 VII. p. 19), Serraja (Larg. 1 V. p. 69), Fornace (Larg. 1 III. p. 209), Costa (Larg. 1 VIII. p. 19), Andermol (Corti 1), Caldonazzo (Corti 1; Forti 1 p. 448).
R In den Seen von Tenno, Ledro, Ceï (Corti 1); Gardasee: bei Riva im Plankton, Torbole am Ufer und im Plankton (Kirchn. 3 p. 21).

24. Fam. Nitzschiaceae.

122. Nitzschia Hass.

1. (613.) **N. angustata** (W. Sm.) Grun., Tryblionella angustata W. Sm., Navicula angustata W. Sm. b. Rbh. — Rbh. I. p. 198; De Toni II. p. 500.

F In den Seen am Colbriccone (Larg. 1 XI., XII. p. 355)*);
T Im See von Andermol und
R von Ceï (Corti 1)*); Gardasee: Riva im Plankton, Torbole am Ufer (Kirchn. 3 p. 21).

2. (614.) N. thermalis (Ehrenb.) Auersw., Pinnularia thermalis Ehrenb. — Rbh. I. p. 153; De Toni II. p. 512.

Var. minor Hilse, De Toni 1. c.

B „Ad Grossenheim ad Bautzanum (Botzen) Tyroliae" (De Toni l. c.).

3. (615.) N. denticula Grun., Denticula obtusa Ktz. b. W. Sm., D. Kützingii Grun. — Rbh. I. p. 115; De Toni II. p. 518.

V Bodenseeufer an der Mündung des Harderböschen-Baches bei Hard (Schröt. & Kirchn. 1 p. 83).

U Im Mariasteiner See bei Kufstein zwischen Rivularia haematites (Hfl. b. Grun. 3 p. 549).

K Im Torfmoor Filzen am Walchsee (Hfl. l. c.).

T Im Caldonazzo-See (Forti 1 p. 453).

4. (616.) N. sinuata (W. Sm.) Grun., Dimeregramma sinuatum Pritch., Denticula sinuata W. Sm. — Rbh. I. p. 146; De Toni II. p. 519.

U Zwischen Scytonema myochrous in kleinen Bächen am Hinterkaiser (Hfl. b. Grun. 3 p. 548).

B Wolfsgruben am Ritten zwischen Bryum triquetrum (Hsm. b. Grun. l. c.); Deutschnofen zwischen Hypnum commutatum var. alpinum (Hfl. l. c.).

5. (617.) N. tabellaria Grun., Grunowia Tabellaria Rbh. — Rbh. I. p. 146; De Toni II. p. 519.

Var. capitata Rbh. [wo?].

T Im Lago di Piazze (Larg. 1 VII. p. 21).

6. (618.) N. dissipata (Ktz.) Grun., Synedra dissipata Ktz., N. minutissima W. Sm. p. p. — De Toni II. p. 527.

B Bozen: bei St. Georg im Sand zwischen Chlorotylium cataractarum (Reisach b. Grun. 3 p. 577 als N. minutissima).

R Gardasee: Riva im Plankton (Kirchn. 3 p. 21).

7. (619.) N. sigmoidea W. Sm. Rbh. I. p. 154; De Toni II. p. 528.

V Bodenseeufer bei Mehrerau (Schröt. & Kirchn. 1 p. 83).

B Bozen in den Sigmundskroner Gräben (Krav. 1 p. 6).

T In den Seen von Lases (Forti 2 p. 99) und Caldonazzo (Forti 1 p. 453).

R Gardasee: Riva im Plankton, Torbole am Ufer und im Plankton (Kirchn. 3 p. 21).

---

*) Als Navicula angustata Ehrenb.

8. (620.) **N. linearis** (Ag.) W. Sm., Frustulia linearis Ag. — Rbh. I. p. 158; De Toni II. p. 535.

V Bodensee: am Ufer verbreitet und häufig, limnetisch an der Oberfläche bei Bregenz (Schröt. & Kirchn. 1 p. 84).

T In den Seen von Toblino (Corti 1), Lases (Forti 2 p. 99) und

R Ceï (Corti 1); Gardasee: Riva im Plankton, Torbole am Ufer und im Plankton (Kirchn. 3 p. 21).

Var. **tennis** (W. Sm.?), ? N. tennis W. Sm. — De Toni II. p. 536.

V Bodenseeufer an der Mündung des Harderböschen-Baches bei Hard (Schröt. & Kirchn. 1 p. 84).

T Im See von Piazze (Larg. 1 VII. p. 23).

9. (621.) **N. subtilis** (Ktz.?), ? Synedra subtilis Ktz. — Rbh. I. p. 135; De Toni II. p. 539, vergl. auch p. 671.

T Im Toblino-See (Maggi 2 p. ?, Sep. p. 4 als Synedra subtilis Ktz.).

10. (622.) **N. Heufleriana** Grun. — Rbh. I. p. 158; De Toni II. p. 540.

U Im Mariasteiner-See auf Chara hispida (Hfl. b. Grun. p. 575).

11. (623.) **N. gracilis** Hantzsch. — Rbh. 1. p. 158; De Toni II. p. 540.

R Gardasee: Riva im Plankton, Torbole am Ufer (Kirchn. 3 p. 21).

12. (624.) **N. palea** (Ktz.) W. Sm., Synedra Palea Ktz. — Rbh. I. p. 160; De Toni II. p. 540.

V Bodenseeufer an der Mündung des Harderböschen-Baches bei Hard, bei Bregenz (Schröt. & Kirchn. 1 p. 84)

T In den Seen von Lases (Forti 2 p. 99) und Caldonazzo (Forti 1 p. 453).

R Gardasee: Riva im Plankton, Torbole am Ufer (Kirchn. 3 p. 21).

13. (625.) **N. communis** Rbh. — Rbh. I. p. 159; De Toni II. p. 542.

B Bozen: bei St. Anton (Krav. 1 p. 6).

F In den Seen am Colbriccone (Larg. 1 XI., XII. p. 355).

T In den Seen von Molveno (Corti 1), Terlago (Larg. 1 I. p. 127), Andermol, Caldonazzo [1]) und

R Tenno (Corti 1).

14. (626.) **N. Hantzschiana** Rbh., N. tennis c. parva Rbh. — Rbh. I. p. 158; De Toni II. p. 545.

U Kufstein (Hfl. b. Grun. 3 p. 576).

Var. **glacialis** Grun. — De Toni II. p. 545.

O (**M**?) Hochjochferner (Grun. bei Cleve & Grun. 1 p. 99) — wohl sicher nach Leybold, in diesem Falle dann vom Schnalser-(Eis-)jöchl.

---

[1]) Die Anführung von Lago di Cavedine statt Lago di Caldonazzo bei Larg. 1 XI. p. 355 (nach Corti) ist irrthümlich.

15. (627.) **N. acicularis** (Ktz.) W. Sm., Synedra acicularis Ktz., Nitzschiella acicularis Rbh. — Rbh. I. p. 164; De Toni II. p. 549.
V Bodenseeufer bei Mehrerau (Schröt. & Kirchn. 1 p. 84).
T In den Seen von Toblino, Cavedine, Levico;
R Ledro, Loppio (Corti 1).

123. Denticula Ktz.

1. (628.) **D. elegans** Ktz. — Rbh. I. p. 115; De Toni II. p. 557.
B In Menge am Wasserfalle hinter Schloss Korb bei Eppan (Hfl. b. Grun. 3 p. 549 etc.).
F Im oberen See am Colbriccone (Larg. 1 XI. p. 356).
T In den Seen von Molveno, Toblino, Andermol, Caldonazzo, Levico;
R Tenno und Ledro (Corti 1).

2. (629.) **D. frigida** Ktz.   Rbh. I. p. 114; De Toni II. p. 558.

Tirol (Rbh. 5 p. 33 Nr. 6).
V Bodensee: am Ufer allgemein verbreitet und häufig (Schröt. & Kirchn. 1 p. 85).
U Thiersee und Mariasteiner See bei Kufstein (Hfl. b. Grun. 3 p. 550).
P In der Badequelle von Antholz (Hsm. b. Kern. 78ᵇ II. p. 171).
F Im Fedaja-See 2090 m (De Toni 3 p. 7).
T In den Seen von Molveno, Andermol (Corti 1), Caldonazzo, Levico (Forti 1 p. 452).
R In den Seen von Tenno und Ceï (Corti 1); Gardasee: Riva im Plankton, Torbole am Ufer (Kirchn. 3 p. 21).

Var. **capitata** Brun. — De Toni II. p. 559.
T Im Lago di Costa (Larg. 1 VIII. p. 20).

3. (630.) **D. tenuis** Ktz. — Rbh. I. p. 114; De Toni II. p. 559 als Synonym von D. frigida.
T In den Seen von Toblino, Cavedine, Levico;
R Tenno und Loppio (Corti 1).

124. Hantzschia Grun.

1. (631.) **H. amphioxys** (Ehrenb.) Grun., Eunotia Amphioxys Ehrenb., Nitzschia Amphioxys W. Sm. (non Navicula Amphioxys Ehrenb.!). — Rbh. I. p. 151; De Toni II. p. 561.
U An feuchten Felswänden bei Kufstein mehrfach (Hfl. b. Grun. 3 p. 565).
M In Gräben zwischen Vaucherien und Oscillarieen bei Meran (Hfl. b. Grun. l. c.).
P Im rothen Schnee von Taufers und
D St. Jakob in Defereggen (Ehrenb. 1 p. 291).
N Im Val Secco bei Castelfondo an feuchten Felswänden (Hfl. b. Grun. l. c.).
B Bozen: am Kühlen Brünnl (Krav. 1 p. 6).

T Im Caldonazzo-See (Forti 1 p. 453).
R Gardaseeufer bei Torbole (Kirchn. 3 p. 21).

Var. rupestris Grun. — De Toni II. p. 562.
K Am Walchsee an untergetauchten Steinen (Grun. in Cleve & Grunow 1 p. 103).

25. Fam. Surirellaceae.

125. Suriraya Turp., Pfitz. (emend.).
(Surirella Turp.).

1. (632.) S. biseriata Bréb. — Rbh. I. p. 53; De Toni II. p. 567.
B Ratzes: In dem Bache zwischen dem Teiche und der Brücke vor der Mühle (Milde 29 p. 9, 21).
R Gardasee: Riva im Plankton (Kirchn. 3 p. 21).

2. (633.) S. helvetica Brun. — De Toni II. p. 570.
F Im Fedaja-See 2090 m (De Toni 3 p. 7); in den Seen am Colbriccone (Larg. 1 XL. XII. p. 356).
T In den Seen von Molveno, Andermol und
R Ceï (Corti 1).

3. (634.) S. splendida (Ehrenb.) Ktz., Navicula splendida Ehrenb. — Rbh. I. p. 54; De Toni II. p. 571.
T In den Seen von Toblino, Caldonazzo und
R Loppio (Corti 1).

4. (635.) S. elegans Ehrenb., Campylodiscus elegans Ralfs. — Rbh. I. p. 50; De Toni II. p. 572.
B Auf Moosen in einem kleinen Waldsumpfe im Mendelgebirge (Hfl. b. Grun. 1 p. 40).
T Im Lago Santo (Larg. 1 X. p. 199); in den Seen von Santa Massenza (Larg. 1 IV. p. 168), Piazze (Larg. 1 VII. p. 23), Serraja (Larg. 1 V. p. 70), Fornace (Larg. 1 III. p. 213), Madrano (Larg. 1 II. p. 23), Canzolino (Larg. 1 VI. p. 23).

5. (636.) S. ovalis Bréb. — Rbh. I. p. 56; De Toni II. p. 579.
T In den Seen von Terlago (Larg. 1 I. p. 127), Andermol und
R von Tenno (Corti 1).

Var. ovata (Ktz.), Surirella ovata Ktz. — Rbh. I. p. 57; De Toni II. p. 580.
R Gardaseeufer bei Riva (Kirchn. 3 p. 22).

Var. minuta (Bréb.), Surirella minuta Bréb. — Rbh. I. p. De Toni II. p. 580.
V Bodenseeufer an der Mündung des Harderböschen-Baches bei Hard (Schröt. & Kirchn. 1 p. 86).
F Im Fedaja-See 2090 m (De Toni 3 p. 7).
R Gardasee: im Plankton bei Riva (Kirchn. 3 p. 22).

Suriraya — Campylodiscus

Var. angusta (Ktz.), Surirella angusta Ktz. — De Toni II. p. 580.

V Bodenseeufer an der Mündung des Harderböschen-Baches bei Hard (Schröt. & Kirchn. 1 p. 86).

— **S. craticula** Ehrenb. — Rbh. I. p. 54; De Toni II. p. 598.

D Im rothen Schnee von St. Jakob in Defereggen (Ehrenb. 1 p. 291); »est status peculiaris (status craticularis) Naviculae cuspidatae Ktz. vel N. ambiguae Ehr. Cfr. in huius voluminis sectione prima p. 186 Nr. 490 et p. 187 Nr. 491« (De Toni l. c.).

126. Cymatopleura W. Sm.

1. (637.) **C. elliptica** (Bréb.) W. Sm., Surirella elliptica Bréb., S. undulata Ehrenb., Denticula undulata Ktz. — Rbh. I. p. 60; De Toni II. p. 599.

V Bodensee: am Ufer verbreitet und häufig (Schröt. & Kirchn. 1 p. 86).

B Auf Moosen in einem kleinen Waldsumpfe im Mendelgebirge (Hfl. b. Grun. 1 p. 40; Krav. 5, wo aus Versehen „Delicatula" statt „Denticula" steht).

T In den Seen von Santa Massenza (Larg. 1 IV. p. 167); Lases (Forti 2 p. 99); Serraja (Larg. 1 V. p. 69) und Caldonazzo (Forti 1 p. 452).

R Gardasee: bei Torbole im Plankton (Kirchn. 3 p. 22).

Var. constricta Grun. — De Toni II. p. 599.

T In den Seen von Terlago (Larg. 1 I. p. 125), Santa Massenza (Larg. 1 IV. p. 167), Piazze (Larg. 1 VII. p. 19), Serraja (Larg. 1 V. p. 69), Fornace (Larg. 1 III. p. 212), Madrano (Larg. 1 II. p. 19), Canzolino (Larg. 1 VI. p. 19).

R Gardasee: im Plankton bei Torbole (Kirchn. 3 p. 22).

2. (638.) **C. solea** (Bréb.) W. Sm., Surirella Solea Bréb. — Rbh. I. p. 60; De Toni II. p. 599.

V Bodensee: am Ufer verbreitet und noch häufiger als C. elliptica (Schröt. & Kirchn. 1 p. 86).

T In den Seen von Molveno (Corti 1), Terlago (Larg. 1 I. p. 125), Toblino, Cavedine (Corti 1), Costa (Larg. 1 VIII. p. 19), Andermol (Corti 1), Caldonazzo (Forti 1 p. 452).

R Tenno, Ledro, Cei, Loppio (Corti 1); Gardasee: Riva im Plankton, Torbole am Ufer und im Plankton (Kirchn. 3 p. 22).

Var. gracilis Grun. — De Toni II. p. 600.

V Bodensee mit der Art (Schröt. & Kirchn. 1 p. 86).

Var. apiculata (W. Sm.), C. apiculata W. Sm. — De Toni II. p. 600.

V Bodensee mit der Art (Schröt. & Kirchn. 1 p. 86).

R Gardasee: am Holzwerk der Badeanstalt bei Torbole (Kirchn. 3 p. 22).

127. Campylodiscus Ehrenb.

1. (639.) **C. clypeus** Ehrenb. — Rbh. I. p. 47; De Toni II. p. 615.

D Im rothen Schnee von St. Jakob in Defereggen (Ehrenb. 1 p. 291).

2. (640.) **C. hibernicus** Ehrenb., C. costatus W. Sm., C. noricus var. β (b) costatus und γ (c) hibernicus Grun. — Rbh. I. p. 46; De Toni II. p. 627.

M Meran: an einer quelligen Stelle und in einer Höhle unter der Brunnenburg (Milde 20 p. 23; 30 p. 12; b. Rbh. 10 I. p. 47).
B An Felsblöcken im Teiche bei Ratzes (Milde 29 p. 9, 21).
R Gardaseeufer bei Riva (Kirchn. 3 p. 22).

3. (641.) **C. noricus** Ehrenb. — Rbh. I. p. 46; De Toni II. p. 627.

M Auf der Pfandlalpe am Hinterkaiser bei Kufstein (Hfl. b. Grun. 3 p. 439).
B Wolfsgruben am Ritten zwischen Bryum pseudotriquetrum (Hsm. b. Grun. 3 p. 439; b. Rbh. 10 I. p. 47); in einem kleinen Waldsumpfe bei Perdonig zwischen Charen und Hypnen, in Abzugsgräben der Wiesen unter dem Pillhof bei Frangart zwischen Hypnum filicinum sehr vereinzelt (Hfl. b. Grun. l. c.; b. Rbh. 10 l. p. 47); in Gräben bei Eppan (Krav. 1 p. 4).
R Gardasee: Torbole im Plankton (Kirchn. 3 p. 22).

4. (642.) **C. spiralis** Ktz., Surirella spiralis Ktz. — Rbh. I. p. 50; De Toni II. p. 633.

M Meran: an einer quelligen Stelle und in einer Höhle unter der Brunnenburg (Milde 20 p. 23; 30 p. 12).
B Wolfsgruben am Ritten zwischen Bryum pseudotriquetrum (Hsm. b. Grun. 3 p. 447); Alpenwiesen am Grödner Jöchl zwischen Bartramia fontana in Menge (Hfl. l. c.); zwischen Moosen in einem Waldsumpfe bei Perdonig (Hfl. b. Grun. 1 p. 40; 3 p. 447; Krav. 1 p. 4).
T In den Seen von Santa Massenza (Larg. 1 IV. p. 168) und Canzolino (Larg. 1 VI. p. 23).

26. Fam. Diatomaceae.

128. Diatoma DC.

1. (643.) **D. vulgare** Bory. — Rbh. I p. 121; De Toni II. p. 635.

V Bodensee: am Ufer verbreitet und häufig, oft in grosser Menge. Limnetisch an der Oberfläche und 2 m tief bei Bregenz (Schröt. & Kirchn. 1 p. 87).
R Gardasee: Riva im Plankton, Torbole am Ufer (Kirchn. 3 p. 22).

Var. **Ehrenbergii** (Ktz.), D. Ehrenbergii Ktz., Gloeonema Heufleri Menegh. — Rbh. I. p. 122; De Toni II. p. 635.
V Bodensee: mit der Art (Schröt. & Kirchn. 1 p. 87).
I Innsbruck (Hfl. b. Ktz. 1 p. 48 Nr. 9).

Var. **grande** (W. Sm.), Diatoma grande W. Sm. — Rbh. I. p. 122; De Toni II. p. 635.
V Bodenseeufer mit der Art (Schröt. & Kirchn. 1 p. 87).
B Ratzes: am Abflusse des Teiches (Milde 29 p. 9).

Var. **lineare** Grun. — De Toni II. p. 636.
V Bodensee mit der Art (Schröt. & Kirchn. 1 p. 87).

2. (644.) **D. elongatum** Ag. — Rbh. I. p. 122; De Toni II. p. 636 (mit Einschluss von D. gracillimum Ktz.).
V Bodenseeufer verbreitet und sehr häufig, limnetisch 2 m tief bei Bregenz (Schröt. & Kirchn. 1 p. 87 Nr. 254).
B In einer Quelle vor Ratzes (Krav. 1 p. 5).
R Gardasee: Riva am Ufer und im Plankton, Torbole am Ufer (Kirchn. 3 p. 22 Nr. 279, 280).

Var. **pachycephalum** Grun., D. tenue var. pachycephala Grun. [wo?].
T Im Lago di Fornace (Larg. 1 III. p. 212).

3. (645.) **D. gracillimum** Naeg. in Ktz., Spec. Alg. p. 888, non Hantzsch. — Rbh. I. p. 122; De Toni II. p. 636 (als Synonym von D. elongatum).
V Bodenseeufer bei Mehrerau (Schröt. & Kirchn. 1 p. 87).
R Gardasee: Riva im Plankton (Kirchn. 3 p. 22).

Var. **tenue** (Ag.). — Rbh. I. p. 122; De Toni II. p. 636.
V Bodenseeufer mit der Art (Schröt. & Kirchn. 1 p. 87).
?K An Quellen im Goingthale im Frühjahre (Ung. 8 p. 243). — [Das dort citierte Synonym Conferva flocculosa gehört jedoch zu Tabellaria flocculosa!]
B Ratzes: in dem Bache zwischen dem Teiche und der Brücke vor der Mühle (Milde 29 p. 9, 21; Krav. 1 p. 5); Bozen: bei St. Georg am Sand (Krav. 1 p. 5).
R Gardasee: mit der Art (Kirchn. 3 p. 22).

Var. **hybridum** Grun. — De Toni II. p. 636.
V Bodensee mit der Art (Schröt. & Kirchn. 1 p. 87).
R Gardasee mit der Art (Kirchn. 3 p. 22).

4. (646.) **D. hiemale** (Lyngb.) Heiberg, Fragilaria hiemalis Lyngb., Odontidium hiemale Ktz., O. hiemale α genuinum Grun., O. alpigenum Kern., Oesterr. bot. Zeitschr. XV. 1865. p.75; Rbh., Alg. Eur. Exsicc. Nr. 1765, Melosira Heufleri Menegh. mscr. — Rbh. I. p. 116; De Toni II. p. 636.
I Innsbruck: in der Wurmbachquelle bei Mühlau eine dunkelbraune flockige Masse bildend (Kern. 25 p. 76; 81 1. 1. Aufl. p. 65, 2. Aufl. p. 63; b. Rbh. 3^d Nr. 1765: O. alpigenum).
M In einer Quelle zwischen Graun und Haid 1454 m (Kern. 86).
P In der Badequelle von Antholz (Hsm. b. Kern. 78^b II. p. 171).
B Zwischen Conferva bombycina aus Quellwasser am Boden der Rittneralpe 1740 m (Hsm. b. Grun. 3 p. 356); Ratzes: in dem Bache zwischen dem Teiche und der Brücke vor der Mühle (Milde 29 p. 8, 21); unter Altenburg bei Kaltern in Kalkbächen (Hfl. b. Grun. 3 p. 356).
F Im Fedaja-See 2090 m (De Toni 3 p. 7); in den Seen am Colbriccone (Larg. 1 XI., XII. p. 355).
T Im Molveno-See (Corti 1), im Lago Santo (Larg. 1 X. p. 199), in den Seen von Piazze (Larg. 1 VII. p. 23), Fornace (Larg. 1 III. p. 213),

Costa (Larg. 1 VII. p. 23), Andermol, Levico (Forti 1 p. 452), Lavarone (Larg. 1 IX. p. 4).
? **R** Im See von Ceï (Corti 1).

Var. turgidulum (Ehrenb.), Fragilaria turgidula Ehrenb., Odontidium hiemale var. β turgidulum Grun., O. hiemale forma minor Rbh. — Rbh. 1. p. 116; De Toni II. p. 637.
R Gardasee: Riva im Plankton (Kirchn. 3 p. 22).

Var. mesodon (Ehrenb.), Fragilaria mesodon Ehrenb., Odontidium mesodon Ktz., O. hiemale c. forma minima Rbh., O. hiemale var. γ mesodon Grun. — Rbh. 1. p. 116; De Toni II. p. 637.
P In der Badequelle von Antholz (Hsm. b. Kern. 78ᵇ II. p. 171).
B In Bächlein auf der Rittneralpe (Krav. 1 p. 6); Ratzes: in dem Bache zwischen dem Teiche und der Brücke vor der Mühle (Milde 29 p. 9, 21).
F Im Fedaja-See 2090 m (De Toni 3 p. 8).
T In den Seen von Molveno (Corti 1). Madrano (Larg. 1 II. p. 23), Canzolino (Larg. 1 VI. p. 23), Andermol und
? **R** Tenno (Corti 1).

5. (647.) **D. anceps** (Ehrenb.) Kirchn., Fragilaria anceps Ehrenb., Odontidium anceps Ehrenb., O. anomalum W. Sm., O. anomalum β genuina Grun. — Rbh. 1. p. 116; De Toni II. p. 637.
D Prägraten, zwischen Meesia uliginosa var. alpina (Steiner b. Grun. 3 p. 357).
B Petersberg in Menge zwischen Bartramia fontana (Thaler b. Grun. l. c.); Aldein in Tümpeln (Krav. 1 p. 6).
T In den Seen von Molveno, Andermol, Caldonazzo, Levico (Corti 1. [Forti 1 p. 452 führt nach Corti auch Lago di Cavedine auf, welchen aber Corti nicht erwähnt]).
R In den Seen von Tenno und Ceï (Corti 1).

Var. curtum (Grun.), Odontidium anomalum γ curtum Grun., ? O. capitatum Rbh. — De Toni II. p. 638.
B Petersberg einzeln zwischen der Art (Thaler b. Grun. 3 p. 358).

†29. Odontidium Ktz.

1. (648.) **O. mutabile** W. Sm., Fragilaria mutabilis Grun., F. pinnata Ehrenb. (nach Grun. p. p.), O. pinnatum Ktz. — Rbh. 1. p. 118; De Toni II. p. 639.
B Bozen (De Toni & Levi 1 p. 140; De Toni l. c.).
F Im unteren See am Colbriccone (Larg. 1 XII. p. 357).
T Im Molveno-See (Corti 1), in den Seen von Terlago (Larg. 1 I. p. 126), Santa Massenza (Larg. 1 IV. p. 168), Lases (Forti 2 p. 99), Piazze (Larg. 1 VII. p. 21), Fornace (Larg. 1 III. p. 212), Madrano (Larg. 1 II. p. 21), Andermol, Caldonazzo, Levico (Corti 1).
R Tenno, Ledro, Ceï (Corti 1);

2. (649.) **O. Harrisonii** W. Sm., Fragilaria Harrisonii Grun. — Rbh. 1. p. 119; De Toni II. p. 639.
T Im Caldonazzo-See (Forti 1 p. 451).

27. Fam. Meridionaceae.

130. Meridion Ag.

1. (650.) **M. circulare** (Grev.) Ag., Echinella circularis Grev., M. vernale Leibl. — Rbh. I. p. 294; De Toni II. p. 642.

V Bodenseeufer an der Mündung des Harderböschen-Baches bei Hard und bei Mehrerau (Schröt. & Kirchn. 1 p. 88).

?K Unter Conferven in Grabenwässern (Ung. 8 p. 243; [das hier citierte Synonym Echinella olivacea Lyngb. gehört jedoch zu Gomphonema olivaceum: De Toni II. p. 433]).

T In den Seen von Cavedine, Caldonazzo und
R Loppio (Corti 1); Gardaseeufer bei Torbole (Kirchn. 3 p. 22).

2. (651.) **M. constrictum** Ralfs, M. circulare var. constrictum Corti. — Rbh. I. p. 295; De Toni II. p. 643.

D Prägraten zwischen Meesea uliginosa (Steiner b. Grun. 3 p. 346).

B Bei Petersberg nicht selten, zwischen Bartramia fontana (Thaler b. Grun. l. c.; Krav. 1 p. 5).

T In den Seen von Molveno, Andermol;
R Tenno und Ceï (Corti 1).

(652.) **M. ovatum** Ag. — Rbh. I. p. 295; De Toni II. p. 643.
K Unter Conferven in Grabenwässern (Ung. 8 p. 243).

28. Fam. Fragilariaceae.

131. Synedra Ehrenb.

1. (653.) **S. Vaucheriae** Ktz. — Rbh. I. p. 132; De Toni II. p. 652.

V Bodenseeufer bei Höchst (Schröt. & Kirchn. 1 p. 88).

B Auf einem Stück Holz in einer Bergschlucht westlich vom Sanschloss [Greifenstein] zwischen Goniotrichum formosissimum Zanard.[1]) (Hfl. b. Grun. 3 p. 394); Lengmooser Weiher am Ritten auf Oedogonium capillaceum in einer abweichenden Form (Hsm. l. c.).

Var. parvula (Ktz.), S. parvula Ktz., S. Vaucheriae Ktz. b. parvula Rbh. — Rbh. I. p. 132; De Toni II. p. 653.
B Auf einer Cladophora in der Quelle des Bades Thurmbach bei Eppan (Hsm. b. Grun. 3 p. 392).

2. (654.) **S. ulna** (Nitzsch) Ehrenb., Bacillaria Ulna Nitzsch, ?Synedra acuta Ehrenb., Rbh. I. p. 135 (nach De Toni). — Rbh. I. p. 133; De Toni II. p. 653.

V Bodensee: am Ufer allgemein verbreitet und eine der häufigsten Bacillarien des Sees; limnetisch an der Oberfläche und 2 m tief bei Bregenz (Schröt. & Kirchn. 1 p. 88, 89).

---

[1]) Eine nicht eruierbare Art dieser im Uebrigen den Meeresalgen angehörigen Gattung der Bangiales.

B Auf dem Ritten (Krav. 1 p. 7).

F In den Seen am Colbriccone (Larg. 1 XI., XII. p. 356).

T Im Molveno-See (Corti 1), in den Seen von Terlago (Larg. 1 I. p. 127), Santa Massenza (Larg. 1 IV. p. 169), Toblino, Cavedine (Corti 1 als S. Ulna und S. acuta), Piazze (Larg. 1 VII. p. 23 Nr. 61 u. 64), Serraja (Larg. 1 V. p. 70 Nr. 34, 37), Fornace (Larg. 1 III. p. 213 Nr. 24, 27), Madrano (Larg. 1 II. p. 23), Costa (Larg. 1 VIII. p. 23 Nr. 61 u. 64), Andermol, Caldonazzo, Levico (Corti 1).

R In den Seen von Tenno, Ledro, Ceï, Loppio (Corti 1); Gardasee: bei Riva, Torbole am Ufer und im Plankton (Kirchn. 3 p. 22).

Var. **splendens** (Ktz.), S. splendens Ktz. — Rbh. I. p. 134; De Toni II. p. 653.

V Bodensee: bei Hard in 3 m Tiefe (Schröt. & Kirchn. 1 p. 89).

R Gardasee: Riva am Ufer und im Plankton, Torbole am Ufer (Kirchn. 3 p. 22).

Var. **longissima** (W. Sm.), S. longissima W. Sm., S. splendens var. α longissima Grun. — Rbh. I. p. 130; De Toni II. p. 654.

B Zwischen Gloeothece confluens Naeg. an überflossenen Strassenmauern zwischen St. Pauls und Unterrain mit S. ulna var. undulata (Hfl. b. Grun. 3 p. 395 — vergl. auch p. 397 — und darnach Krav. 1 p. 7 als S. splendens).

T Im Lago Santo (Larg. 1 X. p. 199); in den Seen von Terlago (Larg. 1 I. p. 127), Serraja (Larg. 1 V. p. 70), Fornace (Larg. 1 III. p. 213), Madrano (Larg. 1 II. p. 24), Caldonazzo (Forti 1 p. 450).

R Gardasee: Riva im Plankton, Torbole am Ufer (Kirchn. p. 23).

Var. **amphirhynchus** (Ehrenb.), S. Amphirhynchus Ehrenb Rbh. I. p. 134; De Toni II. p. 654.

T In den Seen von Piazze (Larg. 1 VII. p. 24), Serraja (Larg. 1 V p. 70), Fornace (Larg. 1 III. p. 213), Madrano (Larg. 1 II. p. 24), Canzolino (Larg. 1 VI. p. 24).

Var. **oxyrrhynchus** (Ktz.), S. oxyrrhynchus Ktz. De Toni II. p. 654.

V Bodenseeufer bei Bregenz und an der Mündung des Harderböschen-Baches bei Hard, bei Bregenz (Schröt. & Kirchn. 1 p. 89).

M Meran: an einer Wassermauer in Gratsch (Milde 13 p. 458).

T in den Seen von Santa Massenza (Larg. 1 IV. p. 168), Serraja (Larg. 1 V. p. 70), Fornace (Larg. 1 III. p. 213), Madrano (Larg. 1 II. p. 23).

R Gardasee: Riva im Plankton, Torbole am Ufer (Kirchn. p. 23).

Var. **undulata** Grun., Verh. zool. bot. Ges. Wien XII. 1862 p. 397. — Rbh. I. p. 133.

B Unter Gloeothece confluens Naeg. an warm gelegenen überflossenen Strassenmauern zwischen St. Pauls und Unterrain (Hfl. b. Grun. 3 p. 397 und 395).

3. (655.) **S. acus** Ktz. — De Toni II. p. 656.

V Bodenseeufer bei Höchst (Schröt. & Kirchn. 1 p. 89).

T In den Seen von Terlago (Larg. 1 I. p. 127), Santa Massenza (Larg. 1 IV. p. 168), Madrano (Larg. 1 II. p. 23), Canzolino (Larg. 1 VI. p. 23), Levico (Forti 1 p. 450).

Synedra Asterionella

R Gardasee: bei Riva und Torbole am Ufer und im Plankton (Kirchn. 3 p. 23).

Var. **delicatissima** (W. Sm.), S. delicatissima W. Sm. — De Toni II. p. 656.

V Bodensee: am Ufer, dann limnetisch an der Oberfläche und 2 m tief bei Bregenz, 3 m tief bei Hard (Schröt. & Kirchn. 1 p. 89, 90).

4. (656.) **S. radians** Ktz. (non W. Sm.). — Rbh. I. p. 136 excl. var.; De Toni II. p. 657.

V Bodensee: am Ufer verbreitet und häufig (Schröt. & Kirchn. 1 p. 90).

F Im Fedaja-See 2090 m (De Toni 3 p. 8).

T In den Seen von Caldonazzo und Levico (Forti 1 p. 450).

R Gardasee: Riva am Ufer und im Plankton, Torbole am Ufer (Kirchn. 3 p. 23).

(657.) **S. filiformis** Grun. — De Toni II. p. 657.

Forma **elongata** Kirchn., Fl. phycol. benac. 1899 p. 23.

R Gardasee: Riva im Plankton (Kirchn. 3 p. 23).

6. (658.) **S. capitata** Ehrenb. — Rbh. I. p. 134; De Toni II. p. 659.

F In den Seen am Colbriccone (Larg. 1 XI, XII. p. 356).

T In den Seen von Serraja (Larg. 1 V. p. 70), Fornace (Larg. 1 III. p. 213), Canzolino (Larg. 1 VI. p. 23), Costa (Larg. 1 VIII. p. 23), Andermol, Caldonazzo (Corti 1).

R In den Seen von Tenno, Ceï (Corti 1); Gardasee: bei Riva im Plankton (Kirchn. 3 p. 23).

7. (659.) **S. amphicephala** Ktz. — Rbh. I. p. 136; De Toni II. p. 660.

R Gardaseeufer bei Torbole (Kirchn. 3 p. 23).

8. (660.) **S. gracilis** W Sm. — Rbh. I. p. 132; De Toni II. p. 661 (als fragliches Synonym von S. affinis Ktz. var. parva Ktz.).

T Im See von Andermol (Corti 1).

132. Asterionella Hass.

1. (661.) **A. formosa** Hass. — De Toni II. p. 678.

V Bodensee: limnetisch an der Oberfläche und 2 m tief bei Bregenz, 3 m tief bei Hard (Schröt. & Kirchn. 1 p. 90).

F In den Seen am Colbriccone (Larg. 1 XI., XII. p. 354).

T In den Seen von Cavedine (Corti 1), Serraja (Larg. 1 V. p. 69), Andermol, Caldonazzo, Levico;

R Tenno, Ledro, Ceï, Loppio (Corti 1).

2. (662.) **A. gracillima** (Hantzsch) Heiberg, Diatoma gracillimum Hantzsch, A. formosa var. gracillima Grun. — Rbh. I. p. 144 De Toni II. p. 678.

R Gardasee: selten längs der Uferlinie, aber sehr gemein in der limnetischen Region, Riva am Ufer und im Plankton, Torbole im Plankton (Kirchn. 3 p. 23).

133. Fragilaria Lyngb.

1. (663.) **F. virescens** Ralfs. — Rbh. I. p. 119; De Toni II. p. 681.

Tirol häufig (Hfl. und Hsm. b. Grun. 3 p. 373).
V Bodensee: verbreitet und häufig, limnetisch an der Oberfläche und 2 m tief bei Bregenz, 3 m tief bei Hard (Schröt. & Kirchn. 1 p. 91).
B In Bächlein am Ritten (Krav. 1 p. 5).
F Im Fedaja-See 2090 m (De Toni 3 p. 8).
R Gardasee: Riva im Plankton (Kirchn. 3 p. 23).

2. (664.) **F. crotonensis** (Edw.) Kitton, Nitzschia Pecten Brun., F. Pecten Castracane. — De Toni II. p. 683.

V Bodensee: limnetisch und 2 m tief an der Oberfläche bei Bregenz, 3 m tief bei Hard (Schröt. & Kirchn. 1 p. 91).
T In den Seen von Cavedine, Andermol;
R Ceï und Loppio (Corti 1); Gardasee: selten in der neritischen Region, sehr häufig im Plankton, bei Riva und Torbole am Ufer und im Plankton (Kirchn. 3 p. 23).

3. (665.) **F. capucina** Desm., F. rhabdosoma Ehrenb. — Rbh. I. p. 118; De Toni II. p. 688.

M Meran: an einer Wassermauer in Gratsch (Milde 13 p. 458).
?D Im rothen Schnee von Defereggen (Ehrenb. 1 p. 291 mit „?").
R Riva am Ufer und im Plankton, bei Torbole am Ufer (Kirchn. 3 p. 23).

4. (666.) **F. construens** (Ehrenb.) Grun., Staurosira construens Ehrenb., ? Diatoma pectinale Ktz. p. max. p. [nach Rbh. I. p. 120 synonym mit F. construens d. forma gracilis, welche letztere jedoch bei De Toni nicht erwähnt wird. Von D. pectinale sagt De Toni nur (II. p. 638): „est Fragilariae sp."]. — Rbh. I. p. 120; De Toni II. p. 688).
P In der Badequelle von Antholz (Hsm. nach Grun. b. Kern. 78[b] II. p. 171 als Diatoma pectinale).
T In den Seen von Lases (Forti 2 p. 99), Serraja (Larg. 1 V. p. 70), Canzolino (Larg. 1 VI. p. 21), Caldonazzo und Levico (Forti 1 p. 451).

Var. **binodis** (Ehrenb.), F. binodis Ehrenb. — Rbh. I. p. 120; De Toni II. p. 689.
T In den Seen von Piazze (Larg. 1 VII. p. 21), Costa (Larg. 1 VIII. p. 21) und Levico (Forti 1 p. 451).

Var. **venter** Grun. — De Toni II. p. 689.
T In den Seen von Terlago (Larg. 1 I. p. 126), Lases (Forti 2 p. 99), Piazze (Larg. 1 VII. p. 21), Fornace (Larg. 1 III. p. 212), Caldonazzo und Levico (Forti 1 p. 451).

29. Fam. Striatellaceae.

134. Diatomella Grev.

1. (667.) D. Balfouriana Grev. — Rbh. I. p. 300; De Toni II. p. 742.

O (M?) Zwischen Bartramia fontana vom Hochjochferner (Leybold b. Grun. 3 p. 409 — [vermuthlich ist darunter die Gegend des Eis-(Schnalser-)jöchls zu verstehen!]).

B Wolfsgruben am Ritten zwischen Bryum pseudotriquetrum (Hsm. b. Grun. l. c.).

F Im Fedaja-See 2090 m (De Toni p. 8).

135. Tabellaria Ehrenb.

1. (668.) T. fenestrata (Lyngb.) Ktz., Diatoma fenestratum Lyngb. — Rbh. I. p. 301; De Toni II. p. 743.

V Bodensee: am Ufer an der Mündung des Harderböschen-Baches bei Hard. limnetisch an der Oberfläche bei Bregenz (Schröt. & Kirchn. 1 p. 92).

F In den Seen am Colbriccone (Larg. 1 XI., XII. p. 356);

T Von Piazze (Larg. 1 VII. p. 24) und Serraja (Larg. 1 V. p. 75).

2. (669.) T. flocculosa (Roth) Ktz., Conferva flocculosa Roth. — Rbh. I. p. 301; De Toni II. p. 744.

V Bodenseeufer an der Mündung des Harderböschen-Baches bei Hard (Schröt. & Kirchn. 1 p. 92).

K Hochmoor Filzen am Walchsee (Hfl. b. Grun. p. 410). Vergl. überdies auch oben p. 112 Diatoma elongatum Ag. var. tenue (Ag.).

B Im Karer-See (Krav. 1 p. 7).

F Im Fedaja-See 2090 m (De Toni p. 8).

T In den Seen von Toblino (Corti 1), Piazze (Larg. 1 VII. p. 24), Serraja (Larg. 1 V p. 21) und Canzolino (Larg. 1 VI. p. 24).

136. Tetracyclus Ralfs.
(Gomphogramma A. Br.).

1. (670.) T. rupestris (A. Br.) Grun., Gomphogramma rupestris A. Br., Tetracyclus Braunii Grun. — Rbh. I. p. 116; De Toni II. p. 746.

U Zwischen Hormosiphon furfuraceus [Nostoc microscopicum] an nassen Diluvialconglomerat-Felsen bei Kufstein (Hfl. b. Grun. 3 p. 413).

B Zwischen Bryum pseudotriquetrum bei Bozen, Hypnum commutatum var. alpinum von Deutschnofen, H. filicinum am Wasserfalle bei Salurn und an einigen anderen Localitäten Tirols (Hfl. l. c.).

F Im Fedaja-See 2090 m (De Toni 3 p. 8).

2. (671.) T. lacustris Ralfs. — Rbh. I. p. 302; De Toni II. p. 747.

T Im Lago di Costa (Larg. 1 VIII. p. 24).

137. Rhabdonema Ktz.

1. (672.) Rh. arcuatum (Lyngb.) Ktz., Diatoma arcuatum Lyngb. — Rbh. I. p. 306; De Toni II. p. 761.

T Im Toblino-See (Maggi 2 p. ? Sep. p. 4).

30. Fam. Eunotiaceae.

138. Cystopleura Bréb.
Epithemia Bréb. (non Blume).

1. (673.) C. turgida (Ehrenb.) O. Ktze , Eunotia turgida Ehrenb., Epithemia turgida Ktz. — Rbh. I. p. 62; De Toni II. p. 777.

In allen Seen Tirols (Hfl. und Hsm. b. Grun. 3 p. 325).
V Bodenseeufer bei Mehrerau (Schröt. & Kirchn. 1 p. 92).
B Häufig am Ritten und bei Eppan (Krav. 1 p. 5).
T In den Seen von Terlago (Larg. 1 I. p. 126), Santa Massenza (Larg. 1 IV. p. 168). Piazze (Larg. 1 VII. p. 21), Serraja (Larg. 1 V. p. 70), Fornace (Larg. 1 III. p. 212), Madrano (Larg. 1 II. p. 21), Canzolino (Larg. 1 VI. p. 21), Costa (Larg. 1 VIII. p. 21), Andermol;
R Tenno, Ledro, Ceï, Loppio (Corti 1).

Var. **Westermannii** (Ehrenb.) O. Ktze, Navicula Westermannii Ehrenb., Epithemia Westermannii Ktz., E. turgida var. γ Westermanni Grun. — Rbh. I. p. 63; De Toni II. p. 778.
T Im See von Lases (Forti 2 p. 99).

2. (674.) C. Hyndmanii (W. Sm.) O. Ktze., Epithemia Hyndmanii W. Sm. — Rbh. I. p. 63; De Toni II. p. 779.
T Im Lago di Levico (Forti 1 p. 449).

3. (675.) C. sorex (Ktz.) O. Ktze., Epithemia Sorex Ktz. — Rbh. 1. p. 64; De Toni II. p. 780.
T In den Seen von Molveno, Toblino, Cavedine (Corti 1), Piazze (Larg. 1 VII. p. 21), Canzolino (Larg. 1 VI. p. 21), Caldonazzo, Levico (Corti 1: Forti 1 p. 449), Lavarone (Larg. 1 IX. p. 4).
R In den Seen von Tenno, Ceï, Loppio (Corti 1).

4. (676.) C. argus (Ehrenb.) O. Ktze., Eunotia Argus Ehrenb., Epithemia Argus Ktz. — Rbh. I. p. 67; De Toni II. p. 782.
I Innsbruck: „fehlt fast auf keiner Pinguicula alpina" (Kern. 70 p. 25 Note); im Mühlauerbache nahe der Quellen (Kern. 86).
D Im rothen Schnee von St. Jakob in Defereggen (Ehrenb. 1 p. 291).
B Zwischen Diatomeen in einem Waldsumpfe bei Perdonig, daselbst alle drei Varietäten vollständig in einander übergehend (Hfl. b. Grun. 1 p. 40; 3 p. 330).
T In den Seen von Toblino, Cavedine, (Corti 1), Piazze (Larg. 1 VII. p. 20), Serraja (Larg. 1 V. p. 70), Caldonazzo, Levico (Corti 1; Forti 1 p. 449).
R In den Seen von Tenno, Ledro, Loppio (Corti 1); Gardasee: Riva im Plankton, Torbole am Ufer und im Plankton (Kirchn. 3 p. 24).

Var. **alpestris** (W. Sm.) nob., Epithemia alpestris W. Sm., E. Argus var. β alpestris Grun.   Rbh. I. p. 67; De Toni II. p. 783.
B Bozen: in einer Quelle bei Runkelstein (Hsm. b. Grun. 3 p. 329); Eppan: am Wasserfalle hinter Schloss Korb, in einem Waldsumpf bei Perdonig (Hfl. b. Grun. 1 p. 40; 3 p. 330).

Var. **longicornis** (Ehrenb.?, W. Sm.) O. Ktze., ?Eunotia longicornis Ehrenb., Epithemia longicornis W. Sm., E. Argus var. γ longicornis Grun. — Rbh. I. p. 67; De Toni II. p. 783.

? P Im rothen Schnee von Taufers (Ehrenb. 1 p. 291 mit „?").
B Eppan: an einem Wasserfalle bei Schloss Korb, in einem Waldsumpfe bei Perdonig (Hfl. b. Grun. 1 p. 40; 3 p. 330).

5. (677.) **C. ocellata** (Ehrenb. ?. Ktz.) Bréb., ? Eunotia ocellata Ehrenb., Epithemia ocellata Ktz. — Rbh. I. p. 68; De Toni II. p. 783.
U Torfgruben am Egelsee bei Kufstein;
K Hochmoor Filzen am Walchsee (Hfl. b. Grun. 3 p. 330).
B Eppan: in einem Waldsumpfe bei Perdonig (Hfl. b. Grun. 1 p. 40; 3 p. 330).
T In den Seen von Terlago (Larg. 1 I. p. 126), Andermol, Levico;
R Ledro, Ceï (Corti 1).

6. (678.) **C. zebra** (Ehrenb.) O. Ktze., Eunotia Zebra Ehrenb., Epithemia Zebra Ktz. — Rbh. I. p. 65; De Toni II. p. 784.
M Meran: in Algund an einem Bache auf Moos (Milde 13 p. 457 Nr. 2).
B Mit Rhopalodia gibba häufig: Ritten, Eppan, Neumarkt (Krav. 1 p. 5).
F In den Seen am Calbriccone (Larg. 1 XI., XII. p. 355).
T ? Im Molveno-See (Corti 1), im Lago Santo (Larg. 1 X. p. 199), in den Seen von Terlago (Larg. 1 I. p. 126), Santa Massenza (Larg. 1 IV. p. 168), Lases (Forti 2 p. 99), Piazze (Larg. 1 VII. p. 21), ? Serraja (Larg. 1 V p. 70), Madrano (Larg. 1 II. p. 21), Canzolino mit einer f. minor (Larg. 1 VI. p. 21), ? Andermol, Levico (Forti 2 p. 449, aber nicht Corti, welchen Forti auch citiert), Lavarone (Larg. 1 IX. p. 4).
R In den Seen von Tenno, Ledro (Corti 1); Gardaseeufer am Doss Brione (Kirchn. 3 p. 24).

7. (679.) **C. gibberula** (Ehrenb.) O. Ktze., Eunotia gibberula Ehrenb., Epithemia gibberula Ktz. — Rbh. 1 p. 66; De Toni II. p. 786.
D Im rothen Schnee von St. Jakob in Defereggen (Ehrenb. 1 p. 291).

Var. **rupestris** (W. Sm.) nob., Epithemia rupestris W. Sm., E. gibberula var γ rupestris Grun. — Rbh. I. p. 66; De Toni II. p. 786.
O (**M**?) Häufig zwischen Bartramia calcarea am Hochjochferner [wohl Eis- oder Schnalserjöchl] (Leybold b. Grun. 3 p. 331).
B Sehr vereinzelt zwischen Hypnum filicinum Wiesengräben bei Bozen (Hfl. b. Grun. 3 p. 331).

139. Rhopalodia O. Müll.
(Bot. Jahrb. XX. Bd. 1895 p. 55).

1. (680.) **Rh. gibba** (Ehrenb.) O. Müll., Navicula gibba Ehrenb., Eunotia gibba Ehrenb., Epithemia gibba Ktz. — Rbh. I. p. 64; De Toni II. p. 780.

„Fast überall, wo nur Wasser vorhanden ist, wohl die verbreiteste Diatomacee. Von den höchsten Gletscherbächen bis in das offene Meer" (Grun. 3 p. 325).
V Bodenseeufer bei Mehrerau (Schröt. & Kirchn. 1 p. 93).
B Häufig: Ritten, Eppan, Neumarkt (Krav. 1 p. 5).
F Im Fedaja-See 2090 m (De Toni 3 p. 8).
T Im Lago Santo (Larg. 1 X. p. 199), den Seen von Santa

Massenza (Larg. 1 IV p. 168), Piazze (Larg. 1 VII. p. 20), Serraja (Larg. 1 V. p. 70), Madrano (Larg. 1 II. p. 20), Canzolino (Larg. 1 VI. p. 20), Caldonazzo und Levico (Forti 1 p. 449), Lavarone (Larg. 1 IX p. 4).

R Gardaseeufer bei Torbole (Kirchn. 3 ,p. 24).

2. (681.) **Rh. parallela** (Grun.) O. Müll., Epithemia gibba var. parallela Grun., Cystopleura gibba var. parallela O. Ktze, De Toni. — De Toni II. p. 780.

T In den Seen von Caldonazzo und Levico (Forti 1 p. 449).

3. (682.) **Rh. ventricosa** (Ehrenb.) O. Müll., Navicula ventricosa Ehrenb., Epithemia ventricosa Ktz., E. gibba var. ventricosa Grun., Cystopleura gibba var. ventricosa O. Ktze. — Rbh. I. p. 64; De Toni II. p. 781.

T In den Seen von Lases (Forti 2 p. 99), Caldonazzo und Levico (Forti 1 p. 450).

4. (683.) **Rh. contracta** Forti, Epithemia gibba var. contracta Forti in: Atti Istit. Veneto 1898.

T Im Lago di Levico (Forti 1 p. 450).

140. Eunotia Ehrenb.

1. (684.) **E. arcus** Ehrenb., Himantidium Arcus Ehrenb. Rbh. I. p. 71; De Toni II. p. 790.

V Bodensee: am Ufer verbreitet und häufig (Schröt. & Kirchn. 1 p. 94).

D Prägraten: zwischen Bartramia ithyphylla mit E. monodon — siehe dort (Hfl. [wohl Steiner] b. Grun. 3 p. 339).

B Ratzes: auf Steinen am Abflusse des Teiches (Milde 29 p. 9).

R Gardasee: Riva im Plankton (Kirchn. 3 p. 24).

2. (685.) **E. monodon** (Ehrenb.) Rbh., Himantidium monodon Ehrenb., H. Arcus var. γ curtum Grun. — Rbh. I. p. 73; [bei De Toni nur II. p. 797 im Texte, sub E. alpina erwähnt].

D Zwischen Bartramia ithyphylla von Prägraten, in Menge und nur selten mit längeren entschiedeneren Formen des H. Arcus gemischt, aber durch Uebergänge deutlich damit verbunden (Hfl. [Steiner] b. Grun. 3 p. 339).

B Ratzes in dem Bache zwischen dem Teiche und der Brücke vor der Mühle (Milde 29 p. 9, 21 sub Nr. 307, 308).

3. (686.) **E. gracilis** (Ehrenb.) Rbh., Himantidium gracile Ehrenb. — Rbh. I. p. 72; De Toni II. p. 794.

V Bodenseeufer an der Mündung des Harderböschen-Baches bei Hard (Schröt. & Kirchn. 1 p. 94).

4. (687.) **E. bidens** (Greg.) nob., Himantidium bidens Greg. — Rbh. I. p. 72; [bei De Toni II. p. 794 nur Himantidium bidens als Synonym von E. major].

Var. **diodon** W. Sm. et Greg.

T Im Lago di Piazze (Larg. 1 VII. p. 22).

5. (688.) **E. exigua** (Bréb.) Rbh., Himantidium exiguum Bréb. — Rbh. I. p. 73; De Toni II. p. 792.

D Prägraten: einzeln zwischen E. monodon (Steiner b. Grun. 3 p. 341).

6. (689.) **E. pectinalis** (Dillw?. Ktz.) Rbh., ?Conferva pectinalis Dillw., Himantidium pectinale Ktz., H. minus Ktz., H. pectinale var. γ minus Grun. Rbh. I. p. 73; De Toni II. p. 793.

V Bodenseeufer bei Höchst (Schröt. & Kirchn. 1 p. 94).
B Torfgräben bei Wolfsgruben am Ritten (Hsm. b. Grun. p. 342, Krav. 1 p. 5).
R Gardaseeufer bei Torbole (Kirchn. 3 p. 24).

7. (690.) **E. praerupta** Ehrenb. — De Toni II. p. 795.

R Gardasee: Riva im Plankton an der Oberfläche (Kirchn. 3 p. 24).

Eine zweihöckerige Varietät wurde von Heufler in Südtirol gesammelt (Grun. 5 p. 2).

141. Pseudoeunotia Grun

1. (691.) **P. lunaris** (Ehrenb.) De Toni, Synedra lunaris Ehrenb. — Rbh. I. p. 128; De Toni II. p. 808.

B Rittneralpe 1740 m (Hsm. b. Grun. 3 p. 389); Petersberg zwischen Bartramia fontana (Thaler 1. c.); bei Aldein (Krav. 1 p. 7).
F Im Fedaja-See 2090 m (De Toni 3 p. 8).
T In den Seen von Toblino, Cavedine, Andermol;
R Tenno Ledro, Ceï (Corti 1); Gardaseeufer bei Riva, selten (Garbini 1 p. 6; Kirchn. 3 p. 24).

Var. **capitata** (Grun.) nob., Synedra lunaris var. capitata Grun., Verh. zool. bot. Ges. XII. 1862 p. 389.

B Petersberg mit der Species (Grun. 1. c.).

142. Ceratoneis Grun.

1. (692.) **C. arcus** (Ehrenb.) Ktz., Navicula Arcus Ehrenb., Eunotia Arcus W. Sm. — Rbh. I. p. 76; De Toni II. p. 814.

V Bodensee: limnetisch an der Oberfläche vor der Mündung der Bregenzer Ache (Schröt. & Kirchn. 1 p. 94).
U In kleinen Felsenbächen im Kufsteiner Stadtwalde (Hfl. b. Grun. 3 p. 344).
B Ratzes: in einem langsam fliessenden Seitenarme des Fretschbaches, in einem kleinen Bache in der Nähe des Badehauses (Milde 29 p. 8, 21); zwischen Hypnum filicinum in Torfgruben bei Bozen und im Wasserfalle bei Salurn (Hsm. b. Grun. 1. c.).
F Im Fedaja-See 2090 m (De Toni 3 p. 8).
R Gardasee: Riva im Plankton, Torbole am Ufer (Kirchn. 3 p 24).

31. Fam. Xanthiopyxidaceae.

143. Stephanodiscus Ehrenb.

1. (693.) **St. astraea** (Ehrenb.) Grun., Discoplea Astraea Ehrenb., Cyclotella Astraea Ktz. — Rbh. I. p. 34; De Toni II. p. 1152.

V Bodensee: limnetisch, 3 m tief bei Hard (Schröt. & Kirchn. 1 p. 95).
R Gardaseeufer am Doss Briune, selten (Kirchn. 3 p. 25).

— Coscinodiscaceae.

— Coscinodiscus Ehrenb.

C. radiolatus Ehrenb. — Rbh. I. p. 34; De Toni II. p. 1271.

P Im rothen Schnee von Taufers (Ehrenb. 1 p. 291 mit ?), welche Angabe Eichwald 1 p. 100 irrthümlich mit »St. Jakob in Defereggen« wiederholt wird.

32. Fam. Melosiraceae.

144. Lysigonium Link.

1. (694.) **L. varians** (Ag.) De Toni, Melosira varians Ag., Gallionella varians Ehrenb. — Rbh. I. p. 40; De Toni II. p. 1329.

V Bodensee: am Ufer verbreitet und häufig (Schröt. & Kirchn. 1 p. 95).
M Meran: an einer Wassermauer in Gratsch (Milde 13 p. 458); an einer quelligen Stelle und in einer Höhle unter der Brunnenburg (Milde 20 p. 23; 30 p. 12).
B In Gräben bei Lengmoos am Ritten (Krav. 1 p. 5).
T In den Seen von Terlago (Larg. 1 I. p. 126), Toblino, Cavedine (Corti 1), Costa (Larg. 1 VIII. p. 22), Andermol, Levico (Corti 1);
R Tenno, Ledro, Ceï (Corti 1); Gardasee: bei Riva im Plankton und Torbole am Ufer und im Plankton gemein (Kirchn. 3 p. 24).

145. Melosira Ag.

1. (695. **M. distans** (Ehrenb.) Ktz., Gallionella distans Ehrenb. — Rbh. I. p. 41; De Toni II. p. 1333.

D Im rothen Schnee von St. Jakob in Defereggen (Ehrenb. 1 p. 291).
F In den Seen am Colbriccone (Larg. 1 XI., XII. p. 355).
T In den Seen von Molveno, Toblino, Cavedine, Andermol, Caldonazzo, Levico;
R Tenno, Ledro, Ceï. Loppio (Corti 1).

Var. **nivalis** (W Sm.), Melosira nivalis W Sm. — Rbh. I. p. 41; De Toni II. p. 1333.
T In den Seen von Molveno?, Andermol;
R Tenno? und Ceï (Corti 1).

2. (696.) **M. granulata** (Ehrenb.) Ralfs, Gallionella granulata Ehrenb., G. procera Ehrenb. - Rbh. I. p. 43; De Toni II. p. 1334.
P Im rothen Schnee von Taufers und
D von St. Jakob in Defereggen (Ehrenb. 1 p. 291).

3. (697.) **M. crenulata** (Ehrenb.) Ktz., Gallionella crenulata Ehrenb. — Rbh. I. p. 41; De Toni II. p. 1334.

P Im rothen Schnee von Taufers (Ehrenb. 1 p. 291 als Gallionella crenata); Antholz in der Badequelle (Hsm. b. Kern. 78ᵇ II. p. 171).
D Im rothen Schnee von St. Jakob in Defereggen (Ehrenb. wie oben).

4. (698.) **M. Roeseana** Rbh. — Rbh. I. p. 42; De Toni II. p. 1337.
N Im Val Secco bei Castelfondo (Hfl. b. Grun. 4 p. 155; b. Rbh. 10 I. p. 42, 246).
T In den Seen von Andermol;
R Tenno und Ledro (Corti 1).

5. (699.) **M. arenaria** Moore. — Rbh. I. p. 42; De Toni II. p. 1338.
M Meran: an einer quelligen Stelle und in   Höhle unter der Brunnenburg (Milde 20 p. 23; 30 p. 12).
B In Masse an überrieselten Felsen bei Greifenstein nächst Terlan (Hfl. b. Grun. 1 p. 40; Krav. 1 p. 5).
T In den Seen von Santa Massenza (Larg. 1 IV. p. 168), Toblino (Maggi 2 p. ?. Sep. p. 4; Corti 1), Cavedine (Corti 1), Lases (Forli 2 p. 99), Serraja (Larg. 1 V p. 70), Madrano (Larg. 1 II. p. 22), Caldonazzo, Levico (Corti 1);
R Ledro?, Loppio (Corti 1); Gardasee: Riva im Plankton (Kirchn. p. 24).

6. (700.) **M. orichalcea** (Mert.) Ktz., Conferva orichalcea Mert. Rbh. I. p. 41; De Toni II. p. 1342.
T In den Seen von Molveno, Cavedine, Caldonazzo;
R Ceï und Loppio (Corti 1). [Forli führt nach Corti auch die Seen von Tenno und Ledro an, welche jedoch dort nicht genannt sind; dagegen wurde der Lago di Loppio wieder von Forli übersehen].

7. (701.) **M. laminaris** (Ehrenb.) Ralfs, Gallionella laminaris Ehrenb. — De Toni II. p. 1348.
D Im rothen Schnee von St. Jakob in Defereggen (Ehrenb. 1 p. 291).

146. Cyclotella Ktz.

1. (702.) **C. antiqua** W Sm. — Rbh. I. p.   De Toni II. p. 1352.
T Im See von Cavedine und
R Loppio (Corti 1).

2. (703.) **C. comta** (Ehrenb.) Ktz., Discoplea comta Ehrenb. — De Toni II. p. 1353.
V Bodensee: am Ufer allgemein verbreitet und häufig, limnetisch an der Oberfläche und 2 m tief bei Bregenz, 3 m tief bei Hard (Schröt. & Kirchn. 1 p. 96).
T In den Seen von Toblino (Corti 1) und Lases (Forli 2 p. 100).
R Gardasee: in verschiedenen Varietäten überall verbreitet, worunter am häufigsten var. radiosa Grun., nicht sehr häufig längs der Ufer, viel häufiger in der limnetischen Region; Riva und Torbole, am Ufer und im Plankton (Kirchn. 3 p. 24).

Var. **radiosa** Grun. — De Toni II. p. 1353.
T Im Caldonazzo-See (Forti 1 p. 454).
R Gardasee — siehe oben.

3. (704.) **C. melosiroides** Kirchn., Fl. phycol. benac. 1899 p. 25, C. comta var. melosiroides Schröt. & Kirchn., Veget. d. Bodensees 1896 p. 96.
V Bodensee: limnetisch, 3 m tief bei Hard (Schröt. & Kirchn. l. c.).
R Gardasee im Plankton bei Riva und Torbole (Kirchn. l. c.).

4. (705.) **C. bodanica** Eulenstein. — De Toni II. p. 1353.
R Gardasee: Riva und Torbole im Plankton (Kirchn. 3 p. 25).

5. (706.) **C. operculata** (Ag.) Ktz., Cymbella operculata Ag. — Rbh. I. p. 32; De Toni II. p. 1354.
V Bodenseeufer an der Mündung des Harderböschen-Baches bei Hard (Schröt. & Kirchn. 1 p. 97).
T Im Molveno-See (Corti 1), im Lago Santo (Larg. 1 X. p. 199), in den Seen von Terlago (Larg. 1 I. p. 125), Santa Massenza (Larg. 1 IV. p. 167), Toblino (Maggi 2 p. ?, Sep. p. 4), Cavedine (Corti 1), Lases (Forti 2 p. 100), Piazze (Larg. 1 VII. p. 19), Serraja (Larg. 1 V. p. 69), Fornace (Larg. 1 III. p. 209), Madrano (Larg. 1 II. p. 19), Canzolino (Larg. 1 VI. p. 19), Andermol, Caldonazzo, Levico (Corti 1; Forti 1 p. 454), Lavarone (Larg. 1 IX. p. 4).
R In den Seen von Tenno, Ledro, Ceï (Corti 1); Gardasee: selten in der neritischen, sehr häufig in der Planktonregion, Riva am Ufer und im Plankton, Torbole am Ufer (Kirchn. 3 p. 25).

6. (707.) **C. Kützingiana** Thwaites, [„Chauv." b. Largajolli], C. operculata β rectangulata Ktz. — Rbh. I. p. 32; De Toni II. p. 1358.
T Im Molveno-See (Corti 1), in den Seen von Terlago (Larg. 1 I. p. 125), Toblino (Corti 1), Piazze (Larg. 1 VII. p. 19), Fornace (Larg. 1 III. p. 212), Andermol, Caldonazzo, Levico (Corti 1; Forti 1 p. 454).
R In den Seen von Tenno, Ledro, Ceï, Loppio (Corti 1).

7. (708.) **C. atmosphaerica** (Ehrenb.) Ralfs, Discoplea atmosphaerica Ehrenb. — De Toni II. p. 1359.
P Im rothen Schnee von Taufers (Ehrenb. 1 p. 291).

VIII. Ordn. **Schizophyceae.**[1]

33. Fam. **Stigonemaceae.**[2]

147. **Stigonema** Ag.[3]

1. (709.) **St. informe** Ktz., Sirosiphon rugulosus Ktz., S. lacustris Rbh.

---

[1] Systematische Anordnung und Nomenclatur nach Dr. A. Hansgirg, Prodromus der Algenflora von Böhmen II. Theil in: Archiv der naturwiss. Landes-

Var. **coralloides** (Ktz.) Hg., Sirosiphon coralloides Ktz. — Rbh. II. p. 290; Hg. II. p. 22; Born. & Flah. l. c. V. p. 75 Nr. 10.

B Auf der Rittneralpe; bei Wolfsgruben am Ritten (Krav. 1 p. 7).

2. (710.) **St. turfaceum** (Engl. Bot.) Cooke, Scytonema turfaceum Engl. Bot., Sirosiphon pulvinatus Brèb., Ephebe Kerneri Zukal, Sirosiphon coralloides var. Heufleri Menegh. b. Ktz., Spec. Alg. p. 316, S. Heufleri Ktz., Tab. phyc. II. 10 Nr. 686 (letztere nach Rabenhorst nicht verschieden. — Rbh. II. p. 290; Hg. II. p. 22; Born. & Flah. l. c. V. p. 74 Nr. 8.

O Finsterthal auf felsigem Boden bei den Seen und in kleinen compacten Polstern über Gymnomitrium an der Gneisswand beim vorderen See (Arnold 4 XIV. p. 460).

I Innsbruck: in der Hundskirche der Kranebitterklamm (Hfl. b. Ktz. 3 II. p. 10; 5 p. 316); Gschnitzthal: an offenen und dem Winde ausgesetzten Seiten der Moränenblöcke aus Glimmerschiefer bei Trins 1200 m mit Gyrophoren (Kern. 78ᵃ Nr. 800, 78ᵇ II. p. 171 tab.; b. Arnold 1 Nr. 1085; Arnold 4 XXII. p. 75).

U Bei Kufstein (Ilg. 1 p. 135).

3. (711.) **St. panniforme** (Ag.) Borzi, S. saxicola Naeg., Scytonema panniforme Ag., Sirosiphon panniformis Ktz., Dematium rupestre Link [siehe über die letzten drei Synonymen Streinz, Nomencl. Fung. p. 240. 496], Racodium rupestre Pers., Cystocoleus ebeneus Thwaites. — Rbh. II. p. 289; Hg. II. p. 23; Born. & Flah. l. c. V. p. 71 Nr. 6.

K Kitzbühel: auf verwitterten Thonschieferfelsen am Klausenbach, bei Hausberg u. s. w. (Ung. 8 p. 224).

E Zwischen Gossensass und Pflersch (Hg. 1 p. 135).

B In Tümpeln bei Wolfsgruben am Ritten (Krav. 1 p. 7 als Sirosiphon saxicola Naeg.); Ritten, Seis auf Fichtenharz (Krav. 1 p. 4 als Cystocoleus ebeneus (Heufler?) = Racodium rupestre Pers.).

148. Hassallia Berk.

1. (712.) **H. byssoidea** (Berk.) Hass., Scytonema byssoidea Berk. — Rbh. II. p. 257 (als Scytonema truncicola Rbh.) und p. 286 (als Sirosiphon truncicola Rbh.); Born. & Flah. l. c. V p. 116 Nr. 2.

Auf Holz und Steinen.

---

durchforschung von Böhmen VIII. Bd. Nr. 4 (Bot. Abth.) 1893 p. 15—168, in dessen Sinne auch die aufgeführten von anderen Autoren häufig anders gedeuteten Arten zu verstehen sind. Leider hat uns der Autor unter Hinweis auf seine Bemerkung im Prodromus II. p. 268 (und im Bot. Centralbl.) jegliche weitere Auskunft über zweifelhafte oder fragliche Arten versagt.

[2]) Vergl.: Bornet J. B. et Flahault Ch., Revision des Nostocacées hétérocystées contenues dans les principaux herbiers de Franco in: Ann. sc. nat. 7. sér. Tome III. 1886 p. 323—381 (I.), Tome IV. 1886 p. 343—373 (II.), Tome V. 1887 p. 51—129 (III.), Tome VII. 1888 p. 177—262 (IV.). — Sep.: Paris, G. Masson. 1888. 8°. 251 p.

[3]) Hier mögen zwei von Kernstock erwähnte undeterminierte »Sirosiphon« angeführt werden:

B Jenesien auf Porphyr am Krummenbühel (Kernstock 2 III. p. 712).

B Eggenthal: auf Kalkblöcken am trockenen Boden des Karrersees (Kernstock VI. p. 216 als »Sirosiphon-Species?«).

Forma lignicola.
B Auf Holz und Steinen: Klobenstein, Seis, Bozen, an alten Weidenstämmen (Hsm. b. Rbh. 10 II. p. 257).

Forma saxicola.
B Klobenstein, an beschatteten Felsen (Hsm. b. Rbh. 10 II. p. 258).

149. Hapalosiphon Naeg.

1. (713.) **H. pumilus** (Ktz.) Kirchn., Tolypothrix pumila Ktz., Hapalosiphon Braunii Naeg. — Rbh. II. p. 283; Hg. II. p. 26; Born. & Flah. l. c. V. p. 61 Nr. 2.
Tirol (Hfl. b. Rbh. l. c.).

2. (714.) **H. tenuissimus** Grun.   Rbh. II. p. 284.
U An den Wurzeln von Lemna minor in Sümpfen bei Kufstein (Hfl. b. Rbh. l. c.).

150. Scytonema Ag.

1. (715.) **Sc. myochroum** (Dillw.) Ag., Conferva myochroa Dillw Sc. chlorophaeum Ktz., Sc. turfosum Ktz., Sc. tomentosum Ktz., Sc. helveticum Ktz., Sc. alpinum Menegh. in litt., Sc. gracile Ktz, Sc. decumbens Ktz., Sc. flexuosum Menegh. — Rbh. II. p. 254, 255; Hg. II. p. 30; Born. & Flah. l. c. V. p. 104 Nr. 18.

I Innsbruck: an feuchten Felsen (Menegh. [recte Hfl.] b. Ktz. 5 p. 308 als Sc. helveticum Ktz.); Zirl, Kematen, Innsbruck am Wege zum Höttingerbild mehrfach (Hg. I p. 135); im Mühlauer Bache unter den Quellen auf Moosen und sandig-schlammigem Boden (Kern. 86 als Sc. Meneghinianum Ktz.); in Quellen im Weitenthale bei Mühlau an überrieseltem Kalktuff (Kern. 86 als Sc. decumbens Ktz.; siehe auch Plectonema Tommasinianum); zwischen Hall und St. Magdalena häufig; bei Patsch, Matrei mehrfach (Hg. 1 p. 135).

U Bei Jenbach, Rothholz, Brixlegg; auf Kalksteinfelsen bei Kufstein mehrfach (Hg. 1 p. 135); in kleinen Bächen am Hinterkaiser (Hfl. b. Grun. 3 p. 548).

K Im Pillersee (Ung. 8 p. 242).

M Meran: Rabland auf Glimmerschiefer (Hfl. 19. Sept. 1839 nach Hb. F det. Grunow als Sc. flexuosum Menegh. und Hfl. 51: hieher die Angabe von Sc. chlorophaeum und Sc. gracile: Südtirol b. Rbh. 10 II. p. 250); auf trockenen Abhängen bei Gratsch gemein (Milde 13 p. 457 als Sc. gracile Klz.).

E Zwischen Brennerbad und Schelleberg, Gossensass und Sterzing (Hg. 1 p. 135).

B In einer Lache auf der Rittneralpe (Krav. 1 p. 7 als Sc. turfosum Ktz.); an feuchten Felsen bei Seis (Krav. l. c. als Sc. tomentosum Ktz.); zwischen Atzwang und Steg, Blumau und Kardaun, Kardaun und Bozen zerstreut, bei Terlan spärlich (Hg. 1 p. 135); nasse Wände bei Bozen (Krav. 1 p. 7 als Sc. helveticum Ktz.); Bozen (Krav. l. c. als Sc. tomentosum Ktz.); Bozen, in der Quelle am Tscheipenthurm (Krav. l. c.); Branzoll spärlich, Auer reichlich, am Bergwege zwischen Auer und Neumarkt mehrfach;

T Bei Deutschmetz, Lavis, Trient, San Lazzaro, zwischen Pontealto und Pergine häufig (Hg. 1 p. 135).

R Gardaseeufer bei Torbole, an Steinen bei der Badeanstalt (Kirchn. 3 p. 25); zwischen Mattarello und Calliano, bei Rovereto, Serravalle spärlich, Ala mehrfach (Hg. 1 p. 135).

2. (716.) **Sc. varium** Ktz., Sc. chrysochlorum Ktz. — Rbh. II. p. 255; Born. & Flah. l. c. V. p. 97 Nr. 12.

M Meran: mit Chroococcus chalybeus an nassen Felsen im Finele-Loche (Milde 13 p. 457).

B Auf beschatteten Felsen bei Wolfsgruben am Ritten (Krav. 1 p. 7).

3. (717.) **Sc. crassum** Naeg. — Rbh. II. p. 249; Born. & Flah. l. c. V. p. 109 Nr. 22.

M Meran: auf Glimmerschiefer bei Rabland (Hfl. 51); hieher die Angaben: Südtirol bei Rbh. 10 II. p. 250 und Tirol, Hb. Grun. b. Born. & Flah. l. c., siehe Sc. myochroum.

4. (718.) **Sc. figuratum** Ag., Sc. gracillimum Ktz., Sc. calotrichoides Ktz. — Rbh. II. p. 253; Hg. II. p. 31; Born. & Flah. l. c V. p. 101 Nr. 17.

I Bei Patsch:

U Bei Kufstein, auch am Längensee und Hechtsee (Hg. 1 p. 7).

M Spondinig: an Felsen, aus welchen eine Quelle entspringt (Hieronymus b. Hauck & Richter 1 Nr. 676).

B Auf Dolomit bei Völs, Tiers (Krav. 1 p. 7 als Sc. gracillimum); an Felsen um Bozen (Hfl. b. Rbh. 10 II. p. 253 u. Krav. l. c. als Sc. calotrichoides; hieher die Angabe Tirol Grun. b. Born. & Flah l. c.); bei Auer, oberhalb Neumarkt;

T Bei Trient, zwischen Pontealto und Pergine;

R Bei Ala (Hg. 1 p. 135).

5. (719.) **Sc. crustaceum** Ag., Sirosiphon crustaceus Rbh., Sc. clavatum Ktz. — Rbh. II. p. 259 und 265; Hg. II. p. 32; Born. & Flah. l. c. V p. 106 Nr. 19.

I Raffelstein hinter Friedberg bei Volders (Leithe 2 p. 11).

U Bei Kufstein (Hg. 1 p. 136).

Var. **incrustans** (Ktz.), Sc. incrustans Ktz. — Rbh. II. p. 264; Born. & Flah. l. c. V. p. 107.

I Innsbruck: Quellen im Weitenthale bei Mühlau auf berieseltem Kalktuff, viele Quadratfuss grosse, sanftgewölbte, kurzfilzige, schwarzbraune, matte Ueberzüge bildend, mit Sc. myochroum (Kern. 86).

6. (720.) **Sc. alatum** (Carm.) Borzi, Hg., Sitzungsber. böhm. Ges. Wiss. 1892 p. 136, Oscillaria alata Carm. b. Grev., Arthrosiphon alatus Rbh., Sc. crustaceum γ alatum Hg., Arthrosiphon Grevillei Ktz., A. densus A. Br., Sc. densum Born. & Flah. — Rbh. III. p. 265; Hg. II. p. 32; Born. & Flah. l. c. V. p. 109 Nr. 23 und p. 110 Nr. 24.

U Kufstein (Hfl. b. Rbh. l. c.; Hg. 1 p. 136) und am Hinterkaiser (Hfl. l. c.).

B Bei Auer, am Bergwege zwischen Auer und Neumarkt:

T Bei Deutschmetz reichlich, zwischen Pontealto und Pergine (Hg. 1 p. 136).

7. (721.) **Sc. Hofmannii** Ag. — Rbh. II. p. 259; Hg. II. p. 33; Born. & Flah. l. c. V. p. 97 Nr. 13.

An feuchten Felsen, Holzflächen etc.

I Bei Zirl, Kematen, Innsbruck, Hall und von da bis St. Magdalena mehrfach, Patsch, Matrei;
U Bei Jenbach, Brixlegg, Kufstein mehrfach;
E Bei Gossensass, Sterzing, Brixen;
B Bei Atzwang, Steg, Blumau, Kardaun, Terlan, Bozen, Auer und Neumarkt mehrfach;
T Bei Deutschmetz, Lavis, Trient, Pergine, Mattarello;
R Bei Calliano, Roveredo, Serravalle und Ala (Hg. 1 p. 136).

8. (722.) **Sc. ambiguum** Ktz. — Rbh. II. p. 258; Hg. II. p. 35; Born. & Flah. l. c. V p. 100 Nr. 14.

Auf feuchter Erde.

I Bei Hall;
U Bei Kufstein;
E Bei Schelleberg;
B Zwischen Atzwang und Steg; bei Auer;
T Bei Deutschmetz, zwischen Trient und Pergine;
R Bei Ala (Hg. 1 p. 136).

9. (723.) **Sc. ocellatum** Lyngb. — Hg. II. p. Born. & Flah. l. c. V. p. 95 Nr. 10.

Auf feuchter Erde, an schattigen Felsen.

I Bei Zirl, Kematen, Innsbruck am Wege zum Höltingerbild, bei Patsch, Matrei;
U Bei Kufstein mehrfach;
E Bei Brixen;
B Zwischen Atzwang und Steg, Kardaun und Bozen, bei Terlan, Bozen, Auer, Neumarkt;
T Bei Deutschmetz, Lavis, Trient, Pergine;
R Bei Roveredo, Ala mehrfach (Hg. 1 p. 136).

10. (724.) **Sc. lanata** (Ktz.) nob., Calothrix lanata Ktz. (1833), Lyngbya cincinnata Ktz. (1843), Sc. cincinnatum Thuret. Hg. II. p. 35; Born. & Flah. l. c. V. p. 89 Nr. 1.

R In einem Gebirgsbache bei Santa Margherita nächst Serravalle (Hg. 1 p. 136).

11. (725.) **Sc. obscurum** Ktz. — Rbh. II. p. 136; Hg. II. p. 36.

In Sümpfen.

T Bei Lavis, zwischen Gardolo und Trient;
R Zwischen Mattarello und Calliano, Serravalle und Ala.(Hg. 1 p. 146).

151. **Tolypothrix** Ktz.

1. (726.) **T. tenuis** Ktz.

Var. **Wartmanniana** (Rbh.). — Rbh. II. p. 276; Hg. II. p. 37; bei Born. & Flah. l. c. V. p. 122 Nr. 3 als Synonym von T. tenuis.

E Zwischen Brennerbad und Schelleberg (Hg. 1 p. 136).

2. (727.) **T. lanata** (Desv.) Ktz., Trichophorus lanatus Desv. — Rbh. II. p. 277; Hg. II. p. 37; Born. & Flah. l. c. V. p. 120 Nr. 2.

U Bei Kufstein, auch am Hechtsee;

E Zwischen Brennerbad und Schelleberg;

B Zwischen Bozen und Leifers, bei Neumarkt;

T Zwischen Salurn und San Michele, bei Lavis, zwischen Gardolo und Trient (Hg. 1 p. 136).

R Gardasee: Torbole am Holze der Badeanstalt (Kirchn. p. 25); zwischen Serravalle und Ala (Hg. 1 p. 136).

3. (728.) **T. penicillata** (Ag.) Thuret, Scytonema penicillatum Ag., Sc. turicense Naeg. — Rbh. II. p. 256; Born. & Flah. l. c. V. p. 123 Nr. 4.

An nassen Steinen und Holzwerk.

Tirol (Hfl. b. Rbh. 10 II. p. 149 und 256; Grun. b. Born. & Flah. l V. p. 124).

I Oberhalb Hall mehrfach;

U Am Achensee mehrfach, im Ausflusse des Hechtsees (Hg. 1 p. 136).

M Meran: an nassen Felsen im Finele-Loche (Milde 13 p. 457).

T In kleinen Bächen auf Felsen oberhalb Trient, zwischen Pontealto und Pergine, Calliano und Mattarello (Hg. 1 p. 136).

R Gardasceufer bei Torbole an Steinen (Kirchn. p. 25); bei Rovereto und Ala mehrfach, Santa Margherita (Hg. 1 p. 136).

Var. **tenuis** Hg., Sitzungsber. böhm. Ges. Wiss. 1892 p. 137.

T In Abflüssen kleiner Felsquellen bei Trient (Hg. l. c.).

152. Plectonema Thuret.

1. (729.) **P. Tommasinianum** (Klz.) Born., Calothrix Tommasiniana Klz., C. Wrangelii Rbh. — Rbh. II. p. 272; Hg. II. p. 40; Born. et Flah. l. c. V. p. 127 Nr. 1; Gomont l. c.[1]) XVI. p. 99 Nr. 2.

I Innsbruck: an Felsen der montanen Region im Weitenthale, Moose überziehend (Kern. in Rbh. 3c Nr. 1844: Leithe 2 p. 11 als Scytonema allochroum Klz. [Rbh. II. p. 256]; das Exsiccat gehört jedoch nach Gomont hieher; vergl. auch Scytonema myochroum); zwischen Hall und St. Magdalena:

U Zwischen Maurach und Jenbach reichlich, bei Brixlegg, Kufstein;

R Santa Margherita bei Serravalle (Hg. 1 p. 137).

Var. **cincinnatum** Hg. — Hg. II. p. 40.

I Bei Patsch in kleinen Bächen und Quellen an der Eisenbahn;

R Santa Margherita in einem Gebirgsbache auf Moos unter Mühlrädern (Hg. 1 p. 137).

2. (730.) **P. gracillimum** (Zopf) Hg., Glaucothrix gracillima Zopf. Hg. II. p. 41.

I Innsbruck: im Warmhause des botanischen Gartens spärlich;

B Bozen: im Warmhause des erzherzoglichen Gartens (Hg. 1 p. 137).

---

[1]) Vergl. 36. Fam. Lyngbyaceae p. 138.

34. Fam. Rivulariaceae.

153. Gloeotrichia Ag.

1. (731.) **G. natans** (Hedw.) Rbh., Tremella natans Hedw. — Hg. II. p. 45; Born. et Flah. l. c. IV. p. 369 Nr. 5.

In Sümpfen.

B Zwischen Bozen und Leifers, bei Branzoll, Neumarkt;
T Zwischen Gardolo und Trient;
R Zwischen Serravalle und Ala (Hg. 1 p. 137).

Var. **angulosa** (Roth) Ag., Rivularia angulosa Roth, G. angulosa Ag. Hg. II. p. 45.
K Im Pillersee (Ung. 8 p. 241).

154. Rivularia Roth.

1. (732.) **R. minutula** (Ktz.) Born. et Flah., Limnactis minutula Ktz. — Rbh. II. p. 210; Hg. II. p. 46; Born. et Flah. l. c. IV. p. 348 Nr. 2.

Tirol (Hfl. l. c. p. 349).
U Im Längensee bei Kufstein (Hg. 1 p. 137).

2. (733.) **R. haematites** (Ram.) Ag., Batrachospermum haematites Ram. b. DC., R. calcarea Engl. Bot., Zonotrichia haematites Rbh., Z. calcarea Rbh., Z. Naegeliana Rbh., Z. chrysocoma Rbh., Euactis Heeriana Naeg., Z. Heeriana Rbh., Z. scardonitana Rbh., Ainactis calcarea Ktz., A. alpina Ktz. Rbh. II. p. 213—216; Hg. II. p. 47; Born. et Flah. l. c. IV. p. 350 Nr. 4.

I Zwischen Hall und St. Magdalena mehrfach;
U Zwischen Achensee, Maurach und Jenbach mehrfach (Hg. 1 p. 137); bei Kufstein (Hfl. b. Rbh. 10 II. p. 217 als Zonotrichia Naegeliana); im Mariasteiner See (Hfl. b. Grun. 3 p. 549 als Ainactis alpina); bei Kufstein spärlich (Hg. 1 p. 137);
M Saltaus in Passeier, an berieselten, tuffartigen Felsen (K. Müller 3 p. 372 als Euactis Heeriana); Meran: an nassen Felsen mit Kalktuffablagerung in Menge bei der Kirche in Gratsch, noch häufiger zwischen Gratsch und Algund mit Eucladium verticillatum und am Marlingerberge (Milde 9 p. 155 wo aus Versehen Polyzonia chrysocoma geschrieben wurde; 11 p. 191; 13 p. 435, 436, 437, 446, 458; 30 p. 5).
E Zwischen Brennerbad und Schelleberg (Hg. 1 p. 137
B Zwischen Blumau und Kardaun (Hg. 1 p. 137); um Bozen auf Felsen (Hsm. b. Rbh. 10 II. p. 214; Krav. 1 p. 7 als Z. chrysocoma); an überrieselten Kalkfelsen bei Söll im Mendelgebirge (Hfl. b. Rbh. 10 II. p. 295 als Z. scardonitana); bei Auer, zwischen Auer und Neumarkt;
T Bei Trient, zwischen Pontealto und Pergine;
R Bei Ala (Hg. 1 p. 137).

Var. **fluviatilis** (Ktz.) Kirchn., Euactis fluviatilis Ktz., Zonotrichia fluviatilis Rbh., Isactis fluviatilis Kirchn. — Rbh. II. p. 214; Hg. II. p. 47.

I Innsbruck: im Mühlauerbache nahe den Quellen (Kern. 86 als Euactis mollis Ktz. [Rbh. II. p. 245]); bei Patsch (Hg. 1 p. 137).

U Bei Kufstein (Hfl. b. Rbh. 10 11. p. 215); am Abflusse des Hecht-
sees;
E Zwischen Brennerbad und Schelleberg (Hg. 1 p. 137).
B Um Bozen in Bächlein (Hfl. b. Rbh. 10 11. p. 215).

155. Calothrix Ag.

1. (734.) **C. parietina** (Naeg.) Thuret, Schizosiphon parietinus
Naeg. — Rbh. II. p. 235; Hg. II. p. 48; Born. et Flah. l. c. III.
p. 366 Nr. 20.

Auf nassen Felsen, Steinen und Holzwerk.

V Bodenseeufer bei Bregenz und Mehrerau (Schröt. & Kirchn. 1
p. 97).
I Bei Zirl, Kematen, Völs, Innsbruck, zwischen Hall und St. Magalena
häufig, bei Patsch, Matrei;
U Am Achensee, bei Maurach, Jenbach, Rothholz, Wörgl, Brixlegg
und Kufstein mehrfach;
E Zwischen Brennerbad und Schelleberg, Gossensass und Pflersch,
Gossensass und Sterzing, bei Brixen;
B Zwischen Atzwang und Steg zerstreut, bei Blumau, zwischen Blumau
und Kardaun mehrfach, bei Terlan (Hg. 1 p. 137); Bozen: Felsen bei
dem Köfele (Krav. 1 p. 6); bei Bozen, Branzoll, Auer mehrfach,
am Bergwege von Auer nach Neumarkt zerstreut, bei Neumarkt;
T Bei Deutschmetz, Lavis, bei Trient mehrfach, bei San Lazzaro,
zwischen Pontealto und Pergine, bei Mattarello (Hg. 1 p. 137).
R Gardaseeufer bei Torbole (Kirchn. 3 p. 25); bei Calliano, Rovereto,
Serravalle, Santa Margherita, Ala (Hg. 1 p. 137).

2. (735.) **C. caespitosa** (Ktz.) Hg., Mastichonema caespitosum Ktz.,
Rbh., C. parietina var. caespitosa Hg. — Rbh. II. p. 226; Hg. II.
p. 49.

I Oberhalb Hall mehrfach;
U Am Achensee, bei Brixlegg, Kufstein;
E Zwischen Brennerbad und Schelleberg, Gossensass und Pflersch;
B Zwischen Atzwang und Steg, bei Branzoll, Neumarkt;
T Bei Trient;
R Zwischen Mattarello und Calliano, bei Ala (Hg. 1 p. 138).

3. (736.) **C. fusca** (Ktz.) Born. et Flah., C. solitaria Kirchn.,
Mastichothrix aeruginea Ktz., M. fusca Ktz. — Hg. II. p. 51; Born. et
Flah. l. c. III. p. 364 Nr. 17.

Im schleimigen Lager verschiedener Algen.

U Im Längensee bei Kufstein;
B In Sümpfen zwischen Bozen und Leifers;
T Zwischen Gardolo und Trient;
R Zwischen Serravalle und Ala (Hg. 1 p. 138).

4. (737.) **C. gypsophila** (Ktz.) Thuret, Schizosiphon gypsophilus
Ktz., Sch. cinctus Naeg. — Rbh. II. p. 234, 237; Hg. II. p. 52;
Born. et Flah. l. c. III. p. 377 Nr. 5.

An feuchten Felsen, Mauern.

U Bei Kufstein (Hfl. b. Rbh. 10 II. p. 234; Hg. I. p. 138).
B Bei Bozen: Englar in Eppan (Hsm., Hfl. b. Rbh. 10 II. p. 234); zwischen Blumau, Kardaun und Bozen mehrfach; bei Auer und zwischen Auer und Neumarkt;
T Zwischen Trient, Pontealto und Pergine;
R Bei Ala (Hg. 1 p. 138).

5. (738.) **C. Orsiniana** (Ktz.) Thuret, Mastichonema Orsinianum Ktz., Dichothrix Orsiniana Born. et Flah. — Rbh. II. p. 228; Hg. II. p. 52; Born. et Flah. l. c. III. p. 376 Nr. 4.

An nassen Felsen.

V Sulzfluh (Kirchn. 1 p. 181).
I Bei Patsch;
U Am Achensee, bei Maurach;
E Zwischen Brennerbad, Pflersch und Schelleberg, Gossensass und Sterzing stellenweise häufig;
T Zwischen Pontealto und Pergine;
R Bei Rovereto, Santa Margherita, Ala mehrfach (Hg. 1 p. 138).

6. (739.) **C. Baueriana** (Grun.) Hg., Schizosiphon Baucrianus Grun. b. Wittr. et Nordst., Mastichonema Baucrianum Grun. — Rbh. II. p. 227; Hg. II. p. 53; Born. et Flah. l. c. III. p. 374 Nr. 3.
U Am Rande des Längensees bei Kufstein (Hg 1 p. 138).

(740.) **C. Meneghiniana** (Ktz.) nob., Schizosiphon Meneghinianus Ktz. — Rbh. II. p. 238.
U Bei Kufstein (Hfl. nach Grun. b. Rbh. 10 II. p. 238).

156. Leptochaete Borzi.
1. (741.) **L. rivularis Hg.** — Hg. II. p. 54.

In fliessenden, klaren Wässern.

I Hall: am Wege nach St. Magdalena;
E Bei Gossensass, Pflersch mehrfach;
B Bei Neumarkt;
R Bei Ala (Hg. 1 p. 138).

2. (742.) **L. crustacea** Borzi. — Born. et Flah. l. c. III. p. 342 Nr. 1.
Var. **gracilis** Hg., Sitzungsber. böhm. Ges. Wiss. 1892 p. 138.

Auf feuchten Kalksteinfelsen.

I Zwischen Hall und St. Magdalena;
B Bei Auer, oberhalb Neumarkt;
R Bei Ala (Hg. 1 p. 138).

— Inomeria Ktz.[1]
— 1. **Brebissoniana** Ktz. — Rbh. II. p. 223.
B Bozen: ausser dem Kühlen Brünnl (Krav. 1 p. 5).

---

[1] Die hieher gehörigen Formen stellen nach Hg. II. p. 54 Fussnote bloss gewisse Entwicklungszustände anderer fadenartiger Rivulariaceen-Formen dar und sind nach ihm, sowie nach Thuret und Bornet nicht als selbständige Arten aufzufassen.

35. Fam. Nostocaceae.

157. Nostoc Vauch.

1. (743.) **N. cuticulare** (Bréb.) Born. et Flah., Anabaena cuticularis Bréb. — Hg. II. p. 57; Born. et Flah. l. c. VII. p. 187 Nr. 1.
T In Sümpfen zwischen Gardolo und Trient spärlich (Hg. 1 p. 138).

2. (744.) **N. paludosum** Ktz.   Rbh. II. p. 164; Hg. II. p. 58; Born. et Flah. l. c. VII. p. 191 Nr.
In Sümpfen.
Tirol (Hfl. b. Rbh. 10 II. p. 165).
I Bei Innsbruck (Rbh. l. c.).
E Zwischen Brennerbad und Schelleberg;
B Bei Branzoll, Neumarkt;
T Bei Lavis, zwischen Gardolo und Trient (Hg. 1 p. 138).

3. (745.) **N. piscinale** Ktz., N. agglutinans Menegh.   Rbh. II. p. 178.   Hg. II. p. 58; Born. et Flah. l. c. VII. p. 194 Nr. 7.
B Bozen: in einer abweichenden Form (Hfl. b. Rbh. 10 II. p. 178; Krav. 1 p. 6).

4. (746.) **N. spongiaeforme** Ag., N. inundatum Ktz. — Rbh. II. p. 171; Hg. II. p. 59; Born. et Flah. l. c. VII. p. 197 Nr. 10).
B In der Umgebung von Bozen (Hsm. b. Rbh. 10 II. p. 171; Krav. 1 p. 6).

5. (747.) **N. muscorum** Ag., Hormosiphon riparium Cesati, N. riparium Rbh. — Rbh. II. p. 173 und 170; Hg. II. p. 60; Born. et Flah. l. c. VII. p. 200 Nr. 14.
I Bei Zirl, Kematen (Hg. 1 p. 139); Innsbruck: an feuchten und felsigen Stellen 600 m (Kern. 78ᵃ Nr. 399, 78ᵇ l. p. 135), am Wege zum Höttingerbild, zwischen Hall und St. Magdalena, bei Patsch, Matrei;
U Bei Jenbach, bei Brixlegg und Kufstein mehrfach (Hg. 1 p. 139).
K In Wäldern auf Moos (Ung. 8 p. 241).
E Bei Pflersch, Schelleberg, Sterzing;
B Bei Blumau, Kardaun, Terlan, Bozen, Auer, zwischen Auer und Neumarkt;
T Bei Deutschmetz, Lavis, zwischen Pontealto und Pergine, bei Mattarello;
R Bei Calliano, Rovereto, Ala (Hg. 1 p. 139).

6. (748.) **N. calcicola** Ag., Bréb. — Rbh. II. p. 174; Hg. II. p. 61; Born. et Flah. l. c. VII. p. 200 Nr. 16.
B Bozen: in Warmhäusern des erzherzoglichen Gartens spärlich (Hg. 1 p. 139).

7. (749.) **N. foliaceum** Ag., Moug. — (Rbh. II. p. 173); Hg. II. p. 62; Born. et Flah. l. c. VII. p. 202 Nr. 17.
Auf feuchter Erde, an Gräben.

B Bei Neumarkt:
T Zwischen Gardolo und Trient (Hg. 1 p. 139).

8. (750.) **N. commune** Vauch.. N. Cesatii Balsamo, N. alpinum Ktz. var. mastigotrichum Rbh.. N. arctum Ktz. — Rbh. II. p. 175. 171, 174; Hg. II. p. 62; Born. et Flah. l. c. VII. p. 203 Nr. 18. Auf feuchter Erde, nassen Grasplätzen.
I Bei Kematen, Völs, Innsbruck Hg. 1 p. 139); am Paschberge (Prantner, Perktold Hb. F.); bei Hall, Patsch, Matrei (Hg. 1 p. 139).
U Bei Jenbach, Brixlegg, Wörgl (Hg. 1 p. 139); Thiersee (DT.); bei Kufstein (Hfl. b. Rbh. 10 II. p. 195 als N. alpinum b. mastigotrichum: Hg. 1 p. 139).
K Häufig im ganzen Gebiete, besonders auf Kalkboden (Ung. S p. 241).
M Meran: gemein auf trockenen Abhängen bei Gratsch (Milde 10 p. 155; 13 p. 457 als N. Cesatii; b. Rbh. 10 II. p. 175 als N. alpinum b. mastigotrichum).
E Bei Pflersch, Gossensass, Sterzing, Brixen (Hg. 1 p. 139).
B Auf nasser Erde bei Klobenstein (Krav. 1 p. 6); bei Atzwang, Steg, Blumau, Kardaun. Terlan mehrfach (Hg. 1 p. 139); bei Bozen (Hfl. b. Rbh. 10 II. p. 172 als N. arctum forma . .); bei Bozen, Branzoll (Hg. 1 p. 139); Neumarkt (Krav. 1 p. 6; Hg. 1 p. 139).
T Bei Trient, Pergine, Mattarello:
R Bei Calliano, Rovereto, Serravalle, Ala (Hg. 1 p. 139).

Var. **pellucidum** Ktz., N. pellucidum Ktz. — Rbh. II. p. 176; Hg. II. p. 62; Born. et Flah. l. c. VII. p. 203 Nr. 18.
U Bei Brixlegg mit der Art (Hg. 1 p. 139).
B Bei Klobenstein und Seis (Krav. 1 p. 6).

9. (751.) **N. sphaericum** (Poir.) Vauch., Tremella sphaerica Poir.. N. irregulare Wartm., N. vesicarium Bréb. [an (Bull.) DC., Rbh. II. p. 166?], N. lichenoides Ktz. [an (Ag.) Vauch., Rbh. II. p. 166?]. — Rbh. II. p. 167; Hg. II. p. 63; Born. et Flah. l VII. p. 208 Nr. 19.
I Innsbruck: an feuchten Kalkfelsen in der Kranebitterklamm (Kern. 86).
K Kitzbühel: an feuchten Wänden der Kalkfelsen (Ung. 5 II. p. 546; S p. 241).
M Meran: am „Waal" bei Algund an nassen Felsen massenhaft (Milde 11 p. 191; 13 p. 457).
E Zwischen Gossensass und Pflersch (Hg. 1 p. 139).
B In einem Teiche bei Klobenstein am Ritten (Hsm. b. Rbh. 10 II. p. 166; Krav. 1 p. 6); auf Hypnum cuspidatum um Bozen, in einem Bächlein am Gurhofe in Gries (Krav. 1 p. 6 Nr. 81, 86).
T Bei Civezzano;
R Bei Ala (Hg. 1 p. 139).

10. (752.) **N. macrosporum** Menegh., Hormosiphon macrosporus Ktz. — Rbh. II. p. 163; Hg. II. p. 64; Born. et Flah. l. c. VII. p. 209 Nr. 21.
I Innsbruck: am Wege zum Höttingerbild, zwischen Hall und St. Magdalena zerstreut;

U Bei Brixlegg, Kufstein mehrfach;

B Bei Auer;

T Bei Deutschmetz spärlich, bei Trient, zwischen Pontealto und Pergine (Hg. 1 p. 139).

11. (753.) **N. microscopicum** Carm., N. rupestre Ktz., Hormosiphon furfuraceus Ktz., H. macrosiphon Ktz. — Rbh. II. p. 163; Hg. II. p. 64; Born. et Flah. l. c. VII. p. 210 Nr. 22.

V An nassen Kalkfelsen beim Schlosse Vaduz (Beck b. Beck & Zahlbr. 1ª Nr. 228, 1ᵇ XII. p. 84).

I Bei Zirl, Innsbruck am Wege zum Höttingerbild, zwischen Hall und St. Magdalena zerstreut, bei Patsch, Matrei;

U Bei Maurach, Jenbach mehrfach, Brixlegg (Hg. 1 p. 139); Kufstein an nassen Diluvialconglomerat-Felsen (Hfl. b. Grun. 3 p. 413); Kufstein mehrfach (Hg. 1 p 139).

M Meran: an nassen Felsen im Finele-Loche massenhaft (Milde 11 p. 191; 13 p. 457).

E Zwischen Brennerbad und Schelleberg, bei Pflersch, Gossensass, Sterzing;

B Zwischen Blumau, Kardaun und Bozen, bei Terlan (Hg. 1 p. 139); auf feuchten Felsen um Bozen (Krav. 1 p. 6 bei Bozen, Auer, zwischen Auer und Neumarkt mehrfach;

T Bei Deutschmetz, Lavis, Trient, San Lazzaro, zwischen Pontealto und Pergine;

R Zwischen Mattarello und Calliano, bei Rovereto, Ala (Hg. 1 p. 139).

12. (754.) **N. sphaeroides** Ktz. — Rbh. II. p. 165; Hg. II. p. 65; Born. et Flah. l. c. VII. p. 212 Nr. 23.

Auf feuchter Erde, nassen Felsen.

I Bei Zirl, Kematen, Hötting, Hall, Patsch, Matrei;

U Bei Jenbach, Brixlegg, Wörgl, Kufstein;

E Bei Pflersch, Gossensass, Sterzing;

B Zwischen Vilpian und Terlan, bei Blumau, zwischen Kardaun und Bozen, bei Auer, Neumarkt;

T Bei Deutschmetz, Lavis, Trient, Pergine, Mattarello;

R Bei Calliano, Rovereto, Serravalle, Ala (Hg. 1 p. 139).

13. (755.) **N. caeruleum** Lyngb. Rbh. II. p. 167; Hg. II. p. 66; Born. et Flah. l. c. VII. p. 213. Nr. 24.

In Sümpfen.

U Bei Kufstein mehrfach;

E Zwischen Brennerbad und Schelleberg;

B Zwischen Bozen und Leifers, bei Neumarkt, Branzoll;

T Bei Lavis, zwischen Gardolo und Trient;

R Zwischen Serravalle und Ala (Hg. 1 p. 140).

14. (756.) **N. verrucosum** (L.) Vauch., Tremella verrucosa L., Linkia verrucosa Pollini, Fl. veron. III. p. 504, N. peloponnesiacum Ktz. — Rbh. II. p. 176, 172; Hg. II. p. 66; Born. et Flah. l VII. p. 216 Nr. 27.

Südtirol (Pollini l. c. p. 505).

B Bei Bozen (Hfl. b. Rbh. 10 H. p. 172; Krav. 1 p. 6 Nr. 84 als N. peloponnesiacum Ktz.): am Gurhofe in Gries und ausser dem Kühlen Brünnl (Krav. 1 p. 6 Nr. 87).

R In einem Bache zwischen Mattarello und Calliano massenhaft in bis haselnussgrossen Exemplaren, in Gebirgsbächen bei Ala mehrfach (Hg. 1 p. 140).

15. (757.) **N. minutissimum** Ktz. — Rbh. II. p. 162.

M Meran: auf Grimmia leucophaea bei Gratsch (Milde 13 p. 457).

B In Weihern am Ritten, Bozen: am Kühlen Brünnl (Krav. 1 p. 6).

158. Anabaena Bory.

1. (758.) **A. flos aquae (Lyngb.)** Bréb., Nostoc flos aquae Lyngb. — Rbh. II. p. 182; Hg. II. p. 68; Born. et Flah. l. c. VII. p. 228 Nr. 4.

B In Sümpfen zwischen Bozen und Leifers (Hg. 1 p. 140).

2. (759.) **A. oscillarioides** Bory. Sphaerozyga oscillarioides Ktz. Rbh. II. p. 194; Hg. II. p. 69; Born. et Flah. l. c. VII. p. 233 Nr. 10.

In stehenden Gewässern.

U Bei Kufstein mehrfach:

E Zwischen Brennerbad und Schelleberg;

B Zwischen Bozen und Leifers, bei Branzoll mehrfach, Neumarkt;

T Bei Lavis, zwischen Gardolo und Trient;

R Zwischen Mattarello und Calliano, Serravalle und Ala (Hg. 1 p. 140).

3. (760.) **A. Heufleriana** Grun. b. Rbh., Spermosira Heufleriana Grun. in litt. ad Rbh. — Rbh. II. p. 198.

U In Bächen am Hinterkaiser zwischen Scytonema myochroum (Hfl. b. Rbh. 10 H. p. 198).

159. Cylindrospermum Ktz.

1. (761.) **C. stagnale** Ktz., Anabaena stagnalis Ktz. — Hg. II. p. 70; Born. et Flah. l. c. VII. p. 250 Nr. 1.

U Bei Kufstein;

T Bei Lavis (Hg. 1 p. 140).

2. (762.) **C. licheniforme** (Bory) Ktz., Anabaena licheniformis Bory. — Rbh. II. p. 187; Hg. II. p. 71; Born. et Flah. l. c. VII. p. 253 Nr. 3.

T In Sümpfen zwischen Gardolo und Trient (Hg. 1 p. 140).

3. (763.) **C. macrospermum** Ktz., Anabaena macrosperma Hg. — Rbh. II. p. 186; Hg. II. p. 71; Born. et Flah. l. c. VII. p. 252 Nr. 2.

Auf feuchter Erde, zwischen Moos u.

I Bei Kematen, Matrei;

U Bei Kufstein;

B Zwischen Atzwang und Steg, bei Terlan (Hg. 1 p. 140); Bozen: Quelle vor Runkelstein (Krav. 1 p. 51); bei Branzoll, Neumarkt;

T Bei Lavis;

R Zwischen Mattarello und Calliano, Serravalle und Ala (Hg. 1 p. 140).

Var. **majus** (Ktz.), Cylindrospermum majus Ktz. — Rbh. II. p. 187; Hg. II. p. 71; Born. et Flah. l. c. VII. p. 252 Nr. 2.

I Bei Matrei mit der Art;

U Bei Kufstein mit der Art (Hg. 1 p. 140).

160. Aulosira Kirchn.

1. (764.) **A. laxa** Kirchn. — Hg. II. p. 74; Born. et Flah. l. c. VII. p. 256 Nr. 1.

U In Sümpfen bei Lavis (Hg. 1 p. 141).

36. Fam. Lyngbyaceae.[1])

161. Microcoleus Desm. (Chthonoblastus Ktz.)

1. (765.) **M. vaginatus** (Vauch.) Gomont. Oscillatoria vaginata Vauch., M. terrestris Desm., Vaginaria terrestris Bory, Oscillatoria repens Ag., Oscillaria repens Ktz., Chthonoblastus repens Ktz., M. terrestris a. repens Hg. — Rbh. II. p. 132; Hg. II. p. 76; Gomont XV. p. 355 Nr. 4, T. 14 F. 12.

Auf feuchter Erde, betretenem Rasenboden.

I Bei Kematen, Innsbruck, Hall, Matrei (Hg. 1 p. 141

U Bei Kufstein (Hfl. b. Rbh. 10 II. p. 132).

E Bei Sterzing;

B Bei Atzwang, Blumau, Terlan (Hg. 1 p. 141); Bozen (Hsm. b. Rbh. 10 II. p. 132); Felsen am Kühlen Brünnl (Krav. 1 p. 4); bei Branzoll, Auer, Neumarkt;

T Bei Trient, Pergine;

R Bei Rovereto (Hg. 1 p. 141).

Var. **Vancheri** (Ktz.). Chthonoblastus Vaucheri Ktz. — Rbh. II. p. 132; Hg. II. p. 76.

B Bozen: mit der Art an den Felsen beim Kühlen Brünnl (Krav. 1 p. 4).

2. (766.) **M. monticola** (Ktz.) Hg., Chthonoblastus monticola Ktz. — Rbh. II. p. 134; Hg. II. p. 77; Gomont l. c. XV. p. 356 Nr. 4.

An feuchten, schattigen Abhängen, Felsen.

I Innsbruck, zwischen Hall und St. Magdalena mehrfach, bei Patsch, Matrei;

U Bei Brixlegg, Kufstein;

B Zwischen Blumau und Kardaun, bei Terlan, Bozen, zwischen Auer und Neumarkt;

T Bei Deutschmetz, Lavis, Trient, zwischen Pontealto und Pergine mehrfach;

---

[1]) Vergl.: Gomont M., Monographia des Oscillariées Noctocacées homocystées in: Ann. sc. nat. Bot. 1ser. Tome XV. 1892 p. 263—368, pl. VI—XIV (I.); Tome XVI. 1892 p. 91—264, pl. 1—VII (II.).

R Zwischen Mattarello und Calliano, bei Rovereto, Serravalle, Ala (Hg. 1 p. 141).

(767.) **M. lacuster** (Rbh.) Farlow, Chthonoblastus lacustris Rbh. — Rbh. II. p. 133; Hg. II. p. 78; Gomont l. c. XV p. 359 Nr. 6.
U Am Hechtsee bei Kufstein (Hg. 1 p. 141).

162. Schizothrix Ktz.

1. (768.) **Sch. hyalina** Ktz., Microcoleus hyalinus Kirchn. — Rbh. II. p. 267; Hg. II. p. 78.
R Zwischen Mattarello und Calliano, dann bei Roveredo einer abweichenden Form (Hg. 1 p. 142).

2. (769.) **Sch. calcilega** (A. Br.) Hg., Hydrocoleum calcilegum A. Br., Hg., Microcoleus hyalinus β calcilegus Hg. — Rbh. II. p. 294; Hg. II. p. 78, 267.
Auf berieselten Felsen.
I Zwischen Hall und St. Magdalena mehrfach, bei Patsch;
U Zwischen Achensee und Jenbach; bei Kufstein;
E Zwischen Brennerbad und Schelleberg, Gossensass und Pflersch;
B Zwischen Atzwag und Steg, Blumau und Kardaun, bei Auer, am Bergwege zwischen Auer und Neumarkt;
T Bei Deutschmetz, Lavis, Trient, zwischen Pontealto und Pergine;
R Bei Rovereto, Ala (Hg. 1 p. 141).

3. (770.) **Sch. fuscescens** Ktz., Microcoleus fuscescens Kirchn. — Rbh. II. p. 268; Hg. II. p. 79; Gomont l. c. XV p. 324 Nr. 25, T. 11 F. 4—6.
I Bei Patsch in einer abweichenden Form Hg. 1 p. 142).
B Auf der Rittneralpe (Krav. 1 p. 6).

4. (771.) **Sch. Schiedermayri** Grun. b. Rbh. — Rbh. II. p. 270.
B An feuchten Felsen bei Bozen (Hsm. b. Rbh. 10 II. p. 270).

5. (772.) **Sch. pulvinata** (Ktz.) Gomont, Inactis pulvinata Ktz., Inomeria Brebissoniana Rbh. — Rbh. II. p. 223 p. p.; Hg. II. p. 80; Gomont l. c. XV. p. 298.
I Gschnitzthal: in ausgedehnten reinen Lagern im Wasserrinnsale der Schmiede unter dem Ansitze Schneeberg (Wettst. in litt.).
U Zwischen der mittleren und oberen Kothalpe am Spieljoch in der Holzrinne einer Quellenleitung (Hieronymus b. Hauck u. Richter 1 Nr. 744).

163. Hydrocoleum Ktz.

1. (773.) **H. lacustre** A. Br., Schizothrix lacustris Ktz., Inactis lacustris Kirchn., Microcoleus Braunii Hg. — Rbh. II. p. 293; Hg. II. p. 79.
R Torbole; am Holzwerk der Badeanstalt (Kirchn. 3 p. 26).

2. (274.) **H. rivularioides** Hg., Sitzungsber. böhm. Ges. Wiss. 1892 p. 141.

B Auf vom Wasser berieselten Kalksteinen an der Südbahn zwischen Atzwang und Steg, Kardaun und Blumau an einer Stelle reichlich; **T** Bei Trient (Hg. 1 p. 141).

3. (775.) **H. subernstaceum** Hg. in Sitzungsber. böhm. Ges.-Wiss. 1891 p. 344.

E Zwischen Brennerbad und Schelleberg am Rande von Sümpfen mit einer anderen Hydrocoleum-Form;
T Zwischen Trient und Pergine;
R Zwischen Mattarello und Calliano, Rovereto und Ala mehrfach (Hg. 1 p. 142).

4. 776.) **H. homoeotrichum** Ktz., Inactis homoeotricha Kirchn. — Rbh. II. p. 150; Gomont l. c. XV p. 344 Nr. 9.

R Unter einem Wasserfalle bei Rovereto auf Wassermoosen etc. festsitzend in einer abweichenden Form (Hg. 1 p. 142).

154. Inactis Ktz.

1. (777). **I. tornata** Ktz., I. Kützingii tornata Rbh. — Rbh. II. p. 159; Hg. II. p. 80.

I Bei Kematen, zwischen Hall und St. Magdalena, bei Patsch;
U Zwischen Achensee, Maurach und Jenbach mehrfach;
E Zwischen Gossensass und Sterzing. Brennerbad, Schelleberg und Pflersch;
B Zwischen Blumau und Kardaun, oberhalb Terlan mehrfach, bei Branzoll, Auer, zwischen Auer und Neumarkt, oberhalb Neumarkt mehrfach;
T Bei Lavis, Trient zerstreut, zwischen Pontealto und Pergine, bei Mattarello;
R Zwischen Mattarello und Calliano, bei Rovereto, Ala zerstreut (Hg. 1 p. 142).

2. (778.) **I. fasciculata** (Naeg.) Grun., Hypheothrix fasciculata Naeg., Inactis fasciculata Grun., Schizothrix fasciculata Gomont. — Rbh. II. p. 160; Hg. II. p. 81; Gomont l. c. XV. p. 298 Nr. 2, T. 6 F. 1—3.

V Bodenseeufer bei Bregenz und Mehrerau auf Steinen und Holzwerk incrustierende Ueberzüge bildend (Schröt. & Kirchn. 1 p. 99).
I In Bächen bei Patsch;
R Zwischen Mattarello und Calliano, bei Roveto, Ala Hg. 1 p. 143).

3. (779.) **I. penicillata** (Ktz.) Kirchn., Leibleinia penicillata Ktz., Phormidium fasciculatum Ktz., Schizothrix penicillata Gomont. — Rbh. II. p. 117; Gomont l. c. XV. p. 305 Nr. 9, T. 7 F. 8—10.

B Bei der Seiserbrücke (Krav. 1 p. 6).

165. Symploca Ktz.

1. (780.) **S. minuta** (Ag.) Rbh., Scytonema minutum Ag. — Rbh. II. p. 155; Hg. II. p. 82.

I In einem Walde zwischen Hall und St. Magdalena (Hg. 1 p. 155).

2. (781.) **S. Friesii** (Ag.) Ktz., Oscillatoria Friesii Ag., S. Friesiana Ktz., Schizothrix Friesii Gomont (inclus. S. minuta). — Rbh. II. p. 158; Hg. II. p. 82; Gomont l. c. XV. p. 316 Nr. 18, T. 9 F. 1—2.

Var. **Wallrothiana** (Ktz.), S. Wallrothiana Ktz., S. Friesii forma c. bei Rbh. Rbh. II. p. 158.
N Val Secco bei Castelfondo (Hfl. b. Grun. 4 p. 155; b. Rbh. 10 l. p. 246).

166. Lyngbya Ag.

1. (782.) **L. Martensiana** (Ktz.), Menegh. Leibleinia Martensiana Ktz. — Rbh. II. p. 143; Hg. II. p. 84.
In Sümpfen.
I Bei Völs;
B Zwischen Bozen und Leifers, bei Branzoll;
T Zwischen Gardolo und Trient:
R Zwischen Serravalle und Ala (Hg. 1 p. 143).

2. (783.) **L. divergens** (Ktz.) nob., Leptomitus divergens Ktz. (1833), Oscillatoria divergens Corda, Leptothrix divergens Ktz., Leptothrix rigidula Ktz. (1845), Lyngbya rigidula Hg. — Rbh. II. p. 74; Hg. II. p. 84.
In Sümpfen, Lachen u. s. w.
I Bei Kematen;
U Bei Wörgl, Kufstein;
B Zwischen Bozen und Leifers, bei Branzoll, Auer, Neumarkt;
T Zwischen Salurn und San Michele, bei Lavis, zwischen Gardolo und Trient;
R Zwischen Serravalle und Ala (Hg. 1 p. 143).

3. (784.) **L. fontana** (Ktz.) Hg., Leptothrix fontana Ktz., Hypheothrix fontana Rbh. — Rbh. II. p. 75; Hg. II. p. 85; Gomont l. c. p. 144.
In klaren Gewässern.
I Bei Zirl, Kematen, oberhalb Hall mehrfach, bei Matrei;
U Oberhalb Jenbach mehrfach, bei Brixlegg, Kufstein;
E Zwischen Schelleberg und Brennerbad, Gossensass und Pflersch, bei Sterzing;
B Zwischen Atzwang und Steg, bei Branzoll, Auer, Neumarkt;
T Bei Trient, Pergine;
R Zwischen Mattarello und Calliano, bei Rovereto, Santa Margherita, Ala (Hg. 1 p. 143).

4. (785.) **L. purpurascens** (Ktz.?) Hg., ? Leptothrix purpurascens Ktz., Hyptheothrix purpurascens Rbh., Phormidium purpurascens Gomont. — Rbh. II. p. 87; Hg. II. p. 86; Gomont l. c. XVI. p. 166 Nr. 8, T. 4 F. 19.
E In Gebirgsbächen zwischen Brennerbad und Schelleberg, Gossensass und Pflersch (Hg. 1 p. 143).

167. Hypheothrix Ktz.

1. (786.) **H. tenuissima** (Naeg.) Rbh., Leptothrix tenuissima Naeg., Lyngbya tenuissima Hg. — Rbh. II. p. 77 (non p. 292); Hg. II. p. 86.
Auf feuchter Erde, an Baumstrünken.
E Bei Schelleberg, Gossensass und Sterzing (Hg. 1 p. 143).

2. (787.) **H. gloeophila** (Ktz.) Rbh., Leptothrix gloeophila Ktz., Lyngbya gloeophila Hg. — Rbh. II. p. 77; Hg. II. p. 87; Gomont l. c. XVI. p. 167 Nr. 10, T. 4 F. 21, 22.

Im schleimigen Lager verschiedener Algen.

I Zwischen Hall und St. Magdalena, bei Patsch;
U Oberhalb Jenbach, bei Kufstein;
B Zwischen Blumau und Kardaun, bei Auer, Neumarkt;
T Bei Lavis, Trient, zwischen Pontealto und Pergine;
R Bei Rovereto, Ala mehrfach (Hg. 1 p. 143).

3. (788.) **H. compacta** (Ktz.) Rbh., Leptothrix compacta Ktz., Lyngbya compacta Ag. — Rbh. II. p. 79; Hg. II. p. 88; Gomont l. c. XVI. p. 114 Nr. 8.

B Bozen: au Felsen vor Runkelstein (Krav. 1 p. 5).

4. (789.) **H. cataractarum** (Rbh.) Naeg., Phormidium cataractarum Rbh., Phormidium incrustatum var. β cataractarum Gomont, Lyngbya cataractarum Hg. — Rbh. II. p. 116; Hg. II. p. 90; Gomont l. c. XVI. p. 170.

U Spieljoch am Sonnenwendjoch (Hieronymus b. Hauck u. Richter 1 Nr. 744).

5. (790.) **H. inundata** (Ktz.) Hg., Phormidium inundatum Ktz., Lyngbya inundata Kirchn. — Rbh. II. p. 116; Hg. II. p. 90; Gomont l. c. XVI. p. 172 Nr. 16, T. 4 F. 31, 32.

Auf feuchten Mauern, Steinen, Hölzern.

I Bei Zirl, Kematen, Völs, Innsbruck, Hall, Patsch, Matrei;
U Am Achensee, bei Maurach, Jenbach, Brixlegg, Wörgl, Kufstein;
E Bei Brennerbad, Schelleberg, Pflersch, Gossensass, Sterzing, Brixen;
B Zwischen Atzwang und Steg, bei Blumau, Terlan, Bozen, Branzoll, Auer, Neumarkt;
T Bei Lavis, Trient, Pergine, Mattarello;
R Bei Calliano, Rovereto, Serravalle, Ala (Hg. 1 p. 143).

6. (791.) **H. amoena** (Ktz.) Hg., Phormidium amoenum Ktz. Oscillatoria amoena Gomont, Lyngbya amoena Hg. — Rbh. II. p. 115; Hg. II. p. 91; Gomont l. c. XVI. p. 225 Nr. 23, T. 7 F. 9.

K Im Längensee (Hg. 1 p. 144).

7. (792.) **H. Heufleri** (Grun.) nob., Schizothrix Heufleri Grun., Gomont, Lyngbya nigrovaginata Hg. — Rbh. II. p. 270; Hg. II. p. 92; Gomont l. c. XV p. 325 Nr. 26, T. 11 F. 7, 8.

An feuchten Felsen, besonders auf Kalk.

I Bei Innsbruck, zwischen Hall und St. Magdalena mehrfach, bei Patsch, Matrei;
U Zwischen Achensee und Jenbach, bei Rothholz, Brixlegg mehrfach (Hg. 1 p. 144); Kufstein: an nassen Felsen zwischen Moosen (Hfl. b. Rbh. 10 II. p. 270; b. Gomont 1 XV. p. 325); bei Kufstein;
B Zwischen Blumau und Kardaun, bei Auer, am Bergwege zwischen Auer und Neumarkt;

Hypheothrix

T Bei Deutschmetz, zwischen Pontealto und Pergine;
R Zwischen Mattarello und Calliano, bei Rovereto, Ala mehrfach (Hg. 1 p. 144).

8. (793.) **H. calcicola** (Ag.) Rbh., Oscillatoria calcicola Ag., Leptothrix calcicola Ktz., Lyngbya calcicola Hg. — Rbh. II. p. 78; Hg. II. p. 92; Gomont l. c. XV. p. 307 Nr. 10, T. 8 F. 1—3.

I Innsbruck: in Warmhäusern des botanischen Gartens, bei Hall;
B Bei Atzwang, Bozen: in Warmhäusern des erzherzoglichen Gartens in mehreren Formen, bei Auer;
T Trient: auf sehr schattigen Kalksteinfelsen am Wasserfalle bei Pontealto (Hg. 1 p. 144).

Var. **violacea** Hg. — Hg. II. p. 93.
I Bei Hall mit der Art Hg. 1 p. 144).

9. (794.) **H. roseola** Rich., Lyngbya roseola Hg., Plectonema roseolum Gomont. — Hg. II. p. 93; Gomont l. c. XVI. p. 102 Nr. 6.
B Bozen: in Warmhäusern des erzherzoglichen Gartens spärlich (Hg. 1 p. 144).

10. (795.) **H. lateritia** Ktz., Lyngbya lateritia Kirchn. Rbh. II. p. 84, 85; Hg. II. p. 94 Gomont l. c. XV. p. 308 Nr. 11.

Auf feuchten Felsen und Hölzern.

I Oberhalb Hall mehrfach;
U Zwischen Maurach und Jenbach, bei Brixlegg;
E Bei Sterzing;
B Zwischen Atzwang und Steg, bei Blumau, Terlan, Bozen, Auer, Neumarkt;
T Bei Pergine (Hg. 1 p. 144).
R Folgaria: massenhaft den Boden eines ausgetrockneten kleinen Moorsees bei den Häusern Gli Spilzi überziehend (Hfl. 31 p. 70 als H. calcarea; b. Rbh. 10 II. p. 85, III. p. 419 als H. lateritia var. c. genuina); bei Rovereto, Ala (Hg. 1 p. 144).

11. (796.) **H. subtilis** Ktz., Lyngbya lateritia var. subtilis Rbh. — Rbh. II. p. 85; Hg. II. p. 94.
V An nassen Kalkfelsen beim Schloss Vaduz (Beck b. Beck & Zahlbr. 1a Nr. 224, 1b XII. p. 82).

12. (797.) **H. calcarea** Naeg., Lyngbya lateritia var. calcarea Rbh., Hg., L. calcarea Hg., Sitzungsber. böhm. Ges. Wiss. 1892 p. 144. — Rbh. II. p. 85; Hg. II. p. 94.

Auf Kalksteinfelsen.

I Zwischen Hall und St. Magdalena, bei Patsch;
U Zwischen Achensee und Jenbach, bei Rotholz, Kufstein;
B Zwischen Blumau und Kardaun, Kardaun und Bozen, bei Auer, am Bergwege von Auer nach Neumarkt;
T Bei Deutschmetz, Lavis, Trient, zwischen Pontealto und Pergine;
R Zwischen Mattarello und Calliano, bei Rovereto, Ala mehrfach (Hg. 1 p. 85).

13. (798.) **H. turicensis** Naeg. — Rbh. II. p. 84.

Südtirol: an überrieselten Mauern (Hfl. b. Rbh. 10 II. p. 84.

14. (799.) **H. dubia** (Naeg.) Hepp, Leptothrix dubia Naeg., Symploca dubia Gomont, Lyngbya dubia Hg., Leptothrix dictyothrix Auzi, Hypheothrix dictyothrix Rbh. — Rbh. II. p. 88, 86; Hg. II. p. 95; Gomont l. c. XVI. p. 115 Nr. 9.

An feuchten Felsen u. s. w.

I Innsbruck: am Wege zum Höttingerbild, zwischen Hall und St. Magdalena mehrfach, bei Patsch, Matrei;

U Oberhalb Jenbach, bei Brixlegg (Hg. 1 p. 144); Kufstein (Hfl. b. Rbh. 10 II. p. 86; Hg. 1 p. 144).

B Zwischen Blumau und Kardaun, bei Auer, zwischen Auer und Neumarkt;

T Bei Lavis, Trient, zwischen Pontealto und Pergine;

R Bei Roveredo, Ala mehrfach (Hg. 1 p. 144).

15. (800.) **H. Regeliana** Naeg., Lyngbya Regeliana Hg. — Rbh. II. p. 82; Hg. II. p. 95.

Wie Vorige.

I Zwischen Hall und St. Magdalena, bei Patsch;

E Zwischen Brennerbad und Schelleberg;

B Zwischen Kardaun und Blumau (Hg. 1 p. 145); Eppan: auf quelligem Moorboden hinter dem Schlosse Englar (Hfl. 31 p. 70 ; bei Auer;

R Bei Ala (Hg. 1 p. 145).

Var. **calotrichoidea** Hg. — Hg. II. p. 96.

U Zwischen Achensee und Jenbach (Hg. 1 p. 145).

16. (801.) **H. coriacea** Ktz., Leptothrix coriacea Ktz., Lyngbya coriacea Hg., Schizothrix coriacea Gomont. — Rbh. II. p. 83; Hg. II. p. 96; Gomont l. c. XV. p. 309 Nr. 12, T. 8 F. 6, 7.

I Bei Matrei;

U Bei Kufstein;

E Zwischen Brennerbad und Schelleberg, bei Sterzing (Hg. 1 p. 82).

Var. **Meneghinii** (Ktz.), Hypheothrix Meneghinii Ktz. — Rbh. II. p. 83; Hg. II. p. 96; Gomont l. c. XV. p. 309 Nr. 12.

I Auf Kalktuff bei Innsbruck (Menegh. b. Ktz. 3 l. p. 41 Nr. 362; 5 p. 268; nach Heufler 31 p. 70 hat Meneghini diese Alge wahrscheinlich von ihm erhalten).

17. (802.) **H. lardacea** (Cesati) Hg., Leptothrix lardacea Cesati, Leptothrix rufescens Ktz., Hypheothrix rufescens Rbh., Lyngbya rufescens Kirchn. — Rbh. II. p. 83; Hg. II. p. 96; Gomont l. c. XV. p. 311 Nr. 13, T. 8 F. 8, 9.

Auf feuchten Felsen, Mauern, auf Erde.

I Bei Innsbruck, Hall, Matrei;

U Bei Jenbach, Brixlegg, Kufstein;

E Bei Brennerbad, Schelleberg, Gossensass, Pflersch, Sterzing;

B Zwischen Atzwang und Steg, bei Kardaun, Terlan, Bozen, Branzoll, Auer, Neumarkt;

Hypheothrix — Phormidium

T Bei Trient, Lavis, Pergine;
R Zwischen Mattarello und Calliano, bei Rovereto, Ala (Hg. 1 p. 145).

18. (803.) **H. atrofusca** Grun.
B Bei Hauenstein nächst Ratzes (Krav. 1 p. 5).

168. Phormidium Ktz.

1. (804.) **Ph. Boryanum** Ktz., Lyngbya Boryana Kirchn. — Rbh. II. p. 116; Hg. II. p. 97.
T In Gebirgsbächen zwischen Mattarello und Calliano;
R Bei Ala mehrfach (Hg. 1 p. 145).

2. (805.) **Ph. papyraceum** (Ag.) Gomont, Oscillatoria papyracea Ag., Ph. membranaceum Ktz., Lyngbya membranacea Hg., Ph. pannosum Ktz, Oscillaria pannosa Bory. — Rbh. II. p. 120, 130; Hg. II. p. 97; Gomont l. c. XVI. p. 173 Nr. 18, T. 5 F. 3, 4.
O Oetzthal: auf überrieseltem Glimmerschiefer bei Sölden (Hfl. 1839 Hb. F.).
I Bei Zirl, Kematen, Völs, oberhalb Innsbruck und Hall mehrfach, bei Patsch, Matrei;
U Am Achensee, bei Maurach, Jenbach, Brixlegg mehrfach, Wörgl, Kufstein;
E Zwischen Brennerbad und Schelleberg, Gossensass und Pflersch, bei Sterzing Brixen;
B Zwischen Atzwang und Steg, bei Blumau, Kardaun, Terlan (Hg. 1 p. 145); häufig um Bozen, an Steinen bei Haslach (Krav. 1 p. 6 Nr. 103, 104); bei Bozen, Gries, Branzoll, Auer (Hg. 1 p. 145); Neumarkt mehrfach (Krav. 1 p. 6).
T Bei Lavis, Trient, Pergine (Hg. 1 p. 145).
R Gardasee: am Holzwerk der Badeanstalt bei Torbole (Kirchn. 3 p. 26); bei Calliano, Serravalle, Santa Margherita, Ala mehrfach (Hg. 1 p. 145).

Var. **rivularioides** Grun., Phormidium membranaceum b. inaequale f. rivularioides Grun. b. Rbh., Lyngbya membranacea var. rivularioides Hg., Wittr. & Nordst., Alg. exs. Nr. 781. — Rbh. II. p. 121; Hg. II. p. 98; Gomont l. c. XVI. p. 187 Nr. 28, T. 5 F. 23, 24 p. p.
I Bei Innsbruck, oberhalb Hall, bei Patsch;
U Oberhalb Jenbach bis zum Achensee nicht selten, bei Kufstein mehrfach;
B Zwischen Kardaun und Bozen, bei Bozen, Branzoll, Auer, Neumarkt mehrfach;
T Bei Trient, zwischen Pontealto und Pergine;
R Zwischen Mattarello und Calliano, bei Rovereto, Ala mehrfach, Santa Margherita, Serravalle (Hg. 1 p. 145).

Var. **Biasolettianum** (Ktz.), Phormidium Biasolettianum Ktz., Ph. papyraceum c. Biasolettianum Rbh. — Rbh. II. p. 126; Hg. II. p. 98.
B Gräben bei Lengmoos am Ritten (Krav. 1 p. 6).

3. (806.) **Ph. corium** (Ag.) Ktz., Oscillatoria corium Ag., Lyngbya corium Hg. — Rbh. II. p. 126; Hg. II. p. 100; Gomont l. c. XVI. p. 172 Nr. 17, T. 5 F. 1, 2.
An Steinen und Holz in schnell fliessendem Wasser.

I Innsbruck: an Wasserrädern im Sillkanal (Leithe 1 p. 11).
U Bei Jenbach;
B Oberhalb Neumarkt:
T Bei Civezzano:
R Bei Santa Margherita (Hg. 1 p. 145).

4. (807.) **Ph. muscorum** (Ag.) nob., Oscillatoria muscorum Ag., Symploca muscorum Gomont, Lyngbya muscorum Hg., Phormidium lyngbyaceum Ktz., Lyngbya lyngbyacea Hg. — Rbh. II. p. 113, 124; Hg. II. p. 100; Gomont l. c. XVI. p. 110 Nr. 4.

K Kitzbühel: auf Moos, am Schattberg (Ung. 8 p. 242).
E In Sümpfen zwischen Brennerbad und Schelleberg (Hg. 1 p. 145).
B Am Kühlen Brünnl bei Bozen (Krav. 1 p. 6); in Sümpfen bei Branzoll (Hg. 1 p. 145).

5. (808.) **Ph. amphibolum** Rbh., Lyngbya phormidium Ktz., Tab. phycol. I. T. 86, Symploca phormidium Thuret. Wittr. & Nordst., Alg. exs. Nr. 996. — Rbh. II. p. 127; Hg. II. p. 101.

In Sümpfen.

U Bei Kufstein;
R Zwischen Mattarello und Calliano, Serravalle und Ala (Hg. 1 p. 145).

6. (809.) **Ph. Meneghinianum** Ktz., Lyngbya Meneghiniana Hg. — Rbh. II. p. 127; Hg. II. p. 102; Gomont l. c. XVI. p. 182 Nr. 26 (als Synonym).

In schnell fliessendem Wasser.

I Bei Patsch, Matrei;
U Zwischen Maurach und Jenbach:
R Bei Santa Margherita und Serravalle (Hg. 1 p. 146.

7. (810.) **Ph. obscurum** Ktz., Lyngbya Kuetzingiana Kirchn., Algen Schles. 242, non Thuret (= Ph. Kuetzingianum Le Jolis). — Rbh. II. p. 118; Hg. II. p. 102.

Auf Moos, an alten Bäumen, Mauern.

I Bei Zirl, Patsch, Matrei;
U Bei Jenbach, Brixlegg mehrfach, Kufstein;
E Bei Sterzing;
B Bei Terlan, Kardaun, Branzoll, Auer, Neumarkt;
T Bei Gardolo, Pergine;
R Bei Serravalle (Hg. 1 p. 146).

Var. **symplociforme** (Hg.), Lyngbya Kuetzingiana var. symplociformis Hg. — Hg. II. p. 102.
B Bei Terlan (Hg. 1 p. 146).

8. (811.) **Ph. autumnale** (Ag.) Gomont, Oscillatoria autumnalis Ag. non Ktz., Phormidium vulgare Ktz., Tab. phycol. I. T. 46, Wittr. et Nordst., Alg. exs. Nr. 291, Lyngbya vulgaris Hg. — Rbh. III. p. 119; Hg. II. p. 103; Gomont l. c. XVI. p. 187 Nr. 28, T. 5 F. 23, 24 (p. p.).

Auf feuchter Erde zwischen Steinen, an alten Mauern, in Wasserrinnen.

V Bodenseeufer bei Bregenz (Schröt. & Kirchn. 1 p. 100).
I Bei Innsbruck, Hall, Matrei;
U Bei Brixlegg (Hg. 1 p. 146).
K Gemein in den Gassen der Vorstädte Kitzbühels (Ung. S [1836] p. 242).
E Zwischen Brennerbad und Schelleberg, Gossensass und Pflersch, bei Sterzing;
B Bei Blumau (Hg. 1 p. 146); im Graben am Steiner-Bogen in Bozen (Krav. 1 p. 6); bei Branzoll, Neumarkt (Hg. 1 p. 146).

9. (812.) **Ph. Welwitschii** Grun., Lyngbya Welwitschii Hg. — Rbh. II. p. 131; Hg. II. p. 104; doch vergl. auch Gomont l. c. XVI. p. 110.
B Bozen: in Warmhäusern des erzherzoglichen Gartens (Hg. 1 p. 146).

10. (813.) **Ph. uncinatum (Ag.)** Gomont, Oscillatoria uncinata Ag., O. rupestris Ag., Phormidium rupestre Ktz., Lyngbya rupestris Hg., O. australis Ag., Ph. australe Ktz., L. australis Hg. — Rbh. II. p. 122; Hg. II. p. 105; Gomont l. c. XVI. p. 184 Nr. 27, T. 5 F. 21, 22.
K An feuchten Felsen (Ung. S p. 242).
B Bozen: bei Runkelstein: (Hsm. b. Rbh. 10 II. p. 122 als Ph. australe).

11. (814.) **Ph. Retzii** (Ag.) Gomont, Oscillatoria Retzii Ag., Phormidium rupestre var. rivulare Ktz., Lyngbya rupestris var. rivularis Hg. — Rbh. II. p. 122; Hg. II. p. 105; Gomont l. c. XVI. p. 175 Nr. 20, T. 5 F. 6, 9.

In fliessendem Wasser.
I Innsbruck: am Wege zum Höttingerbild, zwischen Hall und St. Magdalena, bei Patsch;
U Bei Kufstein;
B Bei Terlan, oberhalb Neumarkt;
T Bei Deutschmetz, Trient, zwischen Pontealto und Pergine;
R Zwischen Mattarello und Calliano (Hg. 1 p. 146).

12. (815.) **Ph. interruptum** Ktz. — Rbh. II. p. 119.
B Lengmoos am Ritten (Hsm. b. Rbh. 10 II. p. 119): in Sumpflachen bei Lengmoos und Seis (Krav. 1 p. 6).
R Bei Borghetto (Menegh. b. Ktz. 3 I. p.   Nr. 264; 4 p. 221; 5 p. 252, 255).

13. (816.) **Ph. tirolense** Ktz. — Rbh. II. p. 130.
I Innsbruck: auf hölzernen Brunnenröhren in der Götznerhöble am 4. Juni 1840 von Heufler — nicht von Meneghini — gesammelt (Ktz. 5 p. 255; Rbh. 10 II. p. 130).

169. Oscillatoria Vauch. (1803).
(Oscillaria Bosc. (1822).

1. (817.) **O. subtilissima** Ktz., Oscillaria subtilissima Ktz., Lyngbya microscopica Hg. — Rbh. II. p. 95; Hg. II. p. 106; Gomont l. c. XVI. p. 254.

V Bodenseeufer an der Mündung des Fabriksbaches bei Bregenz (Schröt. & Kirchn. 1 p. 101).

2. (818.) **O. amphibia** Ag., Oscillaria tenerrima Ktz., Lyngbya tenerrima Hg. — Rbh. II. p. 96; Hg. II. p. 106; Gomont l. c. XVI. p. 221 Nr. 19, T. 7 F. 4, 5.

In Sümpfen, Gräben, Tümpeln.

V Am Bodenseeufer bei Mehrerau (Schröt. & Kirchn. 1 p. 101).

I Bei Völs;

U Bei Kufstein;

B Zwischen Bozen und Leifers, bei Branzoll, Neumarkt;

T Zwischen Salurn und San Michele, bei Lavis, zwischen Gardolo und Trient;

R Zwischen Serravalle und Ala (Hg. 1 p. 146).

3. (819.) **O. Kuetzingiana** Naeg., Hg. non Corda, Lyngbya tenerrima var. Kuetzingiana Hg. — Rbh. II. p. 96; Hg. II. p. 106.

Wie Vorige.

I Bei Hall, Patsch, Matrei;

U Oberhalb Jenbach;

E Zwischen Brennerbad und Schelleberg, Gossensass und Pflersch;

B Zwischen Atzwang und Steg, Blumau und Kardaun, bei Auer, Neumarkt;

T Bei Lavis, Trient, zwischen Pontealto und Pergine;

R Bei Ala (Hg. 1 p. 147).

4. (820.) **O. leptotricha** Ktz., Oscillaria leptotricha Ktz. — Rbh. II. p. 96; Hg. II. p. 107; Gomont l. c. XVI. p. 224 Nr. 22.

In Sümpfen.

I Bei Kematen;

B Zwischen Bozen und Leifers, bei Branzoll, Neumarkt;

T Bei Lavis;

R Zwischen Mattarello und Calliano (Hg. 1 p. 146).

5. (821.) **O. splendida** Grev., Oscillaria gracillima Ktz. — Rbh. II. p. 97; Hg. II. p. 108; Gomont l. c. XVI. p. 224, Nr. 22, T. 7 F. 7, 8 (mit Einschluss von O. leptotricha).

V Am Bodenseeufer bei Bregenz (Schröt. & Kirchn. 1 p. 101).

6. (822.) **O. spissa** Bory, Oscillaria spissa Bory, Lyngbya spissa Hg. — Rbh. II. p. 112; Hg. II. p. 109; Gomont l. c. XVI. p. 172 Nr. 16.

Auf schlammigem Boden am Rande von Tümpeln etc.

I Bei Patsch;

U Bei Brixlegg, Kufstein;

E Bei Sterzing (Hg. 1 p. 147).

7. (823.) **O. pallida** Zeller, Oscillaria pallida Zeller. — Gomont l. c. XVI. p. 98 Nr. 1.

B Bei Branzoll (Hg. 1 p. 147).

Oscillatoria 149

8. (824.) **O. rupicola** Hg., Oscillaria rupicola Hg., Sitzungsber. böhm. Ges. Wiss. 1892 p. 147; Lyngbya rupicola Hg. — Hg. II. p. 109.
An feuchten Felsen meist im Gallertlager anderer Algen.
I Zwischen Hall und St. Magdalena, bei Patsch, Matrei;
U Oberhalb Jenbach, bei Kufstein;
B Zwischen Atzwang und Steg, Blumau und Kardaun, bei Terlan, Auer, am Bergwege von Neumarkt nach Auer;
T Bei Deutschmetz, Lavis, Trient, zwischen Pontealto und Pergine;
R Zwischen Mattarello und Calliano, bei Rovereto, Serravalle, Ala (Hg. 1 p. 147).

Var. **tenuior** Hg. — Hg. II. p. 110.
I Bei Hall in einer abweichenden Form (Hg. 1 p. 147).

9. (825.) **O. brevis** Ktz., Oscillaria brevis Ktz., Lyngbya brevis Hg. — Rbh. II. p. 99; Hg. II. p. 110; Gomont l. c. XVI. p. 229 Nr. 28, T. 7 F. 14, 15.
In Gräben, Tümpeln etc.
I Bei Zirl, Kematen, Völs, Innsbruck;
U Bei Wörgl, Kufstein.
E Zwischen Brennerbad und Schelleberg (Hg. 1 p. 147).
B In Tümpeln bei Klobenstein am Ritten (Krav. 1 p. 6); zwischen Bozen und Leifers, bei Branzoll mehrfach;
T Bei Trient, Pergine;
R Zwischen Serravalle und Ala (Hg. 1 p. 147).

10. (826.) **O. aerugineocaerulea** Ktz., Oscillaria aerugineocoerulea Ktz., Lyngbya aerugineocaerulea Kirchn., L. tenuis var. a. aerugineo. coerulea Hg. — Rbh. II. p. 100; Hg. II. p, 111; Gomont l. c. XVI. p. 146 Nr. 16, T. 4 F. 1—3.
I Bei Zirl, Kematen, Völs, Innsbruck, Hall, Patsch, Matrei;
U Bei Brixlegg, Wörgl, Kufstein;
E Bei Brixen;
B Bei Atzwang, Steg, Blumau, Kardaun, Terlan, Gries, Bozen, Branzoll, Auer, Neumarkt, Salurn;
T Bei San Michele, Trient, Pergine, Mattarello;
R Bei Calliano, Rovereto, Ala (Hg. 1 .p. 147).

11. (827.) **O. tenuis** Ag., Oscillatoria tenuis Ag., Lyngbya tenuis Hg. p. p. — Rbh. II. p. 102; Hg. II. p. 111; Gomont l. c. XVI. p. 220 Nr. 18, T. 7 F. 2, 3.
V Bodenseeufer an der Mündung des Harderböschen-Baches bei Hard (Schröt. & Kirchn. 1 p. 101).
U Bei Kufstein;
E Bei Schelleberg, Gossensass, Sterzing (Hg. 1 p. 147).
B Mit O. brevis in Tümpeln bei Klobenstein am Ritten (Krav. 1 p. 6).
R Gardasee: Riva und Torbole am Ufer und im Plankton (Kirchn. 3 p. 27).

Var. **rivularis** Hg., Lyngbya tenuis c. rivularis Hg. — Hg. II. p. 111.

I Zwischen Hall und St. Magdalena mehrfach;
U Am Achensee, bei Jenbach, Kufstein;
E Zwischen Gossensass und Pflersch zerstreut;
R Zwischen Mattarello und Calliano, bei Rovereto, Santa Margherita, Ala (Hg. 1 p. 147).

12. (828.) **O. limosa** (Roth) Ag., Conferva limosa Roth, Oscillatoria limosa Ag., Lyngbya limosa Hg., L. tenuis var. limosa Kirchn. — Rbh. II. p. 104; Hg. II. p. 111; Gomont l. c. XVI. p. 210 Nr. 7, T. 6 F. 13.

K Am Grunde des Giringer Weihers u. s. w. (Ung. 8 p. 242).
R Gardasee: Riva, am Ufer und im Plankton (Kirchn. 3 p. 26).

13. (829.) **O. subfusca** Ag., Phormidium subfuscum Ktz., Lyngbya subfusca Hg., Phormidium spadiceum Ktz. — Rbh. II. p. 100; Hg. II. p. 113; Gomont l. c. XVI. p. 182 Nr. 26, T. 5 F. 17, 20.

I Quelle am Hafelekar 2246 m; Gallwiesquellen bei Innsbruck (Kern. 86); zwischen Hall und St. Magdalena, bei Matrei (Hg. 1 p. 147).
U Zwischen Achensee und Jenbach (Hg. 1 p. 147).
K An mit Schlamm überzogenen Steinen und Holz der Mühlbäche, des Minichauer Bächleins u. s. w. (Ung. 8 p. 242).
E Zwischen Gossensass und Pflersch (Hg. 1 p. 147).
B In einem Weiher bei Lengmoos am Ritten (Krav. 1 p. 6).
R Zwischen Mattarello und Calliano, bei Rovereto und Ala (Hg. 1 p. 147).

14. (830.) **O. cruenta** Grun., Oscillaria cruenta Grun. b. Rbh. — Rbh. II. p. 100.

P Bei Niederdorf (Hsm. b. Rbh. l. c.).

15. (831.) **O. antliaria** Mert. b. Jürgens, Phormidium antliarium Gomont, Lyngbya antliaria Hg., Oscillaria autumnalis Ktz. non Ag., non Corda, O. parietina Vauch., Ktz. Tab. phycol. I. T. 40; Wittr. & Nordst., Alg. exs. Nr. 588. — Rbh. II. p. 100; Hg. II. p. 114; Gomont l. c. XVI. p. 187 Nr. 28, T. 5 F. 23—24 (p. p.).

Auf feuchter Erde, an schattigen unreinen Orten, an Mauern, Rinnsteinen.

I Bei Zirl, Kematen, Völs, Innsbruck mehrfach, Hall, Patsch, Matrei;
U Bei Jenbach, Brixlegg mehrfach, Wörgl, Kufstein;
E Bei Brixen, Sterzing, Gossensass, Brennerbad, Pflersch;
B Bei Steg, Atzwang, Blumau, Kardaun, Terlan, Gries, Bozen mehrfach, Branzoll, Auer, Neumarkt;
T Bei Deutschmetz, Lavis, Gardolo, Trient, Pergine, Mattarello;
R Bei Calliano, Rovereto, Serravalle, Santa Margherita, Ala (Hg. 1 p. 148).

16. (832.) **O. nigra** Ktz., Tab. phycol. I. tab. 42, (non O. nigra Vauch. et Rbh., Alg. exsicc., welche nach Hg. II. p. 116 verschieden ist!), Oscillaria nigra Ktz. — Rbh. II. p. 107?

M Meran: im Finele-Loche sehr zahlreich (Milde 13 p. 457).

Oscillatoria — Spirulina

17. (833.) O. chalybea Mert., Oscillaria chalybea Mert., Lyngbya chalybea Hg. — Rbh. II. p. 108; Hg. II. p. 116; Gomont l. c. XVI. p. 233 Nr. 33, T. 7 F. 19.

In Sümpfen.

I Bei Patsch;

U Bei Kufstein;

E Zwischen Brennerbad und Schelleberg;

B Zwischen Bozen und Leifers, bei Branzoll;

T Zwischen Gardolo und Trient (Hg. 1 p. 148).

R Gardaseeufer bei Torbole (Kirchn. 2 p. 27); zwischen Mattarello und Calliano, Serravalle und Ala (Hg. 1 p. 148).

18. (834.) O. sancta Ktz., Oscillaria sancta Ktz., O. caldariorum Hauck, Lyngbya sancta Hg. var. caldariorum Lagerh. — Rbh. II. p. 114; Hg. II. p. 117; Gomont l. c. XVI. p. 209 Nr. 6, T. 6 F. 12.

B Bozen: in Warmhäusern des erzherzoglichen Gartens (Hg. 1 p. 148).

19. (835.) O. Froelichii Ktz., Oscillaria Froelichii Ktz., Lyngbya Froelichii Hg. — Rbh. II. p. 109; Hg. II. p. 118; Gomont l. c. XVI. p. 210 Nr. 7, T. 6 F. 13.

V Bodenseeufer an der Mündung des Harderböschen-Baches bei Hard, bei Mehrerau (Schröt. & Kirchn. 1 p. 100).

I Bei Völs;

U Bei Wörgl, Kufstein mehrfach;

B Zwischen Bozen und Leifers, bei Branzoll mehrfach;

T Bei Lavis, zwischen Gardolo und Trient (Hg. 1 p. 148).

R Gardasee: Riva im Plankton, Torbole am Ufer und im Plankton (Kirchn. 3 p. 26); zwischen Mattarello und Calliano, Serravalle und Ala (Hg. 1 p. 148).

Var. **phormidioides** Rbh., Oscillaria Frölichii var. phormidioides Rbh. — Rbh. II. p. 109.

V Selten mit der Hauptform bei Mehrerau (Schröt. & Kirchn. 1 p. 100).

20. (836.) O. major Vauch., Lyngbya major Hg. — Rbh. II. p. 111; Hg. II. p. 119.

Var. **tenuior** Nordst.

In stehendem Wasser.

U Bei Kufstein (Hg. 1 p. 148).

21. (837.) O. princeps Vauch., Lyngbya princeps Hg. — Rbh. II. p. 112; Hg. II. p. 119; Gomont l. c. XVI. p. 206 Nr. 4, T. 6 F. 9.

In Sümpfen.

I Zwischen Hall und St. Magdalena und

U bei Kufstein (Hg. 1 p. 148).

170. Spirulina Turp.

1. (838.) S. major Ktz., S. oscillarioides Turp. — Rbh. II. p. 91; Hg. II. p. 120; Gomont l. c. XVI. p. 251 Nr. 2 T. 7 F. 29.

R Gardaseeufer bei Torbole an und zwischen Wasserpflanzen (Kirchn. 3 p. 26).

2. (839.) **S. subsalsa** Oersted, S. turfosa Cramer. — Rbh. II. p. 92; Gomont l. c. XVI. p. 253 Nr. 8. T. 7 F. 32.

U Im Längensee bei Kufstein einer abweichenden Form (Hg. 1 p. 148).

171. Borzia Cohn.

1. (840.) **B. trilocularis** Cohn. — Gomont l. c. XVI. p. 198 Nr. 1, T. 6 F. 5.

U Im Längensee bei Kufstein unter Oedogonien und anderen Algen in einer abweichenden Form (Hg. 1 p. 148).

37. Fam. Chamaesiphonaceae.

172. Chamaesiphon A. Br. et Grun.

1. (841.) **Ch. incrustans** Grun., Sphaerogonium incrustans Rostaf. — Rbh. II. p. 149; Hg. II. p. 123.

Mit Tolypothrix penicillata in den Alpenbächen Tirols (Hfl. b. Rbh. II. p. 149).

In stehenden und langsam fliessenden Gewässern an Fadenalgen festsitzend.

U Am Achensee auf Tolypothrix, bei Brixlegg auf Cladophoren, bei Kufstein auf Plectonema Tommasinianum;
E Zwischen Gossensass und Pflersch:
B Bei Auer auf Rhizoclonium:
T Zwischen Pontealto und Pergine;
R Zwischen Mattarello und Calliano, bei Rovereto, Ala, Santa Margherita (Hg. 1 p. 149).

2. (842.) **Ch. polonicus** (Rostaf.) Hg., Sphaerogonium polonicum Rostaf. — Hg. II. p. 123.

In Gebirgsbächen.

I Bei Patsch;
E Bei Brennerbad und Schelleberg, Gossensass und Pflersch;
R Zwischen Mattarello und Calliano, bei Rovereto, Ala mehrfach. Santa Margherita (Hg. 1 p. 149).

Var. **auratus** Hg. — Hg. I. p. 149.

Die vorherrschende Form.

3. (843.) **Ch. fuscus** (Rostaf.) Hg., Sphaerogonium fuscum Rostaf. — Hg. II. p. 123.

In Gebirgsbächen, an Steinen etc. dunkelbraune Ueberzüge bildend.

E Zwischen Gossensass und Pflersch und
R bei Ala (Hg. 1 p. 149).

Chamaesiphon — Asterocystis

4. (844.) **Ch. confervicola** A. Br. — Rbh. II. p. 118; Hg. II. p. 124.

In stehenden und fliessenden Gewässern an Fadenalgen festsitzend.

D In Sexten (Hsm. b. Rbh. 12 II. p. 149).
R Zwischen Mattarello und Calliano, Santa Margherita und Ala (Hg. 1 p. 149).

173. Pleurocapsa Thuret em. Lagerh.

1. (845.) **P. rivularis** Hg. — Hg. II. p. 126.

An Steinen in Gebirgsbächen.
R Bei Ala (Hg. 1 p. 149).

2. (846.) **P. minor** Hg. — Hg. II. p. 126.

In fliessendem Wasser an Steinen etc.

I Bei Innsbruck;
E Zwischen Gossensass und Pflersch;
T Bei Trient;
R Bei Santa Margherita reichlich, Ala (Hg. 1 p. 149).

3. (847.) **P. fluviatilis** Lagerh. — Hg. II. p. 127.
R In Bergbächen bei Santa Margherita und bei Ala (Hg. 1 p. 149).

4. (848.) **P. cuprea** Hg. — Hg. II. p. 128.

In Gebirgsbächen an Steinen etc. kupferrothe Ueberzüge bildend.
E Zwischen Gossensass und Pflersch;
T Zwischen Ponteallo und Pergine;
R Zwischen Mattarello und Calliano, bei Rovereto, Ala, Santa Margherita mehrfach (Hg. 1 p. 149).

174. Xenococcus Thuret.

1. (849.) **X. Kerneri** Hg. — Hg. II. p. 128.
R Unter einem Wasserfalle bei Rovereto reichlich und in Gebirgsbächen bei Santa Margherita nächst Serravalle auf Scytonema concinnatum (Hg. 1 p. 149).

38. Fam. Chroococcaceae.

175. Asterocystis Gobi.
(Allogonium Ktz., Chroodactylon Hg.).

1. (850.) **A. Wolleana** (Hg.) Lagerh., Chroodactylon Wolleanum Hg., Allogonium Wolleanum Hg. — Hg. II. p. 131.

An berieselten Felsen, an Steinen etc. in klarem, fliessendem Wasser.

B An einem offenen Brunnen zwischen Atzwang und Steg;

T Zwischen Pontealto und Pergine;
R Bei Ala (Hg. 1 p. 150).
　Var. **simplex** Hg. — Hg. II. p. 131.
B Mit der Art bei Atzwang (Hg. 1 p. 150).

　2. (851.) **A. smaragdina** (Reinsch) Hg., Callonema smaragdinum Reinsch. — Hg. II. p. 132.
　Tirol (Hfl. b. Reinsch 1 p. 41).

— **Goniotrichum** Ktz.*)

— **G. formosissimum** Zanard.

B Bozen: auf einem Stück Holz in einer Bergschlucht westlich von Greifenstein (Sauschloss) bei Terlan (Hfl. b. Grun. 3 p. 394).

176. Gloeochaete Lagerh.
(Schrammia Daug.).

　1. (852.) **G. Wittrockiana** Lagerh. — Hg. II. p. 133.
O Oetzthal: in Flachslöchern bei Längenfeld 1164 m (Schmidle 1 p. 306 und in litt.).
B In Sümpfen zwischen Bozen und Leifers (Hg. 1 p. 150).

177. Chroothece Hg.

　1. (853.) **Ch. monococca** (Ktz.) Hg., Gloeocapsa monococca Ktz., Gloeothece monococca Rbh. — Rbh. II. p. 62; Hg. II. p. 134.
B Am Bergwege zwischen Auer und Neumarkt in einer abweichenden Form;
T Zwischen Pontealto und Pergine;
R Bei Ala (Hg. 1 p. 150).

178. Gloeothece Naeg.

　1. (854.) **G. rupestris** (Lyngb.) Born., Palmella rupestris Lyngb., Coccochloris cystifera Hass., G. cystifera Rbh. — Rbh. II. p. 61; Hg. II. p. 136.
　An feuchten Felsen.
I Bei Zirl, Kematen, zwischen Hall und St. Magdalena mehrfach, Patsch, Matrei;
U Zwischen Achensee, Maurach und Jenbach, bei Brixlegg, Wörgl, Kufstein mehrfach (Hg. 1 p. 150); Längensee (Hfl. b. Rbh. 10 II. p. 61).
B Zwischen Blumau und Kardaun, bei Terlan, Bozen, Auer, zwischen Auer und Neumarkt;
T Bei Deutschmetz, Lavis, Trient, zwischen Pontealto und Pergine;
R Zwischen Mattarello und Calliano, bei Rovereto, Santa Margherita, Ala mehrfach (Hg. 1 p. 150).

179. Aphanothece Naeg.

　1. (855.) **A. saxicola** Naeg., Palmella borealis Ktz. — Rbh. II. p. 63; Hg. II. p. 137.
　An feuchten Felsen.

---

*) Vergl. die Fussnote auf Seite 114.

I Bei Zirl, zwischen Hall und St. Magdalena, bei Patsch, Matrei;
U Zwischen Achensee und Jenbach, bei Brixlegg, Kufstein;
B Zwischen Blumau und Kardaun, bei Bozen, Auer, am Bergwege zwischen Auer und Neumarkt;
T Bei Deutschnetz, zwischen Pontealto und Pergine;
R Zwischen Mattarello und Calliano, bei Rovereto, Ala mehrfach (Hg. 1 p. 150).

2. (856.) **A. Castagnei** (Bréb.) Rbh., Oncobyrsa Castagnei Bréb., Palmella Castagnei Ktz., Aphanocapsa Castagnei Rbh. — Rbh. II. p. 50, 64; Hg. II. p. 137.

In Sümpfen, an Ufern.

U Bei Kufstein;
B Zwischen Bozen und Leifers (Hg. 1 p. 150).
R Gardasee: am Holzwerk der Badeanstalt bei Torbole (Kirchn. p. 28).

3. (857.) **A. pallida** (Ktz.) Rbh., Palmella pallida Ktz. — Rbh. II. p. 64; Hg. II. p. 138.

U Zwischen Achensee und Jenbach, bei Kufstein (Hg. 1 p. 150).
R Gardasee: am Holzwerk der Badeanstalt bei Torbole (Kirchn. p. 27).

180. Synechococcus Naeg.

1. (858.) **S. aeruginosus** Naeg. — Rbh. II. p. 59; Hg. II. p. 139.
T Auf feuchten Felsen zwischen Pontealto und Pergine spärlich (Hg. 1 p. 150).

181. Glaucocystis Itzigsohn.

1. (859.) **G. nostochinearum** Itzigsohn. — Hg. II. p. 140.
In Sümpfen.
B Bei Branzoll, Neumarkt;
R Zwischen Serravalle und Ala (Hg. 1 p. 150).

182. Coccochloris Spreng.

1. (860.) **C. stagnina** Spreng., Aphanothece stagnina Wittr. et Nordst., ?Palmella globosa Ag., Ktz., Spec. Alg. p. 215. — Hg. II. p. 140.
K Am Ausfluss des Schwarzsees im Herbste (Ung. 5 p. 543; S p. 241).

183. Merismopedium Meyen em. Hg.
(Merismopedia Meyen).

1. (861.) **M. elegans** A. Br. — Rbh. II. p. 57; Hg. II. p. 141.
R Gardasee: Riva im Plankton, Torbole am Ufer (Kirchn. 3 p. 27).

2. (862.) **M. glaucum** (Ehrenb.) Naeg., Gonium glaucum Ehrenb. — Rbh. II. p. 56; Hg. II. p. 141.
K Im Längensee bei Kufstein;
B In Sümpfen zwischen Bozen und Leifers und bei Branzoll (Hg. 1 p. 150).

G Madonna di Campiglio (Schröder 1 p. 45).
R Gardaseeufer bei Torbole (Kirchn. 3 p. 27).

3. (863.) **M. punctatum** Meyen, M. glaucum var. punctatum Hg. — Rbh. II. p. 57.
R Gardaseeufer bei Torbole, an und zwischen Wasserpflanzen (Kirchn. 3 p. 27).

184. Coelosphaerium Naeg.
(Coelocystis Naeg.).

1. (864.) **C. Kuetzingianum** Naeg. — Rbh. II. p. 55; Hg. II. p. 142.
G Madonna di Campiglio (Schröder 1 p. 45).

2. (865.) **C. anomalum** (Bennett) De Toni et Levi, Gomphosphaeria? anomala Bennett.
Var. **minus** Hg. — Hg. II. p. 143.
In Sümpfen.
I Bei Völs;
K Bei Kufstein, auch im Längensee;
B Zwischen Bozen und Leifers;
T Bei Lavis;
R Zwischen Serravalle und Ala (Hg. 1 p. 150).

185. Gomphosphaeria Ktz.

1. (866.) **G. aponina** Ktz. — Rbh. II. p. 56; Hg. II. p. 143.
U Im Längensee bei Kufstein (Hg. 1 p. 151).
K Im Walchsee — „prope Kufstein et [recte: ad] Walchsee" — (Hfl. b. Rbh. 10 II. p. 56).
B Bad Thurnbach bei Eppan (Hsm. b. Rbh. 10 II. p. 56; Krav. 1 p. 5).

3. (867.) **G. lacustris** Chodat in Bull. Herb. Boissier VI. 1898 p. 180, Fig.
R Gardasee: Riva und Torbole im Plankton (Kirchn. 3 p. 27).

186. Polycystis Ktz.

1. (868.) **P. elabens** (Brél.) Ktz., Microhaloa elabens Brél., Microcystis elabens Ktz. — Rbh. II. p. 53; Hg. II. p. 145.
U Im Egelsee bei Kufstein und
K Im Walchsee (Hfl. b. Rbh. 10 II. p. 53).

2. (869.) **P. marginata** (Menegh.) Richter. Anacystis marginata Menegh. — Rbh. II. p. 52; Hg. II. p. 145.
Var. **minor** Hg. — Hg. II. p. 145.
In Sümpfen.
U Bei Kufstein;
B Zwischen Bozen und Leifers (Hg. 1 p. 151).

3. (870.) **P. fuscolutea** Hg. — Hg. II. p. 145.
In reinem Quellwasser, an berieselten Felsen, Brunneneinfassungen u. dgl.

I Bei Zirl, Kematen, Innsbruck am Wege zum Höttingerbild, zwischen Hall und St. Magdalena, bei Patsch, Matrei;
U Zwischen Achensee und Jenbach, bei Brixlegg, Kufstein mehrfach;
B Zwischen Atzwang und Steg, bei Blumau, Kardaun und zwischen diesen Orten, bei Terlan, Bozen, Auer, zwischen Auer und Neumarkt;
T Bei Deutschmetz, Lavis, Trient, zwischen Pontealto und Pergine;
R Zwischen Mattarello und Calliano, bei Rovereto, Santa Margherita, Ala (Hg. 1 p. 151).

187. Gloeocapsa Ktz., Naeg.

1. (871.) **G. magma** (Bréb.) Ktz., Protococcus magma Bréb. — Rbh. II. p. 42; Hg. II. p. 147.

An feuchten Felsen und Steinen.

I Bei Zirl, Kematen, Innsbruck, zwischen Hall und St. Magdalena;
U Zwischen Achensee und Jenbach, bei Brixlegg, Kufstein;
E Zwischen Brennerbad und Schelleberg, Gossensass und Pflersch mehrfach, bei Sterzing (Hg. 1 p. 151).

2. (872.) **G. Juliana** (Menegh.) Ktz., Pleurococcus Julianus Menegh. — Rbh. II. p. 42.

U Zwischen Scytonema-Arten bei Kufstein (Grun. b. Rbh. 10 II. p. 42);
N Val Secco bei Castelfondo (Grun. l. c..; beide Angaben sicher nach Heufler).

3. (873.) **G. sanguinea** (Ag.) Ktz., Palmella sanguinea Ag., Haematococcus sanguineus Ag. — Rbh. II. p. 43; Hg. II. p. 148.

An feuchten Felsen.

U Bei Kufstein (Hfl. b. Rbh. 10 II. p. 44).

4. (874.) **G. dubia** Wartm. — Rbh. II. p. 43.

An Felsen, Mauern.

In Tirol (Rbh. 10 II. p. 43).

5. (875.) **G. rupestris** (Ktz.) nob., Microhaloa rupestris Ktz., Gloeocapsa rupicola Ktz. — Rbh. II. p. 43; Hg. II. p. 148.

An feuchten Felsen u. s.' w.

V An nassen Kalkfelsen beim Schlosse Vaduz (Beck bei Beck & Zahlbr. 1ᵃ Nr. 228, 1ᵇ XII. p. 84).
I Bei Patsch, Matrei;
U Bei Kufstein;
B Zwischen Blumau und Bozen;
T Bei Deutschmetz, zwischen Pontealto und Pergine (Hg. 1 p. 151).
R Gardaseeufer bei Torbole mit G. montana (Kirchn. 3 p. 28).

6. (876.) **G. haematodes** Ktz., Protococcus haematodes Ktz. — Rbh. II. p. 44.

U Bei Kufstein in einer abweichenden Form (Hfl. b. Rbh. 10 II. p. 45).

7. (877.) **G. ambigua** Naeg. — Rbh. II. p. 45; Hg. II. p. 149.

An feuchten Felsen.

I Bei Zirl, Kematen, Innsbruck am Wege zum Höttingerbild, zwischen Hall und St. Magdalena, bei Patsch, Matrei;
U Zwischen Achensee und Jenbach, bei Brixlegg und Kufstein mehrfach;
B Zwischen Atzwang und Steg, Blumau und Kardaun, Kardaun und Bozen, bei Terlan, Bozen, Auer, zwischen Auer und Neumarkt mehrfach:
T Bei Deutschmetz, Lavis, Trient, zwischen Pontealto und Pergine;
R Zwischen Mattarello und Calliano, bei Rovereto, Santa Margherita, Ala (Hg. 1 p. 151).

8. (878.) **G. nigrescens** Naeg. — Rbh. II. p. 40; Hg. II. p. 149.
An feuchten Felsen, Steinen.
V An nassen Kalkfelsen beim Schlosse Vaduz (Beck bei Beck & Zahlbr. 1ᵃ Nr. 228, 1ᵇ XII. p. 84).
I Zwischen Hall und St. Magdalena;
U Bei Brixlegg;
E Zwischen Brennerbad und Schelleberg mehrfach, bei Gossensass, Sterzing;
B Bei Auer;
T Zwischen Pontealto und Pergine (Hg. 1 p. 151).
R Gardaseeufer bei Torbole (Kirchn. 3 p. 28); bei Ala (Hg. 1 p. 151).

9. (879.) **G. alpina** Naeg. — Rbh. II. p. 40; Hg. II. p. 150.
V An nassen Kalkfelsen beim Schlosse Vaduz (Beck bei Beck & Zahlbr. 1ᵃ Nr. 228, 1ᵇ XII. p. 84).
I Brenner: an einem Wasserrade der Obernberger Alpe und in einer Wasserrinne beim Marmorbruche des Vennathales in blauvioletten Formen (Brand 2 p. 308, 309).

10. (880.) **G. Paroliniana** (Menegh.) Bréb.. Microcystis Paroliniana Menegh.. Gloeocystis Paroliniana Naeg. — Hg. II. p. 150.
B Bozen: in Warmhäusern des erzherzoglichen Gartens (Hg. 1 p. 151).

11. (881.) **G. ocellata** Rbh. — Rbh. II. p. 46; Hg. II. p. 151.
Auf feuchten Felsen.
I Zwischen Hall und St. Magdalena mehrfach;
B Zwischen Blumau und Kardaun, bei Terlan, Auer;
T Bei Deutschmetz, Trient, zwischen Pontealto und Pergine;
R Bei Ala (Hg. 1 p. 151).

12. (882.) **G. dermochroa** Naeg. — Rbh. II. p. 45; Hg. II. p. 151.
An feuchten Felsen.
I Zwischen Hall und St. Magdalena;
B Bei Auer, zwischen Auer und Neumarkt;
T Zwischen Pontealto und Pergine;
R Bei Rovereto, Ala (Hg. 1 p. 151).

13. (883.) **G. fuscolutea** (Naeg.), G. ambigua a. fuscolutea Naeg. — Rbh. II. p. 45; Hg. II. p. 151.
Wie Vorige.
I Bei Zirl, Kematen, oberhalb Hötting, zwischen Hall und St. Magdalena zerstreut, bei Patsch, Matrei;
U Zwischen Achensee und Jenbach, bei Brixlegg und Kufstein mehrfach;
B Zwischen Atzwang und Steg, Blumau und Kardaun, bei Terlan, Bozen, Auer, zwischen Auer und Neumarkt;
T Bei Deutschmetz, Lavis, Trient, zwischen Pontcalto und Pergine;
R Bei Rovereto, Santa Margherita, Ala (Hg. 1 p. 152).

14. (884.) **G. nigra** (Menegh.) Grun., Microcystis nigra Menegh. — Rbh. II. p. 36; Hg. II. p. 152.
I Auf Kalksteinen zwischen Hall und St. Magdalena;
B Bei Auer (Hg. 1 p. 152).

15. (885.) **G. montana** Ktz. — Rbh. II. p. 36; Hg. II. p. 152.
Auf feuchten Mauern, Felsen, Steinen, zwischen Moos.
B Zwischen Auer und Neumarkt (Hg. 1 p. 152).
R Gardaseeufer bei Torbole (Kirchn. 3 p. 28).

16. (886.) **G. muralis** Ktz. — Rbh. II. p. 36; Hg. II. p. 153.
B Bozen: in Warmhäusern des erzherzoglichen Gartens (Hg. 1 p. 152).

17. (887.) **G. aeruginosa** (Hass.) Ktz., Palmella aeruginosa Carm. ined., Haematococcus aeruginosus Hass. — Rbh. II. p. 39; Hg. II. p. 153.
An feuchten Felsen u. s. w.
I Zwischen Hall und St. Magdalena, bei Patsch;
U Zwischen Achensee und Jenbach, bei Brixlegg, Kufstein mehrfach;
B Zwischen Blumau und Kardaun, bei Terlan, Auer;
T Bei Deutschmetz;
R Bei Ala (Hg. 1 p. 152).

18. (888.) **G. atrovirens** (Corda) nob., Protococcus atrovirens Corda (1833), G. coracina Ktz. 1845). — Rbh. II. p. 35; Hg. II. p. 154.
Wie Vorige.
I Zwischen Hall und St. Magdalena;
U Bei Kufstein;
B Zwischen Blumau und Kardaun, bei Auer, Neumarkt (Hg. 1 p. 152).

19. (889.) **G. livida** (Carm.) Ktz., Palmella livida Carm. — Rbh. II. p. 36; Hg. II. p. 154.
Auf feuchter Erde, zwischen Moos, an Felsen.
I Bei Zirl, Kematen, zwischen Hall und St. Magdalena, bei Patsch, Matrei;
U Am Wege vom Achensee nach Jenbach, bei Rothholz, Brixlegg, bei Kufstein mehrfach;

B Zwischen Atzwang und Steg, Blumau und Kardaun, bei Terlan, Bozen, zwischen Auer und Neumarkt, bei Neumarkt;
T Bei Deutschmetz, Lavis, Trient, zwischen Pontealto und Pergine;
R Bei Rovereto, Santa Margherita, Ala (Hg. 1 p. 152).

20. (890.) **G. atrata** Ktz. — Rbh. II. p. 35; Hg. II. p. 154.

An feuchten Felsen.

I Zwischen Hall und St. Magdalena mehrfach, bei Patsch;
U Bei Jenbach, Kufstein;
B Bei Branzoll, Auer, Neumarkt;
T Zwischen Pontealto und Pergine;
R Bei Rovereto, Ala (Hg. 1 p. 152).

188. Aphanocapsa Naeg.

1. (891.) **A. cruenta** (Ag.) Hg., Palmella cruenta Ag., Porphyridium cruentum Naeg. — Rbh. III. p. 397; Hg. II. p. 154.

Auf feuchter Erde, alten Mauern, unter Dachtraufen, an unreinen Orten.

I Bei Zirl, Innsbruck, Hall, Patsch;
U Bei Jenbach, Brixlegg, Kufstein (Hg. 1 p. 152).
K In den Gassen der Vorstädte von Kitzbühel nach längerem Regen in den Sommermonaten (Ung. 8 p. 241).

2. (892.) **A. brunnea** (A. Br.) Naeg., Palmella brunnea A. **Br.** — Rbh. II. p. 48; Hg. II. p. 157.

Auf feuchter Erde, nassen Felsen.

I Bei Kematen, zwischen Hall und St. Magdalena, bei Patsch;
U Zwischen Achensee und Jenbach, bei Kufstein;
B Bei Bozen, Auer, Neumarkt;
T Bei Deutschmetz, Trient, zwischen Pontealto und Pergine;
R Zwischen Serravalle und Ala (Hg. 1 p. 152).

3. (893.) **A. flava** (Ktz.) Rbh., Palmella flava Ktz. — Rbh. II. p. 50; Hg. II. p. 157.

An feuchten Mauern, Felsen, Hölzern.

I Bei Patsch, Matrei;
U Bei Brixlegg, Kufstein;
R Bei Ala (Hg. 1 p. 152).

4. (894.) **A. Naegelii** Richt. — Hg. II. p. 157.
B Bozen: in Warmhäusern des erzherzoglichen Gartens (Hg. 1 p. 153).

5. (895.) **A. rufescens** Hg. — Hg. II. p. 157.

An feuchten Mauern und Hölzern.

I Bei Zirl, Kematen, Innsbruck, Hall, Patsch, Matrei;
U Bei Jenbach, Brixlegg mehrfach, bei Kufstein;
B Bei Atzwang, Blumau, Kardaun, Terlan, Bozen, Auer, Neumarkt;

T Bei Lavis, Trient, Mattarello;
R Bei Calliano, Rovereto, Santa Margherita, Ala (Hg. 1 p. 153).

6. (896.) **A. montana** Cramer. — Rbh. II. p. 50; Hg. II. p. 157.
An feuchten Felsen.
V An nassen Kalkfelsen beim Schlosse Vaduz (Beck bei Beck & Zahlbr. 1ᵃ Nr. 228, 1ᵇ XII. p. 84).
I Bei Kematen, Innsbruck am Wege zum Höttingerbild, zwischen Hall und St. Magdalena mehrfach;
U Zwischen Achensee und Jenbach, bei Brixlegg, Kufstein;
B Zwischen Blumau und Kardaun, bei Bozen, Auer;
T Bei Trient, zwischen Pontealto und Pergine (Hg. 1 p. 153).

7. (897.) **A. fonticola** Hg. — Hg. II. p. 158.
An Steinen in Quellwasser.
I Oberhalb Innsbruck und Hall, bei Patsch, Matrei;
U Zwischen Achensee, Maurach und Jenbach mehrfach, bei Kufstein;
E Zwischen Brennerbad und Schelleberg, bei Gossensass, zwischen Gossensass und Pflersch, bei Sterzing;
B Zwischen Atzwang und Steg, bei Branzoll Auer, Neumarkt;
T Zwischen Pontealto und Pergine;
R Zwischen Matterello und Calliano, bei Rovereto, Ala, Santa Margherita (Hg. 1 p. 153).

8. (898.) **A. pulchra** (Ktz.) Rbh., Palmella pulchra Ktz. — Rbh. II. p. 49; Hg. II. p. 158.
In Sümpfen, an Ufern, Grabenrändern.
U Bei Kufstein;
B Zwischen Bozen und Leifers (Hg. 1 p. 153).
R Gardaseeufer bei Torbole (Kirchn. 3 p. 28).

9. (899.) **A. salinarum** Hg. — Hg. II. p. 158.
U Im Längensee bei Kufstein in einer abweichenden Form (Hg. 1 p. 153).

10. (900.) **A. rivularis** (Harvey) Rbh., Palmella rivularis Carm. mscr., Harvey (1844), Coccochloris rivularis Hass. (1852). — Rbh. II. p. 49.
An nassen Felsen.
P Bei Niederdorf (Hsm. b. Rbh. 10 II. p. 49).

189. Chroococcus Naeg.

1. (901.) **Ch. macrococcus** (Trevisan) Rbh., Protosphaeria macrococca Trevisan, Protococcus macrococcus Ktz. — Rbh. II. p. 33; Hg. II. p. 159.
Auf feuchter Erde, nassen Felsen, an Sumpfrändern.
I Zwischen Hall und St. Magdalena, bei Patsch, Matrei;

U Zwischen Achensee und Jenbach, bei Kufstein mehrfach (Hg. 1 p. 153).

M Meran: mit Nostoc minutissimum auf Grimmia leucophaea bei Gratsch (Milde 13 p. 457).

B Auf Torfboden am Ritten (Krav. 1 p. 6); bei Auer, Neumarkt;

T bei Trient, zwischen Pontealto und Pergine;

R Bei Ala (Hg. 1 p. 153).

2. (902.) **Ch. montanus** Hg. — Hg. II. p. 160.

An feuchten Felsen, Steinen, Mauern.

I Bei Zirl, Kematen, Innsbruck, zwischen Hall und St. Magdalena mehrfach, bei Patsch, Matrei;

U Am Achensee, oberhalb Jenbach, bei Brixlegg, Kufstein;

E Zwischen Brennerbad und Schelleberg, Gossensass und Pflersch, Gossensass und Sterzing, bei Brixen;

B Zwischen Atzwang und Steg, Blumau und Kardaun mehrfach, bei Terlan, Bozen, Auer, zwischen Auer und Neumarkt;

T Bei Deutschmetz, Lavis, Trient, San Lazzaro, zwischen Pontealto und Pergine;

R Zwischen Mattarello und Calliano, bei Rovereto, Santa Margherita, Ala (Hg. 1 p. 153).

3. (903.) **Ch. turgidus** (Ktz.) Naeg., Protococcus turgidus Ktz., Ch. chalybeus Rbh. — Rbh. II. p. 32; Hg. II. p. 161.

In stehenden Gewässern, Mooren, an nassen Felsen.

I Bei Zirl, Kematen, Innsbruck am Wege zum Höttingerbild, zwischen Hall und St. Magdalena mehrfach, bei Patsch, Matrei;

U Zwischen Achensee und Jenbach, auf Kalksteinfelsen bei Brixlegg, in Sümpfen, auch im Längensee etc. bei Kufstein (Hg. 1 p. 153).

M Meran: an nassen Felsen im Finele-Loche (Milde 13 p. 457 als Ch. chalybeus).

E Zwischen Brennerbad und Schelleberg, bei Gossensass und Sterzing;

B Zwischen Atzwang und Steg, Blumau und Kardaun, Kardaun und Bozen, bei Bozen, zwischen Bozen und Leifers, bei Auer, am Bergwege von Auer nach Neumarkt, in Sümpfen bei Neumarkt;

T Bei Deutschmetz, Lavis, zwischen Gardolo und Trient, bei Trient, zwischen Pontealto und Pergine (Hg. 1 p. 153).

R Gardaseeufer bei Torbole (Kirchn. 3 p. 28); zwischen Mattarello und Calliano, bei Rovereto, bei Serravalle und Ala, bei Ala mehrfach (Hg. 1 p. 153).

Var. **subnudus** Hg. — Hg. II. p. 161.

U Auf Kalksteinfelsen bei Brixlegg mit der Art (Hg. 1 p. 153).

Var. **glomeratus** Hg., Sitzungsber. böhm. Ges. Wiss. 1892 p. 154.

U Im Längensee und Hechtsee bei Kufstein unter anderen Algen recht zahlreich (Hg. 1 p. 154).

4. (904.) **Ch. minutus** (Ktz.) Naeg., Protococcus minutus Ktz. — Rbh. II. p. 30; Hg. II. p. 162.

I In Sümpfen an der Eisenbahn bei Völs;

U Bei Kufstein im Hechtsee, Längensee u. s. w;
B Zwischen Bozen und Leifers in verschiedenen Formen, bei Branzoll, Neumarkt;
T Bei Lavis, zwischen Gardolo und Trient;
R Gardasee: am Holzwerk der Badeanstalt bei Torbole (Kirchn. 3 p. 28); zwischen Mattarello und Calliano, Serravalle und Ala (Hg. 1 p. 154).

5. (905.) **Ch. helveticus** Naeg.   Hg. II. p. 162.
An feuchten Felsen.

I Bei Kematen, Innsbruck, zwischen Hall und St. Magdalena, bei Patsch, Matrei;
U Zwischen Achensee und Jenbach und bei Kufstein mehrfach;
B Zwischen Atzwang und Steg, Blumau und Kardaun, bei Bozen, Auer, am Bergwege zwischen Auer und Neumarkt;
T Bei Deutschmetz, Lavis, Trient, zwischen Pontealto und Pergine mehrfach;
R Bei Rovereto, Santa Margherita, Ala mehrfach (Hg. 1 p. 154).

6. (906.) **Ch. aurantiofuscus** (Ktz.) Rbh., Protococcus aurantiofuscus Ktz. — Rbh. II. p. 34; Hg. II. p. 163.
An feuchten Felsen, Mauern.

I Oberhalb Innsbruck und Hall, bei Matrei;
U Bei Jenbach;
E Bei Sterzing;
B Zwischen Atzwang und Steg, bei Neumarkt, Branzoll;
T Bei Lavis, Trient, Pergine;
R Bei Calliano, Santa Margherita, Ala (Hg. 1 p. 154).

7. (907.) **Ch. pallidus** Naeg. — Rbh. II. p. 33; Hg. II. p. 163.
Wie Vorige.

I Bei Kematen, zwischen Hall und St. Magdalena, bei Patsch;
E Zwischen Brennerbad und Schelleberg, Gossensass und Sterzing;
B Zwischen Blumau und Kardaun, bei Branzoll, Auer, am Bergwege zwischen Auer und Neumarkt;
T Zwischen Pontealto und Pergine;
R Bei Ala (Hg. 1 p. 154).

8. (908.) **Ch. varius** A. Br. — Hg. II. p. 164.
An feuchten Mauern und Felsen.

I Zwischen Hall [nicht Jenbach] und St. Magdalena;
B Bozen: in den Warmhäusern des erzherzoglichen Gartens (Hg. 1 p. 154).

9. (909.) **C. cohaerens** (Bréb.) Naeg., Pleurococcus cohaerens Bréb., Protococcus cohaerens Ktz. — Rbh. II. p. 30; Hg. II. p. 164.
Wie Vorige.

I Bei Zirl, Kematen, Innsbruck, zwischen Hall und St. Magdalena mehrfach, bei Patsch, Matrei;

U Bei Jenbach, Brixlegg, Kufstein;
B Zwischen Atzwang und Steg, bei Kardaun, Bozen, Auer, Neumarkt;
T Bei Deutschmetz, Trient, zwischen Pontealto und Pergine;
R Bei Rovereto, Ala (Hg. 1 p. 154).

10. (910.) **Ch. minor** (Ktz.) Naeg., Protococcus minor Ktz. — Rbh. II. p. 30; Hg. II. p. 165.

An feuchten Steinen, Hölzern, Mauern.

I Bei Kematen, Innsbruck, Hall;
U Bei Kufstein;
B Bei Terlan, Auer, Neumarkt;
T Bei Trient;
R Bei Rovereto, Ala (Hg. 1 p. 155).

11. (911.) **Ch. fuscoviolaceus** Hg. — Hg. II. p. 165.

In Bächen.

I Zwischen Hall und St. Magdalena;
B Oberhalb Neumarkt;
T Oberhalb Trient;
R Bei Rovereto (Hg. 1 p. 155).

Zweifelhafte Algengattung.

190. Asterothrix Ktz.

1. (912.) **A. tripus** A. Br. — Hg. II. p. 168.
R Gardasee: selten im Plankton bei Torbole (Kirchn. 3 p. 13).

2. (913.) **A. Pertyana** Naeg. — Rbh. III. p. 392.
R Gardasee: im Plankton der Oberfläche bei Torbole sehr selten (Kirchn. 3 p. 13).

IX. Ordn. Flagellata.[1]

39. Fam. Pantostomatineae.

191. Mastigamoeba F. E. Schulze.
(Reptomonas Sav. Kent, Rhizomonas Sav. Kent).

1. (914.) **M. aspera** F. E. Schulze. — Sav. Kent, Infus. I. p. 221, T. 1 F. 21.
I Innsbruck: in einem Wasserbassin des Hofgartens, einmal (DT. 7½ p. 260).

---

[1] Systematische Anordnung und Nomenclatur nach G. Senn in: Engler und Prantl, Natürliche Pflanzenfamilien. Leipzig, W. Engelmann. I. Theil, I. Abth. 1900 p. 93—102.

2. (915.) **M. caudata** (Sav. Kent) Blochmann. — Sav. Kent, Infus. I. p. 223, T. 1 F. 31—32.
I Mit folgender (DT. 7½ p. 260).

3. (916.) **M. verrucosa** (Sav. Kent) Blochmann. — Sav. Kent, Infus. I. p. 224, T. 1 F. 26, 27.
I Innsbruck: mit voriger Art in einem künstlich angelegten Heuaufgusse in mehreren Stücken beobachtet (DT. 7½ p. 260).

192. Cercobodo Krassilstschick.

1. (917.) **C. longicauda** (Duj.) Senn, Cercomonas longicauda Duj. — Sav. Kent, Infus. I. p. 259, T. 14 F. 17—20.
In Aufgüssen, Bassins und Regenlachen öfters zu beobachten.
I Aus 1600 m Höhe (DT. 7½ p. 261).

193. Cercomonas Duj.[1]

1. (918.) **C. crassicauda** Duj. — Sav. Kent, Infus. I. p. 260, T. 14 F. 14—16.
In Aufgüssen, Bassins und Regenlachen öfters zu beobachten.
I aus 1600 m Höhe.

40. Fam. Protomastigineae.

194. Oicomonas Sav. Kent.
(Spumella Cienk.).

1. (919.) **O. mutabilis** Sav. Kent, Infus. I. p. 250, T. 13 F. 55—64 und

2. (920.) **O. termo** (Ehrenb.) J. Clark, Monas termo Ehrenb. — Sav Kent, Infus. I. p. 251, T. 13 F. 78—80.
In allen Sumpfwässern und Aufgüssen, namentlich in den Weihwasserbecken der Friedhöfe, auf Moosrinden der Knochen daselbst u. w häufig (DT. 7½ p. 261).

3. (921.) **O. Steinii** Sav. Kent, Infus. I. p. 253, T. 13 F. 65—70.
I In einem Aufgusse aus Lans, nur einmal (DT. 7½ p. 261).

4. (922.) **O. guttula** (Ehrenb.) Sav. Kent, Monas guttula Ehrenb. — Sav. Kent, Infus. I. p. 305, T. 14 F. 46—52.
I Innsbruck: im Lansersee, einmal im Oktober (DT. p. 264.

195. Codonoeca J. Clark.

1. (923.) **C. inclinata** Sav. Kent, Infus. I. p. 261, T. 14 F. 54.
I Innsbruck: Lanser Moor (DT. 7½ p. 261).

---

[1] »Die zu dieser schlecht definierten Gattung gerechneten Arten müssen anderswo untergebracht werden«. G. Senn l. c. p. 185.

196. Bicoeca J. Clark.

1. (924.) **B. lacustris** J. Clark. — Sav. Kent, Infus. I. p. 275, T. 18 F. 13—19.

Sehr häufig, zwischen Algen und Moosen allverbreitet (DT. 7½ p. 262).

197. Monosiga Sav. Kent.

1. (925.) **M. angustata** Sav. Kent, Infus. I. p. 330, T. 2 F. 31, 32.

2. (926.) **M. consociatum** Sav. Kent, Infus. I. p. 330, T. 4 F. 19—21.

(927.) **M. fusiformis** Sav. Kent, Infus. I. p. 331, T. 4 F. 17.

4. (928.) **M. brevipes** Sav. Kent, Infus. I. p. 322, T. 2 F. 7—9.

5. (929.) **M. longicollis** Sav. Kent, Infus. I. p. 323, T. 4 F. 18.

In den verschiedensten Gewässern, einzelne Male, doch alle selten (DT. 7½ p. 265).

198. Codonosiga J. Clark.

1. (930.) **C. botrytis** (Ehrenb.) Stein, Epistylis botrytis Ehrenb. — Sav. Kent, Infus. I. p. 334, T. 2 F. 22—29; T. 4 F. 6—10.

2. (931.) **C. grossularia** Sav. Kent, Infus. I. p. 338, T. 2 F. 10, 11 und

3. (932.) **C. assimilis** Sav. Kent, Infus. I. p. 340, T. 2 F. 21.

I Innsbruck: im Lanser See, im Mai und Juni ziemlich häufig (DT. 7½ p. 265).

199. Codonocladium Stein.

1. (933.) **C. umbellatum** Tatem. — Sav. Kent, Infus. I. p. 335, T. 4 F. 1—5.

I In Lachen um den Lanser See (DT. 7½ p. 265).

200. Protospongia Sav. Kent.

1. (934.) **P. Haeckelii** Sav. Kent, Infus. I. p. 363, T. 10 F. 20—30.
I Innsbruck: im Bassin des Hofgartens einmal (DT. 7½ p. 266).

201. Salpingoeca J. Clark.

1. (935.) **S. amphoridium** J. Clark. — Sav. Kent, Infus. I. p. 343, T. 5 F. 1—9.

2. (936.) **S. Steinii** Sav. Kent, Infus. I. p. 346 p. 5 F. 10—12.

3. (937.) **S. amphora** Sav Kent, Infus. I. p. 347, T. 5 F. 13.

4. (938.) **S. convallaria** Stein. — Sav. Kent, Infus. I. p. 357, T. 4 F. 13—16.

Salpingoeca — Dendromonas 167

5. (939.) S. Clarkii Serv. Kent, Infus. I. p. 358, T. 6 F. 17—19.
In verschiedenen Gewässern aufgefunden (DT. 7½ p. 265).

202. Phalansterium Cienk.

1. (940.) Ph. consociatum (Fresen.) Cienk., Monas consociata Fresen. — Serv. Kent, Infus. I. p. 362, T. 12 F. 5—9.
E Brixen: in einem Stücke aus Vahrn (DT. 7½ p. 266).

2. (941.) Ph. digitatum (Stein) Cienk., Monas digitata Stein. — Sav. Kent, Infus. I. p. 364, T. 12 F. 1—4.
I Innsbruck: in den Weihwasserbecken des städtischen Friedhofes und im Lanser See (DT. 7½ p. 266).

203. Monas Stein.

1. (942.) M. Dallingeri Sav. Kent, Infus. I. p. 233, T. 13 F. 1—9.
I Innsbruck: in einem ad hoc zubereiteten Aufguss von Weissfischchen aus dem Lanser See, einmal beobachtet (DT. 7½ p. 260).

2. (943.) M. fluida Duj. — Sav. Kent, Infus. I. p. 234, T. 13 F. 10—18.
I Innsbruck: in einem alten fauligen Aufguss aus Laus mehrmals vorgefunden (DT. 7½ p. 260).

3. (944.) M. ramulosa Stein. — Sav. Kent, Infus. I. p. 235, T. 13 F. 22—24.
I Innsbruck: in einem Wasserbassin des Hofgartens (DT. 7½ p. 261).

4. (945.) M. obesa Stein. — Sav. Kent, Infus. I. p. 236, T. 13 F. 20.
I Innsbruck, mit voriger Art (DT. 7½ p. 261).

5. (946.) M. socialis (Sav. Kent) Senn, Physomonas socialis Sav. Kent. — Sav. Kent, Infus. I. p. 263, T. 14 F. 37—45.
E Brixen: einmal an Wasserpflanzen einer Lache bei Vahrn (DT. 7½ p. 262).

204. Sterromonas Sav. Kent.

1. (947.) St. formicina Sav. Kent, Infus. I. p. 240, T. 24 F. 40—42.
I Innsbruck: einmal in einem Glase, in welchem zwischen verfaultem Froschlaich Algen in Menge emporwuchsen (DT. 7½ p. 271).

205. Dendromonas Stein.
(Cladonema Sav. Kent).

1. (948.) D. virgaria Stein. — Sav. Kent, Infus. I. p. 266 T. 17 F. 1—4.
I Innsbruck: in einem Bassin des Hofgartens an Pflanzenstengeln einmal im Juni (DT. 7½ p. 262).

2. (949.) D. laxa (Sav. Kent) Blochmann, Cladonema laxum Sav. Kent. — Sav. Kent, Infus. I. p. 265, T. 17 F. 5—7.
An Wasserpflanzen.

I Innsbruck: bei Lans und am Wege gegen Hall;
B Bei Ratzes im Tümpel (DT. 7½ p. 262).

206. Cephalothamnium Stein.

1. (950.) C. cyclopum Stein. C. caespitosum Sav. Kent Infus. I. p. 272, T. 17 F. 27—32; T. 18 F. 33—35.

I Innsbruck: an Cyclops im Zimmeraquarium aus der Gegend von Lans (DT. 7½ p. 262).

207. Anthophysa Bory.

1. (951.) A. vegetans (O. F. Müll.) Stein. Monas vegetans O. F. Müll. — Sav. Kent, Infus. I. p. 267. T. 17 F. 13—26; T. 18 F. 1—10.

Ziemlich häufig an Wasserpflanzen, auch im Zimmeraquarium.
I Einmal auch an Characeen aus 1600 m Höhe (DT. 7½ p. 262).

2. (952.) A. socialis From. — Sav. Kent. Infus. I. p. 268. T. 17 F. 9—11.

E Brixen: einmal bei Vahrn (DT. p. 262).

208. Bodo Ehrenb.
(Heteromita Duj., Diplomastix Sav. Kent).

1. (953.) B. lens (O. F. Müll.) Senn, Monas lens O. F. Müll. — Sav. Kent, Infus. I. p. 292, T. 15 F. 1—17.

I Innsbruck: in einem Aufgusse, doch nur einmal (DT. 7½ p. 263).
T Im Toblino-See (Maggi 2 p. 19).

2. (954.) B. amyli Cienk. Sav. Kent, Infus. I. p. 296.
I Aus dem Stubaithale in Wasser von 1600 m Höhe (DT. 7½ p. 263).

3. (955.) B. caudatus (Duj.) Senn Heteromita caudata Duj. — Sav. Kent. Infus. I. p. 432. T. 24 F. 1—10.

I Ein einziges Mal zwischen Characeen aus der Eppzirlalpe am Solstein (DT. 7½ p. 272).

4. (956.) B. saltans Ehrenb. — Sav. Kent. Infus. I. p. 433. T. 24 F. 11, 12.

I Innsbruck: in einem Glase, in welchem zwischen verfaultem Froschlaich Algen in Menge emporwuchsen (DT. 7¹ p. 271).

209. Pleuromonas Perty.

1. (957.) P. jaculans Perty, Kleinste Lebensform. 1852 p. 171, T. 14 F. 18. — Sav. Kent. Infus. I. p. 249, T. 13 F. 43—44.

T Im Toblino-See (Maggi 2 p. 19).

210. Phyllomitus Stein.

1. (958.) Ph. undulans Stein. — Sav. Kent, Infus. I. p. 299. T. 15 F. 47, 48.

I Innsbruck: in einem Bassin des Hofgartens;
E Brixen: bei Vahrn (DT. 7½ p. 264).

211. Amphimonas Duj.
(Deltomonas Sav. Kent).

1. (959.) **A. globosa** Sav. Kent. — Sav. Kent, Infus. I. p. 281 T. 14 F. 55—59.
I Zwischen Innsbruck und Hall an Hippuris-Stengeln (DT. 7½ p. 263).

2. (960.) **A. cyclopum** (Sav. Kent) Blochmann, Deltomonus-cyclopum Sav. Kent. — Sav. Kent, Infus. I. p. 283. T. 14 F 60—65.
I Innsbruck: an Cyclops im Lanser See-Gebiete, doch sehr selten (DT ½ p. 263).

212. Spongomonas Stein.

1. (961.) **Sp. intestinalis** Cienk. — Sav. Kent. Infus. I. p. 287, T. 11 F 11—14.

(962.) **Sp. discus** Stein. — Sav. Kent, Infus. I. p. 287, T. 11 F. 10.

3. (963.) **Sp. uvella** Stein. — Sav. Kent, Infus. I. p. 288, T. 11 F 15. 16.

4. (964.) **Sp. sacculus** Sav. Kent, Infus. I. p. 288. T. 11 F. 17—23.
Vereinzelt in allen Wasseransammlungen auf Friedhöfen, in Regenwasserrinnen der Strassen u. s. w. und
I Innsbruck: im Lanser Torfmoor zwischen Wasserpflanzen (DT. 7½ p. 263).

213. Cladomonas Stein.

1. (965.) **C. fruticulosa** Stein. — Sav. Kent, Infus. I. p. 284, T. 18 F. 11, 12.
I Innsbruck: im Bereiche des Lanser Sees, einzeln und selten (DT. 7½ p. 263).

214. Rhipidodendron Stein.

1. (966.) **Rh. splendidum** Stein. — Sav. Kent, Infus. I. p. 285, T. 16 F. 1—3.
I Innsbruck: in einer Infusion aus dem Lansermoor, einmal beobachtet (DT. 7½ p. 263).

215. Cyathomonas Fromentel.
(Goniomonas Stein).

1. (967.) **C. truncata** (Fresen.) Senn, Monas truncata Fresenius. — Sav. Kent, Infus. I. p. 280. T. 14 F. 31—33.
I Innsbruck: im Lansersee-Gebiet einmal beobachtet (DT. 7½ p. 262).

216. Tetramitus Perty.

1. (968.) **T. rostratus** Perty. — Sav. Kent, Infus. I. p. 313, T. 19 F. 42—48 und

2. (969.) **T. descissus** Perty. — Sav. Kent, Infus. I. p. 314, T. 19 F. 49, 50.

I Innsbruck: in einem faulenden Aufguss aus dem Lanser See, zahlreich (DT. 7½ p. 264).

217. Collodictyon Carter.

1. (970.) **C. triciliatum** Carter, Tetramitus sulcatus Stein. — Sav. Kent, Infus. I. p. 314, T. 19 F. 26, 27.

E Brixen: bei Vahrn in Lachen (DT. 7½ p. 264).

218. Stephanomonas Sav. Kent.

1. (971.) **St. locellus** (Fromentel) Sav. Kent. — Sav. Kent, Infus. I. p. 466, T. 24 F. 69.

I Innsbruck: einzelne Male aus den Tümpeln am Lanser See (DT. 7½ p. 273).

219. Trichonema Fromentel.

1. (972.) **T. hirsutum** Fromentel. — Sav. Kent, Infus. I. p. 469, T. 24 F. 65, 66.

I Innsbruck: einzelne Male aus den Tümpeln am Lanser See (DT. 7½ p. 273).

220. Mitrophora Perty.

1. (973.) **M. dubia** Perty. — Sav. Kent, Infus. I. p. 473, T. 24 F. 67, 68.

I Aus einem Bache auf der Eppzirlalpe am Solstein (DT. p. 273).

41. Fam. Distomatineae.

221. Hexamitus Duj.

1. (974.) **H. inflatus** Duj. — Sav. Kent I. p. 319, T. 19 F. 56—59.

I Innsbruck: in einem faulenden Aufguss, doch nur einmal (DT. 7½ p. 265).

42. Fam. Chrysomonadineae.

222. Chromulina Cienk.

(Chrysomonas Stein.)

1. (975.) **Ch. flavicans** (Ehrenb.) Stein, Monas flavicans Ehrenb. — Sav. Kent, Infus. I. p. 402, T. 22 F. 8, 9; Hg. II. p. 206.

In Sümpfen.

I Bei Völs:

U Bei Kufstein:

E Zwischen Brennerbad und Schelleberg (Hg. 1 p. 108); Brixen: in einem Tümpel bei Vahrn im Juni, doch nur einmal beobachtet (DT. 7½ p. 269).

B Zwischen Bozen und Leifers, bei Branzoll;

T Zwischen Gardolo und Trient, bei Lavis (Hg. 1 p. 108).

223. Hydrurus Ag.

1. (976.) H. fetidus (Vill.) Kirchn., Conferva foetida Vill., H. penicillatus Ag. — Rbh. III. p. 50; Hg. I. p. 32.

I Innsbruck: im Sprühwasser der Wurmbachquelle bei Mühlau an sonnigen Stellen (Kern. 86); in Bergbächen unterhalb St. Magdalena im Hallthale an mehreren Stellen in grösserer Menge (Hg. 1 p. 109); im Seebache bei Gries am Brenner 1200 m an Wassermoosen mit Cladophora alpina (Brand 1 p. 306).

U Achenthal: in einem Kalkbächlein bei der Buchau (Leithe 2 p. 11); an der Strasse unterhalb Maurach mehrfach in Wasserschleusen etc. stellenweise massenhaft in einer kleinen schwarzbraunen Form (Hg. 1 p. 109).

K Kitzbühel: an Steinen der Ache im Frühjahre (Saut. 4 p. 412; 7 p. 462); in allen Bächen um Kitzbühel im Frühjahre (Ung. 8 p. 241).

[M Ein zweifelhafter Hydrurus „an Vaucheri?" bei Meran (Milde 11 p. 191)].

E In Gebirgsbächen zwischen Gossensass und Pflersch mehrfach zerstreut (Hg. 1 p. 109).

B In Quellen bei Seis und Kollern (Krav. 1 p. 5).

R Gardasee: im Plankton bei Torbole (Kirchn. 3 p. 7); in einem Gebirgsbache zwischen Mattarello und Calliano; bei Rovereto (Hg. 1 p. 109); Molino di Vanza, Fontana dell' Orco daselbst (Hfl. 51, Hb. F.); Ala (Hg. 1 p. 109).

Var. **irregularis** (Ktz.), H. irregularis Ktz., H. penicillatus var. irregularis Rbh., H. baldensis Menegh. in: Trevisan, Saggio monogr. Alghe coccotalle. Padova. 1848 p. 76, Nr. 242. — Rbh. III. p. 50; Hg. 1 p. 32.

I Innsbruck: im Villerbache, Winter und Frühling (Kern. 86).

P Pusterthal in Alpenbächen [wohl von Antholz] (Hsm. b. Baglietto, Cesati & De Notaris 1 Nr. 867; b. Bertol. 3 H. p. 313).

Var. **Ducluzelii** (Ag.), H. Ducluzelii Ag., H. penicillatus var. Ducluzelii Rbh. — Rbh. III. p. 51; Hg. I. p. 33.

I Schwarzbrunn im Volderthale, alte Brunnenröhre vor der Alpe Largoz (Leithe 2 p. 11).

B Ratzes: in einem kleinen Bache in der Nähe des Badehauses (Milde 29 p. 8, 21).

224. Phaeodermatium Hg.

1. (977.) Ph. rivulare Hg. — Hg. II. p. 207.

R Unter einem kleinen Wasserfalle bei Rovereto (Hg. 1 p. 109).

225. Microglena Ehrenb.

1. (978.) M. punctifera Ehrenb. — Sav. Kent. Infus. I. p. 403, T. 22 F. 10.

I Innsbruck: in einem Weihwasserkessel des städtischen Friedhofes;
E Brixen: in einem Tümpel bei Vahrn, selten (DT. 7½ p. 269).

226. Chrysopyxis Stein.

1. (979.) Ch. bipes Stein. — Sav. Kent. Infus. I. p. 408, T. 21 F. 28. 29.

I In Weihwasserbecken des städtischen Friedhofes und zwischen Confervenfäden an hölzernen Brunnentrögen des südlichen Mittelgebirges (DT. 7½ p. 270).

227. Hymenomonas Stein.

1. (980.) **H. roseola** Stein. — Sav. Kent, Infus. I. p. 408, T. 22 F. 14, 15.

E Brixen: in Lachen des Schalderer-Baches bei Vahrn im Juni 1880 einige Stücke, sonst nie gesehen (DT. 7½ p. 270).

228. Stylochrysalis Stein.

1. (981.) **St. parasita** Stein. — Sav. Kent. Infus. I. p. 405, T. 22 F. 22.

I Innsbruck: bei Lans einmal in einem Tümpel (DT. 7½ p. 269).

229. Synura Ehrenb.

1. (982.) **S. uvella** Ehrenb. — Sav. Kent, Infus. I. p. 406, T. 22 F 24—26.

I Mit Characeen von Eppzirl am Solstein; Innsbruck: an der Kaiserstrasse zwischen Algen und in Tümpeln des Lanser Torfmoores (DT. 7½ p. 270).

230. Syncrypta Ehrenb.

1. (983.) **S. volvox** Ehrenb., Synura volvox Kirchn. — Sav. Kent, Infus. I. p. 407, T. 23 F. 3; Hg. I. p. 31.

I Innsbruck: in einem Weihwasserbecken, einmal (DT. 7½ p. 270).
E In Sümpfen zwischen Brennerbad und Schelleberg (Hg. 1 p. 108).

231. Dinobryon Ehrenb.
(Epipyxis Ehrenb.).

1. (984.) **D. utriculus** (Stein) Klebs. Epipyxis utriculus Ehrenb. — Sav. Kent, Infus. I. p. 409, T. 22 F. 30—33.

I Innsbruck: in Weihwasserbecken des städtischen Friedhofes und zwischen Confervenfäden an hölzernen Brunnentrögen des südlichen Mittelgebirges (DT. 7½ p. 270).

2. (985.) **D. sertularia** Ehrenb. — Sav. Kent. Infus. I. p. 409, T. 22 F. 34–40 und

3. (986.) **D. stipitatum** Ehrenb. — Sav. Kent, Infus. I. p. 410, T. 22 F. 41.

I Innsbruck: aus dem Lansersee-Gebiet, einzeln und selten, Juni 1889 (DT. 7½ p. 270).

4. (987.) **D. divergens** Imhof in: Zoolog. Anzeig. VI. 1883 p. 468; Jahresber. naturforsch. Ges. Graubünden XXX. 1887 p. 134.
L Im Plansee (Imhof 1 p. 208).

232. Uroglena Ehrenb.

1. (988.) **U. volvox** Ehrenb. — Sav. Kent, Infus. I. p. 414, T. 23 F. 4—15.

I Innsbruck: einmal im Lanser Torfmoore (DT. 7½ p. 270).
R Im Loppiosee (Maggi 1 p. 57).

43. Fam. Cryptomonadineae.

233. Chilomonas Ehrenb.

1. (989.) **Ch. paramaecium** Ehrenb. – Sav. Kent, Infus. I. p. 424, T. 24 F. 50–52.

E Brixen: in Menge zwischen Blattresten und Algenfäden in einer Infusion aus Vahrn, doch nur einmal (DT. 7½ p. 271).

2. (990.) **Ch. cylindracea** Ehrenb. — Sav. Kent, Infus. I. p. T. 24 F. 50.

I Innsbruck: in einer Wasserlache an der Kaiserstrasse;
E Brixen: bei Vahrn, mit voriger (DT. 7½ p. 271).

234. Cryptomonas Ehrenb.

1. (991.) **C. ovata** Ehrenb. — Sav. Kent, Infus. I. p. 404, T. F. 16–18.

I Innsbruck: einmal in grosser Anzahl im Weiher bei der Weiherburg beobachtet, Juli (DT. 7½ p. 269).

2. (992.) **C. erosa** Ehrenb. — Sav. Kent, Infus. I. p. 404, T. 22 F. 19–21.

I Innsbruck: mit voriger, doch nur in wenigen Stücken (DT. p. 269).

44. Fam. Chloromonadineae.

235. Coelomonas Stein.

1. (993.) **C. grandis** Ehrenb. — Sav. Kent, Infus. I. p. 392, T. 20 F. 59.

In Sümpfen, einzeln und selten.

I Bei Innsbruck;
K Bei Kitzbühel;
E Bei Brixen (DT. p. 268).

236. Rhaphidomonas Stein.
(Gonyostomum Dies.).

1. (994.) **Rh. semen** (Ehrenb.) Stein, Monas semen Ehrenb. Sav. Kent, Infus. I. p. 392, T. 20 F. 60–61.

I In den Sphagneten bei Seefeld und Lans im Juni eine der häufigsten Erscheinungen; im Herbste fand sich an denselben Stellen kein Stück mehr vor (DT. 7½ p. 268).

45. Fam. Euglenaceae

237. Euglena Ehrenb.

1. (995.) **E. viridis** Ehrenb. – Sav. Kent, Infus. I. p. 381, T. 20 F. 29–51; De Toni I. p. 707; Hg. II. p. 271.

In Strassengräben, Pfützen und Wasserbecken sehr häufig, in milden Wintern unter der Vegetation am Rande anzutreffen.

Euglena — Phacus

I Bei Kematen, Völs. Innsbruck, Patsch, Matrei;
U Bei Wörgl, Kufstein;
E Zwischen Brennerbad und Schelleberg, bei Sterzing;
B Bei Blumau, Terlan, Bozen, Leifers, Branzoll, Auer, Neumarkt;
T Bei San Michele, Lavis, Trient, Pergine, Mattarello;
R Bei Calliano, Rovereto, Ala (Hg. 1 p. 156).

2. (996.) **E. sanguinea** Ehrenb. — Hg. II. p. 171.
T Bei Trient (Hg. 1 p. 156).

3. (997.) **E. spirogyrae** Ehrenb. — Sav. Kent, Infus. I. p. 382, T. 20 F. 27, 28.

4. (998.) **E. oxyuris** Schmarda. — Sav. Kent, Infus. I. p. 383, T. 20 F. 26.

5. (999.) **E. deses** Ehrenb. — Sav. Kent, Infus. I. p. 383, T. 20 F. 52, 53, dann

6. (1000.) **E. acus** Ehrenb. — Sav. Kent, Infus. I. p. 383, T. 20 F. 24, 25 — ebenso wie E. viridis, doch seltener und mehr vereinzelt mit ihr (DT. 7$^1/_2$ p. 267).

Var. **minor** Hg. — Hg. II. p. 173.
E in Sümpfen zwischen Schelleberg und Brennerbad (Hg. 1 p. 156).

7. (1001.) **E. pisciformis** Klebs. — Hg. II. p. 173.
I Bei Völs:
U Bei Kufstein;
B Zwischen Bozen und Leifers, bei Leifers, Branzoll, Neumarkt;
T Zwischen Gardolo und Trient;
R Zwischen Rovereto und Calliano, Serravalle und Ala (Hg. 1 p. 156).

8. (1002.) **E. Ehrenbergii** Klebs, Amblyophis viridis Ehrenb. — Sav. Kent, Infus. I. p. 386, T. 20 F. 63.
E Brixen: unter dem Euglenen-Materiale aus Vahrn (DT. 7$^1/_2$ p. 267).

238. Phacus Nitzsch.
(Chloropeltis Stein, Lepocinclis Perty).

1. (1003.) **Ph. pleuronectes** (O. F. Müll.) Nitzsch, Monas pleuronectes O. F Müll. — Sav. Kent, Infus. I. p. 386, T. 21 F. 2—5.
In Süsswasserbecken.
I Noch bei 1600 m (DT. 7$^1/_2$ p. 267).
U Bei Kufstein (Hg. 1 p. 156).

2. (1004.) **Ph. triqueter** Ehrenb. — Sav. Kent, Infus. I. p. 387, T. 21 F. 1.

3. (1005.) **Ph. pirum** Ehrenb. — Sav. Kent, Infus. I. p. 387, T. 21 F. 10.

4. (1006.) **Ph. longicaudus** Ehrenb. — Sav. Kent, Infus. I. p. 387, T. 21 F. 6, 7.

Finden sich in Süsswasserbecken abwechselnd, oft häufiger, oft seltener, auch noch bei 1600 m (DT. 7½ p. 267).

5. (1007.) **Ph. ovum** (Ehrenb.) Senn, Monas ovum Ehrenb., Chloropeltis ovum Stein. — Sav. Kent, Infus. I. p. 388, T. 21 F. 11—13.

Zwischen Algen in Tümpeln.

239. Trachelomonas Ehrenb.

1. (1008.) **T. volvocina** Ehrenb. — Sav. Kent, Infus. I. p. 389, T. 21 F. 14—16.

2. (1009.) **T. lagenella** Ehrenb. — Sav. Kent, Infus. I. p. 389, T. 21 F. 18, 19.

3. (1010.) **T. cylindrica** Ehrenb. — Sav. Kent, Infus. I. p. 390, T. 21 F. 20.

4. (1011.) **T. hispida** Perty. — Sav. Kent, Infus. I. p. 390, T. 21 F. 21—23.

5. (1012.) **T. eurystoma** Stein. — Sav. Kent, Infus. I. p. 390, T. 21 F. 27.

6. (1013.) **T. armata** Ehrenb. — Sav. Kent, Infus. I. p. 390, T. 21 F. 25.

7. (1014.) **T. caudata** Ehrenb. — Sav. Kent, Infus. I. p. 391, T. 21 F. 24.

8. (1015.) **T. acuminata** Ehrenb. — Sav. Kent, Infus. I. p. 391, T. 21 F. 26.

Habe ich alle, einige davon ziemlich häufig, zwischen Algen und Characeen selbst noch bei 1600 m und höher beobachtet (DT. 7½ p. 268).

9. (1016.) **T. levis** Ehrenb.

Im rothen Schnee von

P Taufers und

D St. Jakob in Defereggen (Ehrenb. 1 p. 291).

240. Ascoglena Stein.

1. (1017.) **A. vaginicola** Stein. — Sav. Kent, Infus. I. p. 393, T. 21 F. 28, 29.

I Innsbruck: ein einziges Mal zwischen Algen in einem Wasserbecken bei der Weiherburg gefunden (DT. 7½ p. 268).

241. Colacium Ehrenb.

1. (1018.) **C. arbusculum** Stein. — Sav. Kent, Infus. I. p. 394, T. 21 F. 23.

B Einmal bei Ratzes (DT. 7½ p. 268).

2. (1019.) C. calvum Stein. — Sav. Kent, Infus. I. p. 385, T. 21 F. 30—32.

I Innsbruck: einmal im städtischen Friedhofe zwischen Moos und Algen (DT. 7½ p. 269).

3. (1020.) C. vesiculosum Ehrenb. — Sav. Kent, Infus. I. p. 395, T. 21 F. 34—38.

I Innsbruck: einige Male in Tümpeln im Giessen und bei Laus;
E Brixen: bei Vahrn (DT. 7½ p. 269).

242. Eutreptia Perty.

1. (1021.) E. viridis Perty. — Sav. Kent, Infus. I. p. 416, T. 21 F. 54—59.

I Innsbruck: zwischen Algen an der Kaiserstrasse;
E Brixen: bei Vahrn, Juni 1889 (DT. 7½ p. 270).

243. Cryptoglena Ehrenb.
(Chloromonas Sav. Kent).

1. (1022.) C. pigra Ehrenb., Chloromonas pigra Ehrenb. — Sav. Kent, Infus. I. p. 401, T. 22 F. 1, 2.

I Innsbruck: im Lanser Torfmoor sehr selten, Juni (DT. 7½ p. 269).

244. Distigma Ehrenb.

1. (1023.) D. tenax (O. F. Müll.) Blochmann, D. proteus Ehrenb. — Sav. Kent, Infus. I. p. 418, T. 21 F. 46—51.

I Innsbruck: mehrmals in grosser Anzahl zwischen Wasserpflanzen namentlich an Lemna, so an der Kaiserstrasse, bei Natters, in den Mooren am Lanser See (DT. 7½ p. 270).

245. Menoidium Perty.

1. (1024.) M. pellucidum Perty. — Sav. Kent, Infus. I. p. 374 T. 20 F. 15, 16.

E Brixen: In einem Tümpel bei Vahrn (DT. 7½ p. 266).

246. Sphenomonas Stein.
(Atractonema Stein).

1. (1025.) Sph. teres Stein, Atractonema teres Stein. — Sav. Kent, Infus. I. p. 373, T. 20 F. 10—12.

I Innsbruck: in Weihwasserbecken und Regenpfützen (DT. 7½ p. 266).

2. (1026.) Sph. quadrangularis Stein. — Sav. Kent, Infus. I. p. 439, T. 24 F. 21—23.

E Brixen: bei Vahrn;
B Bei Ratzes, selten (DT. 7½ p. 272).

247. Peranema Ehrenb.
(Astasia Ehrenb.).

1. (1027.) P. trichophorum (Ehrenb.) Stein, Trachelius trichophorus Ehrenb. — Sav. Kent, Infus. I. p. 376, T. 20 F. 17—21.

Ziemlich häufig und in allen Wasserbecken, wo Euglenen sind (DT. 7½ p. 267).

248. Urceolus Meresch.
(Phialonema Stein).

1. (1028.) U. cyclostomus (Stein) Meresch. — Sav. Kent, Infus. I. p. 273, T. 20 F. 13, 14.
I Innsbruck: in einem Bassin des Hofgartens einmal (DT 7½ p. 266).

249. Petalomonas Stein.

1. (1029.) P. abscissa Duj. — Sav. Kent, Infus. I. p. 371, T. 20 F. 6.
I Innsbruck: ziemlich häufig mit folgender (DT. 7½ p. 266).

2. (1030.) P. mediocanellata Stein. — Sav. Kent, Infus. I. p. 371, T. 20 F. 3.
I Innsbruck: in Wassertümpeln, auch im Lanser See (DT. 7½ p. 266).

250. Scitomonas Stein.

1. (1031.) Sc. pusilla Stein. — Sav. Kent, Infus. I. p. 241, T. 13 F. 41, 42.
I Innsbruck: in Gräben am Lanser See (DT. 7½ p. 261).

251. Heteronema Duj.
(Zygoselmis Duj.).

1. (1032.) H. acus (Ehrenb.) Blochmann, Trachelius acus Ehrenb. — Sav. Kent, Infus. I. p. 430, T. 24 F. 14, 15 und

2. (1033.) H. globiferum (Ehrenb.) Blochmann, Trachelius globifer Ehrenb. — Sav. Kent, Infus. I. p. 430, T. 24 F. 16, 17.
Einige Male sehr zahlreich, andere Male gar nicht beobachtet; nie aus der Kalkalpenkette.
I Innsbruck: bei Lans;
E Brixen: bei Vahrn (DT. 7½ p. 271).

— H. pusillum Perty. — Sav. Kent, Infus. I. p. 431.
I Innsbruck: Lans, doch nicht ganz sicher (DT. 7½ p. 272).

3. (1034.) H. nebulosum Duj. — Sav. Kent, Infus. I. p. 417, T. 21 F. 52, 53.
I Innsbruck: einmal in einem Tümpel bei Lans (DT. 7½ p. 271).

Anisonema Duj.

1. (1035.) A. grande Ehrenb. — Sav. Kent, Infus. I. p. 434, T. 24 F. 26—30.
In allen Gewässern und mit Ausnahme des Winters zu jeder Jahreszeit beobachtet, oft sehr zahlreich.
I Im Stubaithale noch bei 2500 m (DT. 7½ p. 272).

253. Eutosiphon Stein.

1. (1036.) E. sulcatum (Duj.) Stein, Anisonema sulcatum Duj. — Sav. Kent, Infus. I. p. 438, T. 24 F. 31—34.

I Innsbruck: in Tümpeln bei Lans ziemlich häufig (DT. 7½ p. 272).

Schliesslich sei noch folgende Notiz erwähnt: In der Sitzung der k. Akademie der Wissenschaften in Wien, mathem. naturwiss. Classe legte Hofrath Ritter v. Haidinger am 9. März 1865 eine Abhandlung von Dr. A. Kerner in Innsbruck vor, betitelt: „Dendriten von Schwefelkupfer in vergilbtem Papier" (Sitzungsber. LI. Bd. p. (189) 192—195), welchem Berichte ein II. (ebenda p. (283) 485—490) und ein III. (ebenda p. (396) 493-498) folgte, (vergl. auch ebenda p. 245—246). Aus denselben geht hervor, dass Kerner bei Besichtigung des Trattinnickischen Herbars, welches im botanischen Institute der Universität in Innsbruck aufbewahrt wird, auf kleinen Papierstreifen angebliche Algen der Gattung Trattinnickia vorfand, welche als T. lichenoides, T. asteriscus, T. lamellosa, T. paleacea, T. hyalina, T. festiva, T. pavonia bezeichnet werden, die er aber sogleich als Dendriten erkannte, wie sie in alten Büchern der Universitäts-Bibliothek in Innsbruck von Ed. Kögeler aufgefunden worden waren. Die Entdeckung ist daher botanisch nicht weiter zu berücksichtigen.

Register.

A

Abbreviata Rbh. (Conferva) 22.
abbreviata (Rbh.) Lagerh. (Microspora) 22.
abbreviatum Ag. (Gomphonema) 103.
abietina (Flotow) Hg. (Trentepohlia) 28.
abietinum Flotow (Chroolepus) 28.
abruptum West f. **brevior** West (Closterium) 61.
abruptum Lund. (Cosmarium) 70.
abscissa Duj. (Petalomonas) 177.
Acanthococcus 47.
acerosum (Schrank) Ehrenb. (Closterium) 59.
acerosus Schrank (Vibrio) 59.
Achnanthaceae 104.
Achnanthes Bory 34, 86, **104**, 105.
Achnanthidium Ktz. 94, 104, **105**.
acicularis (Ktz.) W. Sm. (Nitzschia) 108.
acicularis Rbh. (Nitzschiella) 108.
acicularis Ktz. (Synedra) 108.
aculeatum Ehrenb. (Desmidium) 86.
aculeatum (Ehrenb.) Menegh. (Staurastrum) 86.
aculeatum var. controversum Rbh. (Staurastrum) 86.
acuminata Ktz. (Frustulia) 96.
acuminata Ehrenb. (Trachelomonas) 175.
acuminatum Ehrenb. (Gomphonema) 101.
— var. **elongatum** (W. Sm.) (Gomphonema) 102.
acuminatum (Ktz.) Grun. (Pleurosigma) 96.

acus Ehrenb. (Euglena) 174.
— var. **minor** Hg. (Euglena) 174.
acus (Ehrenb.) Blochmann (Heteronema) 177.
acus Ktz. (Synedra) 115.
— var. **delicatissima** (W. Sm.) (Synedra) 116.
acus Ehrenb. (Trachelius) 177.
acuta Lyngb. (Echinella) 60.
acuta W. Sm (Pinnularia) 90.
acuta Ehrenb. (Synedra) 114.
acutum (Lyngb.) Bréb. (Closterium) 60.
acutus var. c. dimorphus Rbh. (Scenedesmus) 86.
acutus var. b. obliquus Rbh. (Scenedesmus) 85.
adnata Vauch. (Conjugata) 55.
adnata (Vauch.) Ktz. (Spirogyra) 55.
Aegagropila f. Sauteri Rbh. (Cladophora) 27.
aequalis (Ktz.) Rbh. (Hormiscia) 18.
aequalis (Ehrenb.) Ktz. (Navicula) 94.
aequalis Ehrenb. (Pinnularia) 94.
aequalis Ktz. (Ulothrix) 18.
aeruginea Ktz. (Mastichothrix) 132.
aeruginocoaerulea Ktz. (Oscillatoria) 149.
aerugineocoerulea Kirchn. (Lyngbya) 149.
aerugineocoerulea Ktz. (Oscillaria) 149.
aeruginosa (Hass.) Ktz. (Gloeocapsa) 159.
aeruginosa Carm. (Palmella) 159.
aeruginosa Hass. (Haematococcus) 159.
aeruginosus Naeg. (Synechococcus) 155.
affine (Ktz.) (Batrachospermum) 2.
affine Ktz. (Rhynchonema) 54.

12*

affine — angulosum

affine Ktz. (Zygnema) 51.
affine Hass. (Zygnema) 54.
affinis Ktz. (Amphora) 101.
affinis Ktz. var. tenella Ktz. (Conferva) 22.
affinis Ktz. (Cymbella) 97.
affinis var. leptoceras Brun (Cymbella) 97.
affinis var. **semicircularis** Lagerst. (Cymbella) 97.
affinis Ehrenb. (Navicula) 93.
affinis var. Amphirhynchus Rbh. (Navicula) 93.
— var. **producta** Brun (Navicula) 93.
— var. sphaerophora Largajolli (Navicula) 92.
affinis (Hass.) Petit (Spirogyra) 54.
Agardhianum Naeg. (Nephrocytium) 42.
Agardhii Rbh. (Zygogonium) 52.
agglutinans Menegh. (Nostoc) 154.
Ainactis 131.
alata Carm. (Oscillaria) 128.
alatum (Carm.) Borzì, Hg. (Scytonema) 128.
alatus Rbh. (Arthrosiphon) 128.
allochroum Leithe (Scytonema) 130 Nr. 729.
Allogonium Ktz. 158.
alpestris Hfl. (Cymbella) 98 Nr. 571.
alpestris W. Sm. (Epithemia) 119.
alpestris Grun. (Navicula) 92.
alpigenum Kern. (Odontidium) 112.
alpina Ktz. (Ainactis) 131.
alpina F. Brand (Cladophora) 27.
alpina Lyngb. (Conferva) 50 Nr. 222—223.
alpina Grun. (Cymbella) 98.
alpina Naeg. (Gloeocapsa) 158.
alpina Ktz. (Spirogyra) 56.
alpina Schmidle (Spirotaenia) 58.
alpinum Korn. (Cosmarium) 72.
— var. helveticum Schmidle (Cosmarium) 69.
alpinum Ktz. var. mastigotrichum Rbh. (Nostoc) 135.
alpinum Menegh. (Scytonema) 127.
alpinum Schmidle (Xanthidium) 67.
alternans Reinsch (Scenedesmus) 35.
alternans Brcb. (Staurastrum) 85.
ambigua Naeg. (Gloeocapsa) 157.
ambigua a. fuscolutea Naeg. (Gloeocapsa) 159.
ambigua Ehrenb. (Navicula) 92.
ambiguum Ktz. (Scytonema) 129.
Amblyophis 174.

Americana (Ehrenb.) Ktz. (Micrasterias) 81.
americanum Ehrenb. (Euastrum) 81.
amoena (Ktz.) Hg. (Hypheothrix) 142.
amoena Hg. (Lyngbya) 142.
amoena (Ktz.) Rbh. (Microspora) 22.
amoena var. tenuior Hg. (Microspora) 22.
amoena Gomont (Oscillatoria) 142.
amoenum Brèb. (Cosmarium) 74.
amoenum Ktz. (Phormidium) 142.
amphibia Ag. (Oscillatoria) 148.
amphibolum Rbh. (Phormidium) 146.
amphicephala Naeg. (Cymbella) 97.
amphicephala Ktz. (Synedra) 116.
amphidoxon West var. **alpinum** Schmidle (Staurastrum) 86.
amphigomphus Ehrenb. (Navicula) 92.
Amphimonas Duj. 169.
amphioxys Ehrenb. (Eunotia) 108.
amphioxys (Ehrenb. Grun. (Hantzschia) 108.
— var. **rupestris** Grun. (Hantzschia) 109.
Amphioxys W. Sm. (Nitzschia) 108.
Amphipleura Ktz. 95.
amphirhynchus Ehrenb. (Navicula) 93.
Amphirhynchus Ehrenb. (Synedra) 115.
Amphora Ehrenb. **100,** 101.
amphora Sav. Kent (Salpingoeca) 166.
amphoridium J. Clark (Salpingoeca) 166.
ampla Rbh. (Gloeocystis) 44.
ampla Ktz. (Gloeocapsa) 44.
amyli Cienk. (Bodo) 168.
Anabaena Bory 134, **137.**
Anacystis 156.
anceps (Cosmarium) Lund. 65.
anceps (Lund.) Hg. (Disphinctium) 65.
— var. **pusillum** Hg. (Disphinctium) 66.
anceps (Ehrenb.) Kirchn. (Diatoma) 113.
— var. **curtum** Grun. (Diatoma) 113.
anceps Ehrenb. (Fragilaria) 113.
anceps Rbh. (Odontidium) 113.
anceps Ehrenb. (Stauroneis) 95.
Ancistrodesmus 40.
anglica Lagerst. (Cymbella) 98.
anglica Ralfs, Forti (Navicula) 91.
angulata J. Quekett (Navicula) 95.
angulatum W. Sm. (Pleurosigma) 95.
angulosa Ag. (Gloeotrichia) 131.
angulosa Ehrenb. (Micrasterias) 98.
angulosa Roth (Rivularia) 131.
angulosum (Ehrenb.) Menegh. var. **araneosum** Racib. (Pediastrum) 38.

angulosus (Corda) Menegh. (Pleurococcus) 47.
angulosus Corda (Protococcus) 47.
angustata Sav. Kent (Monosiga) 166.
angustata Ehrenb. (Navicula) 106 Note.
angustata W. Sm. (Navicula) 105.
angustata (W. Sm.) Grun. (Nitzschia) 105.
angustata Ktz. (Sphenella) 103.
angustata W. Sm. (Tryblionella) 105.
angustatum (Wittr.) Nordst. (Cosmarium) 77.
angustatum (Ktz.) Van Heurck (Gomphonema) 103.
Anisonema Duj. 177, 178.
annulatum Naeg. (Disphinctium) 65.
annulatum Archer (Penium) 65.
anomala Bennett (Gomphosphaeria) 156.
anomalum (Benett) De Toni et Levi var. **minus** Hg (Coleosphaerium) 156.
anomalum W. Sm. (Odontidium) 113.
— var. curtum Grun. (Odontidum) 113.
— var. genuinum Grun. (Odontidium) 113.
ansatum Ralfs f. **scrobiculata** Nordst. (Euastrum) 79.
— var. **suprapositum** Nordst. (Euastrum) 79.
Anthophysa Bory 168.
antilopaeum Bréb. (Cosmarium) 66.
antilopaeum (Bréb.) Ktz. (Xanthidium) 66.
antiqua W. Sm. (Cyclotella) 124.
antliaria Hg. (Lyngbya) 150.
antliaria Mert. (Oscillatoria) 150.
antliarium Gomont (Phormidium) 150.
Aphanocapsa Naeg. **160,** 161.
Aphanochaete Berth. 18.
Aphanothece Naeg. **154,** 155.
apiculata W. Sm. (Cymatopleura) 110.
apiculata West (Oocystis) 43.
aponina Ktz. (Gomphosphaeria) 156.
apophysatum A. Br. (Oedogonium) 12.
appendiculata Ag. (Cymbella) 89.
appendiculata Ag. (Frustulia) 89.
appendiculata (Ag.) Ktz. (Navicula) 89.
Arachne Ktz. (Phycastrum) 87.
arachne Ralfs (Staurastrum) 87.
arbusculum Stein (Colacium) 175.
arcta (Ag.) Ktz. (Spirogyra) 53.
— var. **torulosa** (Ktz.) (Spirogyra) 53.
arctoum Nordst. var. **tatricum** Racib. (Cosmarium) 69.
arctum Ktz. (Nostoc) 135.
arctum Ag. (Zygnema) 53.

arcuatum Lyngb. (Diatoma) 118.
arcuatum (Lyngb.) Ktz. (Rhabdonema) 118.
arcuatum Nordst. var. vasta Schmidle (Staurastrum) 85.
arcus (Ehrenb.) Ktz. (Ceratoneis) 122.
arcus Ehrenb. (Eunotia) 121.
Arcus W. Sm. (Eunotia) 122.
Arcus Ehrenb. (Himantidium) 121.
— var. curtum Grun. (Himantidium) 121.
Arcus Ehrenb. (Navicula) 122.
arenaria Moore (Melosira) 124.
argus (Ehrenb.) O. Ktze (Cystopleura) 119.
— var. **alpestris** (W. Sm.) nob. (Cystopleura) 119.
argus var. longicornis (Ehrenb., W. Sm.) O. Ktze. (Cystopleura) 119.
Argus Ktz. (Epithemia) 119.
Argus var. β alpestris Grun. (Epithemia) 119.
— var. γ longicornis Grun. (Epithemia) 119.
Argus Ehrenb. (Eunotia) 119.
armata Ehrenb. (Trachelomonas) 175.
armatum Bréb. (Cosmarium) 66.
armatum Bréb. var. **supernumerarium** Schmidle (Xanthidium) 66.
Arthrodesmus Ehrenb. 78.
Arthrosiphon 128.
Ascoglena Stein 175.
aspera A. Br. (Chara) 6 Nr. 18.
aspera Detharding (Chara) 8.
aspera F. E. Schulze (Mastigamoeba) 164.
asperum Bréb. (Docidium) 57.
asperum Ralfs (Docidium) 57.
asperum (Bréb.) Cleve (Gonatozygon) 57.
asperum Rbh. (Gonatozygon) 57.
assimilis Sav. Kent (Codonosiga) 166.
Astasia Ehrenb. 176.
Asterionella Hass. 116.
asteriscus (Trattinnickia) 178.
Asterocystis Gobi **153,** 154.
Asterothrix Ktz. 164.
Astraea Ktz. (Cyclotella) 122.
Astraea Ehrenb. (Discoplea) 122.
astraea (Ehrenb.) Grun. (Stephanodiscus) 122.
atmosphaerica (Ehrenb.) Ralfs (Cyclotella) 125.
atmosphaerica Ehrenb. (Discoplea) 125.
atomoides Grun. (Navicula) 94.
atra Huds. (Conferva) 2.

Atractonema Stein 176.
atrata Ktz. (Gloeocapsa) 160.
atrofusca Grun. (Hypheothrix) 145.
atropurpurea (Roth) Ag. (Bangia) 3.
— var. **ferruginea** Kern. (Bangia) 3.
atropurpurea Roth (Conferva) 3.
atrovirens (Corda) nob. (Glocoeapsa) 159.
atrovirens Corda (Protococcus) 159.
atrum (Huds.) Harv. (Batrachospermum) 2.
attenuata Ktz. (Navicula) 95.
attenuata Ktz. (Clothrix) 17.
attenuatum Ehrenb. (Closterium) 60.
attenuatum (Ktz.) W. Sm. (Pleurosigma) 95.
Andouinella Bory 2,
Auerswaldii Rbh. (Encyonema) 100.
augur Ehrenb. (Gomphonema) 102.
Aulosira Kirchn. 138.
aurantiofuscus (Ktz.) Rbh. (Chroococcus) 163.
aurantiofuscus Ktz. (Protococcus) 163.
aurea (L.) Mart. (Trentepohlia) 22.
aureoviridis (Ktz.) Rbh. (Pleurococcus) 47.
aureoviridis Ktz. (Protococcus) 47.
aureum Ktz. (Chroolepus) 22.
aureus L. (Byssus) 22.
australe Ktz. (Phormidium) 147.
australis Hg. (Lyngbya) 147.
australis Ag. (Oscillatoria) 147.
austriaca Grun. (Cymbella) 98.
autumnale (Ag.) Gomont (Phormidium) 146.
autumnalis Ktz. (Oscillaria) 150.
autumnalis Ag. (Oscillatoria) 146.

B

Bacillaria 88, 94, 114.
Bacillariaceae 87.
bacillaris Naeg. (Protococcus) 46.
bacillaris Naeg. (Stichococcus) 46.
bacilliformis Grun. (Navicula) 98.
bacillum Ehrenb. (Navicula) 98.
baculum Bréb. (Docidium) 63.
baldensis Menegh. (Hydrurus) 171.
Balfouriana Grev. (Diatomella) 118.
Bangia Lyngb. 3, 17.
Batrachospermaceae 2.
Batrachospermum Roth 2, 19, 20, 101.
Baueriana (Grun.) Hg. (Calothrix) 139.
Bauerianum Grun. (Mastichonema) 139.

Bauerianus Grun. (Schizosiphon) 139.
Biasolettianum Ktz. (Phormidium) 145.
Bibraianum Reinsch (Selenastrum) 40.
Bicocca J. Clark 166.
bidens (Greg.) nob. var. **diodon** W. Sm. et Greg. (Eunotia) 121.
bidens Greg. (Himantidium) 121.
biennis Klebs (Eudosphaera) 41.
bijuga Turp. (Achnanthes) 34.
bijugatus (Turp.) Ktz. (Scenedesmus) 34.
— var **alternans** Reinsch (Scenedesmus) 35.
binale (Turp.) Ralfs (Euastrum) 79.
binale γ angustatum Wittr. (Euastrum) 77.
— β denticulatum Kirchn. (Euastrum) 80.
— var. **granulatum** Hg. (Euastrum) 79.
binodis Ehrenb. (Fragilaria) 117.
binodis Ehrenb. (Navicula) 98.
bioculatum Bréb. (Cosmarium) 67.
bipes Stein (Chrysopyxis) 171.
biradiatum Meyen (Pediastrum) 39.
biseriata Bréb. (Suriraya) 109.
Blutiegen (Haematococcus ulva) 80.
Blyttii var. tristriatum Lütkemüller (Cosmarium) 76.
bodanica Eulenstein (Cyclotella) 125.
Bodo Ehrenb. 168.
Boeckii Wille (Cosmarium) 77.
Boldtii Schmidle (Micrasterias) 80.
bombyceina (Ag.) Lagerh. (Conferva) 21.
bombycina var. **elongata** Rbh. (Conferva) 21.
— var. genuina Wille (Conferva) 21.
— var. **minor** Wille (Conferva) 21.
— var. stagnorum Ktz. (Conferva) 22.
borealis (Ehrenb.) Ktz. (Navicula) 88.
borealis Ktz. (Palmella) 154.
borealis Ehrenb. (Pinnularia) 88.
Borisiana Le Clerc (Prolifera) 12.
Borisianum (Le Clerc) Wittr. (Oedogonium) 12.
Boryana Turp. (Hierella) 37.
Boryana Kirchn. (Lyngby) 145.
Boryanum (Turp.) Menegh. 37 var. **brevicorne** A. Br. (Pediastrum) 38.
— var. **genuinum** Kirchn. (Pediastrum) 37.
— var. **granulatum** (Ktz.) (Pediastrum) 38.
Boryanum Ktz. (Phormidium) 145.
Boryanum Ktz. (Schizogonium) 15.
Borzia Cohn 152.
Boscii Le Clerc (Conferva) 13.

Boscii (Le Clerc) Bréb. (Oedogonium) 13.
Botrydium Wallr. 29.
Botryococcus Ktz. 45.
botryoides (Lyngb.) Ktz. (Palmella) 45.
botryoides Meyen (Priestleya) 16.
botrytis (Ehrenb.) Stein (Codonosiga) 166.
botrytis (Bory) Menegh. (Cosmarium) 73.
— var. emarginatum Hg. (Cosmarium) 73
— var. mesolejum Nordst. (Cosmarium) 73.
botrytis Ehrenb. (Epistylis) 166.
Botrytis Bory (Heterocarpella) 73.
brachiatum Ralfs (Staurastrum) 85.
Braunii Ktz. (Botryococcus) 45.
— var. mucosus Lagerh. (Botryococcus) 45.
Braunii Reinsch (Cosmarium) 68.
Braunii Naeg. (Hapalosiphon) 127.
Braunii De Bary (Mesotaenium) 58.
Braunii Hg. (Microcoleus) 139.
Braunii Grun. (Tetracyclus) 118.
Brebissoniana Rbh. (Inomeria) 139.
Brebissoniana Ktz. (Inomeria) 133.
Brebissonii Menegh. (Closterium) 63.
Brebissonii Menegh. (Cosmarium) 74.
Brebissonii Menegh. forma genuina Schmidle (Cylindrocystis) 59.
— var. turgida Schmidle (Cylindrocystis) 59.
Brebissonii De Bary (Gonatozygon)
Brebissonii Ktz. (Navicula) 88.
— var. subproducta Grun. (Navicula) 88.
Brebissonii Ralfs. (Penium) 59.
Brebissonii (Menegh.) Ralfs (Tetmemorus) 63.
brevipes Sav. Kent. (Monosiga) 166.
brevis Hg. (Lyngbya) 149.
brevis Ktz. (Oscillaria) 149.
brevis Ktz. (Oscillatoria) 149.
brevispina var. Dickiei Rbh. (Staurastrum) 81.
brevispinum Bréb. (Staurastrum) 81.
Brochidium 59.
Broomei Thwaites (Cosmarium) 77.
brunnea (A. Br.) Naeg. (Glococapsa) 160.
brunnea A. Br. (Palmella) 160.
bryophila Bréb. Endospira) 58.
bryophila (Bréb.) Rbh. (Spirotaenia) 58.
Bulbochaete Ag. 10, 11.
bullosa (Roth) Ag. (Tetraspora) 42.

bullosa Roth (Ulva) 42.
byssoidea (Berk.) Hass. f. lignicola (Hassalia) 126.
— forma saxicola (Hassallia) 127.
byssoidea Berk. (Scytonema) 126.
Byssus 22, 24.

C

Caelatum Ralfs var. spectabile (De Not.) (Cosmarium) 75.
caeruleum Lyngb. (Nostoc) 136.
caespitosa Ktz. (Calothrix) 132.
caespitosa Larg. (Cymbella) 100 Note.
caespitosa Vauch. (Ectosperma) 28.
caespitosa Ag. (Vaucheria) 28.
caespitosa DC. (Vaucheria) 28 Nr. 121.
caespitosum Sav. Kent (Cephalothamnium) 168.
caespitosum Ktz. (Encyonema) 99.
— var. Auerswaldii Rbh. (Encyonema) 100.
caespitosum Ktz. (Mastichonema) 132.
calcarea Ktz. (Ainactis) 131.
calcarea Hfl. (Hypheothrix) 143 Nr. 795.
calcarea Naeg. (Hypheothrix) 143.
calcarea Hg. (Lyngbya) 143.
calcarea Engl. Bot. (Rivularia) 131.
calcarea Rbh. (Zonotrichia) 131.
calcareum Wittr. (Cosmarium) 77.
calcicola (Ag.) Rbh. (Hypheothrix) 143.
— var. violacea Hg. (Hypheothrix) 143.
calcicola Ktz. (Leptothrix) 143.
calcicola Hg. (Lyngbya) 143.
calcicola Ag., Bréb. (Nostoc) 134.
calcicola Ag. (Oscillatoria) 143.
calcilega (A. Br.) nob. (Schizothrix) 139.
calcilegum A. Br. (Hydrocoleum) 139.
caldariorum Hauck (Oscillaria) 151.
caldariorum Magn. (Protococcus) 48.
Callonema 154.
calotrichoides Ktz. (Scytonema) 128.
Calothrix Hg. 129, 130, 132, 133.
calvum Stein (Colacium) 176.
cambricum Archer (Coelastrum) 37.
Campylodiscus Ehrenb. 110, 111.
canescens Ung. (Chara) 6 Nr. 18.
capillacea Thuill. (Chara) 9.
capillacea Leithe (Chara) 9 Nr. 25.
capillaceum Ktz. (Oedogonium) 14.
capillare (L.) Ktz. (Oedogonium) 12.
capillaris L. (Conferva) 12.
capitata Nees (Chara) 4.

capitata — clavata

capitata (Nees) Ag. (Nitella) 4.
capitata Ehrenb. (Synedra) 116.
capitatum Ehrenb. (Gomphonema) 101.
capitatum Rbh. (Odontidium) 115.
capucina Desm. (Fragilaria) 117.
capucina Bory (Leda) 50.
capucina (Bory) Ag. (Mougeotia) 50.
capucinum Ktz. (Staurospermum) 50.
cardiaca Hass. (Vesiculifera) 12.
cardiacum (Hass.) Ktz. (Oedogonium) 12.
Carteria Dies. 88.
Castagnei (Bréb.) Rbh. (Aphanothece) 155.
Castagnoi Rbh. (Aphanocapsa) 155.
Castagnei Bréb. (Oncobyrsa) 155.
Castagnei Ktz. (Palmella) 155.
cataractarum Ktz. (Chlorotylium) 25.
— var. **incrustans** (Reinsch) (Chlorotylium) 25.
cataractarum (Rbh.) Naeg. (Hypheothrix) 142.
cataractarum Hg. (Lyngbya) 142.
cataractarum Rbh. (Phormidium) 142.
caudata Duj. (Heteromita) 168.
caudata (Sav. Kent) Blochmann (Mastigamoeba) 165.
caudata Ehrenb. (Trachelomonas) 175.
caudatus (Duj.) Senn (Bodo) 168.
caudatus Hg. (Dactylococcus) 46.
Centrosphaera De Toni 41.
Cephalothamnium Stein 168.
Ceratoneis Grun. 122.
ceratophylla Wallr. (Chara) 5.
Cereobodo Krassilstschik 165.
Cercomonas Duj. 165.
Cesatii Balsamo (Nostoc) 135.
Chaetonema Nowak. 20.
Chaetophora Schrank 19.
Chaetosphaeridium Klebahn 18.
chalybea (Roth) Bory (Audouinella) 2.
chalybea Fries (Audouinella) 2.
chalybea Roth (Conferva) 2.
chalybea Hg. (Lyngbya) 151.
chalybea Mert. (Oscillaria) 151.
chalybea Mert. (Oscillatoria) 151.
chalybeospermum Hg. (Zygnema) 50.
chalybeus Rbh. (Chroococcus) 162.
Chamaesiphon A. Br. et Grun. **152,** 158.
Chamaesiphonaceae 154.
Chantransia Fries. 2, 3.
Chara L. 4, **5,** 6, 7, 8, 9.
Characeae 4.
Characium A. Br. **41,** 46.
Chareae 4.

Chilomonas Ehrenb. 173.
Chlamydococcus 80.
Chlamydomonas Ehrenb. 80.
chlamydospora De Bary (Palmogloea) 58.
chlamydosporum De Bary (Mesotaenium) 58.
Chlorangiella De Toni 84.
Chlorangium Stein 84.
Chloraster Ehrenb. 80.
Chlorochytrium Cohn 41.
Chlorococcum 29, 46, 47, 48.
Chloromonadineae 173.
Chloromonas Sav. Kent. 176.
Chloropedium 42.
Chloropeltis Stein 174, 175.
chlorophaeum Ktz. (Scytonema) 127.
Chlorotylium Ktz. 25.
Chromulina Cienk. 170.
Chroococcaceae 158.
Chroococcus Naeg. **161,** 162, 163, 164.
Chroodactylon Hg. 158.
Chroolepidaceae 22.
Chroolepus Ag. 22, 23, 24.
Chroothece Hg. 154.
chrysochlorum Ktz. (Scytonema) 128.
chrysocoma Milde (Polyzonia) 131 Nr. 738.
chrysocoma Rbh. (Zonotrichia) 131.
Chrysomonadineae 170.
Chrysomonas Stein 170.
Chrysopyxis Stein 171.
Chthonoblastus Ktz. 138, 159.
cincinnata Ktz. (Lyngbya) 129.
cincinnatum Thuret (Scytonema) 129.
cinctus Naeg. (Schizosiphon) 132.
cinnamomeus Menegh. (Pleurococcus) 48.
cinnamomeus (Menegh.) Ktz. (Protococcus) 48.
circulare (Reinsch) Hg. (Cosmidium) 72.
circulare Reinsch (Didymidium) 72.
circulare (Grev.) Ag. (Meridion) 114.
circulare var. constrictum Corti (Meridion) 114.
circularis Grev. (Echinella) 114.
Cistula Hempr. (Cocconema) 99.
cistula (Hempr.) Kirchn. (Cymbella) 99.
— var. **maculata** (Ktz.) (Cymbella) 99.
Cladomonas Stein 169.
Cladonema Sav. Kent. 167.
Cladophora Ktz. 16, **26.**
Cladophoraceae 25.
Clarkii Sav. Kent (Salpingoeca) 167.
clavata Vauch. (Ectosperma) 28.

clavata — corium 185

clavata f. zoogonidigera Vauch. (Ectosperma) 28.
clavata auct. (Vaucheria) 28.
clavatum Ktz. (Scytonema) 128.
Closteridium Reinsch 40.
closterioides Ralfs (Penium) 62.
Closterium Nitzsch **59,** 60, 61, 62, 68, 65.
clypeus Ehrenb. (Campylodiscus) 110.
Coccochloris Spreng. 58, 154, **155,** 161.
Coccoma Rbh. (Chlorococcum) 29.
Coccoma Ktz. (Protococcus) 29.
Cocconeidaceae 104.
Cocconeis Ehrenb. 104.
Coc-onema 97, 98, 99.
cochleare (Eichwald) A. Br. (Ophiocytium) 89.
cochlearis Eichwald (Spirodiscus) 39.
Codonocladium Stein 166.
Codonoeca J. Clark 165.
Codonosiga J. Clark 166.
Coelastrum Naeg. **36,** 87.
Coelocystis Naeg. 156.
Coelomonas Stein 173.
Coelosphaerium Naeg. 156.
coerulescens Ag. (Mongeotia) 50.
coerulescens Ktz. (Staurospermum) 50.
cohaerens (Bréb.) Naeg. (Chroococcus) 163.
cohaerens Bréb. (Pleurococcus) 163.
cohaerens Ktz. (Protococcus) 168.
Colacium Ehrenb. **175,** 176.
Coleochaetaceae 9.
Coleochaete Bréb. **9,** 10.
Colletonema 96.
Collodictyon Carter 170.
commune Rbh. (Gomphonema) 108.
commune Vauch. (Nostoc) 134.
— var. **pellucidum** Ktz. (Nostoc) 135.
commune Hass. (Zygnema) 53.
communis Rbh. (Nitzschia) 107.
communis (Hass.) Ktz. (Spirogyra) 53.
compacta (Ktz.) Rbh. (Hypheothrix) 142.
compacta Ktz. (Leptothrix) 142.
compacta Ag. (Lyngbya) 142.
comta (Ehrenb.) Ktz. (Cyclotella) 124.
— var. **radiosa** Grun. (Cyclotella) 124, 125.
comta var. melosiroides Schröt. & Kirchn. (Cyclotella) 125.
comta Ehrenb. (Discoplea) 124.
condensata Bréb. (Spirotaenia) 57.
conferta Lund., Cleve (Micrasterias) 80.

Conferva L., Lagerh. 1, 2, 10, 12, 13, 17, **21,** 22, 25, 26, 27, 30, 34, 50, 52, 53, 54, 56, 112, 118, 122, 124, 127, 150, 171.
confervicola A. Br. (Chamaesiphon) 152.
confervicola Naeg. (Herposteiron) 18.
confervicola Lagerh. (Phaeothamnion) 25.
Confervoideae 9.
confluens (Ktz.) Hg. (Dactylothece) 49.
confluens Ktz. (Gloeocapsa) 49.
confluens Richter (Gloeocystis) 49.
confluens Naeg. (Gloeothece) 49.
Conjugata 51, 52, 53, 55.
Conjugatae 49.
connatum Bréb. (Cosmarium) 64.
connatum (Bréb.) De Bary (Disphinctium) 64.
consociata Fresen. (Monas) 167.
consociatum Sav. Kent (Monosiga) 166.
consociatum (Fresen.) Cienk. (Phalansterium) 167.
conspersum Ralfs (Cosmarium) 74.
conspicua Hass. (Tyndaridea) 52.
conspicuum Ktz. (Zygogonium) 52.
constrictum Ehrenb. (Gomphonema) 101.
constrictum Ralfs (Meridion) 114.
construens (Ehrenb.) Grun. (Fragilaria) 117.
— var. **binodis** (Ehrenb.) (Fragilaria) 117
— var. **venter** Grun. (Fragilaria) 117.
construens Ehrenb. (Staurosira) 117.
contenta Grun. (Navicula) 94.
contracta Forti (Rhopolodia) 121.
contraria A. Br. (Chara) 6.
controversum Bréb. (Staurastrum) 86.
convallaria Stein (Salpingoeca) 166.
convergens Ehrenb. (Arthrodesmus) 78.
coracina Ktz. (Gloeocapsa) 159.
coralloides Ktz. (Sirosiphon) 126.
— var. Heufleri Menegh. (Sirosiphon) 126.
cordiformis (Cart.) Sav. Kent (Tetrachnis) 83.
coriacea Ktz. (Hypheothrix) 144.
— var. **Meneghinii** Ktz. (Hypheothrix) 144.
coriacea Ktz. (Leptothrix) 144.
coriacea Hg. (Lyngbya) 144.
coriacea Gomont (Schizothrix) 144.
corium Hg. (Lyngbya) 145.
corium Ag. (Oscillatoria) 145.

corium (Ag.) Ktz. (Phormidium) 145.
corun Ehrenb. (Closterium) 60.
cornu-damae (Roth) Ag. (Chaetophora) 19.
— var. **endivifolia** Roth (Chaetophora) 19.
— var. genuina De Toni (Chaetophora) 19.
cornu-damae Roth (Rivularia) 19.
coronata Ziz (Chara) 5.
Coscinodiseaceae 128.
Cosciuodiscus Ehrenb. 128.
Cosmaridium Gay 66.
Cosmarium Corda 57, 63, 64, 66, 67, 68, 69, 70, 71, 72, 73, 74, 75, 76, 77, 78, 80.
costatum Corda (Closterium) 60.
costatus W. Sm. (Campylodiscus) 111.
costatus Schmidle (Scenedesmus) 85.
crassa Pringsh. (Bulbochaete) 11.
crassa De Bary (Cylindrocystis) 59.
crassa Ktz. (Spirogyra) 54.
— var. **Heeriana** (Naeg.) (Spirogyra) 54.
crassicauda Duj. (Cercomonas) 165.
crassispina (Reinsch) De Toni (Reinschiella) 40.
crassispinum Reinsch (Closteridium) 40.
crassiusculum De Bary (Penium) 63.
crassum Naeg. (Scytonema) 128.
craticula Ehrenb. (Surirava) 110.
crenata Ehrenb. (Gallionella) 124 Nr. 697.
crenata Bréb. (Micrasterias) 80.
crenatum Ralfs (Cosmarium) 69.
— var. **bicrenatum** Nordst. (Cosmarium) 69.
crenulata Pringsh. (Bulbochaete) 10.
— var. **supramediana** Wittr. (Bulbochaete) 10.
— f. **typica** Pringsh. (Bulbochaete) 10.
crenulata Ehrenb. (Gallionella) 123.
crenulata (Ehrenb.) Ktz. (Melosira) 128.
crenulatum Naeg. (Cosmarium) 68.
crenulatum Naeg. (Phycastrum) 86.
crenulatum (Naeg.) Schmidle (Staurastrum) 86.
crispa (Lightf.) Ag. (Prasiola) 14.
crispa Lightf. (Ulva) 14.
crispa Hass. (Vesiculifera) 11.
crispata (Roth) Ktz. (Cladophora) 26.
— var. **squarrosa** Grun. (Cladophora) 20.
— b. virescens VII. sudetica Rbh. (Cladophora) 27.

crispata Roth (Conferva) 26.
crispum (Hass.) Wittr. (Oedogonium) 11.
cristatum Ralfs (Gomphonema) 102.
crotonensis (Edw.) Kitton (Fragilaria) 117.
cruciata Vauch. (Conjugata) 51.
cruciatum (Vauch.) Ag. (Zygnema) 51.
— var. **Hausmannii** De Not. (Zygnema) 51.
cruciferum De Bary (Cosmarium) 64.
cruciferum (De Bary) Hg. (Disphinctium) 64.
Crucigenia Morren 42.
cruenta (Ag.) Hg. (Aphranocapsa) 160.
cruenta Grun. (Oscillaria) 150.
cruenta Grun. (Oscillatoria) 150.
cruenta Ag. (Palmella) 160.
cruentum Naeg. (Porphyridium) 160.
crustacea var. **gracilis** Hg., Borzì (Leptochaete) 138.
crustaceum Ag. (Scytonema) 128.
— var. **incrustans** (Ktz.) (Scytonema) 128.
crustaceus Rbh. (Sirosiphon) 128.
crustatum γ alatum Hg. (Scytonema) 128.
crux melitensis Ehrenb. (Euastrum) 80.
crux melitensis (Ehrenb.) Ralfs (Micrasterias) 80.
cryptocephala Ktz. (Navicula) 90.
Cryptoglena Ehrenb. 176.
Cryptomonadineae 178.
Cryptomonas Ehrenb. 178.
cryptoporum Wittr. (Oedogonium) 11.
cucumis Corda (Cosmarium) 66.
cucumis (Corda) Lagerh. (Pleurotaeniopsis) 66.
cucurbita Bréb. (Cosmarium) 64.
cucurbita (Bréb.) Reinsch (Disphinctium) 64.
cuprea Hg. (Pleurocapsa) 153.
curtum Ralfs (Cosmarium) 63.
curtum (Bréb.) Reinsch var. **exiguum** Hg. (Disphinctium) 63.
— f. **minor** Wille (Disphinctium) 64.
curtum Bréb. (Penium) 63.
curvata (Ktz.) Grun. (Rhoicosphenia) 108.
curvatum Ktz. (Gomphonema) 103.
curvula Ktz. (Navicula) 96.
cuspidata Ktz. (Cymbella) 97.
— var. **naviculiformis** Auerswald (Cymbella) 97.
cuspidata Ktz. (Navicula) 92.
— var. **alpestris** Brun (Navicula) 92.
cuspidatum Bréb. (Staurastrum) 81.

cuticulare (Bréb.) Born. et Flah. (Nostoc) 184.
cuticularis Bréb. (Anabaena) 134.
Cyathomonas Fromentel 169.
cyclicum Lund. var. **arcticum** Nordst. (Cosmarium) 74.
cyclopum (Sav. Kent) Blochmann (Amphimonas) 169.
cyclopum Stein (Cephalothamnium)168.
cyclopum Sav. Kent (Deltomonas) 169.
cyclostomus (Stein) Meresch.(Urceolus) 177.
Cyclotella Ktz. 122, **124,** 125.
cylindracea Ehrenb. (Chilomonas) 170.
cylindrica Ehrenb. (Trachelomonas) 175.
Cylindrocapsa Reinsch. 14.
Cylindrocapseae 14.
Cylindrocystis Menegh. 59.
Cylindrospermum Ktz. **137,** 138.
cylindrus Ehrenb. (Closterium) 65.
cylindrus (Ehrenb.) Naeg. f. **colorata** Schmidle (Disphinctium) 65.
cylindrus f. minor (Heimerl) (Disphinctium) 65.
cylindrus (Ehrenb.) Naeg. var. **silesiacum** Kirchn. (Disphinctium) 65.
— var. **subtruncatum** Schmidle (Disphinctium) 65.
Cymatopleura W. Sm. 110.
cymatopleurum Nordst. et Wittr. var. **tirolicum** Nordst. et Wittr. (Cosmarium) 72.
cymatosporum Wittr. (Oedogonium)11.
Cymbella Ag. 89, **97,** 98, 99, 100, 101, 105, 125.
Cymbellaceae 97.
cymbiforme Ehrenb. (Cocconema) 98.
cymbiformis (Ktz.) Bréb. (Cymbella) 98.
— var. **parva** (W. Sm.) (Cymbella) 99.
cymbiformis Ktz. (Frustulia) 98.
cystifera Hass. (Coccochloris) 154.
cystifera Rbh. (Gloeothece) 154.
Cystococcus 48
Cystocoleus 126.
Cystopleura Bréb. **119,** 120, 121.

D

Dactylococcus Naeg. 46.
Dactylothece Lagerh. 49.

Dallingeri Sav. Kent (Monas) 167.
Danseii Thwaites (Mastogloia) 97.
Danseii var. elliptica Ag. (Mastogloia) 97.
De Baryi Archer (Cosmarium) 66.
De Baryi Hg. (Cosmaridium) 66.
De Baryi (Archer) Lund. (Pleurotaeniopsis) 66.
decimina O. F. Müll. (Conferva) 52.
decimina (O. F. Müll.) Ktz. (Spirogyra) 53.
deciminum Ag. (Zygnema)
declinata Ktz. (Cladophora) 27.
— var. **fluitans** (Ktz.) (Cladophora) 27.
decumbens Ktz. (Scytonema) 127.
dejectum Bréb. (Staurastrum) 81.
delicatissima W. Sm. (Synedra) 116.
delicatula Ktz. (Ulothrix) 16.
delicatulum Perty (Cosmarium)
delicatulum Ktz. (Hormidium) 16.
Deltomonas Sav. Kent 169.
Dematium 126.
Dendromonas Stein 167.
densum Born. et Flah. (Scytonema) 128.
densus A. Br. (Arthrosiphon) 128.
Denticula Ktz. 106, **108,** 110.
denticula Grun. (Nitzschia) 106.
denticulata (Bréb.) Ralfs (Micrasterias) 80.
denticulatum (Kirchn.) Gay (Euastrum) 80.
denticulatum f... Boldt (Euastrum) 80.
denticulatus Lagerh. (Scenedesmus)35.
depressum (Bréb.) Rbh. (Sphaerozosma) 57.
depressum Bréb. (Spondylosium) 57.
dermochroa Naeg. (Gloeocapsa) 158.
descissus Perty (Tetramitus) 169.
deses Ehrenb. (Euglena) 174.
Desmidiaceae 56.
Desmidium Ag. **56,** 81, 85, 86.
detersum Ktz. (Batrachospermum) 2.
Dianae Ehrenb. f. **major** Wille (Closterium) 60.
Diatoma DC. **111,** 112, 115, 116, 117, 118.
Diatomaceae 111.
Diatomella Grev. 118.
dicephala Ehrenb. (Pinnularia) 91.
dicephala (Ehrenb.) Ktz. (Navicula) 89, **91***).
Dichothrix 133.
dichotoma DC. (Lemanea) 1.

---

*) Infolge eines bedauerlichen Versehens wurde diese Art an zwei Stellen eingereiht. Es wäre nun der Standort am Gardasee an der richtigen Stelle unter Nr. 512 einzusetzen und sodann Nr. 496 zu streichen.

dichotomum — elegans

dichotomum Ktz. (Gomphonema) 102.
— var. **pulvinatum** (A. Br.) (Gomphonema) 102.
Dickiei Ralfs f. **parva** Schmidle (Staurastrum) 81.
Dictyosphaerium Naeg. 42.
dictyothrix Rbh. (Hypheothrix) 144.
dictyothrix Auzi (Streptothrix) 144.
didelta (Turp.) Ralfs f. **scrobiculata** Nordst. (Euastrum) 79.
didelta Turp. (Heterocarpella) 79.
Didymidium 68, 72.
didymocarpum Lund. var. **alpinum** Schmidle (Penium) 62.
didymochondrum Nordst. (Cosmarium) 72.
digitata Stein (Monas) 167.
digitatum (Stein)Cienk.(Phalansterium) 167.
digitus Ehrenb. (Closterium) 62.
digitus (Ehrenb.) Bréb. (Penium) 62.
dilatata Ehrenb. (Stauroneis) 95.
dilatatum Ehrenb. (Staurastrum) 85.
dilatatum b. alternans Rbh. (Staurastrum) 85.
Dillenii Bory (Batrachospermum) 2.
Dillwynii (Web. et Mohr) Ag. (Vaucheria) 28.
Dimerogramma 106.
dimorpha Turp. (Achnanthes) 86.
Dinobryon Ehrenb. 172
Diplomastix Sav. Kent 168.
Discoplea 122, 124, 125.
discus Stein (Spongomonas) 169.
Disphinctium Naeg. 63, 64, 65, 66, 67, 70, 71, 75, 77.
dissiliens Smith (Conferva) 56.
dissiliens(Smith)Bréb. (Hyalotheca)56.
— var. **bidentula** Nordst. (Hyalotheca) 56.
— var. **tatrica** Raciborski (Hyalotheca) 56.
— var. **tridentula** Nordst. (Hyalotheca) 56.
dissipata (Ktz.) Grun. (Nitzschia) 106.
dissipata Ktz. (Synedra) 106.
distans Ehrenb. (Gallionella) 128.
distans (Ehrenb.) Ktz. (Melosira) 123.
— var. **nivalis** (W. Sm.) (Melosira) 123.
Distigma Ehrenb. 176.
Distomatineae 170.
divergens Imhof (Dinobryon) 172.
divergens (Leptomitus) Ktz. 141.
divergens Ktz. (Leptothrix) 141.
divergens (Corda) nob. (Lyngbya) 141.

divergens Corda (Oscillatoria) 141.
Docidium Bréb. 57, 63, 66.
Draparnaldia Bory 19.
Draparnaudia Bory, Ag. 19, 20.
dubia Wartm. (Gloeocapsa) 157.
dubia Ktz. (Hyalotheca) 56.
dubia (Naeg.) Hepp (Hypheothrix) 144.
dubia Naeg. (Leptothrix) 144.
dubia Hg. (Lyngbya) 144.
dubia Perty (Mitrophora) 170.
dubia Ktz. (Spirogyra) 55.
dubia Gomont (Symploca) 144.
dubium B. W. Turner (Disphinctium) 67.
Ducluzelii Ag. (Hydrurus) 171.
duplex Meyen var. **genuinum** A. Br. (Pediastrum) 38.
— var. **reticulatum** Lagerh. (Pediastrum) 38.
Dysphinctium 71.

E

Ebeneus Thwaites (Cystocoleus) 126.
Echinella 60, 79, 80, 108, 114.
echinospermum A. Br. (Oedogonium) 12.
Ectosperma 28.
Ehrenbergianum Naeg. (Dictyosphaerium) 42.
Ehrenbergianum Corda (Euastrum) 39.
Ehrenbergii Larg. (Cocconema) 97 Note.
Ehrenbergii Ktz. (Cymbella) 97.
Ehrenbergii Ktz. (Diatoma) 111.
Ehrenbergii Ralfs (Docidium) 66.
Ehrenbergii Klebs (Euglena) 174.
Ehrenbergii Ktz. (Navicula) 91.
Ehrenbergii A. Br. (Pediastrum) 89.
Ehrenbergii (Ralfs) Delponte (Pleurotaenium) 66.
elabens Ktz. (Microcystis) 156.
elabens Bréb. (Microhaloa) 156.
elabens (Bréb.) Ktz. (Polycystis) 156.
elegans Ralfs (Campylodiscus) 109.
elegans (Roth) Ag. (Chaetophora) 19.
var. **longipila** Ktz. (Chaetophora) 19.
elegans Bréb. (Cosmarium) 80.
elegans Ktz. (Denticula) 108.
elegans(Bréb.) Ktz. var. **bidentatum** Naeg. (Euastrum) 80.
— var. **speciosum** Boldt (Euastrum) 80.
— f. **scrobiculata** Lütkemüller (Euastrum) 80.
elegans Ehrenb. (Eudorina) 29.
elegans A. Br. (Merismopedium) 155.

elegans Hg. (Microspora)
elegans Roth (Rivularia) 19.
elegans Ehrenb. (Surirwya) 109.
Elfvingii Racib. (Cosmarium) 71.
elliptica (Bréb.) W. Sm. (Cymatopleura) 110.
— var. **constricta** Grun. (Cymatopleura) 110.
elliptica Van Heurck (Mastogloia) 97.
elliptica Ktz. (Navicula) 91.
elliptica West (Oocystis) 43.
elliptica Bréb. (Surirella) 110.
elongata Ktz. (Sphenella) 102.
elongata (Berk.) Ktz. (Spirogyra) 55.
elongatum Ag. (Diatoma) 112.
— var. **pachycephalum** Grun. (Diatoma) 112.
elongatum W. Sm. (Gomphonema) 102.
elongatum Berk. (Zygnema) 55.
Encyonema Ktz. 99, 100.
endiviaefolia Ag. (Chaetophora) 19.
endiviaefolia Roth (Rivularia) 19.
Endlicheriana Rbh. (Palmogloea) 58.
Endlicherianum Naeg. (Mesotaenium) 58.
Endoclonium Szym. 20.
Endosphaera Klebs 41.
Endospira 58.
endospira Ktz. (Palmogloea) 58.
enorme De Bary (Polyedrium) 40.
enorme Ralfs (Staurastrum) 40.
Entosiphon Stein 178.
Ephebe 126.
Epipyxis Ehrenb. 172.
Epistylis 166.
Epithemia Bréb. **119,** 120, 121.
Eremosphaera De Bary 41.
ericetorum Funck (Conferva) 52.
ericetorum (Funck) Hg. (Zygnema) 52.
erosa Ehrenb. (Cryptomonas) 173.
Euactis 131.
Euastrum Ehrenb. 37, 39, 68, 70, 71, 72, 75, 76, 77, 78, 79, 80, 81.
Eudorina Ehrenb. 29.
Euglena Ehrenb. **173,** 174.
Euglenaceae 176.
Eunotia Ehrenb. 108, 119, 120. **121,** 122.
Eunotiaceae 119.
eurystoma Stein (Trachelomonas) 175.
Eutreptia Perty 176.
excavatum Ralfs f. **granulata** Rbh. (Sphaerozosma) 57.
exigua (Bréb.) Rbh. (Eunotia) 122.
exiguum Bréb. (Himantidium) 122.
exilis Ktz. (Achnanthes) 105.

F

Facciolae Borzi (Kentrosphaera) 41.
falcata Corda (Micrasterias) 40.
falcatus Ralfs (Ancistrodesmus) 40.
fasciculata Ktz. (Cladophora) 27.
fasciculata Naeg. (Hyphcothrix) 140.
fasciculata (Naeg.) Grun. (Inactis) 140.
fasciculata Grun. (Inactis) 140.
fasciculata Gomont (Schizothrix) 140.
fasciculatum Ktz. (Phormidium) 140.
fenestralis Ktz. (Gloeocapsa) 44.
fenestralis (Ktz.) A. Br. (Gloeocystis) 44.
fenestrata (Lyngb.) Ktz. (Tabellaria) 118.
fenestratum Lyngb. (Diatoma) 118.
ferruginea Kern. (Bangia) 3.
festiva (Frattinnickia) 178.
fetida A. Br. (Chara) 6.
fetida var. aequistriata Leithe (Chara) 7.
— var. longibracteata A. Br. (Chara) 7, 8.
— var. melanopyrena A. Br. (Chara)
— var. nidifica Mig. (Chara) 8.
fetidus (Vill.) Kirchn. (Hydrurus) 171.
— var. **Ducluzelii** (Ag.) (Hydrurus) 171.
— var. **irregularis** (Ktz.) (Hydrurus) 171.
flaccida Milde (Cladophora) 16 Nr. 69.
flaccida (Ktz.) Lagerh. (Hormiscia) 16.
— var. **minor** Hg. (Hormiscia) 17.
flaccida Ktz. (Ulothrix) 16.
Flagellata 164.
flagelliferum Ktz. (Stigeoclonium) 20.
flava (Ktz.) Rbh. (Aphanocapsa) 160.
flava Ktz. (Palmella) 160.
flavicans (Ehrenb.) Stein (Chromulina) 170.
flavicans Ehrenb. (Monas) 170.
floxella Corti, Larg. (Achnanthes) 105.
flexella Ktz. (Cymbella) 105.
flexellum (Ktz.) Bréb. (Achnanthidium) 105.
flexilis L. (Chara) 5.
flexilis (L.) Ag. (Nitella) 5.
flexuosum Menegh. (Scytonema) 127.
floccosa Ag. (Conferva) 22.
floccosa (Vauch.) Thur. (Microspora) 22.
floccosa Vauch. (Prolifera) 22.
flocculosa Ung. (Conferva) 112 Nr. 645.
flocculosa Roth (Conferva) 118.
flocculosa (Roth) Ktz. (Tabellaria) 118.
Florideae 1.

flos aquae — geminella

flos aquae (Lyngb.) Bréb. (Anabaena) 187.
flos aquae Lyngb. (Nostoc) 187.
fluida Duj. (Monas) 167.
fluitans Kern. (Batrachospermum)
fluitans Ktz. (Cladophora) 27.
fluviatilis Dillw. (L.) (Conferva) 1.
fluviatilis Ktz. (Euactis) 131.
fluviatilis Kirchn. (Isactis) 131.
fluviatilis (Dillw.) Ag. (Lemanea) 1.
fluviatilis Ag. (Lemanea) 1.
fluviatilis Lagerh. (Pleurocapsa) 153.
fluviatilis (Sommerfelt) Jessen (Prasiola) 14.
— var. **Hausmanni** Grun. (Prasiola) 15.
fluviatilis Hilse (Spirogyra) 54.
fluviatilis Sommerfelt (Ulva) 14.
fluviatilis Rbh. (Zonotrichia) 131.
figuratum Ag. (Scytonema) 128.
filiformis Grun. f. **elongata** Kirchn. (Synedra) 116.
firma Ktz., Grun. (Navicula) 93.
foetida Vill. (Conferva) 171.
foliaceum Ag., Moug. (Nostoc) 134.
fontana Rbh. (Hypheothrix) 141.
fontana Ktz. (Leptothrix) 141.
fontana (Ktz.) Hg. (Lyngbya) 141.
fonticola Hg. (Aphanocapsa) 161.
fonticola A. Br. (Oedogonium) 12.
fontigenum Nordst. (Cosmarium) 76.
fontinalis var. globulifera Rbh. (Conferva) 22.
forcipatum Corda (Euastrum) 37.
forcipatum (Corda) A. Br. (Pediastrum) 37.
formicina Sav. Kent (Sterromonas) 167.
formosa Hass. (Asterionella) 116.
formosa var. gracillima Grun. (Asterionella) 116.
formosissimum Zanard.(Goniotrichum) 114 Nr. 658, **154.**
fracta (Dillw.) Ktz. (Cladophora) 26.
fracta var. gossypina (Drap.) (Cladophora) 26.
fracta Dillw. (Conferva) 26.
Fragilaria Lyngb. 112, 113, **117.**
Fragilariaceae 114.
fragilis Desv. (Chara) 9.
fragilis var. pulchella Wallr. (Chara) 9.
Friesiana Ktz. (Symploca) 140.
Friesii Ag. (Oscillatoria) 140.
Friesii Gomont (Schizothrix) 140.
Friesii (Ag.) Ktz. var. **Wallrothiana** (Ktz.) (Symploca) 141.

Friesii f. c. Rbh. (Symploca) 141.
frigida Ktz. (Denticula) 108.
— var. **capitata** Brun (Denticula) 108.
frigida Kern. (Ulva) 14.
Froelichii Hg. (Lyngbya) 151.
Froelichii Ktz. (Oscillatoria) 151.
— var. **phormidioides** Rbh. (Oscillatoria) 151.
Froelichii Ktz. (Oscillaria) 151.
Froelichii var. phormidioides Rbh. (Oscillaria) 151.
Frustulia Ag. 89, 95, **96,** 98, 107.
fruticulosa Stein (Cladomonas) 169.
furcata Rbh. (Micrasterias) 80.
— var. denticulata Rbh. (Micrasterias) 80.
furfuraceus Ktz. (Hormosiphon) 136.
fusca Ktz. (Calothrix) 132.
fusca Ktz. (Mastichothrix) 132.
fuscescens Kirchn. (Microcoleus) 129.
fuscescens Ktz. (Schizothrix) 129.
fuscolutea (Naeg.) (Gloeocapsa) 159.
fuscolutea Hg. (Polycystis) 156.
fuscopurpurea Kern. (Bangia) 3 Nr. 8.
fuscoviolaceus Hg. (Chroococcus) 164.
fuscum Rostaf. (Sphaerogonium) 152.
fuscus (Rostaf.) Hg. (Chamaesiphon) 152.
fusiformis Sav. Kent (Monosiga) 166.

G

Galeritum Nordst. (Cosmarium) 72.
Gallionella 123, 124.
garrolense Roy et Bisset (Cosmarium) 69.
gastroides Ktz. (Cymbella) 98.
gastroides var. helvetica Rbh. (Cymbella) 99.
gelatinosa L. (Conferva) 2.
gelatinosa A. Br. (Schizochlamys) 41.
gelatinosa (Vauch.) Desv. (Tetraspora) 42.
gelatinosa Vauch. (Ulva) 42.
gelatinosum (L.) Kern. (Batrachospermum) 2.
gelatinosum var. laxum Leithe (Batrachospermum) 2.
geminata Vauch. (Ectosperma) 28.
geminata (Vauch.) DC. (Vaucheria) 28.
— var. **verticillata** (Ktz.) Rbh. (Vaucheria) 28.
Geminella Turp. 42.
geminella Wolle (Cylindrocapsa) 14.
geminella Wolle (Hormospora) 14.

genuflexa Dillw. (Conferva) 50.
genuflexa (Dillw.) Ag. (Mougeotia) 50.
— var. **gracilis** (Ktz.) (Mougeotia) 50.
— var. **radicans** (Ktz.) (Mougeotia) 50.
gibba var. parallela O. Ktze., De Toni (Cystopleura) 121.
— var. ventricosa O. Ktze. (Cystopleura) 121.
gibba Ktz. (Epithemia) 120.
— var. contracta Forti (Epithemia) 121.
— var. parallela Grun. (Epithemia) 121.
— var. ventricosa Grun. (Epithemia) 121.
gibba Ehrenb. (Eunotia) 120.
gibba Ehrenb. (Navicula) 120.
gibba (Ehrenb.) O. Müll. (Rhopalodia) 120.
gibberula (Ehrenb.) O. Ktze. (Cystopleura) 120.
— var. **rupestris** (W. Sm.) nob. (Cystopleura) 120.
gibberula Ktz. (Epithemia) 120.
— var. γ rupestris Grun. (Epithemia) 120.
gibberula Ehrenb. (Eunotia) 120.
gibberula Ktz. (Navicula) 92.
giganteum Ktz. (Oedogonium) 13.
gigas (Ktz.) Lagerh. (Gloeocystis) 44.
gigas Ktz. (Protococcus) 44.
glaciale (Ktz.) Rbh. (Gomphonema) 103.
glacialis Ktz. var. **elongata** Schmidle (Conferva) 21.
glacialis Ktz. (Sphenella) 103.
Glaucocystis Itzigsohn 155.
Glaucothrix 130.
glaucum Ehrenb. (Gonium) 155.
glaucum (Ehrenb.) Naeg. (Merismopedium) 155.
glaucum var. γ punctatum Hg. (Merismopedium) 156.
globator (L.) Ehrenb. (Volvox) 29.
globifer Ehrenb. (Heteronema) 177.
globiferum (Ehrenb.) Blochmann (Heteronema) 177.
globosa Sav. Kent (Amphimonas) 169.
globosa (Nordst.) Wolle (Aphanochaete) 18.
globosa Wolle (Aphanochaete) 18.
globosa Ag. (Palmella) 155.
globosum Bulnh. (Cosmarium) 64.
globosum (Bulnh.) Hg. (Disphinctium) 64.

— var. **minus** Hg. (Disphinctium) 64.
globosum Nordst. (Herposteiron) 18.
globulifera Ktz. (Conferva) 22.
globulifera (Ktz.) De Toni (Microspora) 22.
Gloeocapsa Ktz., Naeg. 49, 154, **157**, 158, 159, 160.
Gloechaete Lagerh. 154.
Gloeocystis Naeg. **44**, 49.
Gloeonema 111.
gloeophila (Ktz.) Rbh. (Hypheothrix) 142.
gloeophila Ktz. (Leptothrix) 142.
gloeophila Hg. (Lyngbya) 142.
Gloeotaenium Hg. 59.
Gloeotheee Naeg. 49. **154.**
Gloeotrichia Ag. 131.
glomerata (L.) Ktz. (Cladophora) 26.
glomerata H. declinata Rbh. (Cladophora) 27.
glomerata var. **fasciculata** (Ktz.) (Cladophora) 27.
glomerata I. fasciculata f. elongata Rbh. (Cladophora) 27.
— f. fluitans Grun. (Cladophora) 27.
glomerata f. **Heufleri** (Zanard.) (Cladophora) 27.
— var. **macrogonya** (Lyngb.) Rbh. (Cladophora) 27.
— forme **rivularis** Rbh. (Cladophora) 27.
— var. **simplicior** Ktz. (Cladophora) 27.
glomerata L. (Conferva) 26.
glomerata (Vauch.) Ag. (Draparnaudia) 20.
glomeratum Vauch. (Batrachospermum) 20.
glomeratum Rbh. (Chlorococcum) 48.
glomeratus Menegh. (Pleurococcus) 47.
glomeratus Ag. (Protococcus) 48.
Gomphogramma A. Br. 118.
Gomphonema Ag. **101**, 102, 103.
Gomphonemaceae 101.
Gomphosphaeria Ktz. 156.
Gonatonema Wittr. 50.
Gonatozygon De Bary 57.
Goniomonas Stein 169.
Goniotrichum Ktz. 114, **154.**
Gonium O. F. Müll. **29.** 155.
Gonyostomum Dies. 178.
gossypina Ktz. (Cladophora) 26.
gossypina Drap. (Conferva) 26.
gothlandicum Wittr. (Cosmarium) 74.
gracile Rbh. (Encyonema) 100.
gracile Ehrenb. (Himantidium) 121.
gracile Ktz. (Scytonema) 127.
gracile Hass. (Zygnema) 54.

gracilipes A. Br. (Sciadium) 89.
gracilis Smith (Chara) 5.
— var. **capituligera** Mig. (Chara) 5.
gracilis (Ehrenb.) Rbh. (Eunotia) 121.
gracilis Ktz. (Mougeotia) 50.
gracilis Ehrenb. (Navicula) 90.
gracilis Ktz. (Navicula) 89.
gracilis (Sm.) Ag. (Nitella) 5.
gracilis Hantzsch (Nitzschia) 107.
gracilis (Hass.) Ktz. (Spirogyra) 54.
gracilis (W. Sm.) (Syuedra) 116.
gracillima (Hantzsch) Helberg (Asterionella) 116.
gracillima Zopf (Glaucothrix) 130.
gracillima Ktz. (Oscillaria) 148.
gracillimum Naeg. (Diatoma) 112.
— var. **hybridum** Grun. (Diatoma) 112.
— var. **tenue** Ag. (Diatoma) 112.
gracillimum Hantzsch (Diatoma) 116.
gracillimum (Zopf) Hg. (Plectonema) 130.
gracillimum Ktz. (Scytonema) 128.
granatum Bréb. (Cosmarium) 67.
— var. **elongatum** Nordst. (Cosmarium) 67.
grande Ehrenb. (Anisonema) 177.
grande W. Sm. (Diatoma) 111.
grande Ktz. (Oedogonium) 13.
grandis Ehrenb. (Coelomonas) 173.
granulata Ehrenb. (Gallionella) 123.
granulata (Ehrenb.) Ralfs (Melosira) 123.
granulata L. (Ulva) 29.
granulatum (L.) Grev. (Botrydium) 29.
granulatum Bréb. (Closterium) 63.
granulatum Ktz. (Pediastrum) 8.
granulatus (Bréb.) Ralfs (Tetmemorus) 63.
— f. **basichondra** Schmidle (Tetmemorus) 63.
Grevilleana (Hass.) Ktz. (Spirogyra) 55.
Grevilleanum Hass. (Zygnema) 55.
Grevillei Ktz. (Arthrosiphon) 128.
Grevillei W. Sm. (Mastogloia) 97.
grossularia Sav. Kent (Codonosiga) 166.
Grunowia 106.
gurgeliense Schmidle (Staurastrum) 87.
guttula Ehrenb. (Monas) 165.
guttula (Ehrenb.) Sav. Kent (Oicomonas) 165.
Gutwinskii Schmidle (Trochiscia) 48.
gymnophylla A. Br. (Chara) 6.
gymnophylla f. pulchella Mig. (Chara) 6.
— f. **subnudifolia** Mig. (Chara) 6.
Gymnozyga Ehrenb. 57.

gypsophila (Ktz.) Thuret (Calothrix) 132.
gypsophilus Ktz. (Schizosiphon) 132.
gyrans Ehrenb. (Chloraster) 30.

H

Haeckelii Sav. Kent (Protospongia) 166.
haematites Ram. (Batrachospermum) 131.
haematites (Ram.) Ag. (Rivularia) 131.
— var. **fluviatilis** (Ktz.) Kirchn. (Rivularia) 131.
haematites Rbh. (Zonotrichia) 131.
Haematococcus Ag. 30, 157, 159.
haematodes Ktz. (Gloeocapsa) 157.
haematodes Ktz. (Protococcus) 157.
Hammeri (Reinsch) Wolle (Cosmarium) 68.
Hammeri var. retusiforme Wille (Cosmarium) 68.
Hammeri Reinsch (Didymidium) 68.
Hantzschia Grun. 108, 109.
Hantzschiana Rbh. (Nitzschia) 107.
— var. **glacialis** Grun. (Navicula) 107.
Hapalosiphon Naeg. 127.
Harrisonii Grun. (Fragilaria) 112.
Harrisonii W. Sm. (Odontidium) 113.
Hassallia Berk. 126, 127.
Hausmannii Hass. (Zygnema) 51.
Hedwigii Ag. (Chara) 9 Nr. 25.
Heeriana Naeg. (Euactis) 131.
Heeriana Naeg. (Spirogyra) 54.
Heeriana Rbh. (Zonotrichia) 131.
Heimerlianum Lötkemüller (Staurastrum) 82.
helvetica Ktz. (Cymbella) 99.
helvetica Brun (Suriraya) 109.
helveticum Ktz. (Scytonema) 127.
helveticus Naeg. (Chroococcus) 162.
Hermanni Desv. (Chantransia) 8.
Hermanni Roth (Conferva) 8.
Hermannii (Roth) Bory (Andouinella) 3.
Herposteiron Naeg 18, 19.
Heterocarpella 73, 79.
Heteromita Duj. 168.
Heteronema Duj. 177.
Heufleri Zanard. (Cladophora) 27.
Heufleri Menegh. (Gloeonema) 111.
Heufleri (Grun.) nob. (Hypheothrix) 142.
Heufleri Menegh. (Melosira) 112.
Heufleri Grun. (Schizothrix) 142.
Heufleri Ktz. (Sirosiphon) 126.
Heufleriana Grun. (Anabaena) 137.
Heufleriana Grun. (Nitzschia) 107.

Heufleriana Grun. (Spermosira) 137.
Heufleriana Grun. (Stauroneis)
Heuflerianum Grun. (Cosmarium)
hexagona Hass. (Vesiculifera) 13.
hexagonum Elfving (Cosmarium) 71.
hexagonum (Hass.) Ktz. (Oedogonium) 19.
Hexamitus Duj. 170.
hexastichum Lund. (Cosmarium) 77.
hibernicus Ehrenb. (Campylodiscus) 111.
hiemale (Lyngb.) Heiberg (Diatoma) 112.
hiemale α genuinum Grun. (Diatoma) 112.
— var. **mesodon** (Ehrenb.) (Diatoma) 113.
— var. **turgidulum** (Ehrenb.) (Diatoma) 113.
hiemale Ktz. (Odontidium) 112.
— var. mesodon Grun. (Odontidium) 113.
— c. f. minima Rbh. (Odontidium) 113.
— c. f. minor Rbh. (Odontidium) 113.
— β turgidulum Grun. (Odontidium) 113.
hiemalis Lyngb. (Fragilaria) 112.
Hicrella 87.
hieroglyphica Ag. (Conferva) 25.
hieroglyphicum (Ag.) Ktz. (Rhizoclonium) 25.
Hildenbrandia Nardo 8.
Hildenbrandiaceae 8.
Himantidium 121, 122.
hirsutum (Ehrenb.) Bréb. (Staurastrum) 82.
hirsutum Fromentel (Trichonema) 170.
hirsutum Ehrenb. (Xanthidium) 82.
hispida L. (Chara) 8.
hispida Perty (Trachelomonas) 175.
Hofmannii Ag. (Scytonema) 129.
holmiense Lund. (Cosmarium) 70.
— var. **integrum** Lund. (Cosmarium) 70.
— var. **trigonum** Nordst. & Wittr. (Cosmarium) 70.
holmiense var. integrum Schmidle (Disphynctium) 70.
homalodermum Nordst. (Cosmarium) 77.
homoeotricha Kirchn. (Inactis) 140.
homoeotrichum Ktz. (Hydrocoleum) 140.
Hormidium Ktz. **15**, 16.
Hormiscia Fries **16**, 17, 18.
Hormosiphon 134, 135, 136.
Hormospora Bréb. 14, **18.**
humicola Rbh. (Chlorococcum) 48.

humicola Naeg. (Cystococcus) 48.
humile (Gay) Nordst. var. **substriatum** f. **minor** Schmidle (Cosmarium) 72.
humile Gay (Euastrum)
hyalina DC. (Chara) 5.
hyalina (DC.) Ag. (Nitella) 5.
hyalina Ktz. (Schizothrix) 139.
hyalina (Trattdlonickia) 178.
hyalinus Kirchn. (Microcoleus) 139.
— β calcilegus Hg. (Microcoleus) 139.
Hyalotheca Ehrenb. 56.
hybrida Grun. (Navicula) 94.
Hydrocoleum Ktz. **139, 140.**
Hydrodictyon Roth 34.
Hydrogastraceae 29.
Hydrurus Ag. 171.
Hymenomonas Stein 172.
Hyndmanii (W. Sm.) O. Ktze. (Cystopleura) 119.
Hyndmanii W. Sm. (Epithemia) 119.
Hypheothrix Ktz. 140, **141,** 142, 143, 144, 145.
hystrix Ralfs (Staurastrum) 82.
— var. **paucispinosum** Schmidle (Staurastrum) 82.

I

Impressulum Elfving (Cosmarium) 68.
— var. **alpicola** Schmidle (Cosmarium) 69.
— var. **integratum** Heimerl (Cosmarium) 69.
Inactis Ktz. 139, **140.**
inaequalis (Naeg.) Kirchn. (Spirogyra) 53.
inaequalis (Ulothrix) Ktz. 18 Note.
inclinata Sav. Kent (Codonoeca) 165.
incrustans Grun. (Chamaesiphon) 152.
incrustans Reinsch (Chlorotylium) 25.
incrustans Ktz. (Scytonema) 128.
incrustans Rostaf. (Sphaerogonium) 152.
incrustatum var. β cataractarum Gomont (Phormidium) 142.
incus (Bréb.) Hass. (Arthrodesmus) 78.
— f. extensa Borge (Arthrodesmus) 78.
— f. intermedia Wittr. (Arthrodesmus) 78.
— f. longispina Racib. (Arthrodesmus) 78.
— f. quadrata Schmidle (Arthrodesmus) 78.
— f. semilunaris Schmidle (Arthrodesmus) 78.

— f. **vulgaris** Racib. (Arthrodesmus) 78.
incus Bréb. (Cosmarium) 78.
inferum B. W. Turner (Dispbinctium) 67.
inflata (Ktz.) Grun. (Achnanthes) 104.
inflata Vauch. (Conjugata) 55.
inflata (Vauch.) Rbh. (Spirogyra)
inflata Ktz. (Stauroneis) 104.
inflatus Duj. (Hexamitus) 170.
inflexum (Schmidle) Bréb. Staurastrum) 86.
informe Ktz. var. **coralloides** (Ktz.) Hg. (Stigonema) 125, 126.
infusionum Menegh. (Chlorococcum) 48.
infusionum Naeg. (Dactylococcus) 46.
infusionum Schrank (Lepraria) 48.
infusionum (Schrank) Kirchn. (Protococcus) 48.
Inoderma Ktz. 45.
Inomeria Ktz. 133, 139.
insigne Hass. (Euastrum) 79.
insigne Lund. (Staurastrum 84.
insigne Hass. (Zygnema) 55.
insignis (Hass.) Ktz. (Spirogyra) 55.
insignis Hass. (Urococcus) 44.
integrum Naeg. (Pediastrum) 37.
— var. **tirolense** Hg. (Pediastrum) 37.
intermedia Do Bary (Bulbochaete) 10.
intermedia A. Br. (Chara) 6.
intermedia Lagerst. (Navicula) 88.
interrupta (Turp.) Lagerh. (Geminella) 42.
interruptum Bréb. (Penium) 62.
interruptum Ktz. (Phormidium) 147.
intestinalis Cienk. (Spongomonas) 169.
intestinalis Mielichh. et Saut. (Ulva) 14.
intricatum Ktz. (Gomphonema) 102.
intricatum var. dichotomum Van Heurck, Forti (Gomphonema) 102.
intricatum Delponte (Staurastrum) 85.
inundata (Ktz.) Hg. (Hyphcothrix) 142.
iuundata Kirchn. (Lyngbya) 142.
inundatum Ktz. (Nostoc) 134.
inundatum Ktz. (Phormidium) 142.
inversum Wittr. (Oedogonium) 12.
iolithus L. (Byssus) 24.
iolithus Ag. (Chroolepus) 24.
iolithus (L.) Wallr. (Trentepohlia) 24.
iridis var. affinis Van Heurck (Navicula) 93.
— var. Amphirhynchus De Toni (Navicula) 93.
var. Amphigomphus Van Heurck, De Toni (Navicula) 92.
irregulare Nowak. (Chaetonema) 20.
irregulare Wartm. (Nostoc.) 135.
irregularis Pringsh. (Coleochaete) 10.

irregularis Ktz. (Hydrurus) 171.
irregularis Naeg. (Spirogyra) 54.
Isactis 131.

J

Jaculans Perty (Pleuromonas) 168.
jolithus siehe iolithus 24.
Juergensii Ktz. (Spirogyra) 53.
Juliana (Menegh.) Ktz. (Gloeocapsa) 157.
Julianus Menegh. (Pleurococcus) 157.
juncidum Ralfs (Closterium) 59.
— var. **austriacum** Heimerl(Closterium) 59.

K

Kentrosphaera Borzì 41.
Kerneri Zukal (Ephebe) 126.
Kerneri Hg. (Xenococcus) 153.
Kinahamii (Archer) Rbh. (Gonatozygon) 57.
Kinahami Archer (Leptocystinema)
Kotschyana Grun. (Navicula) 91.
Kuetzingiana Thwaites (Cyclotella)125.
Kuetzingiana Kirchn. (Lyngbya) 146.
— var. symplociformis Hg. (Lyngbya) 146.
Kuetzingiana Naeg., Hg. non Corda Osscillatoria) 148.
Kuetzingianum Naeg. (Coelosphaerium) 156.
Kuetzingianum Naeg. (Microthamnion) 25.
Kuetziugianum Le Jolis (Phormidium) 146.
Kützingii Grun. (Denticula) 106.
Kützingii a. tornata Rbh. (Inactis) 140.

L

Lacuster Rostaf. (Haematococcus) 30.
lacuster (Rbh.) Farlow (Microcoleus) 139.
lacuster Girod-Chantr. (Volvox) 30.
lacustre A. Br. (Hydrocoleum) 139.
lacustris J. Clark (Bicoeca) 166.
lacustris Rbh. (Chthonoblastus) 139.
lacustris Chodat (Gomphosphaeria) 156.
lacustris Kirchn. (Inactis) 139.
lacustris Chodat (Oocystis) 43.

lacustris Ktz. (Schizothrix) 139.
lacustris Rbh. (Sirosiphon) 125.
lacustris Wittr. (Sphaerella) 30.
lacustris Ralfs (Tetracyclus) 118.
laeve Ktz. (Closterium) 68.
lagenella Ehrenb. (Trachelomonas) 175.
lagenifera (Hildenbrand) Wille (Trentepohlia) 23.
lageniferum Hildenbraud (Chroolepus) 23.
lamellosa (Trattinnickia) 178.
lamellosum Ktz. (Inoderma) 45.
lamellosum Bréb. (Penium) 62.
laminaris Ehrenb. (Gallionella) 124.
laminaris (Ehrenb.) Ralfs (Melosira) 124.
lanata Ktz. (Calothrix) 129.
lanata (Ktz.) nob. (Scytonema) 129.
lanata (Desv.) Ktz. (Tolypothrix) 130.
lanatus Desv. (Trichophorus) 130.
lanceolata (Bréb.) Grun. (Achnanthes) 105.
lanceolata (Ehrenb.) Kirchn. (Cymbella) 98.
lanceolata Thwaites (Mastogloia) 96.
lanccolata Ktz. (Navicula) 91.
lanceolata Ehrenb. (Navicula) 91.
lanceolatum Bréb. (Achnanthidium) 105.
lanceolatum Ehrenb. (Cocconema) 98.
lanceolatum Archer (Staurastrum) 84.
Landsboroughii (Hass.) Ktz. (Oedogonium) 18.
Landsboroughii Hass. (Vesiculifera) 13.
lardacea (Ces.) Hg. (Hypheothrix) 144.
lardacea Ces. (Leptothrix) 144.
lateritia Ktz. (Hypheothrix) 143.
lateritia var. e. genuina Rbh. (Hypheothrix) 143.
lateritia Kirchn. (Lyngbya) 143.
— var. calcarea Rbh. (Lyngbya) 143.
— var. subtilis Rbh. (Lyngbya) 143.
latissima Menegh. (Bangia) 17.
latissima (Menegh.) nob. (Hormiscia) 17.
latissima Hfl. (Ulothrix) 18.
latissimum Menegh. (Schizogonium) 17.
latiuscula Ktz. (Navicula) 92.
laxa Kirchn. (Aulosira) 138.
laxa (Sav. Kent) Blochmann (Dendromonas) 167.
laxa Ktz. (Spirogyra) 55.
laxum Sav. Kent (Cladonema) 167.
Leda 50.
legumen Ehrenb. (Navicula) 89.
legumen (Ehrenb.) Rbh. (Pleurostaurum) 95.

Legumen Ehrenb. (Stauroneis) 95.
Leibleinia 140, 141.
leiodermum (Gay) Hg. (Cosmarium) 68.
leiodermum Gay (Euastrum) 68.
Lemanea Bory 1.
Lemaneaceae 1.
lemnae Cohn (Chlorochytrium) 41.
lens (O. F. Müll.) Senn (Bodo) 168.
lens O. F. Müll. (Monas) 168.
Lepocinclis Perty 174.
Lepraria 48.
leptoceras Ehrenb. (Cocconema) 97.
leptoceras (Ehrenb.) Rbh. (Cymbella) 97.
Leptochaete Borzi 133.
Leptocystinema 57.
Leptomitus 141.
Leptothrix 141, 142, 143, 144.
leptotricha Ktz. (Oscillaria) 148.
leptotricha Ktz. (Oscillatoria) 148.
leve Rbh. (Cosmarium) 67.
— var. **undulatum** Schmidle (Cosmarium) 67.
leve Ralfs (Staurastrum) 87.
levis Gregory (Amphora) 100.
levis (Ktz.) Ralfs (Tetmemorus) 63.
— var. **ornatus** Schmidle (Tetmemorus) 63.
levis Ehrenb. (Trachelomonas) 175.
licheniforme (Bory) Ktz. (Cylindrospermum) 137.
licheniformis Bory (Anabaena) 137.
lichenoides Ktz. (Nostoc) 135.
lichenoides (Trattinnickia) 178.
Limnactis 131.
limnophilum Schmidle (Cosmarium) 76.
limosa Roth (Conferva) 150.
limosa Hg. (Lyngbya) 150.
limosa Ktz. (Navicula) 92.
limosa (Roth) Ag. (Oscillatoria) 150.
linea Perty (Closterium) 61.
lineare W. Sm. (Achnanthidium) 105.
linearis (W. Sm.) Grun. (Achnanthes) 105.
linearis Ag. (Frustulia) 107.
linearis (Ag.) W. Sm. (Nitzschia) 107.
— var. **tenuis** W. Sm. (Nitzschia) 107.
Linkia 136.
livida (Carm.) Ktz. (Gloeocapsa) 159.
livida Carm. (Palmella) 159.
lobulatum Naeg. (Polyedrium) 40.
lobulatum Naeg. (Tetraedron) 40.
locellus (Fromentel) Sav. Kent (Stephanomonas) 170.

Loitlesbergerianum — Meneghinianus

Loitlesbergerianum Hg. (Gloeotaenium) 59.
longata Vauch. (Conjugata) 52.
longata (Vauch.) Ktz. (Spirogyra) 52.
longicauda (Duj.) Senn (Cercobodo) 165.
longicauda Duj. (Cercomonas) 165.
longicaudus Ehrenb. (Phacus) 175.
longicollis Sav. Kent (Monosiga) 166.
longicornis W. Sm. (Epithemia) 119.
longicornis Ehrenb. (Eunotia) 119.
longipes Rbh. (Characium) 41.
longipila Ktz. (Chaetophora) 19.
longipilum Ktz. (Stigeoclonium) 20.
longissima W. Sm. (Synedra) 115.
lunaris (Ehrenb.) De Toni (Pseudoeunotia) 122.
— var. capitata (Grun.) nob. (Pseudoeunotia) 122.
lunaris Ehrenb. (Synedra) 122.
— var. capitata Grun. (Synedra) 122.
lunatum Ralfs f. alpestris Schmidle (Staurastrum) 81.
lunula (O. F. Müll.) Nitzsch (Closterium) 60.
— var. biconvexum Schmidle (Closterium) 60.
lunula O. F. Müll. (Vibrio) 60.
Lunulina 61.
lutescens (Ktz.) Rbh. (Zygnema) 52.
lutescens Ktz. (Zygogonium) 52.
Lyngbya Ag. 15, 129, 141, 142, 143, 144, 145, 146, 147, 148, 149, 150, 151.
lyngbyacea Hg. (Lyngbya) 146.
Lyngbyaceae 138.
lyngbyaceum Ktz. (Phormidium) 146.
Lysigonium Link 123.

M

Macrococca Hg. (Dactylothece) 49.
macrococca Ktz. (Palmella) 58.
macrococca Trevisan (Protosphaeria) 161.
macrococcus (Trevisan) Rbh. (Chroococcus) 161.
macrococcus Ktz. (Protococcus) 161.
macrogonia Lyngb. (Conferva) 27.
macrosiphon Ktz. (Hormosiphon) 136.
macrosperma Hg. (Anabaena) 137.
macrospermum Ktz. (Cylindrospermum) 137.
— var. majus (Ktz.) (Cylindrospermum) 138.
macrosporum Ktz. (Hormosiphon) 135.

macrosporum Menegh. (Nostoc) 135.
maculata Ktz. (Cymbella) 99.
magma (Bréb.) Ktz. (Gloeocapsa) 157.
magma Bréb. (Protococcus) 157.
major Hg. (Lyngbya) 151.
major Ktz. (Navicula) 88.
major Vauch. var. tenuior Nordst. (Oscillatoria) 151.
major Rbh. (Pinnularia) 88.
major Ktz. (Spirulina) 151.
majus Ktz. (Cylindrospermum) 138.
margaritacea Ehrenb. (Pentasterias) 87.
margaritaceum (Ehrenb.) Bréb. (Penium) 61.
margaritaceum (Ehrenb.) Menegh. f. minor Heimerl (Staurastrum) 87.
margaritaceum f. ornatum Boldt (Staurastrum) 87.
margaritifera Turp. (Ursinella) 72.
margaritiferum (Turp.) Menegh. (Cosmarium) 72.
margaritiferum var. reniforme Ralfs (Cosmarium) 72.
marginata Menegh. (Anacystis) 156.
marginata (Menegh.) Richter var. minor Hg. (Polycystis) 156.
Martensiana Ktz. (Leibleinia) 141.
Martensiana Ktz. (Lyngbya) 141.
Mastichonema 132, 133.
Mastichothrix 132.
Mastigamoeba F. E. Schulze 164, 165.
Mastogloia Thwaites 96, 97.
mediocanellata Stein (Petalomonas) 177.
megalonotum Nordst. f. hastata Lütkemüller (Staurastrum) 87.
meleagris (Ktz.) Grun. (Mastogloia) 96.
Meleagris Ktz. (Navicula) 96.
Melosira Hg. 112, 123, 124.
Melosiraceae 123.
melosiroides Kirchn. (Cyclotella) 125.
membranacea Hg. (Lyngbya) 145.
— var. rivularioides Hg. (Lyngbya) 145.
membranaceum Ktz. (Phormidium) 145.
— b. inaequale f. rivularioides Grun. (Phormidium) 145.
Meneghiniana (Ktz.) nob. (Calothrix) 133.
Meneghiniana Hg. (Lyngbya) 146.
Meneghinianum Ktz. (Phormidium) 146.
Meneghinianum Ktz. (Scytonema) 127 Nr. 715.
Meneghinianus Ktz. (Schizosiphon) 133.

Meneghinii Bréb. (Cosmarium) 68.
— var. **Braunii** (Reinsch) Hg. (Cosmarium) 68.
Meneghinii Ktz. (Hypheothrix) 144.
menisculus Van Heurck (Navicula) 90.
meniscus Schumann (Navicula) 89.
Menoidium Perty 176.
Merianii Reinsch f. **hexagona** Nordst. (Staurastrum) 85.
Meridion Ag. 114.
Meridionaceae 114.
Merismopedia Meyen 155.
Merismopedium Meyen **155**, 156.
Mesocarpus 49, 50.
mesodon Ehrenb. (Fragilaria) 113.
mesodon Ktz. (Odontidium) 113.
mesolepta Ehrenb. (Navicula) 89.
mesolepta W. Sm. (Pinnularia) 89.
Mesotaenium Naeg. 58.
Micrasterias Ag. 38, 39, 40, **80**, 81.
microcephala (Ktz.) Grun. (Achnanthes) 104.
microcephala Grun. (Cymbella) 98.
microcephalum Ktz. (Achnanthidium) 104.
micrococca Ktz. (Palmogloea) 58.
micrococcum (Ktz.) Kirchn. (Mesotaenium) 58.
Microcoleus Desm. **138**, 139.
Microcystis 156, 158, 159.
Microglena Ehrenb. 171.
Microhaloa 156, 157.
microporum Naeg. (Coelastrum) 36.
micropus Ktz. (Gomphonema) 103.
microscopica Hg. (Lyngbya) 147.
microscopleum Carm. (Nostoc) 136.
microsphinctum Nordst. (Cosmarium) 75.
— var. **crispulum** Nordst. (Cosmarium) 75.
microsphinctum Schmidle (Disphynctium) 75.
— var. crispulum Schmidle (Disphynctium) 75.
Microspora Thuret 22.
Microthamnion Naeg. 25.
miniata Loibl. (Palmella) 45.
miniatus (Ktz.) Naeg. (Pleurococcus) 47.
— var. **roseus** (Menegh.) De Toni (Pleurococcus) 47.
miniatus Ktz. (Protococcus) 47.
minima Grun. (Navicula) 94.
minor A. Br. (Bulbochaete) 11.
minor (Ktz.) Naeg. (Chroococcus) 164.
minor Hg. (Pleurocapsa) 153.
minor Ktz. (Protococcus) 164.

minus Ktz. (Himantidium) 122.
minuta Thuret (Spirotaenia) 58.
minuta Bréb. (Surirella) 109.
minuta (Ag.) Rbh. (Symploca) 140.
minutissima Ktz. (Achnanthes) 105.
minutissima W. Sm. (Navicula) 106.
minutissima Lagerst. (Stauroneis) 95.
minutissimum Ktz. (Nostoc) 137.
minutula Ktz. (Limnactis) 131.
minutula (Ktz.) Born. et Flah. (Rivularia) 131.
minutum Delponte (Cosmarium) 70.
minutum Ralfs (Docidium) 66.
minutum (Ralfs) Delponte (Pleurotaenium) 66.
minutum Ag. (Scytonema) 140.
minutus (Ktz.) Naeg. (Chroococcus) 162.
minutus Ktz. (Protococcus) 162.
minutus De Bary (Tetmemorus) 63.
mirabilis Wittr. (Bulbochaete) 11.
— var. **pygmaea** Pringsh. (Bulbochaete) 11.
mirabilis A. Br. (Pleurocarpus) 50.
Mitrophora Perty 170.
mollis Ktz. (Euactis) 131 Nr. 733.
Monas Stein 94, 165, **167**, 168, 169, 170, 173, 174, 175.
Monema 99.
monilifera Bory (Lunulina) 61.
moniliferum (Bory) Ehrenb. (Closterium) 61.
moniliforme Roth et auct. (Batrachospermum) 2.
— var. atrum Rbh. (Batrachospermum) 2.
— var. vagum Roth (Batrachospermum) 2.
moniliforme (Turp.) Ralfs var. **pauduriforme** Heimerl (Cosmarium) 67.
moniliformis Ehrenb. (Gymnozyga) 57.
moniliformis Turp. (Tessarthonia) 67.
monococca (Ktz.) Hg. (Chroothece) 154.
monococca Ktz. (Gloeocapsa) 154.
monococca Rbh. (Gloeothece) 154.
monodon (Ehrenb.) Rbh. (Eunotia) 121.
monodon Ehrenb. (Himantidium) 121.
Monosiga Sav. Kent 166.
montana Cramer (Aphanocapsa) 161.
montana Schleich. (Chara) 7 Nr. 21.
montana Ktz. (Gloeocapsa) 159.
montanum Schum. var. **subclavatum** Grun. (Gomphonema) 102.
montanus Hg. (Chroococcus) 162.
monticola Ktz. (Chthonoblastus) 138.
monticola (Ktz.) Hg. (Microcoleus) 138.
monticulosum Bréb. (Staurastrum) 82.

morum O. F. Müll. (Gonium) 29.
morum (O. F. Müll.), Bory (Pandorina) 29.
Mougeotia Ag. **49,** 50.
mucosa Mert. (Conferva) 56.
mucosa (Mert.) Ehrenb. (Hyalotheca) 56.
mucosa Ktz. (Palmella) 45.
mucronata A. Br. (Nitella) 5.
murale (Lyngb.) Ktz. (Hormidium) 15.
murale Ktz. (Schizogonium) 15.
muralis Ktz. (Gloeocapsa) 159.
muralis Ag. (Lyngbya) 15.
muralis Lyngb. (Oscillatoria) 15.
muricatiforme Schmidle (Staurastrum) 85.
muricatum Bréb. (Staurastrum) 84.
muscicola De Bary (Spirotaenia) 58.
muscorum Hg. (Lyngbya) 146.
muscorum Ag. (Nostoc) 134.
muscorum Ag. (Oscillatoria) 146.
muscorum (Ag.) nob. (Phormidium) 146.
muscorum Gomont (Symploca) 146.
mutabile W. Sm. (Odontidium) 113.
mutabilis Grun. (Fragilaria) 113.
mutabilis Naeg. (Hormospora) 18.
mutabilis Sav. Kent (Oicomonas) 165.
mutica Ktz. (Navicula) 91.
— var. producta Cleve et Grun. (Navicula) 91.
mutica var. quinquenodis (Grun.) (Navicula) 91.
muticum Bréb. (Staurastrum) 85.
myochroa Dillw. (Conferva) 127.
myochroum (Dillw.) Ag. (Scytonema) 127.

N

Naegeliana Rbh. (Zonotrichia) 131.
Naegelianum Bréb. (Cosmarium) 69.
Naegelii Richt. (Aphanocapsa) 160.
Naegelii Grun. (Nephrocytium) 43.
Naegelii A. Br. (Oocystis) 43.
Naegelii Bréb. (Penium) 62.
nasutum Nordst. var. enastriforme Schmidle (Cosmarium) 77.
natans Kirchn. (Coelastrum) 36.
natans (Hedw.) Rbh. (Gloeotrichia) 131.
— var. angulosa (Roth) Ag. (Gloeotrichia) 131.
natans Hedw. (Tremella) 131.
Navicula Bory 87, 88, 89, 90, 91, 92, 93, 94, 95, 96, 105, 106, 107, 108, 109, 119, 120, 121, 122.

navicula Bréb. (Penium) 62.
Naviculaceae 87.
nebulosum Duj. (Heteronema) 177.
neglecta (Thwaites) De Toni (Frustulia) 96.
neglectum Thwaites (Colletonema) 96.
Nephrocytium Naeg. **42,** 43.
Nephroselmis Stein 34.
Netzerianum Schmidle (Cosmarium) 73.
nigra (Menegh.) Grun. (Gloeocapsa) 159.
nigra Menegh. (Microcystis) 159.
nigra Ktz. (Oscillaria) 150.
nigra Ktz. (Oscillatoria) 150.
Nigrae Silvae Schmidle (Staurastrum) 82.
nigrescens Naeg. (Gloeocapsa) 158.
nigrovaginata Hg. (Lyngbya) 142.
Nitella Ag. **4,** 5.
nitida Dillw. (Conferva) 53.
nitida (Dillw.) Link (Spirogyra) 53.
Nitzschia Hass. **105,** 108, 117.
Nitzschiaceae 105.
nivalis A. Br. (Chlamydococcus) 30.
nivalis Sieber (Conferva) 30.
nivalis (Bauer) Ag. (Haematococcus) 30.
nivalis W. Sm. (Melosira) 123.
nivalis Ag. (Protococcus) 30.
nivalis Sommerfelt (Sphaerella) 30.
nivalis Bauer (Uredo) 30.
nobilis (Ehrenb.) Ktz. (Navicula) 87.
nobilis Ehrenb. (Pinnularia) 87.
Nordstedtii Wittr. (Oedogonium) 13.
noricus Ehrenb. (Campylodiscus) 111.
noricus var. costatus Grun. (Campylodiscus) 111.
— var. hibernicus Grun. (Campylodiscus) 111.
Nostoc Vauch. **134,** 135, 136, 137.
Nostocaceae 134.
nostochinearum Itzigsohn (Glaucocystis) 155.
notabile Bréb. (Cosmarium) 65.
notabile (Bréb.) Hg. (Disphinctium) 65.
Novae Semliae Wille (Cosmarium) 76.
Novae Semliae Wille (Oocystis) 43.
— var. tuberculata Schmidle (Oocystis) 43.
nummuloides Hass. (Mesocarpus) 49.
nummuloides Hass. (Mougeotia) 49.

O

Obesa Stein (Monas) 167.
obliqua Turp. (Achnanthes) 85.

obliquus (Turp.) Ktz. (Scenedesmus) 35.
obliquus var. dimorphus (Turp.) (Scenedesmus) 36.
ob'onga Grev. (Echinella) 79.
oblonga Ktz. (Navicula) 89.
oblonga Rbb. (Pinnularia) 89.
oblongum (Grev.) Ralfs (Euastrum) 79.
oblongum De Bary (Penium) 62.
obscura Ralfs (Spirotaenia) 58.
obscurum Ktz. (Phormidium) 146.
— var. **symplociforme** (Hg.) (Phormidium) 146.
obscurum Ktz. (Scytonema) 129.
obtusa Ktz. (Denticula) 106.
obtusus Meyen (Scenedesmus) 34.
ocellata (Ehrenb., Ktz.) Bréb. (Cystopleura) 120.
ocellata Ktz. (Epithemia) 120.
ocellata Ehrenb. (Eunotia) 120.
ocellata Rbh. (Gloeocapsa) 158.
ocellatum Lyngb. (Scytonema) 129.
ochthodes Nordst. (Cosmarium) 74.
octocornis Ehrenb. (Arthrodesmus) 78.
octocornis var. **major** Ralfs (Arthrodesmus) 78.
oculata Bréb. (Navicula) 91.
Odontidium Ktz. 112, **113.**
odorata (Lyngb.) Wittr. (Trentepohlia) 23.
odorata var. aurantiaca Rbh. (Trentepohlia) 23.
odoratum Ktz. (Chroolepus) 23.
Oedogoniaceae 10.
Oedogonium Link **11,** 12, 13, 14.
Oicomonas Sav. Kent 165.
olivacea Lyngb. (Echinella) 103.
olivacea Stein (Nephroselmis) 34.
olivaceum (Lyngb.) Ktz. (Gomphonema) 103.
Oncobyrsa 155.
Oocystis Naeg. 43.
opaca Ag. (Nitella) 5.
operculata (Ag.) Ktz. (Cyclotella) 125.
operculata var. rectangulata Ktz. (Cyclotella) 125.
operculata Ag. (Cymbella) 125.
Ophiocytium Naeg. 39.
orbiculare Ehrenb. (Desmidium) 88.
orbiculare (Ehrenb.) Ralfs (Staurastrum) 83.
— var. **extensum** Nordst. (Staurastrum) 84.
orbicularis Pringsh. (Coleochaete) 10.
orichalcea Mert. (Conferva) 124.

orichalcea (Mert.) Ktz. (Melosira) 124.
ornatum Ralfs (Cosmarium) 77.
ornatum var. lithanicum Racib. (Cosmarium) 77.
ornatum Turner var. **asperum** (Perty) Schmidle (Staurastrum) 87.
Orsiniana (Ktz.) Thuret (Calothrix) 138.
Orsiniana Born. et Flah. (Dichothrix) 138.
Orsinianum Ktz. (Mastichonema) 138.
orthopunctulatum Schmidle (Cosmarium) 71.
Oscillaria Bosc 128, 138, 145, **147,** 148, 149, 150, 151.
oscillarioides Bory (Anabaena) 137.
oscillarioides Ktz. (Sphaerozyga) 137.
oscillarioides Turp. (Spirulina) 151.
Oscillatoria Vauch. 15, 16, 140, 141, 142, 143, 145, 146, **147,** 148, 149, 150, 151.
Osteri Schmidle (Cosmarium) 75.
ovalis (Bréb.) Ktz. (Amphora) 100.
ovalis var. affinis Van Heurck (Amphora) 101.
— var. Pediculus Van Heurck, De Toni (Amphora) 101.
ovalis Bréb. (Cymbella) 100.
ovalis Bréb. (Suriraya) 109.
ovalis var. augusta Ktz. (Surirava) 110.
— var. **minuta** (Bréb.) (Surirava) 109.
— var. **ovata** (Ktz.) (Surirava) 109.
ovata Ehrenb. (Cryptomonas) 173.
ovata Ktz. (Surirella) 109.
ovatum Ag. (Meridion) 114.
ovum Stein (Chloropeltis) 175.
ovum Ehrenb. (Monas) 175.
ovum (Ehrenb.) Senn (Phacus) 175.
oxyrrhynchus Ktz. (Synedra) 115.
oxyuris Schmarda (Euglena) 174.

P

Pachyderma Wille (Conferva) 22.
pachyderma (Wille) Lagerb. (Microspora) 22.
pachyderma Walz (Vaucheria) 28.
pachydermum Lund. (Cosmarium) 72.
palangula Bréb. (Cosmarium) 64.
palangula De Bary non Bréb. (Cosmarium) 64.
palangula (Bréb.) Hg. (Disphinctium) 64.
palangula var. **De Baryi** Rbh. (Disphinctium) 64.

palea — penicillatum

palea (Ktz.) W. Sm. (Nitzschia) 107.
Palea Ktz. (Synedra) 107.
paleacea (Trattinnickia) 178.
pallida (Ktz.) Rbh. (Aphanothece) 155.
pallida Zeller (Oscillaria) 148.
pallida Zeller (Oscillatoria) 148.
pallida Ktz. (Palmella) 155.
pallidus Naeg. (Chroococcus) 168.
Palmella Lyngb. 44, 45, 58, 154, 155, 157, 159, 160, 161.
Palmellaceae 34.
Palmogloea 58.
paludosum Ktz. (Nostoc) 134.
palustris Hg. (Acanthococcus) 47.
Pandorina Bory 29.
panniforme Ag. (Scytonema) 126.
panniforme (Ag.) Borzì (Stigonema) 126.
panniformis Ktz. (Sirosiphon) 126.
pannosa Bory (Oscillaria) 145.
pannosum Ktz. (Phormidium) 145.
Pantostomatineae 164.
papillifera Bréb. var. verrucosa Schmidle (Micrasterias) 80.
papyracea Ag. (Oscillatoria) 145.
papyraceum (Ag.) Gomont (Phormidium) 145.
— var. Biasolettianum Ktz. (Phormidium) 145.
— c. Biasolettianum Rbh. (Phormidium) 145.
— var. rivularioides Grun. (Phormidium) 145.
paradoxum Meyen (Staurastrum) 86.
— f. minutissima Heimerl (Staurastrum) 86.
parallela (Grun.) O. Müll. (Rhopalodia) 121.
paramaecium Ehrenb. (Chilomonas) 178.
parasita Stein (Stylochrysalis) 172.
parietina (Naeg.) Thuret (Calothrix) 132.
parietina var. ε caespitosa Hg. (Calothrix) 132.
parietina Vauch. (Oscillatoria) 16. 150.
parietina Ktz. (Ulothrix) 16.
— var. Boryana (Ulothrix) 15.
— var. b. velutina Hg. (Ulothrix) 15.
parietinum (Vauch.) Ktz. (Hormidium) 16.
— var. delicatulum (Ktz.) (Hormidium) 16.
parietinus Naeg. (Schizosiphon) 132.
Paroliniana Menegh. (Microcystis) 158.
Paroliniana (Menegh.) Bréb. (Gloeocapsa) 158.

Paroliniana Naeg. (Gloeocystis) 158.
parvula Hass. (Mougeotia) 49.
parvula Ktz. (Sphenella) 108.
parvula Ktz. (Synedra) 114.
parvulum Perty (Brochidium) 89.
parvulum Naeg. (Closterium) 61.
parvulum Bréb. (Cosmarium) 71.
— var. undulatum (Schmidle) nob. (Cosmarium) 71.
parvulum var. undulatum Schmidle (Disphynctium) 71.
parvulum (Ktz.) Rbh. (Gomphonema) 108.
parvulum (Perty) A. Br. (Ophiocytium) 39.
parvulus Hass. (Mesocarpus) 49.
parvum W. Sm. (Cocconema) 99.
patula W. Sm. (Navicula) 92.
pavonia (Trattinnickia) 178.
Pecten Castracane (Fragilaria) 117.
Pecten Brun (Nitzschia) 117.
pectinale Ktz. (Diatoma) 117.
pectinale Ktz. (Himantidium) 122.
— var. γ minus Grun. (Himantidium) 122.
pectinalis Dillw. (Conferva) 122.
pectinalis (Dillw., Ktz., Rbh. (Eunotia) 122.
pectinalis Rbh. (Ulothrix) 17.
pectinata Vauch. (Conjugata) 52.
pectinatum (Vauch.) Ag. (Zygnema) 52.
— var. conspicuum (Hass.) Kirchn. (Zygnema) 52.
pectinatum Ktz. (Zygogonium) 52.
pectorale O. F. Müll. (Gonium) 29.
Pediastrum Meyen 37, 38, 39.
pediculus (Ktz.) Grun., Kirchn. (Amphora) 101.
pediculus Ehrenb. (Cocconeis) 104.
Pediculus Ktz. (Cymbella) 101.
pellucida (Ehrenb.) Ktz. (Amphipleura) 95.
pellucida Ktz. (Frustulia) 95.
pellucida Ehrenb. (Navicula) 95.
pellucida (Hass.) Ktz. (Spirogyra) 55.
pellucidum Perty (Menoidium) 176.
pellucidum Ktz. (Nostoc) 135.
pellucidum Hass. (Zygnema) 55.
peloponnesiacum Ktz. (Nostoc) 136.
penicillata (Ktz.) Kirchn. (Inactis) 140.
penicillata Ktz. (Leibleinia) 140.
penicillata Gomont (Schizothrix) 140.
penicillata (Ag.) Thuret (Tolypothrix) 130.
— var. tenuis Hg. (Tolypothrix) 130.
penicillatum Ag. (Scytonema) 130.

penicillatus Ag. (Hydrurus) 171.
— var. Ducluzelii Rbh. (Hydrurus) 171.
— var. irregularis Rbh. (Hydrurus) 171.
Penium Bréb. 59, **61**, 62, 63, 65, 66.
Pentasterias 87.
Peranema Ehrenb. 176.
peregrina (Ehrenb.) Ktz. (Navicula) 89.
peregrina var. Meniscus Grun., De Toni (Navicula) 89.
— var. Menisculus Van Heurck, De Toni (Navicula) 90.
peregrina Ehrenb. (Pinnularia) 89.
perforatum Lund. var. **porosum** Gutw. (Cosmarium) 72.
pericymatium Nordst. (Cosmarium) 77.
pericymatium Schmidle (Disphynctium) 77.
perpusilla Grun. (Amphora) 100.
pertusum Ktz. (Pediastrum) 38.
Pertyana Naeg. (Asterothrix) 164.
Petalomonas Stein 177.
Phacus Nitzsch **174**, 175.
Phaeodermatium Hg. 171.
Phaeothamnion Lagerh. 25.
Phalansterium Cienk. **166**, 167.
phaseolus Bréb. (Cosmarium) 75.
— var. **elevatum** Nordst. (Cosmarium) 75.
Phialonema Stein 177.
Phoenicenteron Nitzsch (Bacillaria) 94.
Phoenicenteron Ehrenb. (Navicula) 94.
phoenicenteron (Nitzsch) Ehrenb. (Stauroneis) 94.
Phormidium Ktz. 140, 141, 142, **145**, 146, 147, 150.
phormidium Ktz. (Lyngbya) 146.
phormidium Thuret (Symploca) 146.
Phycastrum 82, 84, 86, 87.
Phyllactidium 10.
Phyllomitus Stein 168.
Physomonas 167.
pigra Ehrenb. (Chloromonas) 176.
pigra Ehrenb. (Cryptoglena) 176.
pilosum Naeg. (Phycastrum) 82.
pilosum (Naeg.) Archer (Staurastrum) 82.
pinnata Ehrenb. (Fragilaria) 113.
pinnatum Ktz. (Odontidium) 113.
Pinnularia 87, 88, 89, 90, 91, 94, 106.
pirulum Wittr. var. **obesum** Wittr. (Oedogonium) 11.
pirum Ehrenb. (Phacus) 174.
pisciformis Klebs (Euglena) 174.
piscinale Ktz. (Nostoc) 134.
pisiformis (Roth) Ag. (Chaetophora) 19.
pisiformis Roth (Rivularia) 19.
placentula Ehrenb. (Cocconeis) 104.

placentula (Ehrenb.) Ktz. (Navicula) 90.
— var. **anglica** (Ralfs) (Navicula) 91.
Placentula Ehrenb. (Pinnularia) 90.
platystoma Ehrenb. (Navicula) 94.
platystoma (Ehrenb.) Ktz. (Stauroneis) 94.
Plectonema Thuret **130**, 143.
Pleurocapsa Thuret 153.
Pleurocarpus 58.
pleurocarpus De Bary (Mesocarpus) 50.
Pleurococcus Menegh. **46**, 47, 48. 157, 168.
Pleuromonas Perty 168.
pleuronectes O. F. Müll. (Monas) 174.
pleuronectes (O. F. Müll.) Nitzsch (Phacus) 174.
Pleurosigma Smith **95**, 96.
Pleurostaurum Rbh. 95.
Pleurotaeniopsis Lund. 66.
Pleurotaenium Naeg. 66.
plumosa (Vauch.) Ag. (Draparnaudia) 19.
plumosum Vauch. (Batrachospermum) 19.
pluvialis Flotow (Haematococcus) 30.
pluvialis Ktz. (Protococcus) 30.
Pokornyanum Grun. (Euastrum) 70.
polonicum Rostaf. (Sphaerogonium) 152.
polonicum Racib. var. **alpinum** Schmidle (Cosmarium) 76.
polonicus (Rostaf.) Hg. (Chamaesiphon) 152.
— var. **auratus** Hg. (Chamaesiphon) 152.
polychaete Hg. (Herposteiron) 19.
— f. **crassius** Hg. (Herposteiron) 19.
Polycystis Ktz. 156.
Polyedrium 40.
polymorphum Perty **alpicola** Heimerl (Penium) 62.
polymorphum Fres. (Rhaphidium) 39.
— var. **falcatum** (Corda) Rbh. (Rhaphidium) 40.
polymorphum var. falcatum Rbh. (Rhaphidium) 40
polymorphum Bréb. (Staurastrum) 86.
— f. **obesa** Heimerl (Staurastrum) 86.
Polytoma Ehrenb. 84.
polytrichum Perty var. **alpinum** Schmidle (Staurastrum) 82.
Polyzonia 131.
Porphyraceae 3.
Porphyridium 160.
Portianum Archer (Cosmarium) 74.
— var. **calvum** Schmidle (Cosmarium) 74.

— var. **orthostichum** Schmidle (Cosmarium) 74.
porticalis O. F. Müll. (Couferva) 52.
porticalis Vauch. (Conjugata) 52.
porticalis (O. F. Müll.) Cleve (Spirogyra) 52.
— var. **Juergensii** (Ktz.) Hg. (Spirogyra) 53.
praemorsum Bréb. (Cosmarium) 74.
praerupta Ehrenb. (Eunotia) 122.
Prasiola Ag. 14, 15.
Priestleya 15.
princeps Vauch. (Conjugata) 53.
princeps Hg. (Lyngbya) 151.
princeps Vauch. (Oscillatoria) 151.
Pringsheimii Klebahn (Chaetosphaeridium) 18.
Pringshcimii Cramer (Oedogonium) 18.
Pringsheimii 3 Nordstedtii Nordst. et Wittr. (Oedogonium) 13.
Pritchardianum Archer var. **alpinum** Schmidle (Closterium) 60.
procera Ehrenb. (Gallionella) 123.
Prolifera 12, 22.
prestrata Ralfs (Cymbella) 99 Note.
prostratum (Berk.) Ralfs (Encyonema) 99.
prostratum Berk (Monema) 99.
proteus Ehrenb. (Distigma) 176.
Protococcoideae 29.
Protococcus Ag. 29, 30, 44, 46, 47, 48, 157, 159, 161, 162, 163, 164.
Protoderma Ktz. 15.
Protomastigineae 165.
Protosphaeria 161.
Protospongia Sav. Kent 166.
protuberans Spreng. (Coccochloris) 58.
protuberans Grev. (Palmella) 58.
protuberans Smith (Ulva) 58.
pseudobacillum Grun. (Navicula) 93.
pseudobotrytis Gay (Cosmarium) 71.
Pseudoeunotia Grun. 122.
pseudoprotuberans Kirchn. (Cosmarium) 70.
pseudopyramidatum Lund. f. **major** Lund. (Cosmarium) 70.
— subsp. **stenonotum** Nordst. & Wittr. (Cosmarium) 70.
— var. **minor** Pringsh. (Coleochaete) 10.
pseudopyramidatum Lund. var. variolatum (Lund.) (Cosmarium) 71.
pulchella Cust. (Chara) 5 Nr. 15.
pulchella (Ktz.) Rbh. (Coleochaete) 10.
pulchellum Wood (Dictyosphaerium) 42.

pulchellum Ktz. (Phyllactidium) 10.
pulchellum (Archer) Rbh. (Sphaerozosma) 57.
pulchellum Archer (Spondylosium) 57.
pulchra (Ktz.) Rbh. (Aphanocapsa) 161.
pulchra Ktz. (Palmella) 161.
pulvinata A. Br. (Coleochaete) 9.
pulvinata Ktz. (Inactis) 139.
pulvinata (Ktz.) Gomont (Schizothrix) 139.
pulvinatum A. Br. (Gomphonema) 102.
pulvinatus Bréb. (Sirosiphon) 126.
pulvisculus (O. F. Müll.) Ehrenb. (Chlamydomonas) 30.
pulvisculus O. F. Müll. (Gonium) 30.
pumila Ktz. (Tolypothrix) 127.
pumilus (Ktz.) Kirchn. (Hapalosiphon) 127.
punctata Le Bel (Chara) 7.
punctatum Meyen (Merismopedium) 156.
punctifera Ehrenb. (Microglena) 171.
punctulatum Bréb. (Cosmarium) 71.
punctulatum Bréb. (Staurastrum) 85.
— f. **contorta** Schmidle (Staurastrum) 85.
— var. **Kjellmanii** Wille f. minor Wille (Staurastrum) 85.
punctulatum var. muricatiforme Schmidle (Staurastrum) 85.
— var. turgescens Rbh. (Staurastrum) 84.
pupula Ktz. (Navicula) 93.
purpurescens Rbh. (Hypheothrix) 141.
purpurascens Ktz. (Leptothrix) 141.
purpurascens (Ktz.) Hg. (Lyngbya) 141.
purpurascens Gomont (Phormidium) 141.
pusilla W. Sm. (Navicula) 92.
— var. **alpestris** Brun (Navicula) 92.
pusilla Stein (Scitomonas) 177.
pusillum Hantzsch (Closterium) 59.
pusillum Hg. (Disphinctium) 66.
pusillum Perty (Heteronema) 177.
pygmaea Pringsh. (Bulbochaete) 11 Nr. 34.
— var. major Pringsh. (Bulbochaete) 11.
— var. minor Pringsh. (Bulbochaete) 11.
pygmaeum Archer (Cosmarium) 57.
pygmaeum (Archer) Rbh. (Sphaerozosma) 57.
pygmaeum Bréb. (Staurastrum) 84.
pyriforme (Reinsch) (Characium) 46.
pyrulum siehe pirulum.
pyrum siehe pirum.

Q

Quadrangularis Stein (Sphenomonas) 176.
quadratum Reinsch (Polyedrium) 40.
quadratum (Reinsch) Hg. var. **crassispinum** (Reinsch) (Tetraedron) 40.
quadricauda Turp. (Achnanthes) 35.
quadricaudus (Turp.) Bréb. (Scenedesmus) 85.
— var. **ecornis** Franzé (Scenedesmus) 85.
— f. **multicaudatus** Schröder (Scenedesmus) 85.
quadrum Lund. var. **minor** Nordst. (Cosmarium) 74.
quasillus Lund var. **alpinum** Schmidle (Cosmarium) 76.
— f. **rotundata** Schmidle (Cosmarium) 77.
quinina Ktz. (Spirogyra) 52.
quinina c. inaequalis Rbh. (Spirogyra) 52.
quininum Ag. (Zygnema) 52.

R

Rabenhorstii Grun. (Navicula) 88.
Racodium 126.
radians Ktz. (Synedra) 116.
radiatum Ktz. (Phycastrum) 87.
radicans Ktz. (Mougeotia) 50.
radicans Ktz. (Ulothrix) 15.
radiolatus Ehrenb. (Coscinodiscus) 123.
radiosa Ktz. (Navicula) 89.
— var. **acuta** (W. Sm.) Grun. (Navicula) 90.
— var. **tenella** Bréb. (Navicula) 90.
radiosa Rbh. (Pinnularia) 89.
Ralfsii Rbh. (Euastrum) 79.
Ralfsii De Bary (Gonatozygon)
Ralfsii De Bary (Penium) 66.
ramulosa Stein (Monas) 167.
raphidioides Hg. (Dactylococcus) 46.
rectangulare Naeg. (Chloropedium) 42.
rectangulare Grun. var. **cambrense** B. W. Turner (Cosmarium) 74.
rectangularis Wittr. (Bulbochaete) 11.
rectangularis (Naeg.) A. Br. (Staurogenia) 42.
Regeliana Naeg. (Hypheothrix) 144.
— var. **calotrichoidea** Hg. (Hypheothrix) 144.
Regeliana Hg. (Lyngbya) 144.
Regnesii Reinsch var. **montanum** Schmidlé (Cosmarium) 71.

Reinhardtii Grun. (Navicula) 90.
Reinschiella De Toni 40.
reniforme (Ralfs) (Cosmarium)
repens Ktz. (Chthonoblastus) 138.
repens Ktz. (Oscillaria) 138.
repens Ag. (Oscillatoria) 138.
Reptomonas Sav. Kent 164.
reticulata L. (Conferva) 34.
reticulatum (L.) Lagerh. (Hydrodictyon) 34.
retusiforme Gutw. var. **alpinum** Schmidle (Cosmarium) 68.
retusum (Perty) Rbh. (Cosmarium) 75.
retusum Perty (Cosmarium) 68.
retusum Lund. var. leve Roy et Bisset (Cosmarium) 68.
retusum Perty (Euastrum) 75.
Retzii Ag. (Oscillatoria) 147.
Retzii (Ag.) Gomont (Phormidium) 147.
Rhabdonema Ktz. 118.
rhabdosoma Ehrenb. (Fragilaria) 117.
Rhaphidium Ktz. **39**, 40.
Rhaphidomonas Stein 173.
Rhipidodendron Stein 169.
Rhizoclonium Ktz. 25.
Rhizomonas Sav. Kent 164.
Rhoiconeis Grun. 94.
Rhoicosphenia Grun. 103.
rhomboides (Ehrenb.) De Toni **elliptica** Grun. (Frustulia) 96.
rhomboides Ehrenb. (Navicula) 96.
Rhopalodia O. Müller **120**, 121.
rhynchocephala Ktz. (Navicula) 90.
Rhynchonema 54.
rigida De Toni (Lemanea) 1.
rigida Sirodot (Sacheria) 1.
rigidula Rbh. (Hormiscia) 17.
rigidula Ktz. (Leptothrix) 141.
rigidula Hg. (Lyngbya) 141.
rigidula Ktz. (Ulothrix) 17.
riparium Cesati (Hormosiphon) 134.
riparium Rbh. (Nostoc) 134.
rivulare Hg. var. **gracile** Hg. (Endoclonium) 20.
rivulare Hg. (Phaeodermatium) 171.
rivulare Hass. (Zygnema) 54.
Rivularia Roth 19, **131**.
Rivulariaceae 131.
rivularioides Hg. (Hydrocoleum) 139.
rivularis (Harvey) Rbh. (Aphanocapsa) 161.
rivularis Hass. (Coccochloris) 161.
rivularis Crist. (Conferva) 26 Nr. 118.
rivularis Liebman (Conferva) 3.
rivularis (Liebman) Ag. (Hildenbrandia) 3.

rivularis Hg. (Leptochaete) 133.
rivularis Carm., Harvey (Palmella) 161.
rivularis Hg. (Pleurocapsa) 153.
rivularis (Ktz.) Rbh. var. minor Hg. (Spirogyra) 54.
robustum Hantzsch (Coelastrum) 86.
Roesceana Rbh. (Melosira) 124.
rosea auct. tirol. (Hildenbrandia) 8.
rosea var. fluviatilis Ktz.(Hildenbrandia) 8.
roseola Stein (Hymenomonas) 172.
roseola Rich. (Hypheothrix) 143.
roseola Hg. (Lyngbya) 143.
roseolum Gomont (Plectonema) 143.
roseus Rbh. (Pleurococcus) 47.
roseus Menegh. (Protococcus) 47.
rostratum Ehrenb. (Closterium) 61.
rostratus Perty (Tetramitus) 169.
rotata Grev. (Echinella) 80.
rotata (Grev.) Ralfs (Micrasterias) 80.
Rother Schnee (Haematococcus nivalis) 50.
Rotula Ehrenb. (Micrasterias) 89.
Rotula A. Br. (Pediastrum) 89.
rotunda Schmidle (Oocystis) 43.
rudis A. Br. (Chara) 8.
rudis f. subhispida (Chara)   Nr. 21.
— f. typica Mig. (Chara) 7.
rufescens Hg. (Aphanocapsa) 160.
rufescens Rbh. (Hypheothrix) 144.
rufescens Ktz. (Leptothrix) 144.
rufescens Kirchn. (Lyngbya) 144.
rufescens Wittr. (Oedogonium) 12.
rufescens (Ktz.) Bréb. (Pleurococcus) 47.
rufescens Ktz. (Protococcus) 47.
rugulosum Bréb. (Staurastrum) 83.
rugulosus Ktz. (Sirosiphon) 125.
rupestre Ktz. (Chroolepus) 24.
rupestre Link (Dematium) 126.
rupestre Ktz. (Nostoc) 136.
rupestre Rbh. (Penium) 59.
rupestre Ktz. (Phormidium) 147.
— var. rivulare Ktz. (Phormidium) 147.
rupestre Pers. (Racodium) 126.
rupestre Ktz. (Trichodictyon) 59.
rupestris (Ktz.) nob. (Cylindrocystis) 59.
rupestris W. Sm. (Epithemia) 120.
rupestris Ktz. (Gloeocapsa) 157.
rupestris (Lyngb.) Rbh. (Gloeocystis) 44.
rupestris (Lyngb.) Born. (Glocothece) 154.
rupestris A. Br. (Gomphogramma) 118.
rupestris Hg. (Lyngbya) 147.
— var. rivularis Hg. (Lyngbya) 147.
rupestris Ktz. (Microhaloa) 157.

rupestris Ag. (Oscillatoria) 147.
rupestris Lyngb. (Palmella) 44, 154.
rupestris (A. Br.) Grun. (Tetracyclus) 118.
rupicola Ktz. (Gloeocapsa) 157.
rupicola Hg. (Lyngbya) 149.
rupicola Hg. (Oscillaria) 149.
rupicola Hg. (Oscillatoria) 149.
— var. tenuior Hg. (Oscillatoria) 149.

S

Sacculus Sav. Kent (Spongomonas) 169.
Sacheria 1.
salinarum Hg. (Aphanocapsa) 161.
Salpingoeca J. Clark 166, 167.
saltans Ehrenb. (Bodo) 168.
sancta var. caldariorum Lagerh. (Lyngbya) 151.
sancta Ktz. (Oscillaria) 151.
sancta Ktz. (Oscillatoria) 151.
sanguinea Ehrenb. (Euglena) 174.
sanguinea (Ag.) Ktz. (Gloeocapsa) 157.
sanguinea Ag. (Palmella) 157.
sanguineus Ag. (Haematococcus) 157.
Sauteri (Nees) Ktz. (Cladophora) 27.
Sauteri Nees (Conferva) 27.
Sauteri Menegh. (Prasiola) 14.
— var. Hausmanni Grun. (Prasiola) 15.
saxicola Naeg. (Aphanothece) 154.
saxicola Naeg. (Sirosiphon) 126.
saxonicum Buloh. (Staurastrum) 83.
scabrum Reinsch var. torbolense Kirchn. (Coelastrum) 37.
scabrum Bréb. (Staurastrum) 83.
scalaris Hass. (Mesocarpus) 49.
scalaris Hass. (Mougeotia) 49.
scardonitana Rbh. (Zonotrichia) 131.
Scenedesmus Meyen 34, 35, 36.
Sceptrum Ktz. (Closterium) 63.
Sceptrum Ktz. (Docidium) 63.
Schiedermayri Grun. (Schizothrix) 139.

Schizochlamys A. Br. 41.
schizoderma Grun. (Conferva) 21.
Schizogonium Ktz. 15, 17.
Schizophyceae 125.
Schizosiphon 132, 133.
Schizothrix Ktz. 139, 140, 142, 144.
Schrammia Dang. 154.
Schroeteri Chodat (Sphaerocystis) 47.
Sciadium A. Br. 39.
Scitomonas Stein 177.
scutata Bréb. (Coleochaete) 10.

Scytonema Ag. 126, **127,** 128. 129. 130, 140.
secedens (Archer) De Bary (Sphaerozosma) 57.
secedens var. pulchellum Hg. (Sphaerozosma) 57.
secedens Archer (Spondylosium) 57.
Selenastrum Reinsch 40.
semen Ehrenb. (Monas) 178.
semen (Ehrenb.) Stein (Rhapidonema) 178.
seminulum Grun. (Navicula) 94.
senarium Ehrenb. (Desmidium) 81.
senarium (Ehrenb.) Ralfs var. **alpinum** Racib. (Staurastrum) 81, 82.
sertularia Ehrenb. (Dinobryon) 172.
sessilis Vauch. (Ectosperma) 28.
sessilis (Vauch.) DC. (Vaucheria) 28.
sessilis var. pachyderma Hg. (Vaucheria) 28.
setiformis Roth (Conferva) 54.
setiformis (Roth) Ktz. (Spirogyra) 54.
setigera (Roth) Ag. (Bulbochaete) 10.
setigera Roth (Conferva) 10.
sexnotatum Gutw. var. **subtriomphalum** Schmidle (Cosmarium) 76.
— **var. tristriatum** Lütkemüller (Cosmarium) 76.
— **f. rotundata** Schmidle (Cosmarium) 76.
sigmoidea W. Sm. (Nitzschia) 106.
sinuata W. Sm. (Denticula) 106.
sinuata (W. Sm.) Grun. (Nitzschia) 106.
sinuatum Pritch. (Dimerogramma) 106.
sinuosum Lund. (Cosmarium) 66.
sinuosum (Lund.) Hg. (Disphinctium) 66.
Siphophyceae 28.
Sirosiphon 125, 126 (Noto), 128.
smaragdina (Reinsch) Hg. (Asterocystis) 154.
smaragdinum Reinsch (Callonema) 154.
Smithii Thwaites (Mastogloia) 96.
— **var. lacustris** Grun. (Mastogloia) 96.
socialis From. (Anthophysa) 168.
socialis (Sav. Kent) Senn (Monas) 167.
socialis Sav. Kent (Physomonas) 167.
solea (Bréb.) W. Sm. (Cymatopleura) 110.
— **var. apiculata** (W. Sm.) (Cymatopleura) 110.
— **var. gracilis** Grun. (Cymatopleura) 110.
— **var. simplex** Nordst. (Disphinctium) 65.

— var. **tumidum** Schmidle (Disphinctium) 65.
Solea Bréb. (Surirella) 110.
solitaria Kirchn. (Calothrix) 132.
solitaria Wittr. (Oocystis) 48.
Sorastrum Ktz. 36.
sorex (Ktz.) O. Ktze. (Cystopleura) 119.
Sorex Ktz. (Epithemia) 119.
spadiceum Ktz. (Phormidium) 150.
sparseaculeatum Schmidle (Staurastrum) 82.
sparsepunctatum Schmidle (Disphinctium) 64.
speciosissimum Schmidle (Disphinctium) 65.
speciosum Lund. (Cosmarium) 65.
speciosum (Lund.) Hg. (Disphinctium) 65.
spectabile De Not. (Cosmarium) 75.
Spenceri (Quekett) W. Sm. var. **curvulum** (Ktz.) Grun. (Pleurosigma) 96.
Spencerii Ehrenb. var. curvulum Grun. (Pleurosigma) 96.
Spermosira 137.
Sphaerella 30.
sphaerica Poir. (Tremella) 135.
sphaericum Naeg. (Coelastrum) 36.
— **var. robustum** Hantzsch (Coelastrum) 36.
sphaericum var. a. sphaericum Hg. (Coelastrum) 36.
sphaericum (Poir.) Vauch. (Nostoc) 135.
Sphaerocystis Chodat 47.
Sphaerogonium 152.
sphaeroides Ktz. (Nostoc) 136.
sphaerophora Ktz. (Navicula) 92.
Sphaerozosma Corda 57, 69.
Sphaerozyga 137.
Sphenella 102, 103.
Sphenomonas Stein 176.
spinulosum Naeg. (Sorastrum) 36.
— **var. crassispinosum** Hg. (Sorastrum) 36.
spiralis Ktz. (Campylodiscus) 111.
spiralis Ktz. (Surirella) 111.
Spirodiscus 39.
Spirogyra Link **52,** 53, 54, 55, 56.
spirogyrae Ehrenb. (Euglena) 174.
Spirotaenia Bréb. **57,** 58.
Spirulina Turp. **151,** 152.
spissa Hg. (Lyngbya) 148.
spissa Bory (Oscillaria) 148.
spissa Bory (Oscillatoria) 148.
splendens Ktz. (Synedra) 115.
— var. α longissima Grun. (Synedra) 115.

splendida Ehrenb. (Navicula) 109.
splendida Grev. (Oscillatoria) 148.
splendida (Ehrenb.) Ktz.(Suriraya) 109.
splendidum Stein (Rhipidodendron) 169.
Spondylosium 57.
spongiaeforme Ag. (Nostoc) 134.
spongiosum Bréb. var. cumbricum Bennett (Staurastrum) 83.
— var. perbifidum West (Staurastrum) 83.
Spongomonas Stein 169.
sportella Bréb. (Cosmarium) 78.
Spumella Cienk. 165.
stagnale Ktz. (Cylindrospermum) 137.
stagnalis Ktz. (Anabaena) 137.
stagnalis Hg. (Trochiscia) 47.
stagnina Wittr. et Nordst. (Aphanothece) 155.
stagnina Spreng. (Coccochloris) 155.
stagnorum Ktz. (Conferva) 22.
stagnorum (Ktz.) Lagerh. (Microspora) 22.
stagnorum Ktz. (Ulothrix) 22.
Staurastrum Meyen 40, 81, 82, 83, 84, 85, 86, 87.
Staurogenia Ktz. 42.
stauroneiforme Grun. (Gomphonema) 103.
stauroneiformis Lagerst. (Cymbella) 98.
Stauroneis Ehrenb. 94, 95, 104.
stauroptera Grun. (Navicula) 88.
Staurosira 117.
Staurospermum 50.
Steinii Sav. Kent (Oicomonas) 165.
Steinii Sav. Kent (Salpingoeca) 166.
Steinsafran (Trentepohlia iolithus) 24.
stellina Vauch. (Conjugata) 51.
stellinum (Vauch.) Ag. (Zygnema) 51.
— var. subtile (Ktz.) (Zygnema) 51.
— var. tenue (Ktz.) (Zygnema) 51.
— var. Vaucheri (Ag.) (Zygnema) 51.
stentorina (Ehrenb.) nob. (Chlorangiella) 34.
Stephanodiscus Ehrenb. 122.
Stephanomonas Sav. Kent 170.
Sterromonas Sav. Kent 167.
Stichococcus Naeg. 46.
Stigeoclonii Cienk. (Palmella) 45.
Stigeoclonium Ktz. 20.
Stigonema Ag. 125, 126.
Stigonemaceae 125.
stipitatum Ehrenb. (Dinobryon) 172.
Striatellaceae 118.
strictum A. Br. (Characium) 41.

strigosa A. Br. (Chara) 6.
striolatum Ehrenb. (Closterium) 60.
striolatum var. costatum Klebs (Closterium) 60.
striolatum Naeg. (Phycastrum) 84.
striolatum (Naeg.) Archer (Staurastrum) 84.
Stylochrysalis Stein 172.
suaveolens A. Br (Batrachospermum) 2 Note.
subcostatum Nordst. (Cosmarium) 77.
subcrenatum Hantzsch (Cosmarium) 75.
subcrustaceum Hg. (Hydrocoleum) 140.
subcuneatum Schmidle (Euastrum) 79.
subfusca Hg. (Lyngbya) 150.
subfusca Ag. (Oscillatoria) 150.
subfuscum Ktz. (Phormidium) 150.
subglobosum Nordst. (Cosmarium) 64.
subglobosum (Nordst.) De Toni (Disphinctium) 64.
subochthodes Schmidle (Cosmarium) 77.
subprotumidum Nordst. (Cosmarium) 76.
subquadratum Nordst. (Cosmarium) 72.
subsalsa Oersted (Spirulina) 152.
subsimplex Wittr. (Bulbochaete) 11.
substriatum Nordst. (Cosmarium) 72.
subtile Ehrenb. (Gomphonema) 101.
subtile Nordst. (Staurastrum) 82.
subtile Ktz. (Zygnema) 51.
subtilis (Ktz.) De Toni (Hormiscia) 16.
— var. tenerrima Ktz. (Hormiscia) 16.
subtilis Ktz. (Hypheothrix) 143.
subtilis (Ktz.) (Nitzschia) 107.
subtilis Ktz. (Synedra) 107.
subtilis Ktz. (Ulothrix) 16.
subtilissima Ktz. (Oscillaria) 147.
subtilissima Ktz. (Oscillatoria) 147.
sudetica Ktz. (Cladophora) 27.
sulcatum Duj. (Anisonema) 178.
sulcatum (Duj.) Stein (Entosiphon) 178.
sulcatus Stein (Tetramitus) 170.
Suriraya Turp., Pfitz. 109, 110.
Surirella Turp. 109, 110, 111.
Surirellaceae 109.
Swartzii Ag. (Desmidium) 56.
Symploca Ktz. 140, 141, 144, 146.
syncarpa Thuill. (Chara) 4.
— var. capitata Ganterer (Chara) 4.
syncarpa (Thuill.) Ktz. (Nitella) 4.
syncarpa f. leiopyrena Leithe (Nitella) 4.
— f. microcephala Leithe (Nitella) 4.
Syncrypta Ehrenb. 172.
Synechococcus Naeg. 155.

Synedra 106, 107, 108, **114**, 115, 116, 122.
Synura Ehrenb. 172.

T

Tabellaria Ehrenb. 118.
Tabellaria Rbh. (Grunowia) 116.
tabellaria Grun. var. **capitata** Rbh. (Navicula) 106.
tenax (O. F. Müll.) Blochmann (Distigma) 176.
tenella Ktz. (Conferva) 22.
tenella Brcb. (Navicula) 90.
tenellum var. b. micropus Rbh. (Gomphonema) 103.
tenerrima Ktz. (Conferva) 21.
tenerrima var. stagnorum Ktz. (Conferva) 22.
— Ktz. var. **subtilissima** Hg. (Conferva) 21.
tenerrima Hg. (Lyngbya) 148.
— var. Kuetzingiana Hg. (Lyngbya) 148.
tenerrima Ktz. (Oscillaria) 148.
tenerrima Ktz. (Ulothrix) 16.
tenne var. pachycephala Grun. (Diatoma) 112.
tenne (Ag.) Rbh. (Stigeoclonium) 20.
tenue Ktz. (Zygnema) 51.
tennis Ktz. (Denticula) 108.
tenuis Ag. (Draparnaldia) 20.
tennis (Ktz.) Hg. (Hormiscia) 18.
tenuis Hg. (Lyngbya) 149.
— var. a. aerugineocoerulea Hg. (Lyngbya) 149.
— var. limosa Klrchn. (Lyngbya) 150.
— c. rivularis Hg. (Lyngbya) 149.
tenuis W. Sm. (Nitzschia) 107.
tenuis c. parva Rbh. (Nitzschia) 107.
tennis Ag. (Oscillatoria) 149.
— var. **rivularis** Hg. (Oscillatoria) 149.
tennis Ktz. var. **Wartmanniana** (Rbh.) (Tolypothrix) 129.
tenuis Ktz. (Ulothrix) 18.
tenuissima Desv. (Chara) 5.
tenuissima Saut. (Chara) 5 Nr. 15.
tenuissima (Naeg.) Rbh. (Hypheothrix) 141.
tenuissima Naeg. (Leptothrix) 141.
tenuissima Hg. (Lyngbya) 141.
tenuissima (Hass.) Ktz. (Spirogyra) 55.
tenuissimum Hg. (Oedogonium) 14.
tenuissimum Hass. (Zygnema) 55.
tenuissimus Archer (Arthrodesmus) 78.
tenuissimus Grun. (Hapalosiphon) 127.

teres Stein (Atractonema) 176.
teres Stein (Sphenomonas) 176.
termo Ehrenb. (Monas) 165.
termo (Ehrenb.) J. Clark (Oicomonas) 165.
terrestris Desm. (Microcoleus) 138.
— a. repens Hg. (Microcoleus) 138.
terrestris Roth (Ulva) 14.
terrestris Bory (Vaginaria) 128.
Tessarthonia 67.
Tetmemorus Ralfs 68.
Tetracyclus Ralfs 118.
Tetraedron Ktz. 40.
tetragonum (Naeg.) Archer (Cosmarium) 71.
tetragonum Naeg. (Euastrum) 71.
Tetramitus Perty **169**, 170.
tetraophthalma Ktz. (Heterocarpella) 73.
tetraophthalmum (Ktz.) Brcb. (Cosmarium) 73.
tetras Ehrenb. (Micrasterias) 89.
tetras (Ehrenb.) Ralfs (Pediastrum) 39.
Tetraselmis Stein 38.
Tetraspora Link 42.
thermalis (Ehrenb.) Auersw. var. **minor** Hilse, De Toni (Nitzschia) 106.
thermalis Ehrenb. (Pinnularia) 106.
thuringiaca Rbh. (Navicula) 88.
thuringiaca Ktz. Navicula) 95.
thuringiaeum (Ktz.) nob. (Pleurosigma) 95.
Thwaitesii Ralfs (Cosmarium) 65.
Thwaitesii (Ralfs) De Toni (Disphinctium) 65.
tinctum Ralfs (Cosmarium) 69.
— var. **intermedium** Nordst. (Cosmarium) 69.
tinctum Rbh. (Sphaerozosma) 69.
tirolense Ktz. (Phormidium) 147.
tirolicum Wittr. (Oedogonium) 12.
tithophorum Nordst. var. **dissimile** Racib. (Cosmarium) 75.
Tolypothrix Ktz. 127, **129**, 130.
tomentosa Ung. (Chara) 6 Nr. 17, 18.
tomentosum Ktz. (Scytonema) 127.
Tommasiniana Ktz. (Calothrix) 130.
Tommasinianum (Ktz.) Born. (Plectonema) 130.
— var. **cincinnatum** Hg. (Plectonema) 130.
tornata Ktz. (Inactis) 140.
torulosa Roth (Conferva) 1.
torulosa (Roth) Ag. (Lemanea) 1.
torulosa Ktz. (Spirogyra) 58.
Trachelius 176, 177.
Trachelomonas Ehrenb. 175.

trapezicum Boldt var. **campylospinosum** Schmidle (Staurastrum) 83.
Trattinnickia Pers. 178.
Tremella 131, 135, 186.
Trentepohlia Mart. 22, 24.
Trichodictyon 59.
Trichonema Fromentel 170.
trichophorum (Ehrenb.) Stein (Peranema) 176.
trichophorus Ehrenb. (Trachelius) 176.
triciliatum Carter (Collodictyon) 170.
tricornutum Borge var. **alpinum** Schmidle (Pediastrum) 88.
tricornutum f. simplex Schmidle (Pediastrum) 38.
tricornutum f. ovuluta Schmidle (Pediastrum) 88.
tricornutum var. **genuinum** Borge (Pediastrum) 38.
— f. **tirolense** Schröd. (Pediastrum) 88.
trigonum Naeg. (Polyedrium) 40.
trigonum (Naeg.) Hg. (Tetraedron) 40.
trilocularis Cohn (Borzia) 152.
trinode Arnott (Achnanthidium) 94.
trinodis W. Sm. (Navicula) 94.
trinodis (W. Sm.) Grun. (Rhoiconeis) 94.
tripus A. Br. (Asterothrix) 164.
triqueter Ehrenb. (Phacus) 174.
Trochiscia Ktz. 47, 48.
truncata (Fresen.) Senn (Cyathomonas) 169.
truncata Fresen. (Monas) 169.
truncatellum (Perty) Rbh. (Cosmarium) 76.
truncatellum Perty (Euastrum) 76.
truncatum Ehrenb. (Gomphonema) 101.
truncicola Rbh. (Scytonema) 126.
truncicola Rbh. (Sirosiphon) 126.
Tryblionella 105.
tuberculosa Roth (Rivularia) 19.
tuberculosa (Roth) Hook. (Chaetophora) 19.
tumida W. Sm. (Navicula) 91.
tumidulum Ktz. (Oedogonium) 13.
turfaceum Eugl. Bot. (Scytonema) 126.
turfaceum (Engl. Bot.) Cooke (Stigonema) 126.
turfosa Cramer (Spirulina) 152.
turfosum Ktz. (Scytonema) 127.
turgescens De Not. (Staurastrum) 84.
turgida (Ehrenb.) O. Ktze. (Cystopleura) 119.
— var. **Westermannii** (Ehrenb.) O. Ktze. (Cystopleura) 119.

turgida Ktz. (Epithemia) 119.
— var. γ Westermannii Grun. (Epithemia) 119.
turgida Ehrenb. (Eunotia) 119.
torgidula Ehrenb. (Fragilaria) 113.
turgidus (Ktz.) Naeg. (Chroococcus) 162.
— var. **glomeratus** Hg. (Chroococcus) 162.
— var. **subnudus** Hg. (Chroococcus) 162.
turgidus Ktz. (Protococcus) 162.
turicense Naeg. (Scytonema) 130.
turicensis Naeg. (Hypheothrix) 144.
Turpinii Bréb. (Cosmarium) 76.
tuscula Ehrenb. (Navicula) 91.
Tuscula Ehrenb. (Pinnularia) 91.
Tyndaridea 52.

U

Ulma Nitzsch (Bacillaria) 114.
ulna (Nitzsch) Ehrenb. (Synedra) 114.
— var. **amphirhynchus** (Ehrenb.) (Synedra) 115.
— var. **longissima** (W. Sm.) (Synedra) 115.
— var. **oxyrrhynchus** (Ktz.) (Synedra) 115.
— var. **splendens** (Ktz.) (Synedra) 115.
— var. **undulata** (Grun.) (Synedra) 115.
Ulotrichiaceae 15.
Ulothrix 15, 16, 17, 18, 22.
Ulva 14, 29, 42, 58.
ulva (L.) nob. (Haematococcus) 30.
ulva L. (Volvox) 30.
Ulvaceae 14.
umbellatum Tatem (Codonocladium) 166.
umbrina (Ktz.) Born. (Trentepohlia) 23.
umbrinum Ktz. (Chroolepus) 23.
uncinata Ag. (Oscillatoria) 147.
uncinata (Gobi) Hg. (Trentepohlia) 24.
uncinatum Gobi (Chroolepus) 24.
uncinatum (Ag.) Gomont (Phormidium) 147.
undulans Stein (Phyllomitus) 168.
undulata Ktz. (Denticula) 110.
undulata Ehrenb. (Surirella) 110.
Urceolus Meresch. 177.
Uredo 30.
Urococcus Hass. 44.
Uroglena Ehrenb. 172.

Ursinella 72.
utriculatum Roth (Hydrodictyon) 84.
utriculus (Ehrenb.) Klebs (Dinobryou) 172.
utriculus Ehrenb. (Epipyxis) 172.
uva O. F. Müll. (Monas) 34.
uva Sav. Kent (Polytoma) 34.
uvella Ehrenb. (Polytoma) 84.
uvella Stein (Spongomonas) 169.
uvella Ehienb. (Synura) 172.

V

Vaginaria 188.
vaginata Vauch. (Oscillaria) 108.
vaginatus (Vauch.) Gomont (Microcoleus) 138.
— var. **Vaucheri** (Ktz.) (Microcoleus) 138.
vaginicola Stein (Ascoglena) 175.
vagum (Roth) Ag. (Batrachospermum) 2.
— var. **affine** (Ktz) (Batrachospermum) 2.
valida Naeg. (Ulothrix) 17.
variabile Naeg. (Stigeoclonium) 20.
variabilis Wartm. (Cymbella) 99, 100.
variabilis Hg. (Protococcus) 48.
variabilis Wildeman var. cornutus Franzé (Scenedesmus) 35.
— var. ecornis Wildeman (Scenedesmus) 35.
varians Ehrenb. (Gallionella) 128.
varians (Ag.) De Toni (Lysigonium) 123.
varians Ag. (Melosira) 123.
varians Racib. var. **badense** Schmidle (Staurastrum) 64.
variolatum Lund. (Cosmarium) 71.
varium Ktz. (Scytonema) 128.
varius A. Br. (Chroococcus) 168.
vastum Schmidle var. **tirolensis** Schmidle (Staurastrum) 85, 86.
Vaucheri Ktz. (Chthonoblastus) 138.
Vaucheri (Le Clerc) A. Br. (Oedogonium) 12.
Vaucheri Le Clerc (Prolifera) 12.
Vaucheri Ag. (Zygnema) 51.
— d. subtile Rbh. (Zygnema) 51.
— var. tenue Ktz. (Zygnema) 51.
Vaucheria DC. 28.
Vaucheriaceae 28.
Vaucheriae Ktz. (Synedra) 114.
— var. **parvula** (Ktz.) Rbh. (Synedra) 114.

vegetans (O. F. Müll.) Stein (Anthophysa) 168.
vegetans O. F. Müll. (Monas) 168.
Veilchenalge (Trentepohlia iolithus) 24.
Veilchenstein (Trentepohlia iolithus) 24.
ventricosa Ag. (Cymbella) 100.
ventricosa Ktz. (Epithemia) 121.
ventricosa Ehrenb. (Navicula) 121.
ventricosa Ehrenb. (Navicula) 92.
ventricosa (Ehrenb) O. F. Müll. (Rhopalodia) 121.
ventricosa Ktz. (Spirogyra) 55.
ventricosum (Ag.) Grun. (Encyonema) 100.
ventricosum Gregory (Gomphonema) 101.
ventricosum Wittr. var. **tirolense** Hg. (Gonatonema) 50.
Venus Ktz. (Closterium) 61.
venustum (Bréb.) Archer (Cosmarium) 70.
— var. **minor** Boldt (Cosmarium) 70.
venustum Bréb. (Euastrum) 70.
vernale Leibl. (Meridion) 114.
verrucosa Pollini (Linkia) 136.
verrucosa (Sav. Kent) Blochmann (Mastigamoeba) 165.
verrucosa L. (Tremella) 136.
verrucosum Ehrenb. (Euastrum) 78.
verrucosum (L.) Vauch. (Nostoc) 136.
verticillata Ktz. (Vaucheria) 28.
vesicarium Bréb. (Nostoc) 125.
Vesiculifera 11, 12, 13.
vesiculosa Naeg. (Gloeocystis) 44.
— var. **alpina** Schmidle, (Gloeocystis) 44.
vesiculosum Ehrenb. (Colacium) 176.
Vibrio 59, 60.
vibrio Ehrenb. (Gomphonema) 102.
violacea (Ktz.) nob. (Audouinella) 2.
violacea Ktz. (Chantransia) 3.
virescens Ralfs (Fragilaria) 117.
virgaria Stein (Dendromonas) 167.
viride Ktz. (Protoderma) 15.
viride Ktz. (Staurospermum) 50.
viridis Ehrenb. (Amblyophis) 174.
viridis Nitzsch (Bacillaria) 88.
viridis De Bary (Eremosphaera) 41.
viridis Ehrenb. (Euglena) 173.
viridis Perty (Entreptia) 176.
viridis (Ktz.) Wittr. (Mougeotia) 50.
viridis (Nitzsch) Ktz. (Navicula) 88.
viridis Ehrenb. (Pinnularia) 88.
viridis Ag. (Protococcus) 48.
viridula Ktz. (Navicula) 90.
viridula Ehrenb. (Pinnularia) 90.
Volvocaceae 29.

volvocina Ehrenb. (Trachelomonas) 175.
Volvox L. 29, 30.
volvox Ehrenb. (Syncrypta) 172.
volvox Kirchn. (Synura) 172.
volvox Ehrenb. (Uroglena) 172.
vulgare Grev. (Chlorococcum) 46.
vulgare Garbini (Chlorococcum) 47.
vulgare Thwaites (Colletonema) 96.
vulgare Bory (Diatoma) 111.
— var. Ehrenbergii Ktz. (Diatoma) 111.
— var. grande (W. Sm.) (Diatoma) 111.
— var. lineare Grun. (Diatoma) 111.
vulgare Ktz. (Phormidium) 146.
vulgaris L. (Chara) 6.
vulgaris (Thwaites) De Toni (Frustulia) 96.
vulgaris Hg. (Lyngbya) 146.
vulgaris (Grev.) Menegh. (Pleurococcus) 46.

W

Wallrothiana Ktz. (Symploca) 141.
Weberi Ktz. (Spirogyra) 55.
Welwitschii Hg. (Lyngbya) 147.
Welwitschii Grun. (Phormidium) 147.
Westermannii Ktz. (Epithemia) 119.
Westermannii Ehrenb. (Navicula) 119.
Wittrockiana Lagerh. (Gloeochaete) 154.
Wittrockii Lagerst. (Stauroneis) 95.
Wolleana (Hg.) Lagerh. (Asterocystis) 153.
— var. simplex Hg. (Asterocystis) 154.

Wolleanum Hg. (Allogonium) 153.
Wolleanum Hg. (Chroodactylon) 153.
Wrangelii Rbh. (Calothrix) 130.

X

Xanthidium Ehrenb. 66, 67, 82.
Xanthiopyxidaceae 122.
Xenococcus Thuret 152.

Z

Zebra (Ehrenb.) O. Ktze. (Cystopleura) 120.
— f. minor Larg. (Cystopleura) 120.
Zebra Ktz. (Epithemia) 120.
Zebra Ehrenb. (Eunotia) 120.
Zellensis Grun. (Navicula) 89.
zonata Web. et Mohr (Conferva) 17.
zonata (Web. et Mohr) Aresch. (Hormiscia) 17.
— var. attenuata (Ktz.) (Hormiscia) 17.
— f. biattenuata Schmidle (Hormiscia) 17.
— var. inaequalis Hg. (Hormiscia) 18 Note.
— var. rigidula (Ktz.) (Hormiscia) 17.
— var. valida (Naeg.) (Hormiscia) 17.
zonata Ktz. (Ulothrix) 17.
Zonotrichia 131.
Zygnema Ag. 50, 51, 52, 54,
Zygnemaceae 49.
Zygogonium 52.
Zygoselmis Duj. 177.